GABRIEL HANOTAUX
de l'Académie Française

HISTOIRE ILLUSTRÉE
DE LA
GUERRE DE 1914

24 PAGES DE TEXTE ET D'ILLUSTRATIONS

FASCICULE
N°15

GOUNOUILHOU, ÉDITEUR
PARIS, 8, boulevard des Capucines & BORDEAUX, 8, rue de Cheverus.

PRIX NET
1 franc

Les quatorze premiers fascicules de l'*Histoire illustrée de la Guerre de 1914*, par Gabriel HANOTAUX, constituent le Tome premier de l'ouvrage.

Ces quatorze premiers fascicules, contenant trois cents pages, dont cent quatre-vingt d'illustrations, forment un superbe volume grand in-quarto qui sera mis en vente au prix de :

18 fr. relié

Reliure demi-chagrin, plats toile, fers spéciaux du Maître graveur Auguste LEPÈRE, tranches ébarbées, tête dorée.

Les frais de port et d'emballage sont à ajouter au prix ci-dessus; soit o fr. 75 pour l'envoi par colis postal, livrable en gare, et 1 franc pour la livraison à domicile.

Nous pouvons fournir également, aux personnes qui préféreraient faire exécuter elles-mêmes la reliure des fascicules, des emboîtages avec les fers spéciaux de LEPÈRE, au prix de **3 fr. 50**.

Les frais de port et d'emballage sont à ajouter à ce prix; soit o fr. 75 pour l'envoi par colis postal, livrable en gare, et 1 franc pour la livraison à domicile.

Tous nos lecteurs trouveront : dans le fascicule 15, le Faux-titre et le Titre du volume; dans le fascicule 16, la Table des matières (texte et gravures).

Le Tome premier relié, ainsi que l'emboîtage de ce tome, seront en vente dans toutes les Librairies. Pour les recevoir franco, adresser les demandes, accompagnées d'un mandat-poste représentant le prix du volume désiré ou de l'emboîtage et des frais de port indiqués ci-dessus, à GOUNOUILHOU, éditeur, 8, boulevard des Capucines, à Paris, ou 8, rue de Cheverus, à Bordeaux.

HISTOIRE ILLUSTRÉE

DE LA

GUERRE DE 1914

GABRIEL HANOTAUX

de l'Académie Française

HISTOIRE ILLUSTRÉE

DE LA

GUERRE DE 1914

TOME DEUXIÈME

GOUNOUILHOU, ÉDITEUR

PARIS, 8, BOULEVARD DES CAPUCINES. —BORDEAUX, 8, RUE DE CHEVERUS

1915

CHAPITRE XII

L'ALLEMAGNE ET L'EUROPE

Les Raisons ethniques de la guerre. — L'Allemagne en Europe. — L'Allemagne fédérale.
La Prusse en Allemagne. — Quelles sont les conditions de la paix européenne ?

AVANT d'écrire ce chapitre, je suis allé revoir ces vallées tranquilles où mon enfance s'est écoulée, où mon âge mûr a connu la douceur de vivre, où ma vieillesse s'inclinait vers la tombe.

Il y a quelques mois seulement, elles étaient vivantes et fleuries ; elles avaient oublié les longs siècles de misères qui avaient préparé leur prospérité et l'effort ancestral qui avait modelé leur grâce. Au mois d'août de l'année 1914, les foins étant « rentrés », les faux s'aiguisaient pour la récolte des moissons ; déjà, les granges étaient pleines. Les aubes promptes, les crépuscules prolongés ne suffisaient pas au travail ; le grincement des chariots s'attardait dans la nuit. Les maisons des villages et des bourgs, serrées les unes contre les autres, allumaient successivement les feux du soir ; les spirales de fumée quittaient à regret la quiétude des foyers.

La vie s'écoulait, comme d'ordinaire, sans secousse et sans inquiétude : on « se laissait vivre », comme dit le vieux mot de consentement à la destinée humaine.

Aujourd'hui, l'être humain souffre, dans la vallée plaisante, tout ce qu'il est donné à l'homme de souffrir. Les mâles sont partis et ils se battent depuis huit mois : vêtus d'uniformes sordides, de haillons hétéroclites et de peaux de bêtes, les membres roides, enfoncés au sol comme des racines, les mains lourdes et gourdes, durcies au contact du fer, la figure et le corps terreux, ils grouillent comme des vers dans la boue des tranchées ; les « poilus » ressemblent à des bêtes. Seul, le regard brille d'un éclat étrange, et sauve l'*idée* quand la *matière* envahit tout. Par centaines de mille, il en est qui sont morts ; par centaines de mille, les blessés acceptent une existence diminuée.

La terre a repris un aspect sauvage : les récoltes tardives sont restées dans les guérets ; les vieilles avoines non fauchées s'emmêlent comme des chevelures de mendiants ; les betteraves sans feuilles ressemblent à des racines de dents restées dans l'alvéole ; les guérets sont ridés par les roues des caissons et des convois ; des chemins nouveaux prennent « au plus court » à travers champs ; la terre est trouée par les entonnoirs des marmites, les arbres gisent à terre, les forêts sont abattues ; des plantes étranges ont poussé pendant l'automne, et, desséchées à l'hiver, paraissent comme des spectres de buissons inconnus. Villages en ruines, murs écroulés, pignons percés à jour et révélant à travers leurs chevrons, le ciel ; églises pantelantes laissant traîner leur toiture comme des poules essayant d'abriter sous leurs ailes leurs poussins, — tout pleure quand tout souriait. Ce qui restait de la population civile a fui ou fut emmené en esclavage. La maladie se charge des rares survivants. Vieillards, enfants succombent et achèvent la solitude des foyers. La trajectoire des obus et le vol des avions relient par le ciel la double mort qui sévit, livide ou sanglante, sur l'arrière ou sur le front.

C'est la guerre !

Quelles immenses contrées souffrent de même et ont passé, ainsi, de la joie à la douleur, du sourire aux larmes ! Et, dans l'univers entier, les échos du canon retentissent. Il n'y a pas un cœur humain qui ne se prenne lui-même en pitié.

C'est la guerre ! Pourquoi cette guerre ? Etait-elle dans les desseins de Dieu ? Etait-elle inévitable ? Quel homme ou quel groupe d'hommes doit en porter la terrible responsabilité ? De tels maux résultent-ils d'une volonté déclarée, d'une erreur pitoyable ? S'agit-il d'un phénomène malheureux mais accidentel ? Est-ce une évolution nécessaire ? une fatalité inéluctable ? Est-ce une aberration affreuse, une calamité salutaire ; ou bien, n'est-ce pas, plutôt, un châtiment ?

Une seule cause ne suffit pas à expliquer le drame universel qui risque le tout pour le tout et qui peut avoir, pour dénouement, la ruine de la civilisation. Evidemment, nous pâtissons de quelque faute commise ; nous portons le poids de quelque erreur grave, nous subissons le talion de quelque péché originel. Il y a eu, à un moment de l'histoire, une fausse orientation, un coup de barre maladroit ; on s'est mal engagé ; on a fait fausse route.

Et c'est cette erreur qu'il faut essayer de découvrir maintenant.

Un examen, un diagnostic attentifs permettront peut-être d'arriver à déterminer le mal dont le monde souffre et qui se manifeste par la crise violente où il se débat.

Si une telle faute s'est produite, si ce péché originel pèse sur nous, il était inévitable, il était fatal que ce qui avait été mal fait, fût refait ; il était nécessaire que l'Europe, au moment où elle envahit le reste du monde et prétend régenter l'univers, se corrigeât elle-même avant d'entreprendre de corriger les autres ; il était indispensable que des harmonies et des rythmes plus souples réglâssent les relations des peuples entre eux, puisque l'évangile des temps nouveaux allait être prêché sur tous les continents ; il fallait peut-être que le sang coulât et que les grands sacrifices fussent consommés pour une nouvelle rédemption.

Or, on s'aperçoit, dès maintenant, au moment où la crise sort de la période de l'instinct pour entrer dans celle de la réflexion, que ces nobles élargissements, ces directions plus hautes, qui devaient relier le passé à l'avenir, et grouper l'humanité en une seule famille, que rien de tout cela ne pouvait se produire tant qu'un peuple — l'Allemagne commandée par la Prusse — serait en puissance ou en volonté d'imposer sa loi à l'Europe et à l'humanité, tant que l'Europe n'aurait pas repris — et le monde avec elle — les véritables voies de la liberté et du christianisme, tant que la brutale doctrine « la force prime le droit » n'aurait pas été refoulée, et, puisque des fautes ont été commises, tant que ces fautes n'auraient pas été réparées.

Puisqu'un animal de proie trouble, depuis des siècles, le repos de ses voisins et qu'il plane maintenant sur le repos du monde, il faut monter jusqu'à son aire et le dénicher ; puisque, par lui, la rapacité et l'orgueil menacent de s'imposer à l'humanité internationale comme la règle des mœurs, il faut l'abattre une fois pour toutes, et lui faire rentrer dans la gorge, avec ses sophismes impies, le sang qu'il a versé, le sang qu'il fait verser chaque jour.

Quant aux responsabilités, nous ne nions pas qu'elles aient aussi quelque chose de fatal ; elles ne pèsent pas sur une génération seulement ; elles font partie de l'héritage des siècles. Mais, si une génération et un homme

Cliché Braun

PORTRAIT DE L'EMPEREUR CHARLES QUINT
PAR LE TITIEN

les ont accumulées sur leur tête, si, étant des *héritiers*, ils se sont enorgueillis de cet héritage, s'ils ont voulu étendre encore le domaine d'ambition et de force que l'ambition avait rêvé et que la force avait conquis, s'il en est ainsi, que la malédiction de tous ceux qui ont souffert par eux retombe sur eux ; que les morts se lèvent de leurs tombeaux et tendent vers eux le poing ; que l'humanité ait, à tout jamais, leur nom en exécration ; qu'ils soient méprisés, surtout, par la fidélité trahie de leurs propres peuples, déshonorés et trompés par eux ; que le châtiment de leur âme vaniteuse et tremblante soit égal, pendant l'éternité, à l'épouvante où ils ont précipité l'univers !

QUE DOIT ÊTRE L'ALLEMAGNE EN EUROPE? Avant d'aborder l'examen des circonstances de fait dans lesquelles l'Allemagne prussienne a déclaré la guerre à l'Europe, il convient d'exposer comment ce fait était la suite nécessaire et, nous pouvons dire, dès maintenant, l'issue fatale de certaines directions prises par l'histoire de ce pays. Etant donné ces directions, il était inévitable qu'il en vînt à ce geste agressif. La cause profonde de la guerre étant connue, servira à déterminer, d'avance, la forme de la paix, par suite du dicton : *cessante causa cessat effectus.*

Il convient donc que l'on ne perde pas un seul instant de vue ces origines certaines et cette issue probable, si l'on veut suivre, avec l'intelligence réelle des choses, les phases diverses de la lutte et les rattacher, par la pensée, au développement de la société des peuples et au sort de l'humanité.

L'Allemagne, ou plutôt la Germanie, située au centre de l'Europe, est une puissance pour ainsi dire indéfinie: c'est, à proprement parler, une mer sans rivage ; pesant sur toutes les frontières, elle est elle-même sans frontière. Son passé est aussi confus que son état géographique est indéterminé.

Voltaire dit : « Il est vrai que dans toutes les capitulations, on appelle l'Allemagne l'*Em-*

pire ; mais c'est un abus de mots autorisé depuis longtemps... L'Allemagne est appelée *Empire* comme siège de l'Empire romain : étrange révolution dont Auguste ne se doutait pas ! »

Les maîtres allemands de la science moderne disent la même chose en termes plus pédantesques : Zeumer, dans sa dissertation sur le titre impérial, démontre que, contrairement à la conception des impérialistes anciens tels que Limnœus et des néo-impérialistes de l'école prussienne, — le titre impérial n'implique aucune supériorité de l'élément allemand sur les groupes non-allemands de l'Empire. En un mot, une confusion s'est faite, par politique, entre l'*Empire* et l'*Allemagne* : mais les deux données ne sont pas identiques. L'Allemagne n'est définie ni géographiquement ni politiquement, ni ethnographiquement, par le mot Empire.

Elle a été faite telle qu'elle est, depuis cinquante ans, par le travail de volontés humaines souvent contradictoires, en tous cas arbitraires, imprégnées d'astuce et d'ambitions particulières. On peut parfaitement concevoir une Allemagne autre que l'Empire allemand, une Allemagne mieux faite, plus « Allemagne » en quelque sorte, sans se mettre en contradiction avec les lois de la géographie, ni avec les lois de l'histoire, ni même avec les sentiments des peuples.

L'Empire romain germanique du moyen âge est quelque chose à la fois d'énorme et d'inconsistant, une sorte de déliquescence des choses du passé où les formes de l'avenir sont en germe. Frédéric Barberousse ajouta au mot *Imperium* l'épithète *Sacrum* « pour théocratiser l'Empereur contre le Pape ».

Il se produisit, dès lors, une sorte d'antagonisme, entre la forme nécessaire d'une vaste communauté des peuples et les ambitions dynastiques de ceux qui la dirigent : la masse flottante est exploitée et entraînée dans le sens des ambitions qui se sont élevées au-dessus d'elle.

Au début, le séjour de la puissance impériale est à Vienne, et la famille ambitieuse, ce sont

CHEVAL D'ARMES ET ÉTENDARD AUX FUNÉRAILLES DE L'EMPEREUR CHARLES-QUINT
(D'APRÈS LA GRAVURE DE J. ET L. DOETECHUM)

les Habsbourg. Hippolyte de la Pierre écrivait, au nom de tout ce qui pensait librement en Allemagne : « Que tous les Allemands tournent leurs armes contre les descendants du tyran défunt (Ferdinand II), contre toute cette famille, pernicieuse à notre Empire, à nos libertés ancestrales, loyale envers personne, sauf envers elle-même... que ses domaines dont elle a poursuivi l'agrandissement grâce à l'Empire et qu'elle possède sous l'autorité de l'Empire, soient remis au fisc. S'il est vrai, comme l'a écrit Machiavel, qu'il existe, dans chaque État, des *familles fatales*, qui naissent de la ruine même de l'État, à coup sûr, cette famille est fatale à notre État. »

Il y aura toujours en Allemagne des *familles fatales*, tant que le peuple allemand n'aura pas pris en main la conduite de ses propres desti-nées. L'Allemagne est le peuple des dynastes, des burgraves et des hobereaux. Elle le paye de son repos et de sa liberté depuis des siècles.

De même que l'Allemagne ne se confond pas avec l'Empire, l'Empereur et l'Empire ont été longtemps choses séparées. L'Empire, c'est l'ensemble des États : l'Empereur n'est qu'un chef qui peut avoir des intérêts hors de l'Empire ou moindres que ceux de l'Empire. « La France se crut autorisée à déclarer la guerre à l'Empereur en 1727, tout en réclamant la neutralité de l'Empire. » Dès cette époque, appa-raît une contradiction qui fait dire à Puffen-dorf que l'Empire est une sorte de « mons-truosité » *monstro simile*, parce qu'il est *à la fois fédératif et militaire*. Cet état de choses se prolonge, en somme, en des formes plus atté-nuées, jusqu'à nos jours.

Un ouvrage attribué à l'un des frères Puffendorf parle dans les termes suivants de « la République de l'Empire » : « Il est assez extraordinaire de voir plusieurs souverainetés composant le corps d'une République. » Leibniz se rallie à cette manière de voir, ce qui revient à dire que, pour les plus grands esprits, dans l'Allemagne du xviie et du xviiie siècle, la forme fédérative paraissait inhérente à la nature politique de l'Allemagne.

Leibniz, en somme, aboutit à cette formule : « Etat fédéral, régime constitutionnel. »

Voltaire, avec son acuité d'esprit habituelle, conclut qu'il y a, dans le régime fédéral, quelque chose d'essentiel et de propre à l'Allemagne : « Il est difficile, écrit-il, d'attribuer cette permanence d'une constitution si compliquée (il s'agit de la Confédération germanique) à une autre cause qu'au génie de la nation. »

Aux temps du congrès de Westphalie, l'Europe avait déjà le sentiment très vif qu'une monarchie allemande, militaire et centralisée, serait entraînée fatalement dans les voies de la domination universelle ; c'est pourquoi d'Avaux et Servien convoquaient tous les princes et les États de l'Empire à la Conférence pour la paix générale et, en écrivant à ces princes, évoquaient un danger dont tout le monde, en Allemagne, et hors d'Allemagne, avait l'appréhension : *Jamdiu circumfertur Domum Austriacum Europæ monarchiam moliri, basim tanti Aedificii constituere in summo dominatu Imperii Romani, sicut in centro Europæ.* « Il est certain que la maison d'Autriche tend à la monarchie européenne, en prenant pour base la puissance qu'elle exerce sur le Saint Empire germanique, situé au centre de l'Europe. »

L'ALLEMAGNE ET L'EUROPE C'est dans cette vue, d'autant plus profonde qu'elle se dégageait de la nature des choses, que la France et la Suède, ou, comme on disait alors, « les Couronnes », victorieuses de l'Allemagne, apportèrent leur « Garantie » aux libertés des États germaniques contre le péril d'une extension, odieuse à tous, des pouvoirs impériaux (Osnabruck, art. XVIII, § 5 ; Munster, § 15).

Cette clause de la « Garantie » fut longuement débattue ; elle avait le grave défaut de paraître porter atteinte à l'indépendance de l'Allemagne ; par contre, elle présentait l'avantage inappréciable de rattacher la constitution de l'Allemagne à celle de l'Europe entière. L'Allemagne n'était plus un obstacle, elle devenait, au contraire, un lien.

Si on eût trouvé, dès lors, une formule plus souple, plus aisée, ménageant mieux les droits des peuples, on eût combiné, peut-être, les diverses nécessités qui paraissent être essentielles à la vie intérieure et internationale de l'Allemagne : l'unité, la liberté, la fédération, l'harmonie générale européenne. La paix de Westphalie eût été véritablement l' « Instrumentum Pacis ». Elle eût fondé la paix définitive que la faillibilité des actes humains nous force, après trois siècles, à rechercher encore (1).

Ce trop rapide exposé historique n'a nullement la prétention d'élucider la matière infiniment confuse de la Confédération germanique : Il n'a qu'un objet : montrer, dans le passé, la racine des difficultés actuelles et dégager les données capitales du problème : à savoir, l'Allemagne oscillant entre l'unité dynastique, despotique et militaire, représentée alors par la maison des Habsbourg et l'unité fédérale constitutionnelle, telle que l'avait conçue, par exemple, un Leibniz. Le premier système la condamnait infailliblement, elle et l'Europe, à la guerre perpétuelle ; le second système représentait une organisation à la fois solide et souple de la paix et de la liberté !

Depuis le demi-échec de la paix de Westphalie, les choses d'Allemagne ont évolué de

(1) Pour l'exposé ci-dessus, V. Auerbach, *La France et le Saint-Empire romain-germanique* (Introduction).

VUE DE KŒNIGSBERG, LA VILLE D'ORIGINE DES DUCS DE PRUSSE

telle sorte que la Prusse a repris, des mains de l'Autriche, avec une activité plus grande, mais dans des formes plus hautaines et plus rudes encore, l'œuvre de centralisation dynastique, despotique et militaire ; la politique astucieuse de Bismarck a obtenu, non sans difficultés, comme nous le dirons tout à l'heure, le consentement des princes et des peuples. La constitution de l'Empire à Versailles et la paix de Francfort ont consacré le triomphe du système.

Mais la Prusse a été entraînée, à son tour, vers les voies de la monarchie universelle ; elle a mis l'Allemagne en antagonisme avec toutes les puissances européennes ; elle l'a poussée vers un état de guerre perpétuelle, même dans la paix (sous le nom de paix armée) et le résultat a été l'inévitable catastrophe que l'Alle-magne subit une fois de plus. Il y a donc une nouvelle faute commise, une autre erreur à corriger, si l'on veut, cette fois-ci, arriver en pleine conscience et lumière à l'organisation, consentie de plein cœur par tous et perpétuelle, de la paix.

Mais il faut rappeler d'abord les circonstances mémorables dans lesquelles les ambitions de la Prusse, se substituant à celles de l'Autriche, ont jeté le trouble et le désordre en Europe, pour indiquer les points par lesquels la situation politique internationale porte à faux et par où il convient qu'elle soit étayée ou réparée.

Les origines de la Prusse sont relevées dans un passage fameux de Tacite, que je citerai d'après une de nos vieilles traductions françaises pour lui laisser je ne sais quelle saveur

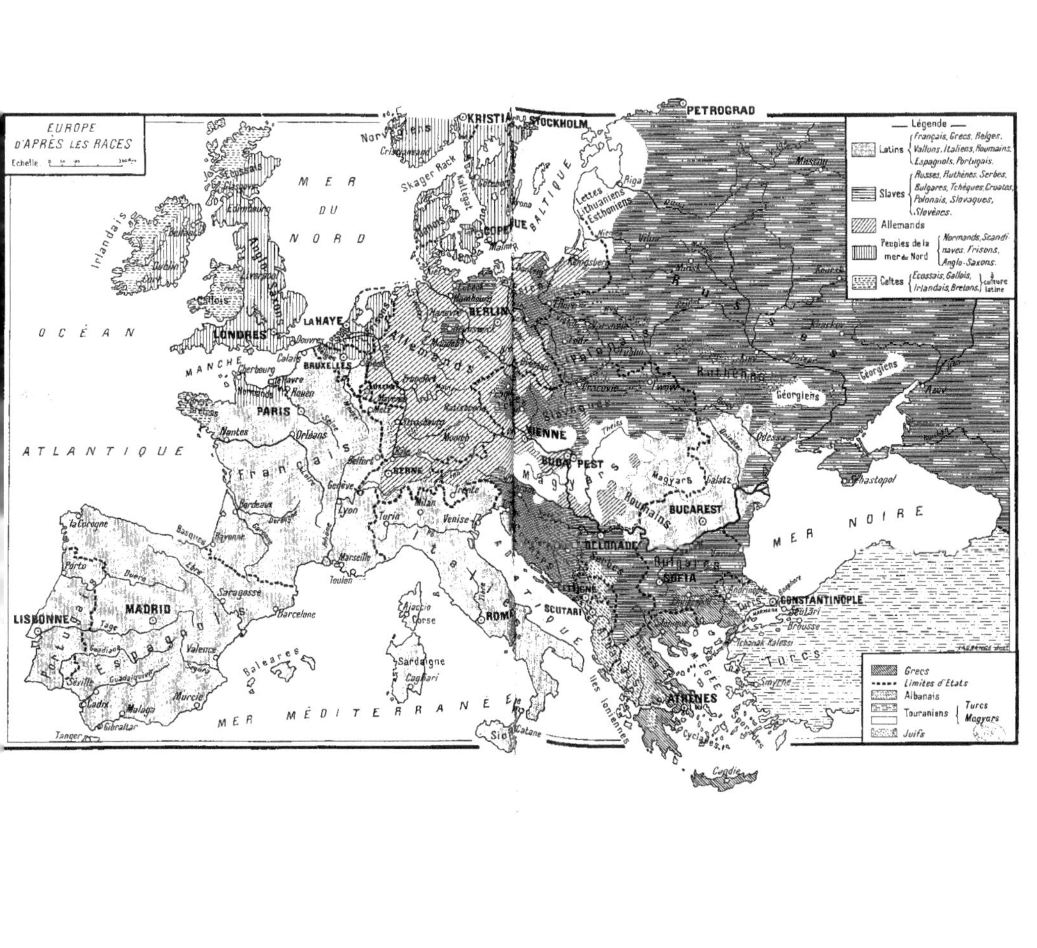

EUROPE D'APRÈS LES RACES
Echelle
Légende
Latins
français, Grecs, Belges, Wallons, Italiens, Roumains, Espagnols, Portugais.
Slaves
Russes, Ruthènes, Serbes, Bulgares, Tchèques, Croates, Polonais, Slovaques, Slovènes.
Allemands
Peuples de la mer du Nord
Normands, Scandinaves, Frisons, Anglo-Saxons.
Celtes
Ecossais, Gallois, Irlandais, Bretons.
culture latine
Grecs
Limites d'États
Albanais
Touraniens
Juifs
Turcs
Magyars
MER DU NORD
OCÉAN ATLANTIQUE
MANCHE
MER BALTIQUE
MER NOIRE
MER MÉDITERRANÉE
ADRIATIQUE
PETROGRAD
KRISTIANIA
STOCKHOLM
Christiania
Norvégiens
Skager Rack
Kattegat
COPENHAGUE
Malmö
Irlandais
Edimbourg
Belfast
Dublin
Cork
Liverpool
Calais
LONDRES
Douvres
Cherbourg
Le Havre
Rouen
BRUXELLES
LA HAYE
BERLIN
Hanovre
Magdebourg
Dresde
Allemands
Breslau
Anglo-Saxons
Nantes
Orléans
PARIS
Français
Belfort
Genève
BERNE
Lyon
Bordeaux
Strasbourg
Munich
VIENNE
Milan
Venise
Turin
Français
Bayonne
Basques
Ebre
Saragosse
Barcelone
Baléares
Marseille
Toulon
Ajaccio
Corse
Sardaigne
Cagliari
ROME
Sicile
Catane
La Corogne
Porto
Douro
Duero
MADRID
Tage
Espagnols
Valence
Murcie
LISBONNE
Portugais
Séville
Cadix
Malaga
Gibraltar
Tanger
Guadalquivir
RUSSES
Moscou
Riga
Lettes
Lithuaniens
Esthoniens
Vilna
Kœnigsberg
Cracovie
Polonais
Lemberg
Ruthènes
Kharkov
Kiev
Odessa
Georgiens
Georgiens
Azov
Sébastopol
Magyars
BUDA-PEST
Magyars
Theiss
Roumains
BUCAREST
Galatz
BELGRADE
Serbes
CETTIGNE
SCUTARI
Bulgares
SOFIA
Andrinople
Turcs
CONSTANTINOPLE
Scutari
Brousse
Tchanak Kalessi
TURCS
Smyrne
ATHÈNES
Grecs
Cyclades
Sporades
Candie

âpre et farouche : « Les Semnons se disent les plus anciens et les plus nobles des Suèves. L'assurance de leur antiquité est confirmée par telle cérémonie : à certain temps, tous les peuples de même sang et parenté s'assemblent par députés en une forêt estimée sainte et sacrée par les Augures et la révérence gardée de toute ancienneté : là où ayant tué publiquement un homme, ils commencent un horrible sacrifice de cérémonie barbare. La forêt est encore révérée pour autre chose : car personne n'y entre, qu'il ne soit lié de quelque lien et portant sur soy témoignage de la puissance de la divinité ; si d'aventure il tombe, il n'est loisible de se redresser ou relever : ils se roulent pas terre. Toute la religion tire à ce point que, de ce lieu, la nation a pris son origine et que là demeure le Dieu, roi de tous, tant qu'ils sont, et auquel toutes choses sont sujettes et obéissantes. » (*Les Œuvres de Cornelius Tacitus*, chevalier romain. Paris, L'Angelier, 1582.)

Ce peuple, aux sacrifices inhumains, c'est le père des Prussiens ; ce bois des Semnons, c'est la région où Berlin s'est élevée ; ce Dieu auquel la population s'est vouée, c'est le dieu Tuiston, ou Tott, dieu de la guerre, — le « vieux Dieu allemand », « notre Dieu ».

Malgré l'introduction du christianisme, je ne sais quel vestige de ces origines traîne toujours sur cette plaine sablonneuse, « boîte à sable » de la Prusse : défrichée, enrichie, elle n'a pu effacer entièrement son caractère primitif.

Ce qu'est devenue cette forêt aux sombres rameaux, le géographe moderne nous l'explique : « La Spreewald n'est plus aujourd'hui qu'en partie une forêt. On y voit encore d'assez grandes étendues couvertes d'aunes, de chênes et de hêtres, et peuplées d'un excellent gibier, parmi lequel figurent surtout, avec le cerf et le chevreuil, les bécassines et les poules d'eau. Mais la plus grande partie a été transformée en prairies entourées de hauts peupliers et en jardins maraîchers, qui envoient leurs produits au marché de Berlin. C'est par eau que se fait surtout la circulation ; c'est par bateaux, qu'hommes et femmes transportent leurs den-

rées et que le chasseur se dirige à travers ce labyrinthe aquatique et boisé. L'hiver, ces chenaux restent longtemps gelés ; mais, pendant l'été, ce pays, plein de verdure et de feuillage, prend un aspect agréable. La vie de l'ancienne population vende, avec son goût traditionnel pour la batellerie et la pêche, s'y perpétue mieux qu'ailleurs, grâce au milieu naturel. Elle y a conservé, avec sa langue, l'usage de ses maisons de bois, disséminées au bord des rigoles, hérissées aux angles par les denticules qui résultent de l'entre-croisement des poutres. La population, forte et saine, fournit à Berlin d'amples nourrices dont le costume bariolé attire l'œil dans les rues de la grande ville. Jadis, les Vendes, pourchassés par la colonisation germanique, trouvèrent un refuge dans ce pays marécageux et forestier. Mais, aujourd'hui, la germanisation les gagne peu à peu, leur domaine linguistique s'est réduit de moitié depuis trois cents ans, il ne cesse de décroître encore. En somme, la pauvreté du sol est rachetée par l'abondance des eaux ; le premier électeur de la maison de Hohenzollern disait, au moment de quitter la Franconie pour le triste Brandebourg, « qu'un pays qui a tant d'eau ne peut pas passer pour pauvre. » (Vidal de La Blache, *États et Nations de l'Europe*.)

Cette terre éloignée, disputée par les Slaves aux Germains et par les Germains aux Slaves, fut une des dernières régions européennes que le christianisme atteignit. Au xe siècle, les premiers empereurs de la maison de Saxe, songeant à défendre l'Allemagne proprement dite contre les Slaves, constituèrent, dans la région moyenne de l'Elbe, une « marche » dont le centre le plus important fut Magdebourg. C'est l'*Altmark* ou Vieille Marche, qui, en s'étendant vers le nord au temps d'Albert l'Ours (1134), s'installa dans le pays slave de Branibor et en fit le *Brandebourg*. Un évêché fut créé à Branibor, un autre instauré à Havelberg ; les moines de Citeaux fondèrent le monastère de Lehnin — et ce fut la véritable évangélisation de ces contrées demi-slaves,

STATUE DE FRÉDÉRIC LE GRAND A BERLIN

demi-germaines. A ce moment, c'est-à-dire au xiiie siècle, l'art, la science, la littérature, la philosophie occidentales avaient produit en France, en Angleterre, en Belgique, même dans l'Allemagne du Rhin, une admirable civilisation.

La création de la Prusse comme État politique est bien plus tardive encore ; c'est seulement en 1525, qu'Albert de Brandebourg, souverain héréditaire de la Marche et grand-maître de l'Ordre teutonique, sécularisa tous ses domaines lors de la paix de Cracovie et devint, ainsi, souverain héréditaire du duché de Prusse.

A ce moment, le pays est encore à demi slave, en partie vassal de la Pologne : mais, depuis des siècles, une lutte à mort était engagée contre cette vieille population autochtone. L'idée directrice et dominante du fondateur de la dynastie, Albert de Brandebourg, fut de germaniser, de plus en plus, son pays, de l'appuyer fortement sur l'Allemagne pour refouler le slavisme ; quitte à se servir de sa puissance accrue pour se retourner vers l'Allemagne. Il meurt en 1568. Les luttes de la Réforme ensanglantent et affaiblissent l'Europe centrale ; l'Allemagne de Charles-Quint perd son unité et sa grandeur. C'est une proie que la guerre de Trente Ans va bientôt livrer aux oiseaux noirs venant du nord. Au début du xviiie siècle, la lignée franconienne des Hohenzollern se substitue aux Brandebourg et, à partir de cette époque, se fait l'union de ces pays à peine organisés et de la famille « fatale » qui va les élargir indéfiniment au détriment de l'Allemagne d'abord, et, ensuite, du reste de l'Univers.

La Prusse est donc un État extrêmement moderne : trois siècles d'existence en fait ; son fondateur véritable, son Clovis ou son Charlemagne, le Grand-Electeur Frédéric-Guillaume (1640-1688) est contemporain de notre Louis XIV. Ce sont les guerres de religion, c'est l'affaiblissement prodigieux de l'Allemagne à la suite de la guerre de Trente Ans qui permettent à ce prince habile et ambitieux de

se développer aux dépens de tous ses voisins. Il gagne au traité de Westphalie ; se glissant entre la Suède et la Pologne, il gagne aux traités de Labiau et d'Oliva. Son successeur Frédéric III prend le titre de *roi* (1700). Le roi-sergent Frédéric-Guillaume Ier (1713-1740) comprend que tout l'avenir du pays, encore attardé au milieu des puissances européennes en plein développement, est dans son armée : qui veut tomber sur le troupeau doit avoir becs et ongles ; il inaugure le « militarisme » par le caporalisme ; c'est la politique prussienne par excellence.

On sait comment son fils, Frédéric II, le grand Frédéric, général et philosophe, disciple de Machiavel qu'il réfute, ami de Voltaire qu'il bafoue, se sert de l'instrument qui lui est laissé.

On sait ce qu'il fit de la Prusse, ce qu'il gagna aux dépens de l'Autriche, aux dépens de l'Allemagne, aux dépens de la Pologne, aux dépens de l'Europe. On sait aussi qu'il avait entrepris d'ajouter, à la gloire militaire, je ne sais quel vernis de la civilisation. Il écrivait et badinait en français : « La culture prussienne commence par une contrefaçon. » Voltaire écrivait : « La langue qu'on parle le moins à la cour, c'est l'allemand. Je n'en ai pas encore entendu prononcer un mot. Notre langue et nos belles-lettres ont fait plus de conquêtes que Charlemagne... Je me trouve ici en France ; on ne parle que notre langue. L'allemand est pour les soldats et pour les chevaux. En qualité de bon patriote, je suis un peu flatté de voir cet hommage qu'on rend à notre patrie, à trois cents lieues de Paris. »

Il en revint. Il s'aperçut vite que « l'ami des lettres » était « plus despote que le Grand Turc ». Il s'enfuit en emportant dans sa valise les « Poëshies du roi mon maître », et il se vengea par l'arme qu'on n'avait pas pu lui enlever : « Je n'ai pas de sceptre, mais j'ai une plume. »

Les rapports de Voltaire et de Frédéric II forment un exemple extrêmement instructif de ces confiances un peu naïves, un peu vaniteuses, à la française, et de ces fausses intimités

GUILLAUME Ier PROCLAMÉ EMPEREUR ALLEMAND A VERSAILLES (18 JANVIER 1871)
(TABLEAU DE WERNER)

avant tout profiteuses, à la prussienne. La France, y sera prise, jusqu'au jour où « franchise de « France » se redressera pour en finir et tirera les choses au clair.

A la mort de Frédéric II, la Prusse, quoiqu'elle n'eût pas encore dépassé six millions d'habitants, était vraiment la Prusse, c'est-à-dire une puissance européenne. Frédéric II, en même temps qu'il a reculé les bornes de sa domination et refoulé l'Autriche par la conquête de la Silésie, a donné la preuve de la force de résistance du jeune royaume, en tenant tête à la Russie, à l'Autriche, à la France pendant la guerre de Sept ans. La guerre finie, il a l'habileté de regagner la confiance de ses deux puissants voisins, la Russie et l'Autriche, en satisfaisant la vieille querelle prussienne contre les Slaves de Pologne. Il est le grand initiateur du partage, le véritable meurtrier d'une nationalité et d'une race.

A partir de ce moment, la Prusse commence sa vie de carnivore insatiable.

Bismarck résume en deux mots les règnes des successeurs de Frédéric II : « Frédéric le Grand laissa un riche héritage d'autorité et de confiance en la politique et en la puissance de la Prusse. Ses héritiers pouvaient vivre là-dessus pendant vingt ans, sans se rendre compte des faiblesses et des erreurs de leur gouvernement d'Epigones ; jusqu'à la bataille d'Iéna, ils étaient pleins d'une estime exagérée pour leurs capacités militaires et politiques. Il fallut le bouleversement des temps qui suivirent pour faire sentir à la cour et au peuple que la maladresse et l'erreur avaient présidé à la direction de l'État... »

La cour de Prusse semblait s'éloigner de son but. Iéna l'avertit. Le long piétinement du sol allemand par les armées de la Révolution et de l'Empire la réveilla tout à fait et réveilla l'Allemagne en même temps. Il y a là une coïncidence dont la Prusse va profiter savamment et âprement. Blücher est le vainqueur de Waterloo. La Prusse apparaît comme la puissance libératrice : ce sont là des souvenirs qui ne s'oublieront pas.

Le XIXe siècle assiste, en Allemagne, à la marche parallèle de l'unification allemande et de l'hégémonie prussienne. Toutes deux sont, en somme, simultanément en réaction contre l'action napoléonienne. La France, en brisant les vieux cadres, a libéré l'Allemagne et lui a rendu conscience d'elle-même ; mais, en ouvrant les voies au militarisme prussien, elle a déchaîné l'animal usurpateur et dominateur. Elle devait être la victime de cette faute où il y avait un mélange de violence, d'imprévoyance et de générosité.

Les victoires de la Prusse sur Napoléon avaient attiré les yeux de l'Allemagne tout entière. En somme, l'Autriche-Hongrie, quoique Metternich eût été le diplomate de la coalition et que le Congrès se fût tenu à Vienne, avait paru longtemps faible, incertaine ; catholique, elle ne paraissait pas avoir contre le dehors, le ressort et la puissance d'agression de la Prusse protestante. On se souvenait encore de l'ascendant conquis par le royaume du Nord, au temps de Frédéric II ; il y a là des impondérables dont il faut tenir compte pour expliquer l'apparition en Allemagne, mais surtout en Prusse, de la grande génération qui, sous l'impulsion de Fichte, de Schiller, de Schleiermacher, au temps du *Tugendbund* et du baron de Stein, avait réorganisé et entraîné l'opinion publique pendant toute la période qui commence en 1807 : « A cette période d'activité enthousiaste appar-

tient une œuvre aussi étrange qu'audacieusement conçue, la création du *Tugendbund*. Au moment où M. de Stein prenait la direction des affaires, au mois d'octobre 1907, un jeune magistrat de Braunsberg, M. Henri Bardeleben, lui avait adressé un écrit intitulé *l'Avenir de la Prusse*, où il engageait tous les citoyens à oublier leurs divisions, à se serrer autour du pouvoir et à ne former qu'un grand parti national. Peu de temps après, Bardeleben avait organisé avec quelques officiers et quelques savants, une association singulière. Ils mettaient leurs efforts en commun, disaient-ils, pour combattre chez eux, chez les autres, chez le gouvernement, toute pensée d'égoïsme. Ils se donnaient le titre d'*Association scientifique et morale*. Les premiers membres étaient, avec le fondateur, le général Gneisenau, le général Grollmann, le professeur Krug. Peu à peu, leur nombre s'éleva jusqu'à vingt. Ils présentèrent au roi les statuts de leur société et la liste des membres ; le roi approuva. Bientôt, on ne compta plus les affiliés par vingt, mais par mille et par centaines de mille. L'association était formidable ; elle couvrait la Prusse et, de la Prusse, étendait ses réseaux sur l'Allemagne entière. Le conseil général siégeait à Kœnigsberg ; des conseils provinciaux, des chambres de district, des assemblées locales formaient une vaste machine dont tous les rouages étaient mus par une pensée unique. Le but constant des chefs était de restaurer la force et la moralité allemandes (1). »

L'Europe ne méditera jamais assez sur cette phase du relèvement allemand : car c'est de là que datent les grands événements qui marquèrent le dernier tiers du XIXe siècle et la confusion qui se fit, en Allemagne, entre le patriotisme libérateur et le militarisme dominateur. La source, la noble source de la grande erreur est là. Un Bismarck se chargea d'en détourner les eaux au profit de l'ambition prussienne.

On peut dire que, dès lors, dans le cœur de

---

(1) VÉRON, *Histoire de la Prusse*, p. 148.

STATUE DE LA GERMANIA ÉLEVÉE AU-DESSUS DU RHIN
EN SOUVENIR DE LA RESTAURATION DE L'EMPIRE ALLEMAND

l'Allemagne, la Prusse l'emporte ; l'Autriche, ainsi que l'Allemagne du Sud, sont déjà battues.

Cet état d'esprit s'affirme dans l'évolution qui fit des plus remarquables parmi les écrivains et les penseurs, même « libéraux », de l'Allemagne du Centre et du Sud, les sectateurs soudainement convertis de l'hégémonie prussienne. Certainement, la légende de Waterloo « prussien » pèse sur ces âmes qui n'ont plus d'autre rêve que celui d'une patrie allemande.

L'homme qui personnifie cette évolution et qui la consacre par cette *Histoire de l'Allemagne*, qui fut un livre d'influence et d'action s'il en fût, c'est Treitschke. C'est le type de l'Allemand prussianisé et se donnant, avec une générosité impulsive, à la force qu'il suppose devoir le recréer lui-même : il écrivait,

MONUMENT ÉLEVÉ A BISMARCK, A HAMBOURG

en 1861, ces lignes qui sont comme un écho profond de la pensée allemande à l'heure précise où la Prusse entre en campagne et inaugure, par l'affaire des Duchés, la série des guerres agressives qui doit la porter à l'hégémonie : « Je veux écrire une *Histoire de la Confédération germanique,* brève, tranchante, sans ménagements, pour montrer à la masse paresseuse que le fondement de toute existence politique, le *droit,* le *pouvoir* et la *liberté* nous manquent, et qu'aucun salut n'est possible que par l'anéantissement des petits États. »

Remarquez comme sont entremêlés les mots *droits, pouvoir, liberté* : c'est ainsi que la grande confusion commence ; il faut avoir le *pouvoir* pour avoir le *droit* et la *liberté.* Donc le *pouvoir* prime le *droit* et la *liberté.* La formule bismarckienne sort de là.

Treitschke écrit encore, ramassant en six lignes le grand effort de la pensée et du cœur allemands : « Tous les livres, toutes les œuvres d'art qui révèlent la noblesse du travail allemand, tous les grands noms allemands que nous considérons avec admiration, tout ce qui annonce la gloire de notre esprit, proclame la nécessité de l'unité, nous conjure de créer, dans l'ordre politique, cette unité qui existe déjà dans le monde de la pensée. Et notre douleur est décuplée en pensant que chaque œuvre isolée est tant admirée, tandis que notre peuple tout entier est raillé au dehors. »

Et la phrase qui revient sans cesse, comme un *leitmotiv,* traduisant une pensée et une conclusion toujours la même : « C'est la Prusse seule qui a fait l'unité germanique, moins encore par l'action réfléchie de ses gouvernants que par la force inhérente de ses institutions, ou ce qui revient au même, par l'esprit qui a présidé à son évolution politique. » L'écrivain n'hésite pas à découvrir le fond des choses : « Les hobereaux prussiens ont fait l'unité germanique. »

CARTE DES AGRANDISSEMENTS DE LA PRUSSE

D'où les conséquences finales tirées par Treitschke et par ses disciples : « Nous ne nous sommes que trop laissés séduire par les grands noms de tolérance et de lumière... » « Assez d'amour comme cela, essayons maintenant de la haine. » (Herwegh.)

Bismarck vint pour appuyer le système par l'autorité de la victoire et du succès. Bismarck est le fils des hobereaux du Brandebourg, le fils des vieux et durs adversaires de la Pologne et de l'Allemagne du Sud. Ses ancêtres ont manié l'épée; son père est un capitaine de cavalerie, lui-même porte d'abord l'uniforme : c'est un soldat. Il était né pendant les Cent-Jours et les récits d'un vieux parent sur les guerres de Napoléon avaient exercé, de son propre aveu, la plus vive influence sur sa jeunesse. Héritier exclusif d'une tradition et d'une race,

il avait la conviction enracinée que la véritable diplomatie prussienne, c'était la guerre. Et c'est pourquoi cet officier se fit diplomate.

Il fut un grand diplomate et un grand Prussien plutôt qu'un grand homme d'État. Car, il y avait, dans sa formation puissante, des lacunes graves : il disait plus tard, de lui-même, qu'il n'était pas un *homme colonial;* on eût pu dire de lui qu'il n'était pas un *homme européen.* Sa méthode à la fois astucieuse et violente, persévérante et brutale, est celle d'un chasseur des bois : il tend le piège, attend longtemps, et soudain tombe sur la proie. Mais le jeu l'a passionné plus encore peut-être que le résultat : il se préoccupe plus du succès immédiat que de la construction durable. Il sort de sa forêt et y rentre, content si le sang a coulé et qu'il lui en reste encore le goût, l'odeur aux lèvres.

BERLIN. — RETOUR D'UNE REVUE SUR LA PROMENADE « UNTER DEN LINDEN ».

Ce grand réformateur ou déformateur de l'Allemagne n'aimait pas l'Allemagne ; il n'en partageait ni les aspirations, ni les rêves, ni la sentimentalité obscure ; il n'avait compris d'elle qu'une chose, c'est qu'elle voulait l'unité et dans ce désir ardent il trouvait surtout le moyen d'assurer la suprématie de la Prusse par le procédé éminemment prussien : la guerre.

En somme, Bismarck est responsable des quatre grandes guerres qui, en prenant graduellement de plus en plus d'extension, ont ensanglanté l'Europe depuis un demi-siècle : la guerre des Duchés, la guerre de 1866 contre l'Autriche, la guerre de 1870 contre la France ; ajoutons la guerre de 1914 contre l'Europe entière : car, celle-ci est dans la logique et la nécessité de l'œuvre bismarckienne. Peut-être son génie eût-il pu l'éviter, mais ses disciples n'étaient pas de taille à museler le dogue prussien une fois qu'il avait été lâché.

Bismarck, c'est le Prussien type. La question est de savoir si ce Prussien type est le type de l'humanité.

Si, comme tout porte à le croire, l'œuvre de Bismarck doit être profondément modifiée à la suite de la guerre actuelle, cet homme aura été le dernier grand asservisseur qu'ait connu l'histoire ; il achèvera la lignée des puissants rapaces que la Germanie aura jetés sur l'Europe.

Il asservit à la race allemande les Scandinaves des duchés ; il asservit à la race allemande les Slaves de Pologne, autrement ménagés avant lui ; il asservit à l'Allemagne les Français d'Alsace et de la Lorraine ; il maintint l'asservissement des Italiens sous le joug autrichien ; sa politique admettait, comme une conséquence fatale, l'asservissement à l'alliée autrichienne des Slaves des Balkans ; enfin, il asservit à la Prusse l'Allemagne elle-même. Il imposa au monde germanique, hésitant et même résistant, l'Empire despotique et militaire des Guillaume. C'est la carrière de Bismarck que l'Europe actuelle doit avoir toujours en vue, si elle veut pénétrer à fond la grande erreur et la grande faute qu'elle est appelée à réparer.

Les gouvernements allemands et les peuples allemands avaient-ils une pleine conscience de ce qu'ils faisaient quand, en 1870, ils donnèrent des mains à la constitution de l'Empire prussien et militaire, c'est une question que l'on ne pouvait éclaircir à fond avant l'heure présente : 1º parce que l'histoire avait été sophistiquée par les apologistes du succès ; 2º parce que l'Allemagne ne pouvait, avant l'heure présente, voir clairement ou plutôt deviner où on la menait. Si, au temps où ces faits s'accomplirent, elle eût mieux compris que son unité, telle que Bismarck la concevait, serait l'instrument de la guerre perpétuelle, et finalement que sa subordination à la Prusse accumulerait contre elle la haine universelle, peut-être eût-elle mieux apprécié et loué davantage la clairvoyance des ministres et des patriotes bavarois, saxons, wurtembergeois qui eussent préféré maintenir à l'Allemagne le caractère fédéral et constitutionnel, anticentraliste et antimilitariste que l'esprit de parti et l'habileté diplomatique s'arrangèrent pour lui imposer.

La campagne pour l'unification impériale prussienne fut commencée, comme on le sait, par Bismarck, même avant la guerre de 1870. La suggestion venue de Prusse et insinuée auprès des gouvernements et de l'opinion fut assez mal accueillie, d'abord. La véritable pensée des hommes d'Etat clairvoyants est exprimée, en septembre 1869, par le roi de Saxe dans son discours du trône : « Mes efforts ont toujours nettement tendu à favoriser et à soutenir l'établissement de la Confédération conformément à la constitution ; je n'ai même pas hésité non plus à prendre l'initiative d'une institution qui était dans l'intérêt général de la Confédération (il s'agit de l'Empire, mais de l'Empire fédéraliste) ; *mais, en même temps, j'agirai toujours, après comme avant, de façon que soient maintenues les limites que la Constitution fédérale place entre les droits de la Confédération et ceux des Etats, et que l'on ne dépasse*

GABRIEL HANOTAUX
de l'Académie Française

HISTOIRE ILLUSTRÉE

DE LA

GUERRE DE 1914

24 PAGES DE TEXTE ET D'ILLUSTRATIONS

FASCICULE
N° 16

GOUNOUILHOU, Éditeur
PARIS, 8, boulevard des Capucines & BORDEAUX, 8, rue de Cheverus.

PRIX NET
1 franc

Les quatorze premiers fascicules de l'*Histoire illustrée de la Guerre de 1914*, par Gabriel HANOTAUX, constituent le Tome premier de l'ouvrage.

Ces quatorze premiers fascicules, contenant trois cents pages, dont cent quatre-vingt d'illustrations, forment un superbe volume grand in-quarto qui sera mis en vente au prix de :

18 fr. relié

Reliure demi-chagrin, plats toile, fers spéciaux du Maître graveur Auguste LEPÈRE, tranches ébarbées, tête dorée.

Les frais de port et d'emballage sont à ajouter au prix ci-dessus; soit o fr. 75 pour l'envoi par colis postal, livrable en gare, et 1 franc pour la livraison à domicile.

Nous pouvons fournir également, aux personnes qui préféreraient faire exécuter elles-mêmes la reliure des fascicules, des emboîtages avec les fers spéciaux de LEPÈRE, au prix de **3 fr. 50**.

Les frais de port et d'emballage sont à ajouter à ce prix; soit o fr. 75 pour l'envoi par colis postal, livrable en gare, et 1 franc pour la livraison à domicile.

Tous nos lecteurs trouveront : dans le fascicule 15, le Faux-titre et le Titre du volume ; dans le fascicule 16, la Table des matières (texte et gravures).

Le Tome premier relié, ainsi que l'emboîtage de ce tome, seront en vente dans toutes les Librairies. Pour les recevoir franco, adresser les demandes, accompagnées d'un mandat-poste représentant le prix du volume désiré ou de l'emboîtage et des frais de port indiqués ci-dessus, à GOUNOUILHOU, éditeur, 8, boulevard des Capucines, à Paris, ou 8, rue de Cheverus, à Bordeaux.

pas le point au delà duquel il ne resterait plus aux Etats assez d'influence ni d'autorité... J'ai le ferme espoir que cette attitude de ma part ne restera pas sans résultat, car je me sais, à cet égard, en complet accord avec les idées et les vues de mes hauts confédérés. »

C'est de là qu'on est parti et c'est à la proclamation de l'Empire militaire allemand à Versailles que l'on est arrivé.

L'histoire des circonstances difficiles dans lesquelles le génie de Bismarck s'exerça pour arriver à ses fins, les moyens qu'il employa pour préparer l'opinion, gagner les cabinets, terroriser certains ministres, abuser de la simplicité de certains souverains, écarter les majorités indépendantes, briser partout les résistances, engager une course entre les divers gouvernements confédérés à qui ne se laisserait pas dépasser par l'autre en vue de récolter certains avantages particuliers, tout cela a été écrit cent fois.

On a signalé aussi, avec force, même en Allemagne, la part d'ambition personnelle qui poussait Bismarck à réaliser, contre vent et marée, cette œuvre qui, au début, eût paru impossible. Roon écrivait le 16 février 1870, à son ami Blankenbourg : « Il (Bismarck) veut à tout prix rester, maintenant et *dans l'avenir*, et cela, parce qu'il a le sentiment que l'édifice ébauché s'écroulera sous la risée universelle, dès que sa main ne sera plus là. Il n'a pas tout à fait tort, mais les moyens qu'il emploie le mèneront-ils au but ? »

Malgré le peu de choix dans la nature des moyens, ils devaient le mener au but, en effet. Bismarck, avant la guerre contre la France, n'était pas trop exigeant : il ne réclamait même pas, pour l'Empereur, chef de la Confédération du Nord, le commandement suprême en temps de guerre, ni l'unité économique ; il se contentait, pour ainsi dire, du titre (de Ruville, *la Restauration de l'Empire allemand*, p. 104), quitte sans doute à gagner à la main par la suite. Mais les ambitions grandirent avec les victoires remportées bientôt sur la France.

LE PRINCE DE BISMARCK
(DESSIN DE LENBACH)

RÉSISTANCE DU SUD EN 1871 De tous les Etats allemands, le seul qui eût pu mettre en échec les desseins de Bismarck, était la Bavière.

En Bavière, le parti patriote n'était nullement disposé aux concessions ; on avait un juste pressentiment de ce qui devait arriver : « On craignait surtout le *militarisme*, le bureaucratisme, toutes ces formes rudes de l'Allemagne du Nord, comme autant d'éléments nuisibles, de même que les conservateurs du Nord redoutaient, par la pénétration des idées libérales et parlementaires et de toutes les manifestations de « bel esprit » propres au Sud, la dissociation de l'Etat vigoureusement organisé. Des deux côtés, on était également désireux de voir l'Etat s'étendre, mais non sous la forme d'une unité plus grande. La crainte de cette unité existait dans la Vieille-Prusse comme dans la Vieille-Bavière et formait un trait commun des deux partis. » (*Ibid.*)

Tels étaient les deux systèmes en présence, le point où ils se rapprochaient le plus. En somme, l'Allemagne désirait organiser son unité, certes, mais plus pacifiquement, avec plus de souplesse, plus d'harmonie intérieure et extérieure qu'elle ne l'a fait ; elle eût préféré se garder d'une organisation politique trop compacte, ne pas se subordonner aux partis militaires, ne pas devenir la proie du bureaucratisme et du militarisme avec toutes leurs conséquences, si la savante ambition de Bismarck ne l'avait, pour ainsi dire, acculée dans une impasse, étranglée, dans le dilemme soit d'accepter l'hégémonie prussienne, soit de renoncer à l'unité. La question fut posée de telle façon que le choix n'était pas libre, puisqu'il était dicté d'avance.

Tout l'art de Bismarck fut de dissocier la résistance des éléments indépendants, et notamment des ministres bavarois, wurtembergeois, hessois, saxons, en les opposant les uns aux autres. Il avait, de longue date, gagné à sa cause le roi Louis de Bavière ; il mit son soin à conduire les négociations avec les États séparément, pendant toute la durée des hostilités, et à exciter leur méfiance réciproque. On a des raisons de croire qu'il se servit des papiers pris à Cerçay, chez M. Rouher, pour exercer une sorte de chantage sur ceux des ministres de l'Allemagne du Sud qui avaient gardé des relations avec les Tuileries, jusqu'à la veille de la déclaration de guerre.

Après avoir forcé la main au ministre bava-

rois, le comte Bray, on obtint, vers la fin de l'année 1870, du roi Louis, la fameuse lettre par laquelle il offrait lui-même la couronne impériale au roi de Prusse. Bismarck laisse deviner les inquiétudes par lesquelles il avait passé, rien qu'au soupir de soulagement qu'il pousse quand lui parvient le précieux document.

Laissons-le, d'ailleurs, exposer lui-même l'épilogue de cette difficile manœuvre qui devait décider de l'avenir de l'Allemagne et, par suite, de l'avenir européen :

« La question du rétablissement de l'Empire était alors (fin novembre 1870) dans une phase critique et menaçait d'échouer, à cause du silence que gardait la Bavière et de l'aversion que montrait le roi Guillaume. A ce moment, le comte Holnstein se chargea, sur ma prière, de remettre une lettre à son souverain. Pour qu'elle parvînt sans retard, je l'écrivis aussitôt, assis à une table qu'on n'avait pas encore desservie, avec de mauvaise encre et sur du papier qui buvait. Le comte se mit en route le 27 novembre ; il accomplit son voyage en quatre jours avec de grandes difficultés et de fréquentes interruptions.

« Le roi, souffrant d'une névralgie, était alité ; il refusa d'abord de le recevoir, puis l'admit après avoir appris que le comte venait en mon nom et avec une lettre de moi. Puis il lut ma lettre dans son lit deux fois et très attentivement, en présence du comte, demanda de quoi écrire et rédigea la lettre au roi Guillaume que je lui avais demandée et dont j'avais composé le brouillon... Le septième jour après son départ, le comte Holnstein était de retour à Versailles avec la lettre du roi. Le jour même, elle fut officiellement remise à notre roi par le prince Luitpold, le régent actuel. Elle constituait un facteur important pour le succès d'efforts pénibles et souvent incertains dans leurs résultats. La résistance du roi et le fait que la Bavière n'avait pas pu parvenir à formuler ses sentiments avaient provoqué tout ce labeur. » (*Souvenirs*, II, 142.)

Ne voit-on pas, à la hâte apportée à ces réa-

NOTRE-DAME DE PARIS VUE AU CRÉPUSCULE

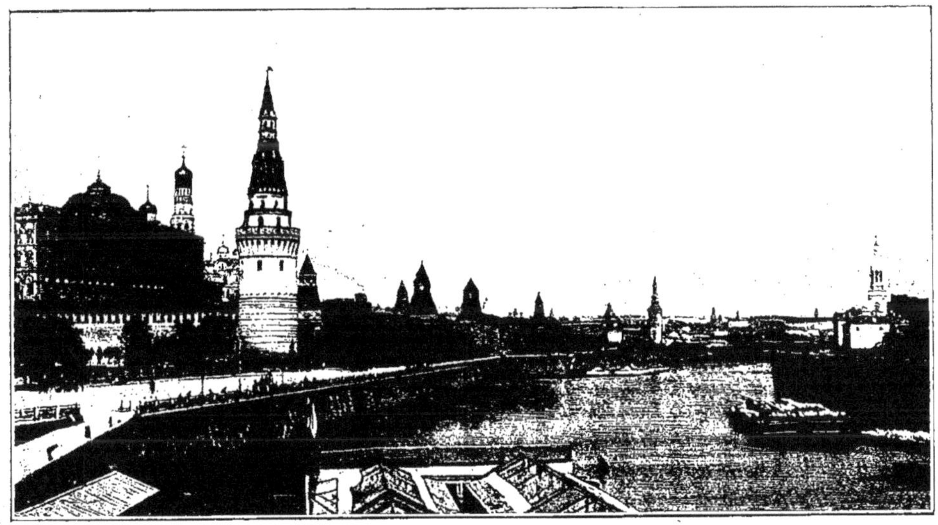

MOSCOU ET LE KREMLIN

lisations presque inespérées, au soin avec lequel tous les détails en sont réglés minute par minute, à l'impatience manifestée au sujet du moindre retard, à l'espèce de surprise et de contrainte exercée sur un roi malade et alité, ne voit-on pas combien étaient grands le désir de réussir et la crainte d'échouer au dernier moment ? On se souvient du récit émouvant de Büsch :

« L'après-midi de cette journée historique s'est passé dans une attente anxieuse du résultat. A l'heure du thé, je suis descendu dans la salle à manger. Bohlen et Hatzfelt étaient là tous deux, assis sans rien dire. D'un geste, ils me désignèrent le salon où le chancelier était en train de négocier avec les trois plénipotentiaires bavarois. Je m'assis, à mon tour, en silence et j'attendis.

« Au bout d'un quart d'heure, la porte s'entr'ouvrit et M. de Bismarck apparut. Il tenait en main un verre vide et avait l'air rayonnant.

« — Messieurs, nous dit-il d'une voix tremblante encore d'émotion, le traité bavarois est signé, l'unité allemande est assurée, et notre roi devient empereur d'Allemagne ! »

On n'attendit même pas le vote des Chambres bavaroises. Le 18 janvier, le roi Guillaume, dans la salle des Glaces, à Versailles, assuma, de lui-même, la dignité impériale et créa ainsi l'empire allemand.

Le débat devant la Chambre bavaroise fut l'épilogue tout platonique d'un événement historique si considérable et qui s'était, en somme, achevé entre augures. La commission chargée du rapport se prononça, le 4 janvier, en rejetant les propositions du gouvernement et en invitant les ministres à rouvrir les négociations en vue d'assurer une indépendance internationale plus complète au royaume de Bavière. Devant la Chambre elle-même, le débat fut long et orageux ; mais que pouvaient faire les opposants ? Risqueraient-ils d'en arriver à une rupture avec la Prusse au moment même où les dernières résistances des armées françaises étaient brisées ? Et puis, la parole du roi était engagée. Le 21 janvier, la proposition du gouvernement fut votée en séance plénière, à une majorité de deux voix seulement en plus des deux tiers nécessaires pour que le vote fût valable.

C'est dans ces conditions que les justes sen-

SAINT-PÉTERSBOURG ET LA NÉVA

LA TAMISE ET LE PONT DE LONDRES

timents et pressentiments de l'Allemagne du Sud furent refoulés. Les destinées germaniques s'étaient accomplies, orientées dans l'orgueil de la victoire, à Versailles. L'empire était le fils de la guerre. Le militarisme dynastique serait son instrument. La journée du 19 janvier portait, dans ses flancs, les ambitions pangermanistes, le système de la *Weltpolitik*, et la guerre de 1914.

Il n'était pas inutile de rappeler par suite de quelle pression de diplomatie à la fois violente et subtile, le sort de l'Allemagne et de l'Europe fut décidé en 1871. On trouve, dans ces machinations infiniment complexes, secondées par un puissant travail de l'opinion, — suivant le mot de Mommsen, que Bismarck « spéculait toujours sur la crédulité publique », — les causes de l'erreur commise par l'Allemagne elle-même à l'encontre de ses propres intérêts et peut-être de ses propres sentiments.

On y trouve aussi les origines de la situation exceptionnelle faite à l'Allemagne au milieu de l'Europe moderne et de l'antagonisme constant qui s'affirma, dès lors, entre elle et le reste du monde. L'Allemagne subit ou accepta non seulement l'hégémonie prussienne, mais la culture prussienne. Elle avait « sentimentalisé » jusque-là : elle « caporalisa » désormais.

HÉGÉMONIE MILITARISTE ET SES CONSÉQUENCES Après cinquante ans, le système militariste inauguré à Versailles ayant abouti, comme il était logique, à la guerre universelle, tout est remis en question. Les peuples allemands, quand une fois les événements se seront accomplis, auront peut-être une occasion unique de se ressaisir et de choisir entre Leibniz et Bismarck ; car ce débat est en eux, non pas en nous. Pour nous, c'est-à-dire pour le reste de l'Europe, le parti est pris depuis longtemps : entre le despotisme et la liberté, l'Europe a choisi la liberté.

L'Europe, quoi qu'on en ait dit, n'est pas une expression vide de sens. Il est un certain nombre d'idées générales sur lesquelles la majo-

rité des populations européennes et tout le monde civilisé s'accordent, pour ainsi dire, à demi-mot. L'Allemagne seule ou, pour parler plus exactement, la Prusse seule fait bande à part.

Je ne reviens pas sur l'exposé fait plus haut de la doctrine allemande, l'Allemagne tendant à l'hégémonie mondiale par le militarisme et l'organisation ; l'armée prussienne constituant, selon les termes d'une brochure allemande récente, peut-être semi-officielle, « avec son pas de parade symbolique, le type d'une société rythmée ».

Quel contraste avec la vie générale des autres nations européennes ! Combien Paris, Londres, Saint-Pétersbourg, Rome diffèrent de Berlin !

Paris a Notre-Dame et le Louvre que les siècles ont bâtis et consacrés. Londres a Westminster ; Saint-Pétersbourg sur la Néva, comme Londres sur la Tamise, donnent de prime abord l'idée de la puissance et de la grandeur. Rome est Rome, et c'est tout dire. Berlin qui, au début du XVIIe siècle, comptait à peine 6.000 habitants, s'est accrue soudainement de telle sorte que la capitale régna avant que la ville fût. Tout y sent le factice et l'artificiel, même et surtout le luxe. Seule l'Université, qui régenta et dompta la pensée allemande, est vraiment digne d'une capitale : ville de soldats, de professeurs et d'ouvriers. Les millions de travailleurs qui forment l'accroissement soudain de la métropole neuve ne sont attachés à la ville que par le gain ; ce sont des habitants, non des citoyens. Plus de 300.000 d'entre eux sont inscrits sur les registres de l'assurance forcée. Les gros bataillons du socialisme berlinois s'opposent au capitalisme impitoyable des grandes banques et des grandes entreprises.

Berlin est une capitale soufflée et parvenue. L'Europe, la vieille Europe ne consentira jamais à prendre le mot d'ordre dans cette ville sans passé, sans goût et sans grâce.

Le mot d'Europe n'indique pas seulement une certaine communauté d'origine, de race et d'habitat, une sorte de parenté reconnaissable aux traits du visage et à la similitude des

LE PALAIS DE WESTMINSTER A LONDRES

mœurs ; il signale, surtout, un état d'esprit, une façon de sentir, une manière de vivre commune à tous que l'on a comparée fort justement à l'ancien hellénisme. L'Europe n'est pas, en réalité, restreinte au territoire de son étroit continent : l'Amérique fait partie de l'Europe. La religion, la morale, l'opinion, tout ce qui décide du sort des hommes en particulier et de l'humanité en général, la forme des âmes, en un mot, plus encore que la forme des corps, détermine les caractères de cette extraordinaire société humaine qu'est l'Europe ; une lumière plus haute, une atmosphère plus large avec je ne sais quel souffle rayonnant d'ici sur la planète tout entière lui assure la suprématie.

Or, quelle est la faculté propre à l'âme européenne, sinon une aspiration constante vers la liberté ? L'homme libre dans la cité libre, les peuples libres dans une humanité libérée, chacun maître de son sort, la discipline acceptée et non imposée, une tendance universelle vers la pacification des conflits, vers une tolérance mutuelle, vers un travail allégé, autant que possible, des exigences de la matière, un large courant démocratique, nul système absolu ni lourdement affirmé, de la bonhomie, de l'aisance, de l'aménité dans les relations d'homme à homme et de pays à pays, une soumission cordiale aux lois de la justice, de l'honneur et de la politesse, l'ambition du mieux, une propagande mutuelle pour l'acceptation du devoir et l'allègement des misères humaines, une sorte de charité qui implique l'égalité de tous les hommes entre eux, l'acceptation des conditions de la vie et de la nature ainsi que Dieu les a faites, telle est la conception de l'existence particulière et sociale la plus généralement répandue en Europe ; tel est, du moins, l'idéal que le peuple européen, par une élaboration et un effort séculaires, s'est fixé à lui-même.

Comment se fait-il que, sur la plupart de ces points, la doctrine allemande, la volonté allemande soient en contradiction avec le sentiment général européen ?

Quelque temps avant la guerre, l'auteur du présent ouvrage, d'accord avec M. Butler, président de l'Université Columbia de New-York, s'efforçait de définir cet « esprit international », qui est à peu près le même sur les deux continents. Il était amené, par la force des choses, à le définir en des termes qui font contraste avec ceux qui définissent « l'esprit prussien ». « L'esprit international n'est pas seulement affaire de culture : il tient surtout à la hauteur des vues et à une certaine disposition naturelle, bienveillante et humaine. Sur un certain plan, les hommes ont, les uns pour les autres, ce sentiment de respect mutuel qui, dans le cours de la vie particulière, s'appelle le tact : ils savent sortir d'eux-mêmes et, comme on dit, se mettre à la place des autres ; ils ressentent, d'avance, la peine qu'un propos ou un acte déplacés peuvent causer ; ils ont un goût de la mesure qui les avertit au moment où le sens propre va devenir désobligeant, une finesse d'épiderme qui s'émeut à la seule crainte de froisser ; en un mot, ils ont l'art de ménager les contacts et de les rendre toujours faciles et agréables.

« Notre La Rochefoucauld a défini cette courtoisie exquise à la manière du grand siècle, dans son beau morceau sur la conversation : « On ne doit jamais parler avec des airs d'autorité ni se servir de paroles et de termes plus grands que les choses. On peut conserver ses opinions si elles sont raisonnables ; mais, en les conservant, il ne faut jamais blesser les sentiments des autres, ni paraître choqué de ce qu'ils ont dit. Il est dangereux de vouloir être toujours le maître de la conversation... Ne jamais laisser croire qu'on prétend avoir plus de

raison que les autres et céder aisément l'avantage de décider. » Appliquez ces règles à la conversation internationale, elles fonderaient, entre les peuples, une heureuse harmonie qui serait la plus honorable et sans doute la plus profitable des diplomaties, celle qui s'inspirerait de l'intérêt bien entendu sur un fond de sagesse et d'équité. »

Comment se fait-il que le morceau qui, par opposition, était destiné à caractériser la culture anti-européenne, s'appliquât exactement à la culture allemande ?

« En s'inspirant de principes tout contraires, on en est venu à autoriser et à louer même, dans les rapports internationaux, une fanfaronnade de cynisme qui nous ferait horreur dans la vie particulière. Des ambitions lourdement étalées, des combinaisons obscures, un égoïsme vulgaire, l'habitude du mensonge et de la dissimulation sont prônés à l'égal des plus rares vertus. La violence et la perfidie sont justifiées pourvu qu'elles aient réussi. Des populations à poussée débordante jouent des coudes et prétendent se faire place en vertu du droit du plus fort, sans souci des sentiments froissés et des haines accumulées (1). »

Et comment se fait-il que la guerre, prévue dès lors et qui devait éclater quelques mois après, ait justifié jusqu'à une exagération affreuse, les accents déjà si affirmés d'un tel portrait ?

CE QU'IL FAUT DÉTRUIRE De même que l'Allemagne avait dû choisir en 1870, l'Europe avait à faire son choix en 1914 ? Subirait-elle, à son tour, le caporalisme prussien, renoncerait-elle à ses propres principes, à son idéal, s'astreindrait-elle aux doctrines dures et cruelles qui rattacheraient, en somme, la civilisation européenne non aux nobles traditions de la Méditerranée, mais aux horreurs sanglantes du bois des Lemnons ? M. Bergson a parfaitement dégagé les données du problème : « Mécanisme *administratif,*

(1) *L'Esprit international, 1914.* G. Crès, p. 14.

L'EMPEREUR GUILLAUME II ET SON ÉTAT-MAJOR.

militaire, industriel : la machine n'aurait qu'à se déclancher pour entraîner les autres peuples à la suite de l'Allemagne, assujettis au même mouvement, prisonniers du même mécanisme. » L'Europe attacherait-elle son sort comme l'Allemagne de 1870 à l'immense machine de guerre à laquelle l'esprit prussien sert de moteur ?

Et il ne s'agissait pas de l'Europe seulement.

Un grand fait s'était produit dans les dernières années du XIXe siècle : l'expansion coloniale avait rendu l'Europe maîtresse de la plus grande partie des autres continents. L'Europe, en étendant sa protection et son autorité sur tant de peuples que la loi du progrès n'avait pas encore touchés, avait assumé une lourde responsabilité, elle avait accepté « charge d'âmes ».

L'expansion coloniale avait été l'événement mondial de cette grande époque européenne. Et maintenant, qu'allait-on apporter à ces millions d'âmes naïves, hésitantes entre la barbarie qui les tenait encore et la civilisation qui les emportait déjà ? S'agissait-il de restaurer parmi elles le culte de la force, avec je ne sais quelle transformation de la barbarie en besogne scientifique et mécanique ? Etait-ce uniquement pour leur réapprendre le rapt et l'esclavage, qu'on allait les chercher aux rivages éloignés ? Les trompait-on cruellement, en ouvrant devant eux les saints livres du Christ et en leur enseignant, avec le respect des corps et des âmes, le culte du droit ?

Quelle forme donc était-il question de donner à l'univers : l'accession de tous à l'égalité et à la liberté, ou l'asservissement définitif sous une race choisie et eugénique faisant travailler à son profit le reste de l'humanité ? Car la *Weltpolitik* avait ce sens. Le parti à prendre était analogue à celui que le monde avait pris à la chute de l'Empire Romain ; il s'agissait de savoir si le Christ serait, après deux mille ans, rayé de l'histoire et si l'Évangile de « l'Allemagne au-dessus de tout » serait seul enseigné. La terre entière attendait le verdict que les aînés de ses fils allaient prononcer sur eux-mêmes.

La marche des choses était trop certaine : si l'Allemagne prussienne l'emportait, les doctrines professées par les Treisthke, les Chamberlain, les Lamprecht devenaient le nouveau catéchisme de la morale publique et privée. L'Empire germanique universel, fondé par la Prusse en Allemagne, s'étendrait de l'Allemagne au reste de l'Europe, et par la conquête des colonies européennes, rayonnerait de l'Europe sur le reste de l'univers ; en Europe et hors d'Europe, tous les petits États seraient absorbés, quand les grandes puissances auraient été abattues. Après quoi, l'organisation se développerait en conformité avec les idées sélectionnistes ; car c'est là l'Évangile nouveau.

« La population de l'Empire universel sera répartie en trois classes superposées :

« 1° Les Germains purs (cheveux blonds, teint clair, haute stature, crâne dolichocéphale, etc.). Ce seront les seuls citoyens. On estime qu'il s'en découvrira dix millions en France, et qu'ils forment les trois quarts de la population de l'Allemagne. L'autre quart, par faveur spéciale, y sera assimilé.

« 2° Les demi-Germains, métis auxquels le *connubium* est refusé avec les Germains purs et qui seront demi-citoyens pour le surplus.

« 3° Les non Germains (brachycéphales). Ils seront traités comme les anciens ilotes ou les esclaves, employés aux travaux les plus durs et les plus malsains, éliminés, extirpés successivement par tous les moyens.

« L'*eugénisme*, en effet, sera la règle ; et la *polygamie* des Germains purs lui servira d'adjuvant. »

Tel serait donc le nouvel idéal humain. L'Empire germanique réaliserait la fameuse culture allemande : « L'Allemagne, écrit A. Hummel dès 1876, est vraiment le cœur de l'Europe, et, comme dans l'organisme le cœur a pour fonction de faire circuler, à travers les membres, un sang qui renouvelle les parties vieillissantes et fortifie les plus jeunes, ainsi, l'Allemagne a pour mission dans l'histoire, de *rajeunir par la diffusion du sang germanique les membres épuisés de la vieille Europe.* »

LA MESSE PONTIFICALE A SAINT-PIERRE DE ROME CÉLÉBRÉE PAR LE PAPE PIE X

Tel serait donc le sort réservé à l'Europe d'abord, puis à l'univers, si l'idéal pangermaniste l'emportait, si la *Weltpolitik* triomphait.

Mais quelles sont, d'autre part, les suites logiques de la victoire contraire ? Si « l'Europe » l'emporte, quelles seront les conditions de la victoire, les conditions indispensables de la paix ?

CE QU'IL FAUT RÉPARER On pourrait, par une formule presque mathématique, — car la réaction est égale à l'action, — affirmer que les conditions nécessaires de la paix, pour qu'elle soit durable, doivent être exactement inverses des raisons qui ont déterminé la guerre. De graves erreurs ont été commises ; ces erreurs doivent être réparées. En les reprenant l'une après l'autre, en restaurant ce qui a été détruit, en relevant ce qui a été accablé, en contenant les ambitions débordées, en restituant au droit l'autorité qui est la sienne et qui doit avoir nécessairement le dernier mot, en écartant définitivement, de l'horizon, la terreur germanique, en reconsti-

tuant la morale internationale, en vertu des doctrines du Christ et de la Révolution française, on poursuivrait l'évolution naturelle du monde vers la fraternité, dans la liberté. Nietzsche nous traite de moutons : eh bien! les moutons arracheront griffes et dents aux loups. Les bêtes de proie seront mises dans l'impossibilité de nuire. Cela veut dire que la Prusse sera réduite à l'impuissance et, pour cela, il n'y aura qu'à effacer du droit international la série des actes qui ont fait d'elle la terreur de l'univers.

Le devoir des puissances victorieuses, après avoir obtenu les indemnités indispensables et avoir édicté des châtiments égaux aux crimes, sera de reprendre *ab ovo*, sous la garantie de l'Europe, les fautes commises au traité de Francfort, au congrès de Vienne, au traité de Westphalie, en un mot dans tous les actes qui ont laissé la Prusse se développer et s'agrandir au détriment de l'Allemagne et de l'Europe. Il s'agit, selon le mot d'un ministre bavarois, de refouler la tribu militariste et expansionniste du Nord, pour refaire une famille européenne.

On reprendra de fond en comble le règlement

LE PALAIS DU VATICAN

de toutes les questions qui ont été la conséquence de l'ingérence prussienne.

Procédons par ordre : la guerre de 1914 a eu
pour origine l'irruption projetée par le germanisme sur la Serbie et la péninsule balkanique :
ces régions seront, pour toujours, arrachées à
la menace des empires allemands et au joug de
la Turquie, leur complice.

Les nationalités slaves et latines sont acca-
blées depuis des siècles : elles seront libérées et
restaurées. La Belgique, le Luxembourg sont
les dernières victimes de la rapacité prussienne : avec quelle joie le monde leur rendra ce
qu'ils ont perdu, en y joignant les justes compensations qui, hélas ! ne pourront réparer
l'irréparable. L'Alsace et la Lorraine ont tant
souffert ! On les rendra à la France et on leur
rendra la France : elles auront leurs frontières
assurées pour toujours, contre un retour de
l'éternel ennemi. Les avantages obtenus par
la Prusse, au détriment des nations qui l'en-
tourent, tomberont d'eux-mêmes. Combien

d'audacieux empiètements à corriger sur le
Rhin, sur les rivages de la mer du Nord, dans
les duchés danois ! La grande crucifiée européenne, la Pologne, sera descendue de son cal-
vaire : rendue à la joie de vivre, elle marchera
parmi les hommes, glorieuse et honorée à
jamais.

Le sort de l'Allemagne elle-même sera le
problème magistral de ces heures décisives.
Maintenant qu'elle sait où l'a menée le militarisme prussien, elle admettra peut-être, à son
tour, qu'elle s'est trompée lourdement. Si elle
ne le comprend pas, on le lui fera comprendre.
En tout cas, le problème allemand sera résolu
de façon à donner toute « garantie » à l'Europe.

C'est sur le mot « garantie », si insuffisamment
défini dans le texte des traités de Westphalie,
que reposera la future organisation de la paix.
L'Allemagne sera rattachée, pour son plus
grand bien, à la constitution générale européenne. Pour reprendre la formule déjà employée, elle ne sera plus un obstacle, mais un

DREADNOUGHT ALLEMAND TYPE " NASSAU "

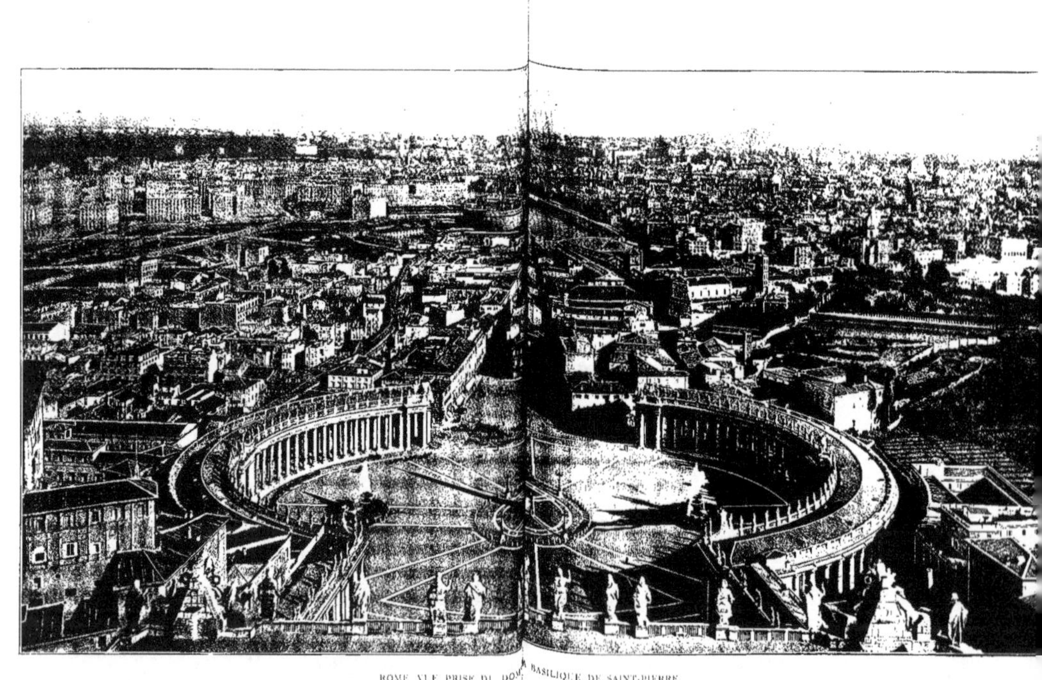

ROME VUE PRISE DE DOME LA BASILIQUE DE SAINT-PIERRE

un lien. Entre Bismarck et Leibniz elle choisira ; et cette fois elle choisira Leibniz. L'axe de la véritable Allemagne sera déplacé ou, plutôt, il sera ramené où il doit être, c'est-à-dire vers le centre et vers le sud. Francfort, Ratisbonne, Augsbourg, Passau, ces vieilles villes sacrifiées à la gloire des ambitieuses rivales du Nord, sortiront de leur langueur. Un immense pays agricole et minier ne peut pas adopter sans péril la devise : « Notre avenir est sur l'eau. » Le peuple bavarois sentait naître ce péril dès 1870 : il a suivi le courant du militarisme et s'est grisé du vin capiteux de la *Weltpolitik* : il va réfléchir aux conséquences. Etait-ce là, en vérité, l'aspiration de cette magnifique puissance terrienne et continentale qu'est l'Allemagne ?

Une politique économique, équitable et prévoyante, saura réaliser, pour la masse laborieuse du peuple, des garanties que le syndicat des industriels et des hobereaux n'a jamais voulu lui consentir, préférant la guerre elle-même à la moindre déchéance. L'histoire, ici encore, apporte sa leçon : Jean Janssen a dit les responsabilités que les Ligues hanséatiques avaient assumées à la fin du moyen âge, lorsque leur système d'accaparement eut rendu la vie impossible à l'Allemagne des ouvriers et des paysans. Le XXe siècle a revu ces odieuses exploitations : le développement du socialisme en Allemagne n'était rien autre chose que la résistance instinctive aux abus de tous les féodaux.

L'économique à la prussienne était, elle aussi, une survivance. Une organisation plus souple et plus humaine des tarifs et des salaires permettra au travailleur de vivre loyalement sur sa terre ou dans son atelier, sans se sentir guetté et se voir exploité par le calcul insolent et l'orgueil rapace de ceux qui considèrent la fortune et les loisirs comme un droit d'aînesse pour certaines castes ou pour certains peuples.

En un mot, la paix sera la paix : non plus celle qui fait étinceler son casque et qui tend le poing armé du gantelet de fer, mais celle qui permet aux hommes de vivre ce court passage en se confiant les uns aux autres, et de laisser couler les jours sans le tourment du lendemain. Puisque la parole divine annonça la paix, ceux qui veulent la guerre et ne veulent que la guerre seront brisés.

Il est vrai que l'empereur Guillaume a tranché le problème du divin en se substituant à la Providence sur la terre : « Rappelez-vous que le peuple allemand est le peuple élu de Dieu. L'esprit de Dieu est descendu sur moi, en ma qualité d'empereur d'Allemagne. Je suis son arme, son glaive et son vice-roi. Malheur aux désobéissants ! Mort aux lâches et aux incrédules ! »

On a lu, sur le carnet d'un officier allemand, une remarque qui est comme *le repons* du peuple allemand au verset impérial :

« Ce soir, Guillaume, le plus grand, nous a donné un noble conseil : Vous pensez tous les jours à votre Empereur ; n'oubliez pas Dieu.

« Sa Majesté devrait se rappeler qu'en pensant à elle, nous pensons à Dieu ; car, n'est-elle pas l'instrument tout-puissant du glorieux combat pour le bien ? »

Eh bien, il faut que ces étranges aberrations aient un terme. C'est une folie redoutable aux peuples, quand une majesté terrestre prétend se substituer à la majesté divine. Et cette folie est précisément celle qui voua les empereurs de la décadence à la colère de Tacite.

Le peuple élu de Dieu n'est pas cantonné dans un coin quelconque de l'Europe : il est dispersé sur toute la terre ; il habite partout où sont honorés le droit, la justice, la vérité. Ces vertus, bonnes aux individus, sont bonnes aux peuples. Il n'y a pas seulement une conscience particulière, ou même une conscience nationale, il existe une conscience internationale et *humaine !* Le résultat de cette grande guerre sera de la dégager des instincts primitifs sur la planète tout entière. Cette guerre est la *Guerre de la paix* ; elle répandra par tout le globe des semences d'équité dont nos enfants recueilleront la moisson.

Le mois d'août 1913 a vu inaugurer, à La Haye, le Temple de la Paix ; le mois d'août

LE PALAIS DE LA PAIX A LA HAYE

1914 a vu commencer, par toute l'Europe, le fléau de la guerre. La volonté militariste de l'Allemagne et de son empereur s'est mise à la traverse de la volonté de tous les peuples.

C'est un travail à reprendre quand la Prusse, c'est-à-dire la guerre, aura été vaincue: mais, cette fois, nous ne serons plus dupes des mots et des grimaces. On s'arrangera pour que les traités ne soient pas de simples chiffons de papier.

Pour que la paix soit stable, il faut qu'elle soit forte. L'Europe ira jusqu'au bout ; elle doit tenir sous le genou le militarisme allemand et prussien, lui faire vomir son erreur avec ses blasphèmes, lui inculquer la certitude définitive que le Droit a le dernier mot, même sur la force, et, par une contrainte et par une humiliation séculaires, comme furent ses ambitions et son orgueil, lui imposer le respect de la justice qui n'est rien autre que la volonté de Dieu.

CHAPITRE XIII

L'AFFAIRE DU MAROC ET LA CRISE
DES BALKANS

Origines diplomatiques de la Weltpolitik. — Exposé du prince de Bülow.
La " Marche vers l'Est " et la Conquête de l'Orient par l'Allemagne. — L'Autriche-Hongrie dans les Balkans.
Le Rapprochement Franco-Anglais et l'affaire du Maroc.
L'Affaire des Balkans. — La Paix de Bucarest. — Le Sort de la Bosnie et Herzégovine

Nous voici arrivés aux origines immédiates de la guerre actuelle, c'est-à-dire l'affaire du Maroc et la crise des Balkans. L'opinion publique n'en a pas deviné, immédiatement, les suites redoutables : elle comprit, cependant, que la paix universelle était directement menacée.

Il importe de caractériser l'action déterminante et voulue de l'Allemagne sur ces événements : en remontant leur cours, on gagne la source d'où tout a découlé.

Le prince de Bülow, avec le manque d'opportunité insigne qui est le caractère de la diplomatie germanique depuis Bismarck, a publié son livre, *La Politique allemande*, à la veille de la guerre. On ne peut croire qu'il ait eu l'intention de rédiger un réquisitoire contre le gouvernement de son empereur et contre sa propre action ministérielle.

Et, pourtant, il en est ainsi. Le prince de Bülow entreprend de démontrer que le gouvernement impérial a eu l'habileté de faire accepter la politique mondiale de l'Allemagne *sans troubler la paix.* Or, les faits répondent : La politique mondiale de Guillaume II et du prince de Bülow a fini par déchaîner la guerre universelle.

Bismarck avait bien averti ses successeurs ; il appréhendait, qu'un jour, ce « rat de terre » qu'est l'Allemagne, ne sortît de son trou et ne s'élançât sur les eaux ; il prévoyait l'accès de « vanité » qui devait tout compromettre.

Il fut prophète (1).

Le prince de Bülow prétend se donner comme un disciple de Bismarck ; en réalité, il le renie et lui tourne le dos.

Voici, en effet, les faits précis et le point de départ des responsabilités, tels qu'il les expose lui-même.

ORIGINES DE LA POLITIQUE MONDIALE Le 28 mars 1897, le Reichstag avait fait des réductions considérables sur les demandes du gouvernement impérial relatives aux armements maritimes et aux constructions navales. Le parlement allemand craignait évidemment de s'engager dans cette voie. Or, le 28 juin 1897, à Kiel, sur le *Hohenzollern*, l'empereur Guillaume chargea le comte de Bülow *d'inaugurer la grande tâche de la politique allemande postbismarckienne* et lui confia,

(1) Voir ci-dessus, p. 264.

GABRIEL HANOTAUX
de l'Académie Française

HISTOIRE ILLUSTRÉE
DE LA
GUERRE DE 1914

24 PAGES DE TEXTE ET D'ILLUSTRATIONS

FASCICULE
N° 17

GOUNOUILHOU, ÉDITEUR
PARIS, 8, boulevard des Capucines & BORDEAUX, 8, rue de Cheverus.

PRIX NET
1 franc

Les quatorze premiers fascicules de l'*Histoire illustrée de la Guerre de 1914*, par Gabriel HANOTAUX, constituent le Tome premier de l'ouvrage.

Ces quatorze premiers fascicules, contenant trois cents pages, dont cent quatre-vingt d'illustrations, forment un superbe volume grand in-quarto qui sera mis en vente au prix de :

18 fr. relié

Reliure demi-chagrin, plats toile, fers spéciaux du Maître graveur Auguste LEPÈRE, tranches ébarbées, tête dorée.

Les frais de port et d'emballage sont à ajouter au prix ci-dessus; soit o fr. 75 pour l'envoi par colis postal, livrable en gare, et 1 franc pour la livraison à domicile.

Nous pouvons fournir également, aux personnes qui préféreraient faire exécuter elles-mêmes la reliure des fascicules, des emboîtages avec les fers spéciaux de LEPÈRE, au prix de **3 fr. 50**.

Les frais de port et d'emballage sont à ajouter à ce prix; soit o fr. 75 pour l'envoi par colis postal, livrable en gare, et 1 franc pour la livraison à domicile.

Tous nos lecteurs trouveront : dans le fascicule 15, le Faux-titre et le Titre du volume; dans le fascicule 16, la Table des matières (texte et gravures).

Le Tome premier relié, ainsi que l'emboîtage de ce tome, seront en vente dans toutes les Librairies. Pour les recevoir franco, adresser les demandes, accompagnées d'un mandat-poste représentant le prix du volume désiré ou de l'emboîtage et des frais de port indiqués ci-dessus, à GOUNOUILHOU, éditeur, 8, boulevard des Capucines, à Paris, ou 8, rue de Cheverus, à Bordeaux.

en même temps, la direction des Affaires étrangères.

L'amiral de Tirpitz fut nommé bientôt secrétaire d'État à la Marine, et il déposa, le 27 novembre, un nouveau projet de loi « qui aiguillait la politique navale dans une voie absolument nouvelle ». (Bülow.)

Voilà le point de départ !

Les faits qui se déroulent vont, maintenant, nous révéler le « Grand Dessein ».

D'abord, une manifestation éclatante déclare au monde, selon la manière pompeuse de Guillaume II, ce que l'on veut et où l'on va. L'empereur accomplit, en 1898, son fastueux voyage à Constantinople et à Jérusalem. Il se rend à Damas, et, sur le tombeau du sultan Saladin, il prononce la phrase retentissante : « Puisse Sa Majesté le Sultan, ainsi que les trois cents millions de fidèles qui révèrent, en lui, le khalife, être assurés que l'empereur allemand est leur ami pour toujours ! » On prétend ramasser tout le monde musulman d'un premier coup de filet.

Bientôt, le roi Carol de Roumanie, qui est un Hohenzollern, accorde à l'Allemagne des communications directes, par voie ferrée, avec Constantinople. Le 20 novembre 1899, la Porte concède à une compagnie allemande un réseau de chemins de fer dont la ligne principale, partant de Konieh, devait aboutir au golfe Persique : la mainmise sur l'empire ottoman s'affirme.

S. M. LE ROI CAROL DE ROUMANIE

C'est alors que l'empereur Guillaume, à l'inauguration du port de Stettin, lance la devise-programme : « Notre avenir est sur la mer ! »

Ainsi, tout se tient dans les faits, tout concorde dans les dates.

Le prince de Bülow donne, dans ses discours et dans son livre, la théorie du système. De toute évidence, il y a eu, de la part de l'Allemagne, parti pris et propos délibéré ; on retrouvera dans les archives impériales, se référant à une époque qui doit avoisiner les derniers mois de l'année 1897, les délibérations qui décidèrent du nouveau *cursus;* les grandes lignes étaient : constructions navales, pénétration dans la Méditerranée, entente avec l'élément musulman, antagonisme accepté avec l'Angleterre et avec la Russie, expansion coloniale au détriment des puissances possédantes : en un mot, *politique mondiale*, WELTPOLITIK.

Déjà, nous avons indiqué comment cette donnée nouvelle visait une action parallèle en Extrême-Orient. C'est, en effet, le 5 janvier 1898, que la Chine dut céder à l'Allemagne le territoire de Kiao-Tchéou, et c'est à ce sujet que le comte de Bülow s'explique, pour la première fois, devant le Parlement allemand. Il disait : « L'envoi de notre escadre à Kiao-Tchéou n'est point du tout une improvisation. Elle est, au contraire, *le résultat de mûres considérations, de l'examen de toutes les circonstances, l'expression d'une politique calme et sûre de son but...* » (9 février 1898.)

Voici, maintenant, l'exposé du système :

« Sommes-nous, de nouveau, à la veille d'un partage du globe, comme il y a cent ans ? Je ne le crois pas. Mais, en tous cas, nous ne pouvons pas souffrir qu'une puissance étrangère, quelle qu'elle soit, nous dise : « Le monde n'est plus à prendre ! » Nous ne voulons pas nous laisser marcher sur les pieds par aucune puissance étrangère, nous ne voulons pas nous laisser mettre à l'écart politiquement, ni économiquement. Comme les Français, les Anglais et les Russes, nous prétendons à une « plus grande Allemagne » (*Vifs applaudissements à droite, rires à gauche*)..., non pas dans le sens de la conquête, mais dans celui de l'extension pacifique... Votre ironie ne me trouble pas... Nous ne voulons pas et nous ne pouvons pas souffrir qu'on passe à l'ordre du jour sur le peuple allemand... » (11 décembre 1899.)

Et voici le programme des initiatives nouvelles, en ce qui concerne la question d'Orient, dont Bismarck avait dit « qu'elle ne valait pas les os d'un grenadier poméranien » :

Position est prise d'emblée contre le protectorat que la France exerce séculairement

sur les catholiques de l'empire ottoman : « Nous ne combattons pas en Orient les intérêts français, mais un protectorat étranger sur les citoyens allemands n'existe pas. Nous sommes loin de prétendre protéger des ressortissants étrangers, mais la protection des Allemands ne regarde que l'empereur... Nous prendrons soin des droits de nos sujets catholiques en Orient, consciencieusement et fidèlement...»

C'était un affront direct à la France, et sans avertissement préalable, alors que le protectorat catholique avait été reconnu par le prince de Bismarck lui-même, au congrès de Berlin. Qu'importe ? De même la construction de la flotte, de l'aveu de Bülow lui-même, devait « provoquer le mécontentement et la méfiance de l'Angleterre » ; de même, la concession du chemin de fer de Bagdad était une atteinte directe aux intérêts russes et anglais en Asie, loin de la base d'opération de l'Allemagne. Tout cela, on le savait ; on le faisait donc, volontairement, consciemment, publiquement, durement. Comment s'y fût-on pris, si on eût voulu préparer et justifier d'avance la formation de la Triple-Entente ?

Aucune des puissances européennes ne s'était opposée à l'expansion coloniale allemande : toutes avaient conclu avec l'Allemagne des traités équitables lui reconnaissant sa part, sa très large part, en Afrique orientale, en Afrique occidentale, en Asie et dans le reste du monde. L'Angleterre avait même adhéré à une propo-

LA FONTAINE DE GUILLAUME II
OFFERTE PAR L'EMPEREUR A LA VILLE DE CONSTANTINOPLE

L'ENTRÉE DE L'EMPEREUR GUILLAUME II A JÉRUSALEM
(1898)

NAVIRES DE L'ESCADRE ALLEMANDE RANGÉS EN LIGNE DE FILE

sition allemande tendant à un partage d'influence en Chine ; c'était un monde. Elle se montrait prête, nous l'avons vu, à ne pas s'opposer à un accroissement des colonies allemandes résultant de combinaisons possibles, au sujet des territoires portugais. Nous verrons la Russie donner son adhésion au programme d'expansion allemand, en Russie et en Perse. Nous verrons la France faire toutes les concessions possibles au Maroc.

Donc, les ambitions germaniques trouvaient le monde ouvert, pour ainsi dire, devant elles, sous la seule condition de tenir compte des droits acquis et de procéder avec mesure et dans un esprit de conciliation. Mais ses chefs voulaient, non pas discuter, mais imposer. Surtout, ils voulaient faire usage de la force, car c'est la manière allemande : « Sans force, il n'y a pas de droit. »

Cependant, l'Allemagne et l'empereur Guillaume prodiguaient les paroles menaçantes. A l'inauguration d'un fort sur la frontière de l'Ouest, Guillaume II dit : « Je te baptise fort Haeseler. Tu seras appelé à protéger les conquêtes de l'Allemagne contre ses ennemis de l'Ouest. » Et, bientôt après : « Je n'ai aucune crainte pour l'avenir, je suis convaincu *que mon plan réussira*. J'ai l'indomptable résolution de marcher d'un pas ferme, en dépit de toute résistance, *dans la voie que j'ai reconnue la bonne*. Pour organiser quelque chose, la plume n'est forte qu'autant qu'elle est soutenue par l'épée. » Et, bientôt après, célébrant l'anniversaire de de Moltke, l'empereur émet le vœu que « l'État-Major conduise l'Allemagne *à de nouvelles victoires* ».

Le *plan*, la *route*, la *victoire* !... Tout cela est clair, autant que peut l'être le style romantique habituel au souverain allemand. En langage réaliste, cela veut dire « des conquêtes nouvelles ».

D'ailleurs, la flotte allemande prend, chaque jour, des proportions plus amples : elle s'est doublée en moins de deux ans. L'amiral von Tirpitz prépare des programmes infiniment plus vastes encore. C'est en présence de ce système déclaré et de cette attitude nettement offensive, que les trois puissances particulièrement visées commencèrent à prendre leurs précautions.

L'Angleterre n'avait pas digéré les interventions plus qu'ambiguës de l'empereur Guillaume pendant la guerre du Transvaal ; la Russie, après la désastreuse guerre russo-japonaise, reprenait le souci de ses intérêts en Europe et en Asie turques ; la France sortait lentement de l'état de dissension tragique où l'avait précipitée l'affaire Dreyfus. Un rapprochement était inévitable, entre ces puissances, éminemment pacifiques, certes, mais qui sentaient peser sur elles, partout dans le monde, la menace de l'agression allemande.

LE RAPPROCHEMENT FRANCO-ANGLAIS ET L'AFFAIRE DU MAROC — On sait que l'initiative émane de l'Angleterre. La plupart des difficultés coloniales qui avaient failli provoquer de graves désaccords entre elle et la France, s'étaient réglées peu à peu.

A Tunis, en Indochine, sur la côte de Somalis, au Congo, sur le Niger, à Madagascar, même sur le Moyen-Nil, des arrangements étaient intervenus après des années de longs et pénibles conflits diplomatiques. Restaient Terre-Neuve, l'Egypte, le Maroc. Une négociation s'engagea qui avait pour objet d'en finir d'un seul coup. Elle était due à la volonté formelle du roi Edouard, conscient du péril que courait l'Europe. Par cet accord, la France cédait ses droits sur l'Egypte ; l'Angleterre reconnaissait les droits de la France sur le Maroc.

En quoi un tel arrangement portait-il atteinte aux intérêts allemands ? A l'une et l'autre extrémité de la Méditerranée, bien loin de toute possession allemande, un pas était fait, de part et d'autre, dans le sens de la conciliation et de la pacification ; le monde entier devait en profiter ; cet arrangement n'était, en somme, qu'une application de l'espèce de convention tacite existant jusque-là entre les diverses puissances et tendant à éviter, autant que possible, que l'expansion coloniale ne devînt

LA VISITE DE L'EMPEREUR GUILLAUME II A TANGER
(MARS 1905)

une cause de complication dans la politique générale européenne.

C'est ainsi que le prince de Bülow le comprend et l'accepte tout d'abord :

« Nous n'avons, dit-il au Reichstag, aucune raison de croire que l'accord franco-anglais montre les cornes à aucune autre puissance. Ce qui paraît exister, c'est la tentative de supprimer les différends entre la France et l'Angleterre, par le moyen d'un accommodement amiable. Là contre, nous n'avons rien à objecter au point de vue des intérêts allemands. En ce qui concerne la partie capitale de cet accord, c'est-à-dire le Maroc, nos intérêts, dans ce pays, comme en général dans la Méditerranée, sont d'ordre principalement économique. Nous avons, nous aussi, grand intérêt à ce que l'ordre et la paix règnent dans ce pays. D'autre part, nous n'avons aucun motif de craindre que nos intérêts économiques soient mis à l'écart ou reçoivent une atteinte, du fait d'une puissance quelconque. »

Le tableau était exact : au point de vue économique qui, seul, de son propre aveu, intéressait l'Allemagne ; l'Angleterre avait pris toutes les précautions nécessaires pour que le régime de la « porte ouverte » fût maintenu au profit de toutes les puissances.

Telle était la première impression, même en Allemagne. Mais, à la réflexion, on crut s'apercevoir qu'on manquait une occasion d'affirmer cette politique pangermaniste qui visait à révolutionner le monde par la terreur du nom allemand.

On songea aussi à l'intérêt de se manifester en champion du monde musulman. La campagne fut menée avec une violence extrême par la presse de la *Weltpolitik*.

Comme le prince de Bülow se débattait encore en se demandant, devant le Reichstag, le 13 avril 1904, « s'il devrait donc dégaîner, dans le cas où la France repousserait les prétentions de l'Allemagne dans la question marocaine », il lui fut répondu par un *tolle* d'indignation. Le pays était inondé de brochures. «Le Maroc!» «le Maroc!» devenait le *delenda Carthago!* Reimer, dans une de ces publications, *L'Allemagne pangermaniste*, répondait en ces termes, à l'objection du comte de Bülow : « La France ne constitue qu'un mélange de races (on reconnaît à ce trait la thèse de Gobineau et de Chamberlain); aussi, est-elle une proie pour la démagogie, la bureaucratie, l'alcoolisme; elle ne procrée plus d'enfants, et son avenir est aux mains de l'Allemagne. » On avait lâché la meute; maintenant, il était impossible de la museler.

On prit pour base d'une réclamation adressée à la France, le fait que l'accord franco-anglais, publié, d'ailleurs, à l'*Officiel*, n'avait été l'objet que d'une simple communication verbale à l'ambassadeur allemand. Et, bientôt, les choses s'envenimant, par suite du parti pris évident de l'Allemagne, de ne vouloir entendre aucune explication, on vit naître ce grave différend du Maroc qui fut un des premiers prodromes de la guerre actuelle, et cette difficile négociation, où la France, sacrifiant par lambeaux ses intérêts, et exposant même son honneur,

pour sauver la paix, renonça d'abord, à l'indépendance de son gouvernement, soumit le Maroc à un régime international inapplicable et, enfin, abandonna une de ses colonies que l'Allemagne, sans droit et sans titre, réclamait impérieusement. Quatre fois, l'Allemagne se déclara satisfaite, quatre fois elle rouvrit la discussion et toujours sur un ton de plus en plus aigre, avec des exigences de plus en plus pressantes ; c'est toujours le revolver sur la table qu'elle négocie.

L'Allemagne ne cache pas les conditions dans lesquelles l'affaire du Maroc se rattache à son plan mondial. Les sociétés pangermanistes et coloniales l'ont expliqué dès avril 1904 : «Comme la plupart de nos colonies sont peu susceptibles d'expansion, comme, au contraire, le Maroc peut devenir une colonie de peuplement et d'agriculture, en même temps qu'il serait un point d'appui des plus précieux pour notre flotte sur une route de navigation des plus importantes, il est désirable que le gouvernement fasse le nécessaire, au cas où le *statu quo* ne pourrait être maintenu au Maroc, pour s'établir dans la région ouest, etc. » Et encore : « En présence de la situation inattendue que l'arrangement franco-anglais crée au Maroc, l'assemblée coloniale juge nécessaire... au cas où le *statu quo* serait modifié en faveur de la France, que l'empire allemand reçoive des compensations, au moins égales à l'accroissement de la puissance française... » Le comte de Pfeill s'écriait, devant la société coloniale allemande : « Oui, fût-ce au prix d'une guerre, nous avons besoin du Maroc ! »

LA VILLA DE LA CONFÉRENCE D'ALGÉSIRAS
(JANVIER-MARS 1906)

CASABLANCA

C'est tout le plan d'une campagne diplomatique où l'Allemagne, après avoir reconnu les droits que le voisinage, le bien général des choses, la nécessité de mettre fin à une anarchie intolérable assurent à la France, les discute d'abord, puis les nie, les tourne en griefs, pour mettre à l'épreuve, sous toutes les formes imaginables, la longanimité d'une puissance qui s'attarde dans le pacifisme.

Tel est le point de départ de cette affaire du Maroc, où l'empereur Guillaume joue un rôle tellement indéchiffrable et tellement couvert qu'on ne peut savoir s'il a voulu « mettre le feu au monde pour cuire son œuf à la coque », ou s'il espérait tout simplement obtenir des avantages positifs quelconques par le bluff dangereux de la « diplomatie armée ».

En tous cas, on le voit saisir avec empressement une occasion d'affirmer ce rôle de protecteur des musulmans qu'il avait assumé, dès 1899, à Damas ; et, par là, l'affaire particulière se rattache encore au plan général.

L'empereur vient donc, lui-même, manier le trident à cette encoignure de l'océan Atlantique et de la Méditerranée, en face de Gibraltar et aux approches de l'Algérie. Il prononce, à Tanger, un discours qui ne lui laisserait nulle retraite, s'il n'était aussi prompt à oublier ses paroles qu'à les prononcer : « C'est au sultan, *en qualité de souverain indépendant,* que je fais aujourd'hui ma visite. J'espère que, sous la souveraineté du sultan, un *Maroc libre* restera ouvert à la concurrence pacifique de toutes les nations sans *monopole et sans annexion,* sur le pied d'une égalité absolue. Ma visite à Tanger a eu pour but de faire savoir que je suis décidé à faire tout ce qui est en mon pouvoir pour sauvegarder efficacement les intérêts de l'Allemagne au Maroc, puisque je considère le sultan comme *souverain absolument libre :* c'est avec lui que je veux m'entendre sur les moyens propres à sauvegarder ces intérêts. Quant aux réformes que le sultan a l'intention de faire, il me semble qu'il doit procéder avec beaucoup de précautions, en tenant compte des *sentiments religieux* de la population, pour que l'ordre public ne soit pas troublé. »

A la gravité d'une telle démarche et de telles déclarations, tout le monde eût pu se tromper. Le sultan et les populations marocaines les prirent au sérieux. Un trouble profond en résulta dans les relations locales et internationales. La France se trouva en présence de complications imprévues : elle dut accroître ses moyens d'action, en raison des résistances qu'on lui opposait. Ainsi, de nouveaux motifs d'ingérence étaient fournis à la diplomatie allemande.

On connaît les étapes de l'affaire marocaine : elles se rejoignent à celles des affaires balkaniques, fomentées par le même esprit d'ambitions germaniques pour conduire l'Europe, sans une minute de repos, à l'époque où le conflit universel serait déclanché. Le même programme, le même « Grand Dessein » à la fois réfléchi et incohérent, produiront les manifestations de plus en plus haletantes de « cet esprit d'imprudence et d'erreur » qui doit mener à sa perte l'Allemagne de Guillaume II, l'Allemagne de la *Weltpolitik* et du pangermanisme.

L'affaire du Maroc commence, à proprement parler, au voyage de l'empereur Guillaume à Tanger (31 mars 1905). La politique d'offensive est amorcée. Guillaume II adresse, le 26 octobre, aux officiers de la garde et à l'État-Major, un discours dont nous pouvons apprécier maintenant la portée historique : c'était une sorte de déclaration de guerre à l'univers : « Vous avez vu, messieurs, dans quelle position nous sommes, vis-à-vis du monde ; par conséquent, hourra pour *la poudre sèche et l'épée aiguisée,* pour le but reconnu et les forces toujours tendues, pour l'armée allemande et l'État-Major général. »

Les principales scènes du drame sont, comme on le sait, le voyage de Tanger, (mars 1905) ; la démission de M. Delcassé (12 juin 1905) ; la conférence d'Algésiras (janvier-mars 1906). Il semble, qu'à l'issue des travaux de la conférence, l'apaisement doit être obtenu, puisque les conditions de l'action fran

SARAJEVO, CAPITALE DE LA BOSNIE-HERZÉGOVINE

çaise au Maroc sont consacrées et, d'ailleurs, limitées par l'aréopage européen. Mais tout recommence.

L'Allemagne a donné, de bouche seulement, son adhésion aux conclusions de la conférence ; elle a senti, autour d'elle, la méfiance universelle. Non seulement l'Angleterre et la Russie, mais les Etats-Unis, et même (très timidement, il est vrai) les puissances de la Triple-Alliance, l'Autriche-Hongrie, l'Italie, ont pris position contre elle. Elle a dû céder, mais elle ronge son frein. Le père de la *Weltpolitik*, le prince de Bülow, se sent devenir lui-même victime du Moloch pangermaniste. Il est suspect de tiédeur. Son discours, au Reichstag (6 avril 1906), retentit comme une plainte, au moment où une longue maladie va le tenir écarté du pouvoir :

« Nous avons traversé une période de fatigue, d'inquiétudes, et je crois que nous pouvons, maintenant, regarder devant nous avec plus de calme. La conférence d'Algésiras a eu, suivant mon opinion, un résultat également satisfaisant pour l'Allemagne et pour la France, et utile à tous les pays civilisés. »

Ce n'est pas ce que l'on cherchait en Allemagne. Bientôt, l'affaire des déserteurs de Casablanca (octobre-décembre 1908) est sur le point de mettre de nouveau le feu aux poudres ; seul, le sang-froid du gouvernement français force le gouvernement allemand à reconnaître la fausse position où il s'est mis et à se réfugier dans la procédure de l'arbitrage.

L'ANNEXION DE LA BOSNIE ET HERZÉGOVINE La plaie reste saignante, lorsqu'un nouvel élément de conflit est subitement introduit : l'Autriche-Hongrie entend, comme l'empire d'Allemagne, recueillir sa part dans les bénéfices de « la marche vers l'Est ».

Le comte Goluchowski a été renversé sous la pression de l'Allemagne; M. d'Ærenthal le remplace. Sans doute, il a fait ses conditions, à Berlin, avant de prendre le pouvoir. Le 27 janvier 1908, le ministre austro-hongrois ouvre la crise des Balkans en annonçant aux Délégations qu'il a demandé au sultan de Constantinople l'autorisation de pousser, jusqu'à Mitrovitza, les chemins de fer autrichiens. Tout le monde s'écrie, en Europe : « L'Autriche marche sur Salonique ! »

L'autorité du sultan Abd-ul-Hamid est prise à partie par une conspiration militaire fomentée précisément à Salonique et dont il est encore impossible de connaître, à l'heure présente, les véritables dessous (août 1908). Aussitôt, l'Autriche-Hongrie dévoile son jeu : renonçant à la « politique des voies ferrées », elle annexe la Bosnie et l'Herzégovine et tente d'établir ainsi l'hégémonie austro-hongroise dans la péninsule.

La Bosnie et l'Herzégovine ! Il suffit de prononcer ces mots pour voir le spectre de la grande guerre planer sur l'Europe. Dès lors, les deux termes de la « partie liée » entre l'Allemagne et l'Autriche-Hongrie se découvrent. En décembre 1908, dans une étude intitulée *Le Maroc et les Balkans*, les choses étaient présentées sous ce jour : « Les événements alternent selon un rythme presque fatal. Aux deux pôles, les deux capitales musulmanes, Constantinople et Tanger ; au milieu, les puissances européennes se portent successivement vers l'une ou l'autre des parties malades, et s'efforcent de combiner leurs intérêts particuliers, avec le souci de la paix. »

On dirait que le chancelier de Bülow a eu, alors, le sentiment de l'impossibilité, pour l'Allemagne, de mener de front les deux difficultés : avant de quitter le pouvoir, il engage, avec la France, cette négociation, relative au Maroc, qui aboutit, en février 1909, à un accord sur les bases suivantes : égalité économique en faveur de l'Allemagne ; intérêt politique spécial reconnu à la France; collaboration commerciale, industrielle et financière pour l'exploitation du pays.

Mais, tandis que sa diplomatie tend à se dégager d'un côté, elle s'engage de l'autre. La Serbie n'a pu s'incliner sans une émotion douloureuse devant le fait accompli des annexions balkaniques; ce sont des Slaves, des Serbes qui habitent en majorité la Bosnie et Herzégovine et qui sont soumis au joug autrichien : la politique de M. d'Ærenthal force donc le petit royaume à renoncer au rêve d'une « Panserbie ».

Fureur de la presse germanique qui menace le royaume slave d'un châtiment exemplaire : c'est, d'avance, la procédure d'intimidation qui doit amener la guerre de 1914. La Serbie fait appel à la Russie. La Russie offre son intervention... L'Allemagne, alors, se jette en avant et protège son partenaire de son corps et de son épée. Elle adresse à la Russie un « avis amical » : si les choses ne s'arrangent pas et si l'on en vient aux mains, l'Allemagne remplira tout son devoir d'alliée à l'égard de « l'Autriche-Hongrie ».

La Russie ne veut pas la guerre ; elle s'incline. M. Isvolsky fait connaître qu'il reconnaît l'annexion de la Bosnie et Herzégovine, sans conditions. Mais ce sont là des sommations qui ne se renouvellent pas deux fois.

Le prince de Bülow tombe ; la thèse pangermaniste n'est plus capable de se modérer elle-même.

Les projets de conquête en Orient et dans la Méditerranée, par les éléments germaniques, sont désormais avérés. A l'Autriche, les Balkans ; à l'Allemagne, le reste de l'empire ottoman. On n'avait plus qu'à les constater dans leur ampleur dangereuse à la paix universelle.

On écrivait alors :

« Le nœud de toute l'affaire gît dans le projet de construction du chemin de fer de Bagdad. Cette entreprise a fait couler assez d'encre pour que personne n'ignore l'étonnante ténacité avec laquelle le gouvernement allemand, après avoir obtenu l'invraisemblable avantage d'une concession avec garantie, de

LA GARE DU CHEMIN DE FER CONSTANTINOPLE-BAGDAD

la part du gouvernement ottoman, en poursuit la réalisation. Elle apparaît, de plus en plus, comme une des « grandes pensées » du règne de Guillaume II. Par ses origines, le projet remonte à l'époque où était prononcée la fameuse phrase : « Notre avenir est sur la mer. » Le chemin de fer de Bagdad est le frère du plan naval qui décida de la construction hâtive des dreadnoughts allemands. On ne vit pas, d'abord, pourquoi l'Allemagne se lançait, si précipitamment, dans ces affaires gigantesques et coûteuses. Aujourd'hui, on commence à comprendre. L'Allemagne prépare de loin ses positions stratégiques en vue d'une opération diplomatique ou militaire à large envergure, qui paraît bien, décidément, dirigée contre l'Angleterre : un immense croissant allonge ses deux cornes sur le monde, depuis la mer du Nord, jusqu'au golfe Persique. Le chemin de fer de Bagdad fait pendant au canal de Kiel ;

Koweit est visé comme Flessingue. Aile gauche, aile droite, ainsi se dessine le schéma, d'abord pacifique, plus tard peut-être militaire, du vaste « encerclement » à rebours.

« Que ce plan, renouvelé du blocus continental, soit sage ou non, qu'il repose sur des intérêts ou des calculs plus ou moins fondés, tout démontre qu'il existe. Et il se combine avec une série d'autres dispositions et d'autres mouvements, qu'*une même pensée directrice anime* pour les mener au même but.

« L'un de ces mouvements, une fois lancé, est devenu presque irrésistible ; il porte le monde germanique vers l'est. L'Autriche, descendant le cours du Danube, a entraîné dans sa marche le grand empire du Nord (en vérité, on ne sait lequel des deux empires a entraîné ou poussé l'autre). La population allemande, sans cesse accrue, l'activité allemande devenue incompressible, l'épargne allemande avec laquelle il faut compter désormais, toutes ces forces cherchent leur débouché. Après l'échec de la politique coloniale en Afrique et en Extrême-Orient, il ne reste plus à cette race prolifique et laborieuse qu'un champ d'action, l'Orient. Elle se porte de ce côté avec la force d'entraînement résultant de son poids même. La marche vers l'est, *Drang nach Osten*, tel est le nouveau cri de guerre des invasions germaniques! » (Février 1911. *La Politique de l'Equilibre*, p. 318.)

Le péril couru par la paix européenne est tel que la sagesse pacifique de l'empereur Nicolas prend l'alarme. Il se rend à Postdam (novembre 1910) et offre de faire les sacrifices nécessaires pour laisser aux ambitions allemandes leur libre développement.

La Russie renonce à l'opposition qu'elle avait faite, jusque-là, à la construction du réseau de Bagdad : un accord délimite les zones respectives des influences russe et allemande en Turquie d'Asie et en Perse; tant était grand le désir des puissances de ne pas risquer une guerre générale en s'opposant aux ambitions germaniques !

L'AFFAIRE D'AGADIR : LA FRANCE CÈDE AU MAROC Mais une crise nouvelle et plus imprévue que toutes les autres, après l'arrangement de 1908, se produisait dans les affaires du Maroc. L'opinion pangermaniste n'avait pas accepté

cet arrangement qu'elle avait reproché au prince de Bülow comme une faiblesse. Des difficultés se produisent dans son application ; en même temps, la France, provoquée par l'anarchie marocaine, obligée de porter secours à la légation et aux résidents français en péril, à Fez, détache vers cette ville un corps expéditionnaire.

Le 1er juillet 1911, l'Allemagne envoie un navire de guerre, le *Panther*, s'embosser en rade d'un des ports du Maroc, Agadir; et elle annonce au monde stupéfait qu'elle entend réclamer une base navale et une zone d'influence (sur ce point, la pensée allemande reste volontairement obscure), en tous cas, des compensations pour les droits reconnus à la France dans l'empire chérifien.

L'affaire du Maroc était rouverte dans les termes les plus violents, par les procédés les plus menaçants, alors que, trois fois déjà, on avait pu la considérer comme arrangée définitivement.

On sait dans quelles circonstances la France dut céder, une fois encore, devant les exigences allemandes et comment elle abandonna, en pleine paix, une partie de sa colonie du Congo où l'Allemagne n'avait jamais prétendu aucun droit, pour satisfaire à la boulimie des sociétés coloniales allemandes. On sait aussi que celles-ci ne se déclarèrent pas encore satisfaites. M. Bassermann, un des chefs du parti libéral national, affirmait que « la nation croyait à la

M. REGNAULT ET LE GÉNÉRAL LYAUTEY

VUES DE FEZ ET DE MARRAKECH

LA CAMPAGNE DU M... — UN CAMP FRANÇAIS

possibilité de la guerre ; jamais, ajoutait-il, une résolution guerrière plus violente ne se propagea en de plus larges cercles ». A la séance du Reichstag où l'on demandait compte au chancelier Bethmann-Hollweg, de ce que l'on affectait de considérer comme une « défaite diplomatique », le kronprinz, du haut de la loge impériale, applaudissait à tout rompre au passage d'un discours de von Heydebrand, déclarant « qu'il aurait fallu tirer le glaive et que la nation allemande tout entière aurait versé son sang plutôt que de céder ».

Dans cette crise d'Agadir, l'Angleterre s'était mise résolument aux côtés de la France.

LA CRISE DES BALKANS

Les événements se précipitaient, d'autre part : les conséquences fatales de l'annexion de la Bosnie et Herzégovine apparaissaient.

Serbie, Grèce, Bulgarie, Monténégro, s'unissent par un traité d'alliance et se jettent sur la Turquie. La question d'Orient est posée dans toute son ampleur. L'initiative prise par l'Autriche-Hongrie déchaîne les événements.

Les années 1912 et 1913 sont occupées par les événements des Balkans. Indiquons-en seulement la haute portée historique : les populations locales, conscientes de leur force et de leur avenir, se groupent pour lutter à la fois contre la domination turque épuisée et contre la domination germanique menaçante.

On crut, d'abord, que les Turcs auraient le dessus et c'est cette erreur de la diplomatie allemande et de la diplomatie européenne qui laissa à la victoire le temps de se prononcer. Quand les grandes puissances se résolurent à intervenir, il était trop tard ; le fait était accompli.

S. M. LE TZAR FERDINAND DE BULGARIE

Le signal étant donné du démembrement de l'empire ottoman, une autre puissance de la Triple-Alliance, l'Italie, satisfait un rêve conçu depuis longtemps : elle procède à la conquête de la Tripolitaine et, comme la lutte se prolonge, la flotte italienne occupe une partie des îles turques de l'Archipel.

Constantinople est menacé. La Turquie cède. Mais le traité de paix n'est pas encore signé à Lausanne que les États des Balkans,

L'Autriche-Hongrie lança la proposition de constituer une Albanie indépendante qui lui laissait le moyen de limiter la victoire des Serbes et de les écarter de l'Adriatique.

D'autre part, une entente s'était faite entre les puissances pour arrêter les Bulgares aux portes de Constantinople après les victoires de Tchatalscha et de Lulle-Bourgas.

La conférence de Londres se réunit. Elle se donnait pour tâche de sauvegarder la paix

SOLDATS BULGARES A L'ATTAQUE. — PIÈCE DÉTRUITE DANS UN FORT DES BALKANS
(1911)

européenne en maintenant un certain équilibre des forces dans les Balkans.

L'Allemagne, revenue de la surprise que lui avait causée la défaite des Turcs, travaille à sauver ce qui restait de la Turquie : car c'était, en somme, le butin qu'elle s'était attribué. La conquête balkanique refoulée se replie de l'est sur l'ouest : les Bulgares, écartés de Constantinople et d'Andrinople, recherchent leur satisfaction vers Salonique que l'armée grecque avait occupée en hâte ; les Serbes, ne pouvant obtenir ni Salonique ni la Macédoine, se rabattent vers l'Adriatique où ils réclament un débouché maritime, de concert avec les Monténégrins.

Mais ils se heurtent au projet austro-hongrois de l'Albanie indépendante.

Sous l'impulsion de l'Autriche-Hongrie et toujours dans le désir de maintenir la paix, l'Europe intervient pour arracher au Monténégro la ville de Scutari qui avait succombé à la suite d'un long siège. Les populations slaves des Balkans se trouvaient, l'une après l'autre, dépouillées des fruits de leur victoire.

Les souffrances indicibles d'une guerre larvée, prolongée, selon le caprice de l'Europe, pendant tout un hiver, l'exaspération des peuples, l'excitation des armées et des généraux, les déboires successifs qui s'accumulaient, sur des vainqueurs d'abord enivrés de leurs succès, en un mot, une immense désillusion causa les dissensions escomptées entre les alliés : la Bulgarie, se croyant frustrée des fruits de sa victoire et suivant les conseils de l'Autriche qui ne songeait qu'à ressaisir l'occasion perdue, commit la faute suprême de prendre l'offensive contre les armées grecque et serbe : la seconde guerre des Balkans éclata.

Elle fut courte. La Roumanie s'était, non sans quelque hésitation, réservée jusque-là : probablement qu'au début, son gouvernement avait, comme les autres, tablé sur le succès des armées turques. Ses calculs étaient déjoués par les victoires des alliés. Ses ambitions étaient, d'ailleurs, modérées. La Bulgarie ne

sut pas les satisfaire à temps. Quand la Bulgarie lui eut prêté le flanc en rompant avec les trois autres états balkaniques, la Roumanie n'eut qu'à prendre le rôle de *Deus ex machinâ*. Ses armées intactes lui donnaient, sans conteste, l'arbitrage militaire. Ses troupes franchissent la frontière et marchent sur Sofia, tandis que la Turquie elle-même participe au cercle qui se resserrait autour de la malheureuse Bulgarie. Douze jours suffisent au gouvernement roumain pour dicter la paix que n'avaient pas su combiner les grandes puissances à Londres : c'est la paix de Bucarest.

La victoire, pour ainsi dire inattendue, des États balkaniques et notamment de la Serbie, atteignait la politique austro-hongroise et la politique germanique dans leurs œuvres vives. Double défaite, à Constantinople et sur l'Adriatique. Le grand plan de la marche vers l'est échouait. Et à quel obstacle se heurtait-il ? à cette méprisable petite Serbie.

On sait, maintenant, qu'au cours des événements, l'Autriche-Hongrie, qui avait, dès le début, mobilisé toutes ses forces, s'était résolue à intervenir par les armes. Dès janvier 1913, l'archiduc héritier, qui avait fait sa chose de l'extension austro-hongroise vers Salonique et vers l'Adriatique, s'était, assure-t-on, adressé au gouvernement bavarois pour demander, en cas de guerre, la participation de forces bavaroises à une expédition en Serbie.

Ce qui est certain, c'est qu'en avril et mai 1913, l'Autriche était résolue à faire la guerre à la Serbie, quelles que fussent les conséquences. Les déclarations de M. Giolitti à la chambre des députés italiens, le 5 décembre 1914, sont d'une importance telle qu'il faut citer *in extenso* :

« Puisqu'il importe surtout que la loyauté de l'Italie soit maintenue au-dessus de toute discussion, je rappelle, au sujet de la plénitude de son droit à déclarer sa neutralité que, déjà en 1913, l'Autriche méditait une action contre

VUE GÉNÉRALE D'ANDRINOPLE

la Serbie à laquelle elle voulait donner le caractère d'une action défensive.

« Au cours de la guerre balkanique, le 9 avril 1913, le marquis de San Giuliano m'adressa le télégramme suivant :

« *L'Autriche nous fait connaître, ainsi qu'à l'Allemagne, son intention d'agir contre la Serbie, et elle déclare qu'une telle action de sa part ne peut être considérée que comme défensive. Elle espère faire jouer le* CASUS FŒDERIS *de la Triple-Alliance que je juge inapplicable en la circonstance. Je cherche à combiner nos efforts avec ceux de l'Allemagne, en vue d'empêcher une telle action de la part de l'Autriche; mais il serait nécessaire de dire clairement que nous ne considérons pas cette action éventuelle comme défensive. Nous ne croyons pas qu'il s'agisse du* CASUS FŒDERIS.

« Bien entendu, le marquis de San Giuliano fit savoir à l'Autriche que l'Italie ne se croyait pas obligée à participer à une telle action. »

Ainsi, la sagesse du gouvernement italien retarda la conflagration universelle de près d'un an et demi (1).

Mais l'Autriche ne renonçait pas à son idée. En octobre 1913, la Serbie ayant exercé une opération de police sur les confins de l'Albanie, l'Autriche se préparait à attaquer inopinément, quand le gouvernement serbe, averti par le gouvernement italien, se

(1) M. Take Jonesco a confirmé l'intention de l'Autriche d'attaquer la Serbie, en mai 1913, dans un exposé dont on trouvera les grandes lignes dans la *Roumanie* du 25 décembre 1914, et dans *le Temps* des 4 et 10 janvier 1915. — V. aussi l'article de M. Take Jonesco dans la *Grande Revue*, numéro de février 1915. — M. Diamandy, député roumain, a dit à un reporter du *Temps* : « Je puis vous certifier, qu'avant la deuxième guerre balkanique, l'Autriche-Hongrie avait songé au partage de la Serbie. Sans pouvoir vous citer la source de mon information, je vous affirme qu'elle avait proposé à la Roumanie la vallée du Timok, habitée par des Roumains, ainsi que les bords du Danube faisant face à la rive Roumaine. Cela agrandirait la Roumanie et la Bulgarie. L'Autriche-Hongrie y avait sa part et, en plus, elle gagnait la rupture à jamais des rapports russo-roumains, tout en distrayant mon pays de ses revendications territoriales et ethniques aux dépens de la Hongrie ».

résolut rapidement à rappeler ses contingents.

Le grand plan d'offensive des États germaniques contre la stabilité territoriale de l'Europe et contre la paix universelle s'affirme de toutes parts.

L'Allemagne ne se laisse pas distancer par le « brillant second ». Elle découvre son jeu, en mettant définitivement la main sur les armées de l'empire ottoman. Le général Liman von Sanders est placé à la tête des troupes turques à Constantinople : ce fait, à lui seul, suffirait pour établir que, dès lors, le dessein de la guerre générale est arrêté. On entend mettre en état les troupes qui agiront contre la Russie et qui veilleront à la défense des Détroits. La Russie est frappée à la prunelle de l'œil : elle proteste; mais on refuse de l'écouter. L'Allemagne n'a plus rien à ménager. Dès avril 1913, le chancelier Bethmann-Hollweg, pour justifier le projet de loi militaire qui achève l'organisation de l'armée allemande, n'a-t-il pas évoqué le péril slave et envisagé la perspective d'un conflit entre l'Allemagne et la Russie ? « Dans le cas où une conflagration européenne mettrait en présence les Slaves et

LE GÉNÉRAL ALLEMAND LIMAN VON SANDERS
COMMANDANT DES TROUPES TURQUES A CONSTANTINOPLE

les Germains, ces derniers subiraient un désavantage qui résulte pour eux de l'expansion de l'élément slave dans les Balkans. »

Et, n'est-ce pas en novembre 1913, que l'empereur Guillaume et le général de Moltke s'adressaient au roi des Belges et, lui annonçant de prochains événements, le mettaient, en quelque sorte, en demeure de choisir entre les deux partis qui allaient diviser l'Europe?

La politique des deux Empires germaniques aboutissait donc, avec une logique rigoureuse, à l'issue qu'ils avaient acceptée et prévue en abordant, comme ils l'avaient fait, la politique méditerranéenne et la question d'Orient. Cette issue fatale, c'était la guerre. Ou, plutôt, la guerre elle-même, la guerre pour la domination, était le véritable objectif de cette politique.

Bernhardi donne en deux mots le sens profond du système :

« Il faut que la diplomatie allemande nous fournisse l'occasion d'une offensive hardie ; il nous faut pouvoir écraser l'un de nos adversaires avant que l'autre puisse arriver à son secours ; il nous faut savoir bien regarder en face une telle vérité. »

CHAPITRE XIV

L'ATTENTAT DE SARAJEVO
LA TENSION DIPLOMATIQUE

Les Projets combinés de l'empereur Guillaume II et de l'archiduc François-Ferdinand.
Assassinat de l'archiduc. — Émotion dans le monde entier.
La Volonté agressive de l'Autriche-Hongrie. — L'Ultimatum austro-hongrois.

U début de l'année 1914, la double action de l'Allemagne au Maroc et de l'Autriche-Hongrie dans les Balkans aboutissait à une double impasse. Au Maroc, la France, à force de patience, de sagesse, d'esprit de concession, comme elle l'avait montré en abandonnant une partie de sa colonie du Congo, restait maîtresse de la situation. Dans les Balkans, la conception pour laquelle le comte Berchtold avait obtenu le consentement de l'Europe, à savoir une Albanie indépendante, n'était plus, par l'échec du prince de Wied, qu'un fiasco avéré.

La Serbie, victorieuse à la fois dans la guerre contre la Turquie et dans la guerre contre la Bulgarie, n'avait plus qu'à consolider le fruit de ses efforts. La situation est présentée par M. Vesnitch dans les termes suivants : « Nous venions à peine de sortir de deux guerres sanglantes et coûteuses et d'émettre, sur le marché de Paris, un emprunt de liquidation. Comme notre territoire était sensiblement agrandi, presque doublé, nous nous étions mis à l'œuvre pour mettre,

aussitôt que possible, en valeur nos nouvelles provinces; en vue de quoi, nous nous étions empressés d'engager des spécialistes en France et dans d'autres pays, même en Allemagne (1). Il fallait organiser les nouvelles contrées, récupérées du joug ottoman après tant de siècles d'esclavage; il fallait y répandre partout l'instruction publique; nous méditions sur les moyens de relever notre agriculture et nos finances et de refaire notre armement, de construire de nouvelles lignes de chemins de fer, de canaliser nos fleuves et nos rivières, d'irriguer nos champs... Au mois de juillet, la Serbie était en train de négocier, avec les représentants austro-hongrois, une série de questions résultant des changements territoriaux réalisés par les traités de Londres et de Bucarest. Nous étions, en outre, à la veille des élections générales, et tous nos hommes politiques, M. Pachitch en tête, étaient partis pour faire la campagne électorale... »

(1) Il n'y avait en Serbie aucun parti pris contre l'influence allemande. M. Jovan Cvijic écrivait encore, en 1909, après l'annexion de la Bosnie et de l'Herzégovine : « Il est à peine besoin de dire que l'auteur n'est pas un adversaire de la haute culture allemande. Il croit, au contraire, que les jeunes peuples balkaniques, tout en gardant leurs caractères nationaux, doivent l'étudier et l'adopter en ce qu'elle a de profond. » *(Bosnie et Question serbe*, p. 68.)

LES QUAIS DU PORT DE SALONIQUE

Rien de plus paisible que ces perspectives : c'est alors qu'éclate, comme un coup de foudre, la nouvelle de l'assassinat de l'archiduc François-Ferdinand et de sa femme la duchesse de Hohenberg, dans les rues de Sarajevo.

La visite de l'archiduc François-Ferdinand à Sarajevo était, de sa part, un fait d'une grande hardiesse et d'une importance considérable : elle dessinait une politique et affirmait une volonté.

La figure de l'archiduc restera, sans doute, énigmatique pour l'histoire : de matière un peu lourde, de complexion épaisse et sanguine, il n'avait, durant les années de sa jeunesse, rien promis de grand. Il était devenu l'héritier du trône impérial à la suite des événements tragiques qui avaient décimé la famille de François-Joseph. Ses sentiments extrêmement catholiques n'avaient pas em-pêché son mariage avec la comtesse Chotek qui devint, par cette union, duchesse de Hohenberg et qui, ayant pris sur lui un grand ascendant, contribua, sans doute, à tourner les vues de l'archiduc vers une politique nouvelle (1).

L'archiduc n'était pas un homme d'État; mais il paraît avoir eu un très haut sentiment de la nature spécialement militaire de la monarchie austro-hongroise; il avait senti naître en lui des ambitions et même des

(1) L'archiduc François-Ferdinand était fils de l'archiduc Charles-Louis, frère cadet de François-Joseph, et de l'archiduchesse Annonciade, princesse de Bourbon-Siciles. Il avait connu la comtesse Chotek dans l'entourage de l'archiduchesse Frédéric, dont elle était demoiselle d'honneur. L'empereur François-Joseph n'avait consenti au mariage, après une longue résistance, que sous la condition qu'il y aurait renonciation aux droits de la descendance dynastique de la part des enfants à naître du mariage. Le 28 juin 1900, l'archiduc déclara donc renoncer, au nom de ses enfants et de leur descendance, « à tous droits, honneurs quelconques, titres, blasons et privilèges pouvant résulter du mariage et du fait de la descendance du sang de l'archiduc ».

GABRIEL HANOTAUX
de l'Académie Française

HISTOIRE ILLUSTRÉE
DE LA
GUERRE DE 1914

24 PAGES DE TEXTE ET D'ILLUSTRATIONS

FASCICULE
N° 18

GOUNOUILHOU, ÉDITEUR
PARIS, 8, boulevard des Capucines & BORDEAUX, 8, rue de Cheverus.

PRIX NET
1 franc

Les quatorze premiers fascicules de l'*Histoire illustrée de la Guerre de 1914*, par Gabriel HANOTAUX, constituent le Tome premier de l'ouvrage.

Ces quatorze premiers fascicules, contenant trois cents pages, dont cent quatre-vingt d'illustrations, forment un superbe volume grand in-quarto qui sera mis en vente au prix de :

18 francs relié

Reliure demi-chagrin, plats toile, fers spéciaux du Maître graveur Auguste LEPÈRE, tranches ébarbées, tête dorée.

Les frais de port et d'emballage sont à ajouter au prix ci-dessus; soit o fr. 75 pour l'envoi par colis postal, livrable en gare, et 1 franc pour la livraison à domicile.

Nous pouvons fournir également, aux personnes qui préféreraient faire exécuter elles-mêmes la reliure des fascicules, des emboîtages avec les fers spéciaux de LEPÈRE, au prix de **3 fr. 50**.

Les frais de port et d'emballage sont à ajouter à ce prix; soit o fr. 75 pour l'envoi par colis postal, livrable en gare, et 1 franc pour la livraison à domicile.

Le Tome premier relié, ainsi que l'emboîtage de ce Tome, seront en vente dans toutes les Librairies. Pour les recevoir franco, adresser les demandes, accompagnées d'un mandat-poste représentant le prix du volume désiré ou de l'emboîtage et des frais de port indiqués ci-dessus, à GOUNOUILHOU, éditeur, 8, boulevard des Capucines, à Paris, ou 8, rue de Cheverus, à Bordeaux.

ALBANAIS REVENANT DE LA DEMEURE D'ESSAD PACHA

vues personnelles peut-être un peu vagues dans leur objet, mais très affirmées dans leur manifestation. Elles s'étaient déclarées en 1911, quand il avait conçu le dessein de risquer une guerre avec l'Italie, dessein qui rencontra, comme on le sait, l'opposition résolue du ministre d'Ærenthal. Elles se manifestaient de nouveau avec plus d'intensité et de force à l'égard des Serbes, après l'entrevue que l'archiduc avait eu avec l'empereur Guillaume à Konopischt.

Guillaume II paraît s'être emparé assez habilement de l'esprit de l'archiduc pour faire servir les ambitions de celui-ci aux destinées de la politique allemande. Telle serait la portée du mot attribué à l'empereur quand il apprit l'assassinat de l'archiduc : « Toute mon œuvre est à recommencer. »

LES PROJETS DE L'ARCHIDUC FRANÇOIS-FERDINAND M. Take Jonesco expose assez exactement les sentiments qui purent être communs aux deux interlocuteurs, dans ces entretiens qui décidèrent de la vie de l'archiduc et de l'avenir du monde. En rapprochant son témoignage d'un autre, d'origine plus mystérieuse, on peut arriver aux approximations suivantes : le grand dessein de la « marche vers l'Ouest » se réaliserait par une entente définitive entre les deux empires germaniques. On combinait définitivement l'action austro-hongroise dans les Balkans avec une extension de l'influence allemande vers Constantinople et vers l'Adriatique. La *Taegliche Rundschau* a écrit : *Dans cette entrevue de Konopischt, la question de Trieste a trouvé une solution.*

En compensation de ce sacrifice, l'Autriche devait se mettre à la tête d'une confédération qui, de gré ou de force, ferait d'elle la maîtresse des destinées balkaniques. Le principal obstacle étant la Serbie, on l'abattrait d'abord.

C'était là, d'ailleurs, une détermination avérée chez les gouvernants austro-hongrois.

En 1911, un Européen, voyageant en Bosnie et Herzégovine, eut à Sarajevo, avec un personnage administratif austro-hongrois, l'entretien suivant : « On n'a pas compris, en Europe, pourquoi le baron d'Ærenthal a renoncé au district de Novi-Bazar. Est-ce que l'Autriche-Hongrie s'est désintéressée pour toujours de ses vues sur Salonique ? — Nullement, répondit le personnage austro-hongrois. — Mais, alors, pourquoi ces déclarations publiques ? — Le chemin qui passe par le district est le plus mauvais de tous ; nous en prendrons un autre. — Mais, lequel ? — Il passe par Belgrade et à travers la Serbie. — Cela veut dire qu'il passe à travers une grande guerre ? — C'est entendu. Cette guerre, il nous la faut. »

L'archiduc était conquis à cette idée, mais il élargissait sa portée et ses suites : « Il rêvait de donner à l'Autriche un nouvel éclat, de lui faire jouer un rôle, un très grand rôle. Il avait pensé à couper court aux difficultés nationalistes de son empire, en lui donnant une sorte de *constitution fédérative impériale*. Il était sûr de pouvoir incorporer à l'Autriche, non seulement la Serbie, mais aussi la Roumanie et la Bulgarie, sous la forme d'états confédérés, à l'instar de la Bavière dans l'empire allemand. Je sais, de la meilleure source, qu'il espérait attirer le royaume de bon gré dans l'empire des Habsbourg, en montrant aux Roumains que c'était pour eux la seule manière d'arriver à l'unité nationale. En même temps, il était sûr, — et

il ne s'en cachait pas — de pouvoir convertir à l'Eglise catholique romaine tous les habitants de l'Autriche-Hongrie, même les protestants. Il n'aimait pas les Magyars, et il détestait l'Italie — sur laquelle il avait voulu gagner des lauriers dès 1911, — et il n'en avait été empêché que par le *non possumus* absolu de d'Ærenthal. Il est probable qu'à Konopischt il ait fait, avec l'autre illuminé, l'empereur Guillaume, de vastes plans de conquêtes universelles à deux. » (Take Jonesco.)

Le plan ainsi esquissé, par un homme qui sait les choses des Balkans pour y avoir été mêlé officiellement, se complétait par d'autres vues plus hardies encore : « Il ne s'agissait de rien moins que d'absorber la Serbie et de reprendre à la Bulgarie, à la Grèce, à la Roumanie, par étapes successives, la plus grande partie des territoires arrachés à la Turquie. On voulait réduire les États balkaniques à des expressions géographiques, en détruisant l'influence russe... François-Ferdinand exposa son dessein de saisir le premier prétexte venu pour réduire la Serbie à merci et pour s'emparer du petit royaume.

« En vertu de son principe de ne rien accorder gratuitement, le kaiser aurait acquiescé, mais en réclamant pour lui-même la satisfaction des ambitions allemandes si souvent exprimées :

M. TAKE JONESCO

VUE DE DURAZZO. — LE PRINCE DE WIED ET LA PRINCESSE ARRIVANT A DURAZZO

VUE DU PORT DE TRIESTE

soit l'accès de l'Adriatique par le port de Trieste. L'Italie et ses visées nationales étaient sacrifiées. On tomba d'accord sur ce point, qu'un débouché serait assuré à l'Allemagne sur l'Adriatique, en lui accordant liberté complète de trafic par une voie ferrée quasi neutralisée reliant l'Allemagne à Trieste (1). »

Ces projets ne faisaient que cristalliser, en quelque sorte, les ambitions de l'Autriche-Hongrie sur les Balkans, telles qu'elles flottaient dans l'atmosphère du Ballplatz et telles qu'elles sont exposées dans un mémoire émanant d'une personnalité des plus averties et dont nous extrairons ces quelques lignes : « Dans ses aspirations à l'hégémonie sur les Balkans, l'Autriche-Hongrie a toujours été poussée plutôt par le souci de son prestige que par une vue nette de ses intérêts. Avec son orgueil d'antique et jadis prépondérante monarchie, les satisfactions de vanité — ceci soit dit à son honneur — l'emportent de beaucoup, pour elle, sur la poursuite d'avantages matériels. Faire grande figure dans la péninsule à l'encontre de la Russie et régler à sa convenance l'expansion du slavisme était un programme dont le vague convenait aux conceptions de ses hommes d'Etat. Afin de le préciser, le but assigné devint la marche sur Salonique, sans qu'on sût, d'ailleurs, par quels moyens le réaliser, ni même quels profits en espérer.

« Mais, bientôt, apparut l'obstacle en travers de la route, la petite Serbie, résolue dans sa résistance, inquiétante par sa force d'attraction, assurée d'être soutenue par la main moscovite. D'où l'animosité toujours grandissante de l'Autriche contre la dynastie régnant à Belgrade et sa continuelle préoccupation d'entraver le tenace développement serbe.

« Cet antagonisme, l'Allemagne n'a pas cessé de l'exploiter pour ses intérêts. Il lui convenait

merveilleusement que l'empire austro-hongrois s'affirmât ainsi comme l'adversaire des progrès du slavisme, malgré les ménagements qu'il aurait dû s'imposer envers ses sujets jougo-slaves, et s'aliénât une clientèle dans les Balkans que le commerce germanique s'empressait de faire sienne. Afin d'aggraver le conflit austro-serbe, ce fut donc l'effort constant de l'Allemagne d'exciter les ressentiments à Vienne et d'entretenir les rancunes à Belgrade, tout en acquérant, pour le négoce allemand (et pour la culture allemande, comme on l'a vu plus haut) le bénéfice des positions perdues par l'Autriche-Hongrie. »

L'archiduc François-Ferdinand, poussé par les conseils de l'empereur Guillaume, entrait donc dans le rôle de vainqueur, d'organisateur des Balkans, au moment précis où la faillite des combinaisons albanaises du comte Berchtold plaçait l'Autriche-Hongrie dans le dilemme ou d'être battue ou de risquer le tout pour le tout ; il faisait un premier pas, en se rendant à Sarajevo.

L'ATTENTAT Il hésita, paraît-il, au dernier moment. Il avait, le matin de son départ, passé plusieurs heures dans son oratoire et confié à ses proches qu'il partait le cœur serré. Son destin le poussait.

Peut-être, ce pas décisif avait-il été motivé par un bruit qui s'était répandu dès les premiers jours de juin : on assurait que la Serbie et le Monténégro avaient résolu de s'unir plus étroitement. Ils établiraient entre eux, d'abord, l'unité douanière et auraient deux ministères communs : les Affaires étrangères et les Finances. C'était la résistance slave qui s'organisait dans les Balkans et cela, ajoutait-on, sous l'égide et avec les encouragements du Gouvernement russe. Les positions se prenaient donc de part et d'autre.

Quoi qu'il en soit, les intentions et les projets de l'archiduc François-Ferdinand n'étaient pas tenus dans un secret si absolu qu'ils n'eussent filtré à travers les mailles, peu serrées, des nationalités diverses et des fidélités contrastées

---

(1) Ces indications sont données par M. René Bazin qui affirme les tenir d'un des hommes qui connaît le mieux le dessous des cartes. « On a fait allusion à des communications venant des entourages du Vatican. Le nonce du pape s'en est entretenu avec le prince Léopold de Bavière. » On eut vent de ces révélations à Pétrograd et au Quai d'Orsay. (*Revue d'Italie*, 1er janvier 1915, p. 91.)

M. PATCHICH ET LE PRINCE ALEXANDRE DE SERBIE

constituant la monarchie et la bureaucratie austro-hongroises. Dans les pays du Danube, tout le monde est aux écoutes, tout se sait. Les conspirateurs bosniaques furent avertis et, comme l'archiduc Ferdinand se mettait en mouvement pour écraser la « conspiration panserbe », celle-ci résolut de l'arrêter.

Le choc fatal se produisit.

Le 28 juin, l'archiduc Ferdinand et sa femme furent assassinés à Sarajevo dans des circonstances dont le détail fut exposé en ces termes, par la version officielle, adressée de Vienne aux agences : « L'archiduc François-Ferdinand et sa femme, la duchesse de Hohenberg, se rendaient au municipe pour la réception des autorités, quand une bombe fut lancée contre eux : elle tomba sur le bras de l'archiduc qui la repoussa d'un simple mouvement. La bombe fit explosion après le passage de la voiture. Le comte Boor-Waldeck et l'aide de camp, lieutenant-colonel Mirizzi, qui se trouvaient dans une automobile de la suite, furent légèrement blessés et quelques personnes le furent grièvement dans la foule qui se pressait sur le passage des voitures. L'auteur de cet attentat est un certain Kaprinovic, typographe, originaire de Trebinge : il a été arrêté immédiatement.

« Après la réception officielle au municipe, l'archiduc retournait au konak quand se produisit un second attentat à coups de revolver browning. L'archiduc fut atteint au visage et la duchesse à l'abdomen. L'archiduc et la duchesse furent transportés aussitôt au konak où ils expirèrent. L'auteur du second attentat est un étudiant de huitième classe, au lycée, un certain Princip, né à Grahovo. Il fut arrêté aussitôt. Les deux assassins ont été soustraits à la fureur de la foule qui voulait les lyncher. L'auteur de l'attentat, Gravilo Princip, âgé de 19 ans, né à Grahovo, dans le district de Livro (Bosnie), a déclaré à la police qu'il avait étudié pendant plusieurs années à Belgrade et qu'il avait, depuis longtemps, l'intention de tuer un haut personnage, par dévouement à la cause nationaliste.

« Il attendit que le prince passât sur le quai Général-Appel pour commettre l'attentat. Princip a raconté que la voiture de l'archiduc, revenant du municipe, ralentit à l'angle de la rue François - Joseph. Lui, Princip, hésita un instant, parce que la duchesse était dans la voiture, mais qu'il tira soudain ses deux coups. Il nie avoir des complices. Le typographe Nedeljko Kopronic, âgé de 20 ans, auteur du premier attentat, a déclaré à la police qu'il reçut la bombe des mains d'un anarchiste de Belgrade dont il ignore le nom. Lui aussi déclare n'avoir aucun complice. Son attitude fut cynique pendant l'interrogatoire de la police.

A peine la nouvelle de l'attentat se fut-elle répandue, que des drapeaux noirs furent arborés à toutes les maisons de la ville. La douleur est générale dans toutes les classes de la société. L'ordre et le calme règnent dans tout le pays. »

L'accusation s'étendit immédiatement, comme on le voit, à certaines complicités serbes : elle devait être reprise avec une violence extrême par la presse officieuse austro-hongroise. De là à une incrimination politique, il n'y avait qu'un pas. Dès le 29 juin, la *Reichspost* écrivait : « Nous avons négligé d'enfumer à temps la tanière venimeuse de Belgrade, ce repaire où le meurtre du souverain passe pour un procédé légal de combat politique, où fut organisée la tentative d'assassinat du souverain monténégrin, pourtant de même race, ce repaire d'où le sud-est de notre monarchie est, depuis longtemps, empoisonné ; car, c'est à Belgrade que l'on transforme nos propres Serbes en émissaires, en espions et en meurtriers. L'humeur de notre armée la poussait instinctivement à courir sus aux Serbes... Maintenant, nous sommes sous le coup de la plus terrible des provocations : l'assassinat de notre archiduc héritier par des meurtriers qui ont étudié et travaillé à Belgrade... Nous avons une défaite à réparer ; nous avons à faire payer le meurtre de Sarajevo à ses instigateurs. L'assassinat de notre archiduc héritier est, pour nous,

L'ARCHIDUC FRANÇOIS-FERDINAND

L'ARCHIDUC FRANÇOIS-FERDINAND ET SA FAMILLE

l'avis que la onzième heure a sonné : nous attendons le coup de la douzième. »

Cette question de la complicité serbe devait être précisée officiellement dans les termes suivants, par l'ultimatum austro-hongrois à la Serbie.

« L'instruction criminelle ouverte par le tribunal de Sarajevo contre Gravilo Princip et consorts du chef d'assassinat et de complicité y relative, crime commis par eux le 28 juin dernier, a abouti aux constatations suivantes :

« 1º Le complot ayant pour but d'assassiner, lors de son séjour à Sarajevo, l'archiduc François-Ferdinand fut formé à Belgrade par Gravilo Princip, Nedeljko Cabrinovic, le nommé Milan Ciganovic et Trifko Grabez, avec le concours du commandant Voija Tankosic ;

« 2º Les six bombes et les quatre pistolets browning avec munitions, moyennant lesquels les malfaiteurs ont commis l'attentat, furent livrés à Belgrade à Princip, Cabrinovic et Grabez par le nommé Milan Ciganovic et le commandant Voija Tankosic ;

« 3º Les bombes sont des grenades à main provenant du dépôt d'armes de l'armée serbe à Kragujevaks ;

« 4º Pour assurer la réussite de l'attentat, Ciganovic enseigna à Princip, Cabrinovic et Grabez la manière de se servir des grenades et donna, dans une forêt, près du champ de tir, à Topschider, des leçons de tir avec pistolets browning, à Princip et à Grabez ;

« 5º Pour rendre possible à Princip, Cabrinovic et Grabez de passer la frontière de Bosnie-Herzégovine, et d'y introduire clandestinement leur contrebande d'armes, un système de transport secret fut organisé par Ciganovic.

« D'après cette organisation, l'introduction

en Bosnie-Herzégovine des malfaiteurs et de leurs armes fut opérée par les capitaines frontières [de Sabac (Popovic) et de Loznica, ainsi que par le douanier Rudivoj Grbic de [Loznica, avec le concours de divers particuliers (1). »

A ces accusations, les Serbes répondaient : « L'auteur principal du crime, l'étudiant Princip, déclare : « Il n'y a eu, dans cette affaire, aucune « instigation venue du dehors. Les dénonciations « de Cabrinovic, qui a dit le contraire, sont men- « songères. »

« Toute l'accusation des complicités venues du dehors repose sur les déclarations de Cabrinovic. Or, Cabrinovic avait été signalé par la police serbe à la police autrichienne. Il est dé-montré qu'il est le fils d'un agent de la police secrète autrichienne. »

Nous laisserons aux scrutateurs de ces âmes obscures, le soin de décider si les assassins ont été ou non le jouet des passions plus hautes ou des calculs plus bas, dont ils ont, en tout cas, subi l'ambiance. Leur bras était armé par les violences contraires qui se heurtaient au-dessus de leurs têtes. Leur geste terrible subissait l'histoire et la déchaînait tout ensemble.

Au moment de l'assassinat, l'empereur François-Joseph était à Ischl ; il fut avisé télégraphiquement.

(1) Le procès fut jugé à Sarajevo à partir du 12 et le verdict rendu le 27 octobre 1914. L'analyse ci-dessous, extraite des comptes rendus austro-hongrois, prouve la volonté arrêtée du gouvernement impérial d'incriminer les autorités serbes d'après les plus vagues indices. En raison de l'importance historique de l'événement, nous croyons devoir donner une analyse complète du document :

« Sarajevo, 12 octobre.

« Vingt-deux personnes sont accusées de haute trahison et trois autres personnes sont accusées d'avoir connu la préparation du crime et d'avoir recélé les armes destinées à l'attentat. La plainte traite en détail des origines de l'affaire qui, à Belgrade, commença par une conjuration placardée par les organes de Narodna Ororma, l'exposé du voyage des conjurés, la contrebande d'armes et de bombes en Bosnie et ensuite, comment les conjurés enrôlèrent des aides à Sarajevo, comment ils se répartirent les armes et se placèrent dans les rues pour l'accomplissement de l'attentat. Princip avoue dans l'interrogatoire qu'avec le second coup, il voulait tuer Potiorek mais qu'il atteignit l'épouse de l'archiduc.

« La fin du réquisitoire traite des motifs de l'attentat. Elle expose le mouvement irrédentiste de la faction Grande Serbie de Belgrade qui pénétrait jusqu'à la cour..., le travail souterrain contre l'Autriche-Hongrie et la dynastie des Habsbourg en Serbie, Croatie et Bosnie et dont le but unique était d'arracher la Croatie, la Dalmatie, l'Istrie, la Bosnie, l'Herzégovine, ainsi que les provinces du sud de la Hongrie habitées par des Serbes, à la monarchie austro-hongroise pour réunir ces pays à la Serbie.

« Les accusés Princip, Grabez et Cabrinovic avouent qu'ils ont sucé à Belgrade la haine de la monarchie austro-hongroise, et l'idée d'une « Grande Serbie », qu'ils s'efforçaient d'arriver à la réunion politique des peuples serbes du sud et à la ruine de l'Autriche-Hongrie, leur idéal étant la fondation d'un grand empire serbe. C'est pour atteindre cet idéal qu'ils avaient conçu et accompli le plan de l'assassinat de l'archiduc.

« Cabrinovic a avoué être devenu à Belgrade un Serbe nationaliste convaincu. Il se proposait d'arriver par la force des choses à la séparation des provinces sud-slaves pour les réunir à la Serbie. La pensée d'assassiner l'archiduc Ferdinand lui vint pour la première fois quand il apprit, par une découpure de journal qu'on lui avait adressée, que l'héritier du trône viendrait à Sarajevo. Il communiqua la nouvelle à Princip. Celui-ci lui fit faire la connaissance de l'employé des chemins de fer serbes, Ciganovic, pour recevoir par lui les armes et les bombes. Ciganovic lui déclara n'avoir pas de moyen pour se procurer les *browning* et qu'il les adresserait pour cela au commandant (major) Tankosic. Dans l'intervalle, Princip et Cabrinovic avaient gagné Grabez à leur projet. Ciganovic donna des leçons de tir à Grabez et Princip. Avant le départ pour la Bosnie, Ciganovic lui remit six bombes et du *cyankali* (?). En se séparant, il remit à Princip une lettre pour le major serbe Popovic à Schabatz. Celui-ci les reçut et leur remit de faux papiers pour les envoyer par le train à Loznitza, où ils furent reçus par le capitaine garde-frontière Pravanovic qui les confia à l'inspecteur serbe des finances Grbic pour leur faire passer la frontière.

« Cabrinovic se joignit à Princip et à Grabez à Tuzla et fit le voyage avec eux jusqu'à Sarajevo. Là, il réunit Danilo Illic et tous les auteurs de l'attentat et leur distribua les armes et le *cyankali*. L'accusé Cabrinovic avoue avoir lancé une bombe contre l'automobile de l'archiduc dans l'intention de le tuer. Il reconnaît avoir été présenté en avril au prince héritier Alexandre de Serbie et lui avoir parlé. Cette présentation a été faite par le directeur d'imprimerie Civojin Dacio. L'accusé se refuse à révéler cet entretien.

« Dans le procès qui continue plusieurs jours, l'accusé Vaso Cubrilovic dit avoir refusé de participer personnellement à l'attentat et d'y jouer le rôle à lui assigné, à cause de la présence de la duchesse de Hohenberg qu'il ne voulait pas tuer. L'accusé Cojekto avoue avoir été prié par Cubrilovic de prendre part au crime et avoir reçu un revolver d'Illic. Au moment décisif, le courage lui a manqué. *D'après les précisions exactes des accusés, la participation de la municipalité de Belgrade à la propagande révolutionnaire en Bosnie est irréfutablement prouvée ainsi que l'origine serbe des bombes et des armes.*

Le 16 octobre, on entend les accusés Jowanovic, Cabrinovic, Gjukic, le lycéen (Obergymnasiast) Perin, l'étudiant Porkapic, Kalember.

Le 27 octobre, le jugement est rendu.

Les accusés : Ilic Valjko, Cubrilovic, Niedo Kerovic, Jowanovic et Milovic sont condamnés à être pendus; Mitar Kerovic à la réclusion perpétuelle; Princip, Cabrinovic et Grabez à vingt ans, Vaso Cubrilovic à seize ans, Popovic à treize ans, Kranjcevic et Gjukic à dix ans, Stjepanovic à sept ans, Zagorac et Perin à trois ans de réclusion. Les autres accusés sont acquittés.

L'ARCHIDUC FRANÇOIS-FERDINAND ET GUILLAUME II AUX MANŒUVRES

ÉMOTION CAUSÉE PAR L'ATTENTAT L'empereur Guillaume assistait aux régates de Kiel et était à bord du yacht *Météor*. On a raconté qu'il était sur le pont quand la nouvelle fut télégraphiée. On lui apporta le pli fermé : « Ah ! non, non ! dit-il, qu'on nous laisse tranquilles ! » Cependant, il ouvrit l'enveloppe, lut les quelques lignes, pâlit... et c'est alors qu'il aurait dit : « L'archiduc est mort, c'est toute mon œuvre à recommencer... » Après ce premier mouvement, la réflexion lui inspira, sans doute, la pensée contraire, à savoir, de poursuivre plus énergiquement l'entreprise commune.

La destinée frappait sa première victime ; celui qu'elle visait ensuite ne voulut pas comprendre l'avertissement qui lui était donné. Peut-être se fût-il arrêté, si ce sang qui coulait d'abord, eût évoqué en lui la vision de la catastrophe que sa volonté, à cette heure précise, en s'obstinant, déterminait ?

Les effets de l'attentat se développèrent comme une vague circulaire, du lieu où il s'était produit jusqu'aux extrémités du monde. A Sarajevo, où les Serbes sont une petite minorité, la populace met à sac leurs boutiques, leurs maisons ; la ville et d'autres, comme Mostar, offrent un spectacle de terreur et d'anarchie. A Vienne, ont lieu des conseils répétés où assistent le comte Berchtold, le ministre de la Guerre et le chef d'Etat-Major. Les ministres sont reçus par l'empereur François-Joseph, revenu en toute hâte d'Ischl à Schœnbrunn.

Nous avons indiqué déjà l'émotion agressive produite sur l'opinion austro-hongroise, et surchauffée encore par la presse, même officieuse ; les cercles officiels ne cherchent nullement à la calmer. M. Dumaine, dévoilant, dès le 2 juillet, le plan conçu dès la nouvelle de l'attentat, écrit : « Le crime de Sarajevo suscite les plus vives rancunes dans les milieux militaires autrichiens et chez tous ceux qui ne se résignent pas à laisser la Serbie garder, dans les Balkans, le rang qu'elle a conquis. L'enquête sur les origines de l'attentat qu'on voudrait exiger du gouvernement de Belgrade, dans des conditions intolérables pour sa dignité, fournirait, à la suite d'un refus, le grief *permettant de procéder à une exécution militaire.* »

GUILLAUME II ET L'ARCHIDUC FRANÇOIS-FERDINAND

On s'émeut à Belgrade. Une note officieuse, datée du 30 juin, dit : « Nous pouvons à peine concevoir la possibilité que la presse allemande puisse inculper la Serbie et l'attaquer pour cet attentat inqualifiable d'un jeune homme d'une mentalité maladive... Le gouvernement royal prendra des mesures envers les éléments sujets à caution se trouvant sur son territoire. »

L'empereur d'Allemagne est rentré à Wildpark ; il fait savoir que, de là, il se rendra aux obsèques. L'empereur et l'impératrice d'Allemagne adressent à la princesse Sophie de Hohenberg, l'aînée des enfants de l'archiduc, un télégramme ainsi conçu : « Nous ne pouvons guère trouver de paroles pour vous exprimer à vous, enfants, comme nos cœurs saignent en songeant à votre douleur indicible. Il n'y a pas encore quinze jours que nous avons vécu chez vous de si belles heures avec vos parents, et, maintenant, vous savoir dans ce chagrin immense! Dieu vous aide et vous donne la force de supporter ce coup : la bénédiction de vos parents survit à la tombe. »

Presque tous les journaux, depuis la catholique *Germania*, jusqu'au radical *Berliner Tageblatt*, rendent la Serbie responsable de l'assassinat.

En Russie, le ton est à la fois pessimiste et ferme. Le *Courrier de Saint-Pétersbourg*

écrit : « La main d'un Serbe a frappé mortellement un prince qui portait en lui la flamme qui pouvait allumer la conflagration européenne. La destinée offre à l'Autriche une occasion de changer ses voies et de racheter les péchés commis par elle depuis dix ans. Dans l'intérêt de la paix et pour la prospérité générale européenne, nous espérons que la tragédie d'hier coïncidera avec une nouvelle orientation de la politique autrichienne en Europe. »

En France, en Angleterre, en Italie, on essaye de calmer et d'apaiser ; le marquis di San Giuliano s'exprime ainsi, dans son discours à la Chambre : « Nous espérons tous que l'admirable fermeté d'âme de l'empereur François-Joseph saura supporter ce nouveau choc. Tous, nous trouvons, en sa haute sagesse, une sauvegarde pour la paix, condition nécessaire du progrès et de la prospérité pour tout l'univers. »

Les condoléances contenaient, comme on le voit, un conseil respectueux.

Les corps de l'archiduc et de sa femme furent transportés à Trieste, par le cuirassé *Viribus Unitis*, et de Trieste à Vienne.

Il avait été décidé que, en raison de la situation délicate de la duchesse de Hohenberg, le cérémonial garderait un caractère d'intimité. Par la volonté de l'empereur François-Joseph,

L'ARCHIDUC FRANÇOIS-FERDINAND ET L'ARCHIDUCHESSE
DESCENDANT DE L'HOTEL DE VILLE DE SARAJEVO QUELQUES MINUTES AVANT L'ATTENTAT (28 JUIN 1914)

cette décision fut si strictement observée que l'empereur Guillaume renonça à assister aux obsèques.

La cérémonie eut lieu à la chapelle de la Hofburg, le 3 juillet, en présence de l'empereur. La maîtrise, placée dans la sacristie, chanta les motets funéraires à mi-voix. Les enfants de l'archiduc n'arrivèrent à Vienne qu'après les obsèques et n'y assistèrent pas. Les cercueils, transportés par voie ferrée, passèrent en bac le Danube pour être conduits au château de Armtetten où ils reposent.

A Vienne et dans la plupart des villes de l'empire, les fureurs nationalistes étaient déchaînées ; le drapeau serbe était insulté ; les foules parcouraient les rues en criant : « A bas la Serbie ! A Belgrade ! » Les perquisitions, les arrestations se multipliaient en Bosnie, en Croatie, en Bohême. La presse russe s'émouvait à son tour. *La Gazette de Saint-Pétersbourg*

écrivait : « L'Autriche lance un défi à la moitié de l'Europe orthodoxe. »

L'inquiétude générale crut trouver un apaisement dans une lettre de l'empereur François-Joseph à ses ministres, datée du 4 juillet, et qui attribuait l'attentat à « l'erreur d'un petit nombre d'hommes ». On fut frappé de l'accent résigné de la lettre : « Pendant soixante-cinq ans, j'ai partagé avec mes peuples la tristesse et la joie, songeant toujours, même dans les heures les plus difficiles, à mes devoirs élevés, à ma responsabilité pour le sort des millions d'hommes dont j'aurai à rendre compte au Tout-Puissant... »

Comme le monarque ne faisait aucune allusion à des sanctions internationales, on crut que tout danger de rupture entre l'Autriche-Hongrie et la Serbie était écarté.

En Allemagne, la tendance semblait également moins pessimiste.

Le chargé d'affaires de France à Berlin,

M. de Manneville, télégraphiait le 4 juillet : « On pense que la Serbie donnera à l'Autriche les satisfactions nécessaires pour la poursuite des complices du crime de Sarajevo. Le gouvernement allemand ne paraît donc pas partager les inquiétudes qui se manifestent dans la presse allemande, au sujet d'une tension possible des rapports entre les gouvernements de Vienne et de Belgrade, ou, du moins, *il ne veut pas en avoir l'apparence.* »

M. d'Apchier Le Maugin, consul général à Budapest, signale les mêmes dispositions favorables, du moins pour le moment.

Après avoir analysé un discours très réservé de M. Tisza, il ajoute : «*Officiellement* pour le quart d'heure, tout est à la paix... Tout est à la paix, du moins dans les journaux. Le gros public, ici, croit à la guerre ; on m'assure que, chaque jour, des canons et des munitions sont dirigés en masse vers la frontière. Le gouvernement, soit qu'il veuille sincèrement la paix, *soit qu'il prépare un coup*, fait maintenant tout son possible pour calmer les inquiétudes. Mais cet optimisme de commande est, actuellement, sans écho ; les valeurs, sans exception, sont tombées, hier, à des cours exceptionnellement bas. »

En réalité, on gagne du temps pour mieux préparer le « coup » que l'on médite ; les grandes résolutions paraissent avoir été prises, dès le 7 juillet, dans une conférence tenue par les ministres communs d'Autriche et de Hongrie, après une consultation avec le chef d'État-Major de l'armée, général Conrad de Hœtzendorff et l'amiral Hans.

Toute la question est de savoir ce que fera la Russie, au cas où l'on procéderait à des mesures d'exécution, décidées en principe, à l'égard de la Serbie. M. Sazanoff avait averti formellement l'ambassadeur d'Autriche-Hongrie, le comte Czernin, de « l'irritation inquiétante que les attaques de la presse viennoise risquaient de produire dans le pays ». Comme l'ambassadeur laissait entendre que le gouvernement austro-hongrois serait peut-être obligé de rechercher, sur le territoire serbe, les instigateurs de l'attentat de Sarajevo, M. Sazanoff lui dit nettement : « Ne vous engagez pas dans cette voie ! »

On ne prit pas garde à ce conseil qui contenait un avertissement : peut-être doutait-on qu'il fût suivi d'effet. La presse austro-hongroise discutait ouvertement l'organisation militaire de la France et de la Russie, « présentant ces deux pays comme hors d'état de dire leur mot dans les affaires européennes ». La *Militarische Rundschau* écrivait : « L'instant nous est encore favorable. Si nous ne nous décidons pas à la guerre, celle que nous devrons faire, dans deux ou trois ans au plus tard, s'engagera dans des circonstances beaucoup moins propices. Actuellement, c'est à nous qu'appartient l'initiative : *la Russie n'est pas prête* ; les facteurs moraux et le bon droit sont pour nous, de même que la force. Puis-

ARRESTATION DE PRINCIP

GUILLAUME II SUR LE PONT DE SON YACHT

qu'un jour, nous devrons accepter la lutte, provoquons-la tout de suite. » Ainsi, l'on voit poindre ce sentiment que la Russie, comme en 1911, reculera. La *Neue Freie Presse*, qui passe pour un journal modéré, écrit : « L'apaisement ne peut résulter, pour nous, que d'*une guerre au couteau contre le panserbisme »*, et c'est au nom de l'humanité qu'elle réclame *l'extermination de la maudite race serbe*. (Livre jaune, p. 28.)

Cette note était donnée, surtout, par les journaux à la solde de l'Allemagne : en réalité, l'union des deux partis militaires était faite, et probablement la décision prise.

Tout au plus, peut-on admettre, qu'à Vienne, il y eut encore quelque hésitation dans certaines sphères officielles ou, du moins, qu'on n'y ait pas encore envisagé les pires conséquences. Tel est l'avis d'un des hommes qui fut à même de connaître le mieux les dessous de cette crise : « Conscient, malgré tout, que le peu de cohésion des peuples de la monarchie habsbourgeoise interdisait les trop violentes commotions, le ministère austro-hongrois ne se fût pas encore résolu à l'action, s'il ne s'était cru assuré que le conflit resterait limité entre la monarchie dualiste et le petit royaume serbe. Trompé par sa courte vue, il se laissait persuader que, ni la Russie, ni la France ne seraient en état d'intervenir et que l'occasion s'offrait de régler enfin une vieille querelle dans un duel inégal et sans danger. La Serbie, épuisée, à bout de souffle, après deux guerres en un an, dont la seconde était, d'ailleurs, le résultat des manœuvres sournoises de Vienne à Sofia, se trouvait réduite à céder, à subir une humiliation profonde et qui portait, sans doute, atteinte à la force d'attraction qu'elle exerçait sur les Slaves des Balkans et même sur ceux de l'empire. Même les puissances sur la sollicitude desquelles elle pouvait le plus compter, convenaient que détourner d'elle cette rude épreuve « était, en même temps, sauver la paix européenne ». L'Autriche-Hongrie allait ainsi triompher, sans que, cette fois encore, son perpétuel état de

mobilisation eût abouti à l'ouverture des hostilités... » (1).

Donc, tout au plus, une simple exécution militaire rapide et sans résistance. Les plus sages, leurrés par cet espoir, se laissaient glisser peu à peu sur la pente où les poussait la volonté déclarée des plus ardents.

Ceux qui observent avec attention n'ont pas de peine à remarquer, dans les oscillations de chaque minute, que le parti de l'action a le dessus ; il mène de front le travail des griefs et celui des préparatifs militaires.

Tandis que le reste du monde s'émeut à peine, la Bourse viennoise est en pleine effervescence. Le 11 juillet est une journée de panique à

---

(1) L'intrigue autrichienne en Bulgarie est prouvée par la publication dans le *Mir*, organe de M. Guéchoff (début de mai 1915), du rapport adressé au gouvernement bulgare par M. Salabachoff, ministre de Bulgarie à Vienne, rapport daté du 29 mai 1913, un mois avant l'attaque brusquée des Bulgares contre leurs alliés :

« Aujourd'hui, je me suis entretenu pendant une heure avec le comte Berchtold ; il m'a dit que les négociations entre la Roumanie et la Bulgarie ne se poursuivent pas d'une façon satisfaisante, malgré les efforts du ministre d'Autriche à Bucarest ; la question n'avance pas.

« Le comte Berchtold est d'avis que l'entente avec la Roumanie doit être activée afin de nous assurer de sa coopération contre la Serbie en cas de guerre, ou tout au moins, de sa neutralité.

« Le comte Berchtold dit que l'Autriche et l'Italie soutiendront activement la Bulgarie, non seulement pour lui assurer Serrès et Cavalla, mais aussi pour lui faire obtenir Salonique. L'empereur d'Allemagne personnellement, et pour des raisons dynastiques, favorise les prétentions de la Grèce sur Salonique, mais le comte Berchtold espère que l'Allemagne, à la fin, appuiera la Bulgarie pour lui faire obtenir cette ville. L'Angleterre, jusqu'à ce jour, ne s'est pas encore prononcée sur cette question, mais il est à craindre que la France et la Russie n'exercent une pression sur elle en faveur de la Grèce.

« J'ai demandé ensuite au comte Berchtold quelle serait l'attitude que garderait l'Autriche-Hongrie, dans le cas d'une guerre contre la Serbie et la Grèce. Il m'a répondu que l'Autriche userait de toute son influence morale en faveur de la victoire des Bulgares en Macédoine et assisterait la Bulgarie contre la Serbie.

« J'ai demandé, enfin, si l'Autriche serait disposée à faire une démonstration contre la Serbie, en concentrant des troupes sur ses frontières et si, en cas de besoin, elle serait disposée à nous soutenir d'une façon ou de l'autre. Le comte Berchtold a répondu : « L'Autriche, même actuellement, a suffisamment de troupes en Bosnie et en Herzégovine et sur les frontières hongroises pour exercer une assez forte influence sur la Serbie. La nécessité d'autres moyens à prendre dépendra de la décision du gouvernement bulgare et de la marche des événements. »

LE PALAIS DE JUSTICE DE SARAJEVO

Belgrade ; les Austro-Hongrois se réfugient à la légation, persuadés que le peuple serbe veut procéder contre eux à des Vêpres Siciliennes. La presse viennoise exploite cette « folle journée » et relève, dans les journaux serbes les plus inconnus, les moindres allusions blessantes pour l'empire.

Le 19 juillet, on écrit de Vienne au gouvernement français « qu'on aurait tort de s'en rapporter aux rumeurs d'optimisme ». Le correspondant apprend, de bonne source, « qu'on exigera beaucoup de la Serbie, qu'une note sera adressée à Belgrade dont l'allure impérative garantit presque assurément que la Serbie ne pourra l'accepter. Alors, on opérera militairement ».

Pour la première fois, la perspective d'une guerre générale est envisagée : « Il y a ici, et pareillement à Berlin, un clan qui accepte l'idée du conflit à dimensions généralisées, en d'autres termes, la conflagration.

L'idée directrice est probablement qu'il faudrait marcher avant que la Russie ait terminé ses grands perfectionnements de l'armée et des voies ferrées, et avant que la France ait mis au point son organisation militaire... Tandis que les diplomates et le comte Berchtold se contenteraient d'une action localisée contre la Serbie, un travail officiel a visiblement pour but d'exciter le sentiment public et de créer une opinion favorable à la guerre. »

Ce point de vue est celui de la diplomatie austro-hongroise dans les Balkans. Le 21 juillet, le baron de Giest, ministre d'Autriche-Hongrie à Belgrade, l'expose dans un rapport adressé au comte Berchtold :

« ...Pour conserver à la Monarchie sa position de grande puissance, que dis-je, pour assurer son existence même, en tant que grande puissance, il ne sera pas possible d'éviter à la longue un règlement de comptes avec la Serbie, *une guerre*... Si, par conséquent, nous sommes résolus à formuler de vastes exigences liées à un contrôle efficace (car lui seul nous permettra de nettoyer les écuries d'Augias où se nouent les intrigues panserbes), il nous faudra alors envisager toutes les conséquences possibles et avoir, dès l'abord, la forte et ferme volonté de tenir jusqu'au bout. » (Livre rouge austro-hongrois) (1).

On ne peut rester longtemps dans l'incertitude. Trois semaines se sont écoulées depuis l'attentat. Tout le monde sait qu'une note adressée au gouvernement serbe a été rédigée par les bureaux du Ballplatz. Le comte Berchtold est à Ischl, près de l'empereur, et son séjour se prolonge.

La Serbie, inquiète, a fait une démarche à Berlin (20 juillet) pour essayer de prévenir une rigueur excessive et inacceptable pour elle ; le chargé d'affaires de Russie a questionné discrètement le ministre des Affaires étrangères allemand, M. de Jagow, sur le caractère de la note, qu'on dit rédigée maintenant, et dont le cabinet de Berlin doit avoir connaissance. M. Jules Cambon fait une démarche analogue. M. de Jagow répond qu'il *ignore absolument* le contenu de cette note. La Bourse baisse à Berlin. Le bruit s'est répandu que les avis militaires officiels, mettant l'Allemagne dans une sorte de « garde à vous », ont été envoyés aux classes qui doivent être appelées sous les drapeaux.

L'émotion se répand dans les milieux diplomatiques tandis que le calme règne encore dans l'opinion générale. M. Bienvenu-Martin, ministre des Affaires étrangères par intérim, résume en ces termes les renseignements qui lui sont parvenus (22 juillet) : « Dans les circonstances présentes, la supposition la plus favorable qu'on puisse faire est que le cabinet de Vienne, se sentant débordé par la presse et par le parti militaire, cherche à obtenir le

maximum de la Serbie par une intimidation préalable directe et indirecte et s'appuie sur l'Allemagne à cet effet. »

M. Dumaine signale de Vienne qu'on est résolu à traiter la Serbie comme une autre Pologne et que l'ambassadeur d'Allemagne, M. de Tchirscky, « se montre partisan des résolutions violentes, au delà même, assure-t-on, des intentions de son gouvernement ».

A Londres, l'ambassadeur d'Allemagne fait, auprès de sir Edw. Grey, une démarche qui laisse celui-ci sous une impression d'inquiétude. L'ambassadeur a dit que le gouvernement allemand « ne parvenait pas à modérer le cabinet de Vienne ». Sir Edw. Grey voit l'ambassadeur d'Autriche-Hongrie et lui conseille la prudence, la modération. Le ministre de Serbie ne lui a pas dissimulé ses appréhensions.

A Vienne, la chancellerie affecte toujours de croire à « un dénouement pacifique » et l'ambassadeur de Russie se sent si rassuré qu'il part en congé.

Cependant, une première lueur commence à filtrer : le président du conseil bavarois, ne sachant pas que Berlin affecte d'ignorer la note austro-hongroise, dit « qu'il en a connaissance »; il ajoute qu'elle lui semble rédigée en des termes acceptables pour la Serbie ; mais il ne cache pas que la situation lui paraît très sérieuse et il ne peut dissimuler un « réel pessimisme ».

Vienne et Berlin, qui ont pris certainement leur résolution, détiennent jalousement le secret de leur action imminente.

LA PÉRIODE D'ATTENTE A PARIS Voyons comment ces trois semaines se sont écoulées pour l'immense partie de l'Univers dont le sort se décide et qui est à la merci de quelques volontés faibles ou passionnées.

En France, le cabinet Viviani est aux affaires, le président du Conseil ayant assumé le portefeuille des Affaires étrangères; M. Messimy est ministre de la Guerre ; M. Pierre Gauthier, ministre de la Marine ; M. Bienvenu-Martin, garde des sceaux, vice-président du Conseil;

---

(1) Le même diplomate a reconnu, d'ailleurs, que tout le mal vient de l'annexion de la Bosnie et Herzégovine : « Depuis la crise provoquée par l'annexion, écrit-il, les relations entre la Monarchie et la Serbie ont été empoisonnées, etc. »

L'EXPOSITION DES CORPS DE L'ARCHIDUC ET DE L'ARCHIDUCHESSE A VIENNE

LA FOULE ATTEND POUR DÉFILER DEVANT LA DÉPOUILLE MORTELLE

M. Noullens, ministre des Finances; M. Marty, ministre de l'Intérieur.

La session parlementaire touche à sa fin ; les deux Chambres ont débattu longuement et voté finalement un projet de loi établissant l'impôt sur le revenu ; on s'est demandé, jusqu'à la dernière minute, si le président de la République pourrait quitter la France pour accomplir un voyage officiel à Saint-Pétersbourg, dont la date est, depuis longtemps, fixée au 20 juillet.

Le 13 juillet, M. le sénateur Humbert a, dans un discours retentissant, critiqué l'état de la préparation militaire en France.

M. Humbert a signalé certaines lacunes dans le matériel, notamment en ce qui concerne l'artillerie, l'habillement, les chaussures, l'état d'entretien des forts, les hangars de dirigeables, les camps d'instruction, la défense des côtes.

Fondées ou non, ces révélations, en pleine crise diplomatique, inquiètent le pays. Le ministre de la Guerre hésite à répondre. M. Clemenceau s'écrie : « Il nous faut des explications ; nous ne partirons pas avant qu'on nous les ait fournies. » Le lendemain, 14 juillet, jour de la fête nationale, la discussion est reprise devant le Sénat. Après les explications fournies par le ministre de la Guerre, le Sénat vote la proposition Boudenoot : « Le Sénat donne mandat à la commission de l'armée de lui apporter, à la rentrée des Chambres, un rapport sur la situation du matériel de guerre. »

Le débat sur le budget qui doit incorporer le nouveau système d'impôt sur le revenu fait la « navette » entre les deux Chambres. M. Jaurès intervient, au moment où la discussion paraît achevée, pour faire voter un amendement *in extremis*. Enfin, les deux Chambres se sont mises d'accord. M. Noullens dépose, en blanc, le projet de budget pour 1915 et M. Malvy donne lecture du décret déclarant close la session ordinaire de 1914.

Le même jour, 15 juillet, à minuit, le président de la République a quitté Paris pour entreprendre son voyage. Au lieu de se rendre à Cherbourg, il gagne Dunkerque où l'escadre de l'amiral Le Bris et le cuirassé *France* ont reçu l'ordre d'aller l'attendre. Au départ de Paris, M. Viviani, président du Conseil, qui l'accompagne, est retenu jusqu'à la dernière minute par le travail parlementaire. Enfin, il arrive à minuit moins deux. Le président se trouvera en Russie au jour et à l'heure qui ont été fixés, c'est-à-dire le 20 juillet, à deux heures.

Sauf ces incidents parlementaires, qui ont, avec les événements prochains, une corrélation frappante mais que l'on ne peut deviner encore, les trois premières semaines de juillet se sont passées, à Paris, dans le calme habituel : le ministère a pris quelques mesures contre les dernières congrégations ; l'emprunt d'État, montant à 805 millions, en rentes 3 %, trop longtemps retardé et émis le 7 juillet, est souscrit quarante fois.

Les concours du Conservatoire sollicitent l'attention des nombreux Parisiens dont le théâtre est une des principales préoccupations. Le grand prix de l'Automobile-club est disputé sur le « circuit de Lyon » ; à Maisons-Laffitte, les courses ont lieu, comme d'ordinaire, avec le Prix du président de la République; des fêtes anniversaires de Victor Hugo sont célébrées à Guernesey; M. Maurice Barrès revient d'un voyage en Palestine et en Orient; un grand combat de boxe est disputé entre Carpentier et Gunboat Smith.

Mais le grand événement qui passionne la presse, qui absorbe l'attention générale, qui soulève les passions les plus vives, c'est le procès intenté à Mme Caillaux qui, de deux coups de revolver, a tué, le 16 mars, M. Gaston Calmette, directeur du *Figaro*.

Le président de la République a débarqué à Cronstadt, le 20 juillet, à l'heure convenue. Le soir, un dîner a eu lieu, au palais impérial à Peterhof. Au dîner, assistent l'impératrice et toute la famille impériale ; on remarque le prince héritier de Monténégro et la princesse Hélène de Serbie. Les toasts échangés sont d'un accent volontairement pacifique, mais où l'on sent de la chaleur et de la force. Le tsar dit : « Le chef de l'État ami et allié est toujours assuré de rencontrer un accueil des plus chaleureux en Russie ; mais aujourd'hui, notre satisfaction de pouvoir saluer le président de la République française est encore doublée par le plaisir de retrouver en vous une ancienne connaissance, avec laquelle j'ai été charmé de nouer, il y a deux ans, des relations personnelles... Je ne doute pas que, fidèles à leur idéal pacifique, et, s'appuyant sur leur alliance éprouvée, ainsi que sur des amitiés communes, nos deux pays continueront à jouir des bienfaits de la paix, assurée par la plénitude de leurs forces, en serrant toujours davantage les liens qui les unissent... » Et M. Poincaré répond : « Près de vingt-cinq ans ont passé depuis que, dans une claire vision de leur destin, nos pays ont uni les efforts de leur diplomatie... Fondée sur la communauté des intérêts, consacrée par la volonté pacifique des deux gouvernements, appuyée sur des armées de terre et de mer qui se connaissent, s'estiment et sont habituées à fraterniser, affermie par une longue expérience et complétée par de précieuses amitiés, l'alliance dont l'illustre empereur Alexandre III et le regretté président Carnot ont pris la première initiative, a donné la preuve de son action bienfaisante et de son inébranlable solidité. »

LE COMTE BERCHTOLD

LE MOIS DE JUILLET :
EN RUSSIE,
EN ANGLETERRE,
EN ALLEMAGNE.

LE MOIS DE JUILLET : EN RUSSIE, EN ANGLETERRE, EN ALLEMAGNE. Pendant le mois de juin et le début de juillet, la Russie avait connu les alternatives habituelles de son existence contrastée. Au début du mois de juin, la visite d'une flotte anglaise dans les eaux russes avait donné lieu au bruit d'un projet d'entente navale entre l'Angleterre et la Russie, bruit qui n'était pas absolument infondé. Par contre, la nouvelle inverse d'une entente des États-Majors allemand et austro-hongrois, dans l'éventualité d'une guerre contre la Russie, s'était confirmée. Une chaleur accablante, qui compromettait la prochaine récolte, rendait la vie presque insupportable. Le tsar approuvait les mesures ordonnant la création de tout un réseau de chemins de fer nouveaux, dans la région de l'Amour.

M. Gorémékine était président du conseil des ministres, succédant à M. Kokowtsoff. Le nouveau ministre des Finances, M. Karp, s'inspirant des vues de l'empereur, prenait les premières mesures pour la suppression de la consommation de l'alcool.

Vers le 15 juillet, de graves dissentiments s'étaient produits entre patrons et ouvriers à Saint-Pétersbourg. Cette grève imprévue prenait soudain une grande extension. Le 18 juillet, 50.000 ouvriers quittaient le travail et, bientôt, entraient en collision avec la police. Le grève se prolongeait, se développait dans des conditions anormales : 100.000 grévistes parcouraient les rues de Saint-Pétersbourg ; les boutiques se fermaient, la circulation des tramways était suspendue, des bandes organisées arrêtaient la marche des trains, les rencontres avec la police et les troupes devenaient sanglantes ; la grève prenait un caractère politique, révolutionnaire ; elle gagnait, à Reval, les ouvriers des arsenaux ; puis, s'étendait à Riga, Moscou, jusqu'à Tiflis. Malgré la visite du président de la République, Saint-Pétersbourg avait une physionomie triste. En réponse à la grève, les patrons prononçaient le *lock out*.

En Angleterre, les préoccupations de la politique intérieure n'étaient pas moins absorbantes.

La question du « Home Rule » était arrivée au point le plus aigu. La loi établissant un parlement irlandais ayant été votée en première lecture par les deux Chambres, 14 juillet, la résistance de l'Ulster s'était violemment affirmée. M. Carson, dans un grand meeting tenu pour célébrer l'anniversaire de la bataille de La Boyne, avait déclaré que l'autorité du parlement de l'Irlande ne serait pas reconnue dans la province protestante de l'Ulster.

Les deux partis irlandais étaient armés jusqu'aux dents ; ils procédaient, l'un contre l'autre, à des manœuvres d'instruction militaire, à une véritable mobilisation avec armes, trains d'équipages, ambulances ; c'était, dans la pacifique Grande-Bretagne, comme un premier entraînement à la guerre : on affirmait que 80.000 volontaires étaient enrôlés dans les troupes de l'Ulster, tandis que les volontaires nationalistes étaient au nombre de 132.000.

En même temps, les suffragettes se livraient à leurs exploits ordinaires ; on trouvait des bombes dans les églises ; sur la voie publique, les meetings ou les réunions étaient troublés par des irruptions soudaines ; des femmes se jetaient à la tête des chevaux attelés aux voitures officielles ; le feu était mis à la gare de Blaby.

Le roi et la reine, après un court séjour en Écosse, rentraient à Londres pour assister à la revue navale qui devait avoir lieu à Spithead, le 15 juillet. On touchait au point culminant de la crise du Home Rule.

Le roi est obligé de retarder son départ pour assister à la revue, tant les inquiétudes sur le maintien de la paix intérieure sont grandes. La mobilisation navale est, d'ailleurs, magnifique : quatre cent quatre-vingt-treize navires sont complètement armés, équipés, en état de prendre la mer.

A peine le roi a-t-il quitté Spithead, qu'après de longues hésitations, il se résout à intervenir lui-même pour essayer d'apaiser le conflit. Il décide la réunion, au palais de Buckingham, d'une conférence entre les chefs des partis anglais et irlandais. En ouvrant cette conférence, il prononce un discours qui exprime l'intensité de ses angoisses patriotiques :

LE COMTE TISZA

LE CUIRASSÉ *FRANCE*. — LE PRÉSIDENT ET M. VIVIANI QUITTANT DUNKERQUE

« Mon intervention peut être regardée comme une procédure nouvelle, mais les circonstances exceptionnelles justifient cet acte. Voilà plusieurs mois que les événements en Irlande vont s'inclinant sans cesse et inévitablement vers un appel à la force. Aujourd'hui, le cri de « guerre civile » est sur toutes les lèvres. Il est inconcevable que nous puissions arriver à l'imminence d'une lutte fratricide. Notre responsabilité est grande... Témoignez de votre patience et de votre esprit de conciliation, étant donné la haute importance des intérêts en jeu... » Malgré cet appel émouvant, la conférence, qui dure trois jours, n'aboutit pas.

M. Asquith annonce cet échec à la Chambre, le 24 juillet, et il fait connaître l'intention du gouvernement de reprendre l'amendement du bill en seconde lecture, le mardi 27 juillet. La crise paraît sans issue : l'unité britannique est-elle en péril ?

Cependant, tout est calme en Allemagne et en Autriche (1). Le 6 juillet, l'empereur Guillaume est parti pour Kiel; il s'est embarqué, le 7, à bord du *Hohenzollern* pour sa croisière habituelle dans les mers du Nord. Le même jour, l'empereur François-Joseph a repris, à Ischl, sa cure interrompue par l'attentat contre le prince Ferdinand.

Quel travail sourd se cache sous ces apparences placides ? Le parti militaire s'agite, un parti plus pacifique résiste mollement. L'Allemagne mène le jeu. A Vienne, on déclare encore que les choses s'arrangeront, que les conditions faites à la Serbie seront « acceptables ».

Quinze jours s'écoulent dans le silence.

(1) L'agitation des premiers jours s'était peu à peu calmée. Il semble bien qu'il y eut un mot d'ordre. M. Jovanovich, ministre de Serbie à Vienne ,dit que les principaux instigateurs des violences populaires étaient le docteur Funder, le directeur principal du journal catholique *Reichspost*, Hermengild Wagner et Léopold Mandl. (Livre bleu serbe, nº 11.)

GUILLAUME II EN COSTUME DE MER

GABRIEL HANOTAUX
de l'Académie Française

HISTOIRE ILLUSTRÉE
DE LA
GUERRE DE 1914

24 PAGES DE TEXTE ET D'ILLUSTRATIONS

FASCICULE N° 19

GOUNOUILHOU, ÉDITEUR
PARIS, 8, boulevard des Capucines & BORDEAUX, 8, rue de Cheverus,

PRIX NET 1 franc

Les quatorze premiers fascicules de l'*Histoire illustrée de la Guerre de 1914*, par Gabriel HANOTAUX, constituent le Tome premier de l'ouvrage.

Ces quatorze premiers fascicules, contenant trois cents pages, dont cent quatre-vingt d'illustrations, forment un superbe volume grand in-quarto qui sera mis en vente au prix de :

18 francs relié

Reliure demi-chagrin, plats toile, fers spéciaux du Maître graveur Auguste LEPÈRE, tranches ébarbées, tête dorée.

Les frais de port et d'emballage sont à ajouter au prix ci-dessus; soit o fr. 75 pour l'envoi par colis postal, livrable en gare, et 1 franc pour la livraison à domicile.

Nous pouvons fournir également, aux personnes qui préféreraient faire exécuter elles-mêmes la reliure des fascicules, des emboîtages avec les fers spéciaux de LEPÈRE, au prix de **3 fr. 50**.

Les frais de port et d'emballage sont à ajouter à ce prix; soit o fr. 75 pour l'envoi par colis postal, livrable en gare, et 1 franc pour la livraison à domicile.

Le Tome premier relié, ainsi que l'emboîtage de ce Tome, seront en vente dans toutes les Librairies. Pour les recevoir franco, adresser les demandes, accompagnées d'un mandat-poste représentant le prix du volume désiré ou de l'emboîtage et des frais de port indiqués ci-dessus, à GOUNOUILHOU, éditeur, 8, boulevard des Capucines, à Paris, ou 8, rue de Cheverus, à Bordeaux.

CHAPITRE XV

LA NOTE AUSTRO-HONGROISE A LA SERBIE
LE CHOC DIPLOMATIQUE

L'Ultimatum austro-hongrois. — *Émotion universelle.* — *Les Puissances demandent un « délai ».*
Le Jeu de la diplomatie austro-hongroise. — *La Réponse serbe.*

E jeudi 23 juillet, le ministre d'Autriche-Hongrie à Belgrade remet au gouvernement serbe une note officielle qui a tous les caractères d'un ultimatum.

Cette note, ayant décidé d'un des plus grands événements de l'histoire du monde, doit être insérée ici in-extenso :

Le 31 mars 1909, le ministre de Serbie à Vienne a fait, d'ordre de son gouvernement au gouvernement impérial et royal la déclaration suivante :

«La Serbie reconnaît qu'elle n'a pas été atteinte dans ses droits par le fait accompli créé en Bosnie-Herzégovine et qu'elle se conformera, par conséquent, à telle décision que les Puissances prendront par rapport à l'article XXV du Traité de Berlin. Se rendant aux conseils des grandes puissances, la Serbie s'engage dès à présent à abandonner l'attitude de protestation et d'opposition qu'elle a observée à l'égard de l'annexion depuis l'automne dernier et elle s'engage, en outre, à changer le cours de sa politique actuelle envers l'Autriche-Hongrie, pour vivre désormais avec cette dernière sur le pied d'un bon voisinage. »

Or, l'histoire des dernières années, et notamment les événements douloureux du 28 juin, ont démontré l'existence en Serbie d'un mouvement subversif dont le but est de détacher de la Monarchie austro-hongroise certaines parties de ses territoires. Ce mouvement, qui a pris jour sous les yeux du Gouvernement serbe, est arrivé à se manifester au delà du territoire du royaume par des actes de terrorisme, par une série d'attentats et par des meurtres.

Le Gouvernement royal serbe, loin de satisfaire aux engagements formels contenus dans la déclaration du 31 mars 1909, n'a rien fait pour supprimer ce mouvement. Il a toléré l'activité criminelle des différentes sociétés et affiliations dirigées contre la Monarchie, le langage effréné de la presse, la glorification des auteurs d'attentats, la participation d'officiers et de fonctionnaires dans des agissements subversifs, une propagande malsaine dans l'instruction publique, toléré enfin toutes les manifestations qui pouvaient induire la population serbe à la haine de la Monarchie et au mépris de ses institutions.

Cette tolérance coupable du Gouvernement royal de Serbie n'avait pas cessé au moment où les événements du 28 juin dernier en ont démontré au monde entier les conséquences funestes.

Il résulte des dépositions et aveux des auteurs criminels de l'attentat du 28 juin que le meurtre de Sarajevo a été tramé à Belgrade, que les armes et explosifs dont les meurtriers se trouvaient être munis leur ont été donnés par des officiers et fonctionnaires serbes faisant partie de la « Narodna Odbrana » et enfin, que le passage en Bosnie des criminels et de leurs armes a été organisé et effectué par des chefs du service-frontière serbe.

Les résultats mentionnés de l'instruction ne permettent pas au Gouvernement impérial et royal de poursuivre plus longtemps l'attitude de longanimité expectative qu'il avait observée pendant des années vis-à-vis des agissements concentrés à Belgrade et propagés de là sur les territoires de la Monarchie; ces résultats lui imposent, au contraire, le devoir de mettre fin à des menées qui forment une menace perpétuelle pour la tranquillité de la Monarchie.

C'est pour atteindre ce but que le Gouvernement impérial et royal se voit obligé de demander au Gouvernement serbe l'énonciation officielle qu'il condamne la propagande dirigée contre la Monarchie austro-hongroise, c'est-à-dire l'ensemble des tendances qui aspirent en dernier lieu à détacher de la Monarchie des territoires qui en font partie, et qu'il s'engage à supprimer, par tous les moyens, cette propagande criminelle et terroriste.

Afin de donner un caractère solennel à cet engagement, le Gouvernement royal de Serbie fera publier à la première page du *Journal officiel*, en date du 13/26 juillet, l'énonciation suivante :

« Le Gouvernement royal de Serbie condamne la propagande dirigée contre l'Autriche-Hongrie, c'est-à-dire l'ensemble des tolérances qui aspirent en dernier lieu à détacher de la Monarchie austro-hongroise des territoires qui en font partie, et il déplore sincèrement les conséquences funestes de ces agissements criminels.

« Le Gouvernement royal regrette que des officiers et fonctionnaires serbes aient participé à la propagande sus-mentionnée et compromis par là les relations de bon voisinage auxquelles le Gouvernement royal s'était solennellement engagé par ses déclarations du 31 mars 1909.

« Le Gouvernement royal qui désapprouve et répudie toute idée ou tentative d'immixtion dans les destinées des habitants de quelque partie de l'Autriche-Hongrie que ce soit, considère de son devoir d'avertir formellement les officiers, les fonctionnaires et toute la population du royaume que, dorénavant, il procédera avec la dernière rigueur contre les personnes qui se rendraient coupables de pareils agissements, agissements qu'il mettra tous ses efforts à prévenir et à réprimer. »

Cette énonciation sera portée simultanément à la connaissance de l'armée royale, par un ordre du jour de Sa Majesté le Roi et sera publiée dans le *Bulletin officiel de l'armée*.

Le Gouvernement royal serbe s'engage en outre :

1º A supprimer toute publication qui excite à la haine et au mépris de la Monarchie, et dont la tendance générale est dirigée contre son intégrité territoriale ;

2º A dissoudre immédiatement la société dite « Narodna Odbrana », à confisquer tous ses moyens de propagande, et à procéder de la même manière contre les autres sociétés et affiliations en Serbie qui s'adonnent à la propagande contre la Monarchie austro-hongroise ; le Gouvernement royal prendra les mesures nécessaires pour que les sociétés dissoutes ne puissent pas continuer leur activité sous un autre nom et sous une autre forme ;

3º A éliminer sans délai de l'instruction publique en Serbie, tant en ce qui concerne le corps enseignant que les moyens d'instruction, tout ce qui sert ou pourrait servir à fomenter la propagande contre l'Autriche-Hongrie ;

4º A éloigner du service militaire et de l'administration en général tous les officiers et fonctionnaires cou-

pables de la propagande contre la Monarchie austro-hongroise et dont le Gouvernement impérial et royal se réserve de communiquer les noms et les faits au Gouvernement royal ;

5º A accepter la collaboration en Serbie des organes du Gouvernement impérial et royal dans la suppression du mouvement subversif dirigé contre l'intégrité territoriale de la Monarchie ;

6º A ouvrir une enquête judiciaire contre les partisans du complot du 28 juin se trouvant sur territoire serbe ; des organes délégués par le Gouvernement impérial et royal prendront part aux recherches y relatives ;

7º A procéder d'urgence à l'arrestation du commandant Voija Tankosic et du nommé Milan Ciganovic, employé de l'État serbe, compromis par les résultats de l'instruction de Sarajevo ;

8º A empêcher, par des mesures efficaces, le concours des autorités serbes dans le trafic illicite d'armes et d'explosifs à travers la frontière ;

A licencier et punir sévèrement les fonctionnaires du service-frontière de Schabatz et de Loznica coupables d'avoir aidé les auteurs du crime de Sarajevo en leur facilitant le passage de la frontière ;

9º A donner au Gouvernement impérial et royal des explications sur les propos injustifiables de hauts fonctionnaires serbes tant en Serbie qu'à l'étranger qui, malgré leur position officielle, n'ont pas hésité après l'attentat du 28 juin de s'exprimer dans des interviews d'une manière hostile envers la Monarchie austro-hongroise ; enfin :

10º D'avertir, sans retard, le Gouvernement impérial et royal de l'exécution des mesures comprises dans les points précédents.

Le Gouvernement impérial et royal attend la réponse du Gouvernement royal au plus tard jusqu'au samedi 25 de ce mois, à cinq heures du soir.

Un mémoire concernant les résultats de l'instruction de Sarajevo à l'égard des fonctionnaires mentionnés aux points 7 et 8 est annexé à cette note.

Il est à peine utile de souligner le passage du document qui fixe, au gouvernement serbe, un délai de deux jours pour faire connaître sa réponse au gouvernement austro-hongrois.

Ce sont ces deux lignes qui donnent à la note un caractère d'ultimatum, caractère, d'ailleurs, confirmé par les instructions spéciales au ministre austro-hongrois à Belgrade :

« A l'occasion de la remise de la note, vous voudrez bien ajouter de vive voix que vous êtes chargé de quitter Belgrade avec tout le personnel de l'ambassade, dans le cas où une acceptation sans réserve ne vous serait pas parvenue à l'expiration du délai de quarante-huit heures..... » (*Livre rouge.*)

L'ARRIVÉE DU PRÉSIDENT POINCARÉ A CRONSTADT
(20 JUILLET 1914)

Le délai accordé échoit le samedi 25 à six heures du soir (l'heure de six heures ayant été substituée officiellement à celle de cinq heures par une note spéciale du gouvernement austro-hongrois) (1).

Cette note, datée du 22 juillet, est remise à Belgrade le jeudi 23 dans l'après-midi. Elle est communiquée aux cabinets intéressés le vendredi 24 juillet, et elle est accompagnée encore d'une note explicative servant de commentaire et dont voici le texte :

J'ai l'honneur d'inviter Votre Excellence de vouloir bien porter le contenu de cette Note à la connaissance du Gouvernement auprès duquel vous êtes accrédité, en accompagnant cette communication du commentaire que voici :

Le 31 mars 1909, le Gouvernement royal serbe a adressé à l'Autriche-Hongrie la déclaration dont le texte est reproduit ci-dessus.

Le lendemain même de cette déclaration, la Serbie s'est engagée dans une politique tendant à inspirer des idées subversives aux ressortissants serbes de la Monarchie austro-hongroise et à préparer ainsi la séparation des territoires austro-hongrois, limitrophes à la Serbie.

La Serbie devint le foyer d'une agitation criminelle :

Des sociétés et affiliations ne tardèrent pas à se former qui, soit ouvertement, soit clandestinement, étaient destinées à créer des désordres sur le territoire austro-hongrois. Ces sociétés et affiliations comptent parmi leurs membres des généraux et des diplomates, des fonctionnaires d'État et des juges, bref, les sommités du monde officiel et inofficiel du royaume.

Le journalisme serbe est presque entièrement au service de cette propagande, dirigée contre l'Autriche-Hongrie, et pas un jour ne se passe sans que les organes de la presse serbe n'excitent leurs lecteurs à la haine et au mépris de la Monarchie voisine ou à des attentats dirigés, plus ou moins ouvertement, contre sa sûreté et son intégrité.

Un grand nombre d'agents est appelé à soutenir par

(1) L'ambassadeur d'Autriche-Hongrie a adressé au ministre des Affaires étrangères, par lettre particulière, la rectification suivante, dans la journée du 24 juillet : « Dans la copie de la dépêche que j'ai eu l'honneur de remettre ce matin à Votre Excellence, il était dit que mon Gouvernement attendait la réponse du Cabinet de Belgrade au plus tard jusqu'au samedi 25 de ce mois à *cinq* heures du soir. Notre ministre à Belgrade n'ayant remis sa note hier qu'à *six* heures du soir, le délai pour la réponse se trouve prorogé de ce fait jusqu'à demain samedi *six* heures du soir.
« J'ai cru de mon devoir d'informer Votre Excellence de cette légère modification dans l'expiration du délai fixé pour la réponse du Gouvernement serbe. »

tous les moyens l'agitation contre l'Autriche-Hongrie et à corrompre dans les provinces limitrophes la jeunesse de ces pays.

L'esprit conspirateur des politiciens serbes, esprit dont les annales du royaume portent les sanglantes empreintes, a subi une recrudescence depuis la dernière crise balkanique ; des individus ayant fait partie des bandes jusque-là occupées en Macédoine, sont venus se mettre à la disposition de la propagande terroriste contre l'Autriche-Hongrie.

En présence de ces agissements auxquels l'Autriche-Hongrie est exposée depuis des années, le Gouvernement de la Serbie n'a pas cru devoir prendre la moindre mesure. C'est ainsi que le Gouvernement serbe a manqué au devoir que lui imposait la déclaration solennelle du 31 mars 1909, et c'est ainsi qu'il s'est mis en contradiction avec la volonté de l'Europe et avec l'engagement qu'il avait pris vis-à-vis de l'Autriche-Hongrie.

La longanimité du Gouvernement impérial et royal à l'égard de l'attitude provocatrice de la Serbie était inspirée du désintéressement territorial de la Monarchie austro-hongroise et de l'espoir que le Gouvernement serbe finirait tout de même par apprécier à sa juste valeur l'amitié de l'Autriche-Hongrie. En observant une attitude bienveillante pour les intérêts politiques de la Serbie, le Gouvernement impérial et royal espérait que le royaume se déciderait finalement à suivre, de son côté, une ligne de conduite analogue. L'Autriche-Hongrie s'attendait surtout à une pareille évolution dans les idées politiques en Serbie, lorsque, après les événements de l'année 1912, le Gouvernement impérial et royal rendit possible, par une attitude désintéressée et sans rancune, l'agrandissement si considérable de la Serbie

Cette bienveillance manifestée par l'Autriche-Hongrie à l'égard de l'État voisin n'a cependant aucune-

ment modifié les procédés du royaume, qui a continué à tolérer sur son territoire une propagande dont les funestes conséquences se sont manifestées au monde entier le 28 juin dernier, jour où l'héritier présomptif de la Monarchie et son illustre épouse devinrent les victimes d'un complot tramé à Belgrade.

En présence de cet état de choses, le Gouvernement impérial et royal a dû se décider à entreprendre de nouvelles et pressantes démarches à Belgrade afin d'amener le Gouvernement serbe à arrêter le mouvement incendiaire menaçant la sûreté et l'intégrité de la Monarchie austro-hongroise.

Le Gouvernement impérial et royal est persuadé qu'en entreprenant cette démarche, il se trouve en plein accord avec les sentiments de toutes les nations civilisées qui ne sauraient admettre que le régicide devînt une arme dont on puisse se servir impunément dans la lutte politique, et que la paix européenne fût continuellement troublée par les agissements partant de Belgrade.

C'est à l'appui de ce qui précède que le Gouvernement impérial et royal tient à la disposition du Gouvernement de la République française un dossier élucidant les menées serbes et les rapports existant entre ces menées et le meurtre du 28 juin.

Une communication identique est adressée aux représentants impériaux et royaux auprès des autres Puissances signataires.

Vous êtes autorisé de laisser une copie de cette dépêche entre les mains de M. le Ministre des Affaires étrangères.

M. SAZONOFF

MINISTRE DES AFFAIRES ÉTRANGÈRES DE RUSSIE

M. Bienvenu-Martin qui, en l'absence de M. Viviani, fait, à Paris, l'intérim des Affaires étrangères, reçoit l'ambassadeur d'Autriche-Hongrie qui lui remet la note et le « commen-

LA REVUE PASSÉE DEVANT LE PRÉSIDENT POINCARÉ A KRASNOIE-SÉLO
(23 JUILLET 1914)

taire », le vendredi 24 juillet à 10 heures et démie du matin.

Le même jour 24, à 1 heure du matin, M. Viviani qui s'était consulté avec M. Sazonoff à Saint-Pétersbourg, télégraphiait de Reval, à M. Bienvenu-Martin, de donner pour instruction à M. Dumaine, ambassadeur de France à Vienne, de tenter une démarche, de concert avec ses collègues d'Angleterre et de Russie, pour apporter au comte Berchtold des conseils de modération et le prier d'écarter de la note ce qui pourrait paraître une menace de la part du cabinet de Vienne. Il était trop tard, puisque le document en question avait été remis la veille à Belgrade.

ÉCHANGE DE VUES ENTRE LES CABINETS

Dès le 23 juillet, aussitôt la note reçue, le gouvernement serbe, par l'organe du ministre des Finances Patchou, faisant l'intérim des Affaires étrangères à la place de M. Patchich, absent de Belgrade, a sollicité l'aide de la Russie et déclaré « qu'aucun gouvernement serbe ne pourrait accepter la demande de l'Autriche ».

Le 24 juillet, le prince régent de Serbie s'adresse directement à l'empereur Nicolas : « Les demandes contenues dans la note austro-hongroise sont inutilement humiliantes pour la Serbie et incompatibles avec sa dignité

M. BIENVENU-MARTIN

Cliché Manuel

d'Etat indépendant... On nous a donné un délai trop court. Nous pouvons être attaqués après l'expiration du délai par l'armée austro-hongroise qui se concentre sur notre frontière. Il nous est impossible de nous défendre. Nous supplions Votre Majesté de nous donner son aide le plus tôt possible... » Cet appel de détresse émeut profondément l'empereur et le gouvernement russe.

Avant que M. Poincaré ait quitté Saint-Pétersbourg, les éventualités prochaines ont pu être examinées ; elles ont sans doute attristé le dîner que le président Poincaré a offert au tsar Nicolas à bord du *France,* le soir du 23 juillet : deux toasts ont été prononcés qui scellent, avec plus d'énergie que jamais, l'alliance franco-russe et où l'on peut remarquer, déjà, une allusion aux événements qui se précipitent !

Le président dit : « Sur *toutes* les questions qui se posent chaque jour devant les deux gouvernements et qui sollicitent l'*activité concertée de leur diplomatie,* l'accord s'est toujours établi et ne cessera de s'établir, avec d'autant plus de facilité que les deux pays ont maintes fois éprouvé les avantages procurés à chacun d'eux par cette collaboration régulière et qu'ils ont, l'un et l'autre, le même idéal de paix dans la *force,* l'*honneur* et la *dignité.* »

S. E. LE COMTE SZECSÈN, AMBASSADEUR D'AUTRICHE-HONGRIE A PARIS
ET LE PERSONNEL DE L'AMBASSADE

Et l'empereur de Russie répond : « L'action concertée de nos deux diplomaties et la *confraternité qui existe entre nos armées de terre et de mer* faciliteront la tâche de nos deux gouvernements, appelés à veiller sur les intérêts des peuples alliés, en s'inspirant de l'idéal de paix·que se proposent nos deux pays, *conscients de nos forces.* »

La note officielle communiquée à la presse le 24, par MM. Viviani et Sazonoff, tend à prouver également qu'on est renseigné sur les termes et les conséquences de l'ultimatum austro-hongrois ; elle s'exprime ainsi : « La visite que M. le président de la République vient de faire à S. M. l'empereur de Russie a offert aux deux gouvernements amis et alliés l'occasion de constater *la parfaite communauté de leurs vues* sur les divers problèmes que le souci de la paix générale et de l'*équilibre européen* pose devant les puissances, *notamment en Orient.* »

Cependant, rien ne paraît changé encore dans les prévisions du voyage de retour.

Le télégramme suivant est envoyé de Cronstadt :

Amiral France à Marine, Paris.

24 juillet.

Division présidentielle appareille à trois heures et demie, à destination de Stockholm.

L'ÉMOTION UNIVERSELLE La note à peine remise, une immense agitation se produit dans le monde diplomatique et, comme elle est publiée presque en même temps, l'agitation se propage dans toute l'Europe et dans le monde entier.

A Paris, l'émotion produit un singulier mélange avec l'état de surexcitation qu'entretiennent les passions ardentes provoquées par le procès de Mme Caillaux. Les yeux se tournent alternativement vers le Palais de justice et le Palais d'Orsay. On est partagé entre l'affliction intérieure et l'inquiétude extérieure. La voix de maître Chenu ou de maître Labori, plaidant pour l'une et l'autre partie, les dépositions de Mme Gueydan, de M. et de Mme Caillaux, de M. Bernstein, des docteurs disséquant, pour ainsi dire, en public, le cadavre du pauvre Calmette, ces coups de théâtre presque convulsifs retiennent encore l'attention, quand le cœur est oppressé déjà par le pressentiment des grandes catastrophes.

Refoulons dans le passé ces tristes souvenirs !... Quand le verdict d'acquittement est rendu, le 29 juillet, la guerre est déclarée par l'Autriche-Hongrie à la Serbie : c'est le drame qui commence.

M. Bienvenu-Martin a reçu communication de la note austro-hongroise en faisant observer que « le moment était bien mal choisi pour une démarche si impérative et de si court délai, à l'heure où le président de la République et le président du Conseil se trouvaient en mer, par conséquent hors d'état d'exercer, d'accord avec les Puissances qui n'étaient pas directement intéressées, l'action apaisante si désirable entre la Serbie et l'Autriche, dans l'intérêt de la paix générale ».

Le ministre, au dire de l'ambassadeur comte Szecsèn, rappela les bonnes relations existant entre l'Autriche-Hongrie et la France et exprima l'espoir que le litige serait réglé pacifiquement.

Par l'intermédiaire de M. Vesnitch, ministre de Serbie à Paris, qui n'a rien reçu encore et qui vient aux nouvelles, on conseille à la Serbie *de chercher à gagner du temps*. C'est pour enlever à la mise en demeure le caractère d'un ultimatum, que l'effort universel s'emploie d'abord.

Dans cette première phase diplomatique, ce que l'on désire obtenir, c'est uniquement *un délai.*

Un fait d'une importance extrême n'échappe pas à l'attention de M. Berthelot, directeur des affaires politiques, par intérim, au quai d'Orsay : « L'Italie, quoique attachée à l'Allemagne et à l'Autriche-Hongrie par la Triple-Alliance, n'a connu la note autrichienne que le 24, en même temps que les autres puissances ; elle n'a été ni pressentie, ni avertie. » Donc, dès la première heure, elle est mise en suspicion par ses partenaires de la Triple-Alliance.

L'Autriche procède avec plus de prudence à l'égard de l'Angleterre : on voudrait obtenir d'elle « un jugement objectif » sur la note austro-hongroise ; on semble garder l'espoir d'arracher au cabinet de Londres quelque parole favorable pour la cause austro-hongroise, avant qu'il ait eu le temps de se concerter avec les autres puissances de la Triple-Entente. Le comte Mensdorff reçoit mission, le 23 juillet, de donner à sir Edw. Grey des explications particulières : « En ce qui concerne la brièveté du délai imparti pour répondre à nos demandes, il faut l'attribuer à notre longue expérience des procédés dilatoires de la Serbie... Il nous est impossible d'accepter une méthode politique qui permettrait à la Serbie de prolonger à sa guise la crise qui vient de s'ouvrir. »

Sir Edw. Grey ne se laissa pas surprendre : Il répondit « qu'il allait tout d'abord convoquer les ambassadeurs d'Allemagne et de France parce qu'il voulait, avant tout, provoquer un échange d'idées avec ceux des Alliés de l'Autriche-Hongrie et de la Russie qui n'avaient pas d'intérêts en Serbie ». C'était une base tout indiquée pour une médiation, si les empires germaniques se prêtaient de bonne foi à la négociation qu'ils ouvraient par leur communication aux puissances.

A Saint-Pétersbourg, on demande aussi une prorogation du délai, mais sur un ton différent. M. Sazonoff craint certainement que les dispositions conciliantes de la Russie ne passent pour de la faiblesse. Il dit donc du ton le plus ferme : « Il nous paraît indispensable, avant

VUE DU PORT DE COPENHAGUE

tout, que le délai donné à la Serbie pour répondre soit prorogé. » Il parle des conséquences néfastes et incalculables « pour toutes les puissances », qui résulteraient d'un refus ; et, surtout, il fait observer que, puisqu'on saisit les puissances, on ne peut pas leur refuser le moyen d'intervenir efficacement : « Un refus de prolonger le terme de l'ultimatum priverait de toute portée la démarche du gouvernement austro-hongrois auprès des puissances et se trouverait en contradiction avec les bases mêmes des relations internationales. »

QUE PRÉTENDENT LES EMPIRES GERMANIQUES? Mais l'Allemagne, que pense-t-elle ?... que fait-elle ?...

Au point où en sont les choses, la question est de savoir si l'Autriche joue un jeu dangereux, mais isolé, sans l'intention préconçue d'aller jusqu'à une guerre générale, et si elle a pour objectif principal d'obtenir de la Serbie le maximum de concessions possibles, ou bien si, de concert avec son alliée, elle veut en finir avec le petit royaume voisin et profiter des circonstances militaires favorables pour établir son hégémonie dans les Balkans. En un mot, les choses peuvent-elles encore s'arranger ?

Si oui, l'Allemagne est l'intermédiaire tout indiqué. Si non, et si le parti est pris, l'Allemagne aura pour tactique d'amuser le tapis, de se dérober à toute étreinte diplomatique et de ne se prêter aux pourparlers que dans la mesure où ils peuvent servir à entraîner l'opinion allemande et à tromper l'opinion du monde.

La procédure politique suivie par l'Allemagne va faire connaître les véritables intentions de l'alliance, intentions déjà si suspectes en raison du silence gardé à l'égard de l'Italie.

La personnalité politique dont j'ai déjà cité le témoignage à propos de la haute direction des affaires en Autriche-Hongrie, est portée à croire que le dessein de cette puissance d'aller à une guerre générale n'était peut-être pas encore arrêté, même à cette heure suprême : « Il serait équitable de concéder à ses gouvernants qu'ils n'ont mesuré, ni entrevu les conséquences des actes qu'on leur faisait commettre. Même après avoir rompu brutalement avec Belgrade, le comte Berchtold, comme il appert de la lecture du *Livre Jaune*, a pu croire, ou, du moins, a paru se prêter à la prolongation de pourparlers qui réservaient quelques dernières chances d'accommodement entre son pays et la Russie. »

En effet, il serait dans la logique des choses que le grand dessein de la guerre, ayant été conçu en Allemagne, ait trouvé en Allemagne surtout une résolution énergique de l'exécuter. Mais la morgue austro-hongroise était-elle capable de se dominer, même en présence des périls auxquels elle s'exposait ?...

Le plus probable est que les deux partenaires rusaient, de commun accord, pour prolonger une négociation n'ayant d'autre but que de gagner du temps, de chercher un bon terrain de rupture et, peut-être, d'obtenir l'abstention de l'Angleterre, en rejetant tous les torts sur la Russie.

S'il restait le moindre doute sur les vues de l'Allemagne à cette heure critique et sur les raisons à la fois générales et circonstancielles qui la déterminent à agir en prenant la guerre comme but et la négociation seulement pour moyen, il suffirait de relire la déclaration lue au Reichstag, le 3 août 1914, par le chancelier Bethmann-Hollweg, expliquant les raisons qui ont décidé l'Allemagne à déclarer la guerre. Cet exposé prouve que l'Allemagne considérait cette guerre comme *sa* guerre.

Après avoir fait le procès de la Serbie et exposé les raisons de l'Autriche-Hongrie, le chancelier ajoute : « Le gouvernement impérial et royal nous avisait de ces machinations et nous demandait notre avis. De tout cœur, nous pouvions dire à notre alliée que nous partagions sa manière de voir et l'assurer qu'une action qu'elle jugeait nécessaire pour mettre fin en Serbie à l'agitation dirigée contre l'existence de la monarchie, aurait toutes nos sympathies. Nous avions conscience que des actes d'hostilité éventuels de l'Autriche-Hongrie contre la Serbie pourraient mettre en scène la Russie et nous entraîner dans une guerre de concert avec notre alliée ; mais nous ne pouvions, sachant que les intérêts vitaux de l'Autriche-Hongrie étaient en jeu, *ni conseiller à notre alliée une condescendance incompatible avec sa dignité*, ni lui refuser notre appui dans ce moment difficile.

« Nous le pouvions d'autant moins que *nos intérêts* se trouvaient au plus haut point menacés par les menées sourdes continuelles de la Serbie. S'il avait été permis plus longtemps aux Serbes, avec l'appui de la Russie et de la France, de menacer l'existence de la monarchie voisine, la conséquence en eût été l'écroulement progressif de l'Autriche et l'assujettissement de tout le slavisme sous le sceptre russe, d'où serait résultée une situation intenable pour les peuples de langue allemande de l'Europe centrale. » (Voilà le fond de la politique allemande ; ce passage est en corrélation absolue avec le discours du même chancelier Bethmann-Hollweg, pour justifier l'augmentation des crédits militaires, le 7 avril 1913, v. ci-dessus, p. 54 et 116 ; par ce simple rapprochement, tout s'éclaire : le pangermanisme engage une guerre *préventive* contre l'extension *éventuelle* de la puissance russe...) (1).

(1) La tendance à créer un état d'esprit anti-slave en Europe était bien celle de la diplomatie allemande dans la période qui précède immédiatement la guerre. Témoin ce télégramme de M. P. Cambon, daté du 24 juillet, mais se référant à des événements antérieurs : « Le comte Benckendorff (ambassadeur de Russie) m'a dit que le prince Lichnowsky (ambassadeur d'Allemagne) à son retour de congé, il y a un mois environ, lui avait témoigné des vues pessimistes au sujet des rapports entre Pétersbourg et Berlin. Il avait noté l'inquiétude causée dans cette dernière capitale par les bruits de l'entente navale entre la Russie et l'Angleterre, par la visite du tzar à Bucarest et par le renforcement de l'armée russe. Le comte Benckendorff en avait conclu qu'on envisageait volontiers en Allemagne une guerre avec la Russie. »

LE PALAIS DE JUSTICE, LE DERNIER JOUR DU PROCÈS DE Mme CAILLAUX
(29 JUILLET 1914)

« Une Autriche moralement affaiblie, et cédant peu à peu sous la poussée de l'élément panslaviste russe, n'eût plus été pour nous une alliée sur laquelle nous pouvions compter comme nous le devions, étant donné l'attitude de plus en plus menaçante de nos voisins de l'Est et de l'Ouest. Nous laissâmes, par conséquent, l'Autriche-Hongrie entièrement libre d'agir à sa guise, vis-à-vis de la Serbie. »

Voilà donc, dans la bouche du chancelier, l'aveu absolu du parti pris de l'Allemagne de chercher une guerre générale, non seulement au point de vue du conflit spécial austro-serbe, mais au point de vue des intérêts allemands. Le rôle de l'Allemagne est défini : la négociation est vouée d'avance à un échec.

C'est la première impression de M. J. Cambon, ambassadeur de France à Berlin. Il télé-graphie, dès le 24 juillet, « qu'une grande partie de l'opinion en Allemagne souhaiterait la guerre. Le ton de la presse est menaçant et paraît avoir pour but d'intimider la Russie ».

LE CHOC DIPLOMATIQUE La procédure diplomatique s'ouvre alors et elle apparaît comme purement formelle et réglée d'avance de la part des deux puissances. Ainsi en témoigne le télégramme du comte Szecsèn à son gouvernement, daté du 24 juillet : « Conformément à ses instructions, le baron de Schœn déclarera aujourd'hui à Paris que notre controverse avec la Serbie est, de l'avis du cabinet de Berlin, une affaire ne concernant que l'Autriche et la Serbie. Prenant cette déclaration pour point de départ, il insinuera que, « dans le cas où des tierces puissances s'immisceraient dans l'affaire,

ASPECT DU BOULEVARD LE SOIR DU VERDICT DANS LE PROCÈS DE Mme CAILLAUX
(29 JUILLET 1914)

l'Allemagne, fidèle aux obligations de l'alliance, se trouverait à nos côtés ».

En six lignes, c'est tout le programme.

M. de Schœn se rend le 24, probablement dans l'après-midi, au quai d'Orsay. Il présente à M. Bienvenu-Martin une note justifiant l'attitude prise par l'Autriche-Hongrie à l'égard de la Serbie, et il attire spécialement l'attention du ministre sur deux points : 1º « Le gouvernement allemand estime que la question actuelle est une affaire à régler entre l'Autriche-Hongrie et la Serbie et que les puissances *ont le plus sérieux intérêt* à la restreindre aux deux parties intéressées ». C'est une menace indirecte à la Russie. 2º « Le gouvernement allemand désire ardemment que le conflit soit *localisé*, toute intervention des puissances devant, par le jeu naturel des alliances, *provoquer des conséquences incalculables.* »

Le système se résume en ces mots que nous avons relevés, dès le début, dans la presse pangermaniste : *le conflit localisé.* Pendant que l'Autriche-Hongrie étrangle la Serbie, l'Allemagne fait le moulinet pour empêcher qui que ce soit de se mêler à la querelle.

M. Bienvenu-Martin dit à l'ambassadeur d'Allemagne : « — Mais vous n'envisagez que deux hypothèses : l'acceptation ou le refus pur et simple de la part de la Serbie. N'y aurait-il pas place à un arrangement, c'est-à-dire à une négociation ? »

Et M. de Schœn de lui répondre assez cavalièrement : « — Il est permis d'espérer... Quant à moi, je n'ai pas d'opinion sur ce sujet. »

Voici donc la négociation préliminaire, relative au sursis, qui s'engage sur cette base tremblante ; elle se cherche dans l'obscurité voulue où le manque de franchise visible d'une des parties la traîne, durant cette dernière semaine de juillet.

LA PLUS RÉCENTE PHOTOGRAPHIE DE L'EMPEREUR FRANÇOIS-JOSEPH

**ENTRE
L'ULTIMATUM AUTRICHIEN
ET LA RÉPONSE SERBE**

La chaleur est accablante, le président de la République est en mer. L'opinion, cette fois, est avertie : l'inquiétude est partout ; les Bourses sont affolées.

De Berlin, M. Jules Cambon télégraphie, le 24 juillet, donnant, d'abord, son impression, puis, le compte rendu de son premier entretien avec le ministre des Affaires étrangères allemand, M. de Jagow. Voici l'impression : « Peu d'espoir dans une issue pacifique... une grande partie de l'opinion souhaite la guerre. »

Quant au résultat de l'entretien, il est purement négatif : « Le gouvernement allemand approuve la note austro-hongroise ; mais il nie absolument l'avoir connue avant qu'elle eût été communiquée à Belgrade. Sursaut de M. Cambon : « — Comment, vous vous êtes engagés à soutenir des prétentions dont vous ignoriez la limite et la portée ? » Et, M. de Jagow, d'un ton rogue : « — C'est bien, dit-il en interrompant, parce que nous causons entre nous personnellement, que je vous laisse dire cela ! »

Et puis, l'éternelle affirmation : « L'affaire doit être localisée ». « — Trouvez-vous donc l'affaire si grave ? » interroge, à son tour, le ministre, avec cette lourde manière des Allemands. « — Assurément, répond l'ambassadeur, si on a réfléchi à ce qu'on faisait en coupant les ponts derrière soi. »

M. Jules Cambon termine sa dépêche en donnant son sentiment personnel : « Tout indique que l'Allemagne se dispose à appuyer d'une façon singulièrement énergique l'attitude de l'Autriche. » Il cherche à démêler la raison pour laquelle la diplomatie allemande tient tant à faire croire qu'elle a ignoré la note austro-hongroise... Le cours de la négociation le démontrera : l'Allemagne manœuvre pour garder, jusqu'à un certain point, la confiance des puissances, de manière à rester maîtresse des pourparlers, jusqu'au moment où elle jugera qu'il convient de rompre.

L'Allemagne sait où elle va : elle vise la Russie et voudrait l'acculer, soit à renoncer à toute autorité sur les Balkans, soit à déclarer la guerre et à assumer la responsabilité devant l'opinion des neutres et devant l'histoire.

Que ce soit là le plan de la politique allemande, il suffit, pour l'établir, de citer le télégramme adressé, le 28 juillet, par le chancelier de l'empire aux États confédérés : « Quelques organes de l'opinion publique russe considèrent comme un droit tout naturel et un devoir de la Russie, de prendre activement parti pour la Serbie, dans le conflit austro-serbe. ·La *Novoïe Vremia* croit que l'Allemagne, même, pourrait être rendue responsable d'une conflagration européenne résultant d'une démarche en ce sens, de la Russie, si elle n'engage l'Autriche-Hongrie à user de condescendance... Si

LE GÉNÉRAL CONRAD DE HŒTZENDORF
CHEF D'ÉTAT-MAJOR DE L'ARMÉE AUTRICHIENNE

la Russie croit devoir intervenir dans ce conflit, en faveur de la Serbie, c'est, certes, son droit : mais la Russie doit bien se rendre compte qu'*elle fait ainsi siens les agissements serbes* tendant à saper les conditions d'existence de la monarchie austro-hongroise et qu'elle seule en encourra la responsabilité, si, du différend austro-serbe *que toutes les puissances désirent localiser*, naît une guerre européenne... »

Voilà bien le procès de tendance. La Russie n'a pas le droit d'intervenir, même pour tâcher d'arranger les choses, sans faire *siens* les agissements serbes; elle seule sera considérée comme responsable, tandis que *toutes* les autres puissances (c'est-à-dire l'Allemagne seule) prétendent « localiser le conflit... c'est-à-dire, au fond, ne laisser la porte ouverte à nulle négociation sérieuse.

L'attitude de chacun des cabinets se dessine.

Le cabinet de Pétersbourg donnera les assurances les plus nettement pacifiques, mais il fera savoir fermement que l'opinion publique russe « ne tolérerait pas que l'Autriche fît violence à la Serbie ». (Télég. Paléologue, 24 juillet.)

Londres et Paris, aidés par Rome, cherchent le moyen d'obtenir un répit. M. Cambon télégraphie : « Sir Edward Grey m'ayant entretenu de son désir de ne rien négliger

LE DÉPART D'UN RÉGIMENT SERBE POUR LE FRONT

pour conjurer la crise, nous avons été d'accord pour penser que le cabinet anglais demanderait au gouvernement allemand de prendre l'initiative d'une démarche à Vienne, pour offrir une médiation, entre l'Autriche et la Serbie, des quatre puissances non directement intéressées. »

Dès la première heure, M. J. Cambon suggère à sir Edw. Grey de « réclamer l'intervention officieuse du gouvernement allemand à Vienne pour empêcher une attaque subite ».

Mais on ne se fait pas beaucoup d'illusions : « La situation est des plus graves et nous ne voyons aucun moyen d'enrayer la marche des événements. » Sir Edw. Grey a fait observer, quand l'ambassadeur d'Autriche-Hongrie est venu lui communiquer la note adressée à la Serbie, que « jamais déclaration aussi formidable n'avait été adressée par un gouvernement à un autre ».

La Belgique, elle-même, qui certes, de toutes les puissances européennes, pouvait se croire le moins mêlée au conflit, commence à s'émouvoir. M. de Beyens, ministre belge à Berlin, a le sentiment qu'il s'agit, de la part de l'Allemagne et de l'Autriche, d'une conjuration préparée de longue main. « Il considère que l'Autriche et l'Allemagne ont voulu profiter du concours des circonstances qui fait, qu'en ce moment, la Russie et l'Angleterre leur paraissent menacées de troubles intérieurs et qu'en France, le régime militaire est discuté... pour surprendre la Triple-Entente dans un moment de désorganisation. »

Ce sentiment s'est répandu dans la presse; *l'Echo de Paris* a publié un article intitulé : « La sommation autrichienne est suivie de la menace allemande; M. de Schœn, au quai d'Orsay. » L'Allemagne en profite pour se donner l'avantage d'une protestation. « M. de Schœn a dit à un certain nombre de journalistes et est venu affirmer à la direction politique qu'il n'y a pas eu « concert » entre l'Autriche et l'Allemagne pour la note autrichienne et que le gouvernement allemand ignorait celle-ci, bien qu'il l'eût approuvée ultérieu-

rement, quand elle lui a été communiquée, en même temps qu'aux autres puissances. »

Cette insistance prouve la volonté de dégager l'Allemagne autant que possible, pour lui laisser une indépendance apparente à l'égard de l'Autriche. M. de Schœn ajoute qu'il n'y a pas de « menace » à la Serbie.

Cette communication et les termes savamment adoucis d'une communication autrichienne à Londres, rendent un instant l'espoir. Peut-être les puissances non engagées dans le conflit peuvent-elles encore intervenir utilement pour essayer d'arranger les choses.

Sir Edw. Grey, relevant la suggestion de M. J. Cambon, dit à l'ambassadeur d'Allemagne que « la seule chance qu'on aperçoive d'éviter un conflit, consisterait dans une médiation de la France, de l'Allemagne, de l'Italie et de l'Angleterre ; l'Allemagne, seule, pouvant exercer, en ce sens, une action sur le gouvernement à Vienne ». L'ambassadeur promet de transmettre la suggestion à Berlin, mais il ne se fait pas beaucoup plus d'illusions que M. de Schœn à Paris : « L'Allemagne ne se prêtera à aucune démarche à Vienne » (25 juillet). Il déclare au *Foreign Office*, sans même attendre la réponse de son gouvernement : « L'Allemagne refusera de s'immiscer dans le conflit qui divise l'Autriche et la Serbie. »

On préfère ne pas rompre, mais on ne laisse pas ignorer qu'on ne se prêtera à aucune concession, même à un simple délai.

Alors, à quoi bon négocier ?

Sir Edw. Grey est surpris, choqué. Il voit les conséquences apparaître et il dit à l'ambassadeur « que si la guerre venait à éclater, aucune puissance, en Europe, ne pourrait s'en désintéresser ».

A Saint-Pétersbourg, les choses n'ont pas une meilleure tournure. On sait que la Serbie est décidée à résister à certaines des exigences austro-hongroises. On a reçu, le 24 juillet, un télégramme du chargé d'affaires à Belgrade, ainsi conçu : « Patchich est rentré à Belgrade. Il a l'intention de donner, dans le délai fixé,

LA FOULE DEVANT LA CAISSE D'ÉPARGNE DE BERLIN

c'est-à-dire demain samedi, à six heures du soir, une réponse à l'Autriche, indiquant les points acceptés et inacceptables. On adressera, aujourd'hui même, aux puissances, la prière de défendre l'indépendance de la Serbie. Ensuite, ajoute M. Patchich, si la guerre est inévitable, nous ferons la guerre. »

Sur cette indication, la Russie précise sa propre attitude par un « communiqué officiel » ; « Les derniers événements et l'envoi, par l'Autriche-Hongrie, d'un ultimatum à la Serbie, préoccupent le gouvernement impérial au plus haut degré. Le gouvernement impérial suit attentivement l'évolution du conflit serbo-autrichien, qui ne peut pas laisser la Russie indifférente » (25 juillet).

M. Sazonoff est un esprit pondéré, précis, réaliste. On ne peut lui attribuer ni parti pris dangereux, ni ambitions téméraires. Il a la réserve insinuante des diplomates russes. Recevant l'ambassadeur d'Allemagne, il le prie de

signaler à son gouvernement le danger de la situation ; il s'abstient de faire allusion aux mesures que la Russie pourrait être amenée à prendre, si la Serbie était menacée dans son indépendance nationale ou dans l'intégrité de son territoire. L'ambassadeur d'Allemagne se dérobe, répond évasivement ; puis, il parle haut, récrimine.

M. Sazonoff a une mauvaise impression. Il n'en tient que davantage à rester maître de lui-même : « J'estime, dit-il au chargé d'affaires de France, que, si le gouvernement austro-hongrois passait à l'action contre la Serbie, nous ne devrions pas rompre les négociations. »

On voit naître dans les entretiens de M. Sazonoff et des représentants de l'Autriche-Hongrie et de l'Allemagne, le premier conflit diplomatique qui devait élargir le débat jusqu'à le transformer en guerre européenne.

Le compte rendu de ces entretiens est d'un

ton plus monté dans les dépêches des ambassadeurs que dans le récit du ministre russe. « D'après le *Livre rouge* austro-hongrois, M. Sazonoff, après avoir écouté l'exposé que lui fait le comte Szapary des attentats et des responsabilités serbes, interrompt et demande s'il est prouvé que ces attentats aient leur origine à Belgrade. »

L'ambassadeur répond «qu'ils sont une émanation des provocations serbes... » « — En somme, dit le ministre russe, vous voulez faire la guerre à la Serbie... Quelle existence vous allez préparer à l'Europe ! »

Il écoute très patiemment le long «commentaire » autrichien (1) soulignant parfois quelques détails d'un mot ; et, soudain, ce coup droit :

« — Vous nous apportez un dossier, laissez-nous le temps de l'étudier. Sinon, pourquoi saisir les puissances ? » L'ambassadeur est embarrassé : « — Nous fournissons ces renseignements aux puissances dans le cas où cela les intéresserait » (2). Et le ministre : « — En présence de l'ultimatum, il ne s'agit plus de curiosité! » Il ajoute : « — Vous créez une situation grave. » Mais, de l'aveu de l'ambassadeur, il ne se départit pas un instant de son calme, « il garde l'attitude d'un adversaire se refusant à entrer dans nos vues! » (*Livre rouge* austro-hongrois.)

Et, voici, maintenant, comment les choses apparaissent à l'ambassadeur d'Allemagne : un conseil des ministres russes a eu lieu dans la journée et ce sont les décisions de ce conseil, que le ministre lui fait connaître :

« La Russie demande à l'Autriche de laisser aux puissances le temps d'étudier le dossier qu'elle leur a communiqué. Le ministre déclare qu'à aucun prix la Russie n'admettrait avec indifférence l'intention éventuelle de l'Autriche-Hongrie de « dévorer la Serbie ».

M. JULES CAMBON

AMBASSADEUR DE FRANCE A BERLIN

L'ambassadeur. — Mais l'Autriche n'a nullement cette intention. Elle se bornera, sans doute, à infliger à la Serbie le châtiment mérité.

Le ministre. — Quand elle aura agi, se contentera-t-elle de ce résultat ? c'est douteux !

Toute la question est là, en effet...

Une révélation plus tardive émanant de M. Salandra, président du conseil italien, nous met en présence des véritables sentiments

(1) Voir le mémoire complet avec les *Annexes* dans le *Livre rouge* austro-hongrois (n° 19).

(2) Le comte Berchtold avait dit, dans son instruction à l'ambassadeur : « La communication n'a que le caractère d'une information qui, selon moi, est un devoir de courtoisie internationale. » (*Livre rouge.*)

LA FOULE DEVANT LA CAISSE D'ÉPARGNE DE PARIS

de l'Autriche-Hongrie sur ce point et prouve qu'elle avait, en dépit des affirmations de son ambassadeur, comme arrière-pensée, un plan de subordination et de conquête de la Serbie (1).

Tout le reste n'est que protestation vaine et faux semblant. On essayait de tromper la Russie et les puissances, quand les ambassadeurs germaniques à Saint-Pétersbourg, quand le comte Berchtold, lui-même, affirmaient que l'Autriche-Hongrie ne se proposait aucune acquisition territoriale, mais seulement le maintien du *statu quo*.

M. Sazonoff avait, d'ailleurs, une pierre de touche : « Si l'Autriche et l'Allemagne étaient réellement dans l'intention d'aboutir à un accord avec les puissances, si elles avaient le désir d'éviter la guerre, elles n'avaient qu'à se prêter à une négociation loyale. C'est pour-

quoi le ministre russe terminait l'entretien du 24 juillet, en adjurant l'Allemagne de bien vouloir travailler, de concert avec la Russie, au maintien de la paix... »

On tournait dans un cercle : l'ambassadeur répète que l'Empire allemand soutiendra intégralement, « cela va sans dire, les intérêts de son alliée ». (*Livre rouge* austrohongrois.)

Chose remarquable, à Londres, on tenait un langage sensiblement différent : on espérait encore déterminer l'Angleterre à ne pas se mêler au conflit. Le comte Berchtold télégraphiait, le 24, à son ambassadeur : « Dites bien à sir Edw. Grey, dans la plus stricte confidence, qu'il ne s'agit pas d'un ultimatum, mais d'une démarche avec limitation de temps ; si elle n'aboutit pas, elle sera suivie d'une « rupture des relations diplomatiques, avec *commencement* des préparatifs militaires nécessaires... »

C'était presque le *délai* accordé à demi-voix,

(1) Voir ci-dessous le texte des déclarations de M. Salandra.

LA FOULE ACCLAME UN RÉGIMENT D'IRISH-GUARDS DÉFILANT DANS LES RUES DE LONDRES

et ces protestations produisaient leur effet, puisqu'elles contribuaient à entretenir les hésitations de l'Angleterre.

La journée du 25 va décider de tout, car, c'est le soir, à six heures, que la Serbie doit faire connaître sa réponse à la note austro-hongroise.

Aura-t-on obtenu le délai réclamé par les puissances, au cas où, comme il est facile de le prévoir, la Serbie ne donnerait pas des mains, sans restriction aucune, à l'ultimatum austro-hongrois ?...

Dans la matinée, le chargé d'affaires d'Angleterre, exécutant le projet sur lequel l'accord s'est fait, entre sir Edw Grey et M. Cambon, voit M. de Jagow et lui demande si l'Allemagne voudrait se joindre à l'Angleterre, à la France et à l'Italie pour intervenir auprès de l'Autriche et de la Russie, afin d'empêcher un conflit, et, en premier lieu, pour demander à Vienne une prolongation du délai imparti à la Serbie par l'ultimatum.

M. de Jagow répond qu'il ne croit pas que cette demande soit accueillie et que, d'ailleurs, le comte Berchtold est à Ischl... Voilà de quoi décourager les bonnes intentions.

Le chargé d'affaires de Russie demande un entretien à M. de Jagow ; il va, par ordre de son gouvernement, formuler une demande analogue. Que fait M. de Jagow ? Il fixe au chargé

SIR EDWARD GREY

MINISTRE DES AFFAIRES ÉTRANGÈRES D'ANGLETERRE

d'affaires un rendez-vous à la fin de l'après-midi, c'est-à-dire au moment où l'ultimatum viendra à échéance. M. Broniewski passe une note écrite. Il insiste vivement sur la nécessité de prolonger le délai accordé à la Serbie, *si on n'a pas en vue de créer une grande crise*. Il voit le ministre allemand à l'heure fixée. Celui-ci lui oppose que toutes ces démarches sont trop tardives. M. Broniewski insiste, de nouveau, en disant que, si le délai ne peut être prolongé, les mesures d'exécution peuvent, du moins, être retardées. Les termes de la note sont de nature à blesser la Serbie et « à la pousser à la guerre ».

« — Il ne s'agit pas d'une « guerre », répond le ministre, mais d'une « exécution » dans une affaire « locale ». — Mais le conflit pourrait s'étendre à l'Europe. — Croyez-vous ? dit le ministre. *Pour moi, je me refuse à y croire.* » On comprend que le chargé d'affaires russe sorte de cet entretien avec une impression très pessimiste.

La Russie ne réussit pas davantage à Vienne. Le comte Berchtold est parti pour Ischl sans attendre de recevoir l'importante communication que le chargé d'affaires russe a ordre de lui faire. Le baron Macchio reçoit celui-ci. « L'accueil est glacial. » Le diplomate russe insiste pour obtenir la prorogation du délai. Il

S. E. M. ISWOLSKY
AMBASSADEUR DE RUSSIE A PARIS

fait observer que, donner à juger un litige sans laisser le temps d'étudier le dossier, est contraire à la courtoisie internationale. Le baron Macchio répond brutalement : « — Parfois, l'intérêt dispense d'être courtois ! »

Le comte Berchtold confirme par un télégramme à son ambassadeur à Saint-Pétersbourg : « Notre note adressée aux puissances ne s'était nullement proposé le but d'inviter celles-ci à faire connaître leur opinion. Nous considérons notre action comme une affaire ne concernant que nous et la Serbie. »

M. Dumaine télégraphie à Paris : « Le gouvernement autrichien est résolu à infliger à la Serbie une humiliation : il n'acceptera l'intervention d'aucune puissance, jusqu'à ce que le coup ait été porté et reçu en pleine face par la Serbie. »

RÉPONSE DE LA SERBIE D'ailleurs, la journée s'est écoulée. La Serbie a fait connaître aux puissances amies le sens de sa réponse; à six heures du soir, elle l'a remise au ministre d'Autriche-Hongrie.

Le gouvernement serbe protestait qu'il ne pouvait être rendu responsable de manifestations d'un caractère privé, articles de journaux, agissements des sociétés, etc. ; il était prêt à collaborer à la répression du crime de Sarajevo et à agir contre les personnes sur lesquelles des communications lui seraient faites. Il se déclarait disposé à insérer, au *Journal officiel*, une note condamnant toute propagande; il désapprouvait et répudiait toute immixtion dans le gouvernement de l'empire voisin. Enfin, il s'engageait :

1° A introduire dans la première convocation régulière de la Skoupchtina une disposition dans la loi de la presse, par laquelle sera punie de la manière la plus sévère la provocation à la haine et au mépris de la Monarchie austro-hongroise, ainsi que contre toute publication dont la tendance générale serait dirigée contre l'intégrité territoriale de l'Autriche-Hongrie.

Il se charge, lors de la révision de la Constitution, qui est prochaine, de faire introduire, dans l'article 22 de la Constitution, un amendement de telle sorte que les publications ci-dessus puissent être confisquées, ce qui, actuellement, aux termes catégoriques de l'article 22 de la Constitution, est impossible.

2° Le Gouvernement ne possède aucune preuve et la Note du Gouvernement impérial et royal ne lui en fournit non plus aucune que la Société Narodna Odbrana et les autres sociétés similaires aient commis, jusqu'à ce jour, quelque acte criminel de ce genre par le fait d'un de leurs membres. Néanmoins, le Gouvernement royal acceptera la demande du Gouvernement impérial et royal et dissoudra la Société Narodna Odbrana et toute autre société qui agirait contre l'Autriche-Hongrie.

3° Le Gouvernement royal serbe s'engage à éliminer sans délai de l'instruction publique en Serbie tout ce qui sert ou pourrait servir à fomenter la propagande contre l'Autriche-Hongrie, quand le Gouvernement impérial et royal lui fournira des faits et des preuves de cette propagande.

4° Le Gouvernement royal accepte, du moins, d'éloigner du service militaire ceux dont l'enquête judiciaire aura prouvé qu'ils sont coupables d'actes dirigés contre l'intégrité du territoire de la Monarchie austro-hongroise, il attend que le Gouvernement impérial et royal lui communique ultérieurement les noms et les faits de ces officiers et fonctionnaires, aux fins de la procédure qui doit s'ensuivre.

5° Le Gouvernement royal doit avouer qu'il ne se rend pas clairement compte du sens et de la portée de la demande du Gouvernement impérial et royal tendant à ce que la Serbie s'engage à accepter sur son territoire la collaboration des organes du Gouvernement impérial et royal.

Mais il déclare qu'il admettra toute collaboration qui répondrait aux principes du droit international et à la procédure criminelle, ainsi qu'aux bons rapports de voisinage.

6° Le Gouvernement royal, cela va de soi, considère de son devoir d'ouvrir une enquête contre tous ceux qui sont ou qui, éventuellement, auraient été mêlés au complot du 15/28 juin et qui se trouveraient sur le territoire du royaume. Quant à la participation à cette enquête des agents des autorités austro-hongroises qui seraient délégués à cet effet par le Gouvernement impérial et royal, le Gouvernement royal ne peut pas l'accepter, car ce serait une violation de la Constitution et de la loi sur la procédure criminelle. Cependant, dans des cas concrets, des communications sur les résultats de l'instruction en question pourraient être données aux organes austro-hongrois.

7° Le Gouvernement royal a fait procéder, dès le soir même de la remise de la note, à l'arrestation du commandant Voija Tankositch. Quant à Milan Ciganovitch, qui est sujet de la Monarchie austro-hongroise et qui, jusqu'au 15/28 juin, était employé (comme aspirant) à la direction des chemins de fer, il n'a pas pu encore être joint. Le Gouvernement impérial et royal est prié de vouloir bien, dans la forme accoutumée, faire connaître le plus tôt possible les présomptions de culpabilité, ainsi que les preuves éventuelles de culpabilité qui ont été recueillies jusqu'à ce jour par l'enquête à Sarajevo, aux fins d'enquêtes ultérieures.

8° Le Gouvernement serbe renforcera et étendra les

S. E. LE BARON DE SCHŒN

AMBASSADEUR D'ALLEMAGNE A PARIS

GABRIEL HANOTAUX
de l'Académie Française

HISTOIRE ILLUSTRÉE
DE LA
GUERRE DE 1914

24 PAGES DE TEXTE ET D'ILLUSTRATIONS

FASCICULE
N° 20

GOUNOUILHOU, Éditeur
PARIS, 8, boulevard des Capucines & BORDEAUX, 8, rue de Cheverus.

PRIX NET
1 franc

Les quatorze premiers fascicules de l'*Histoire illustrée de la Guerre de 1914*, par Gabriel HANOTAUX, constituent le Tome premier de l'ouvrage.

Ces quatorze premiers fascicules, contenant trois cents pages, dont cent quatre-vingt d'illustrations, forment un superbe volume grand in-quarto qui sera mis en vente au prix de :

18 francs relié

Reliure demi-chagrin, plats toile, fers spéciaux du Maître graveur Auguste LEPÈRE, tranches ébarbées, tête dorée.

Les frais de port et d'emballage sont à ajouter au prix ci-dessus; soit o fr. 75 pour l'envoi par colis postal, livrable en gare, et 1 franc pour la livraison à domicile.

Nous pouvons fournir également, aux personnes qui préféreraient faire exécuter elles-mêmes la reliure des fascicules, des emboîtages avec les fers spéciaux de LEPÈRE, au prix de **3 fr. 50**.

Les frais de port et d'emballage sont à ajouter à ce prix; soit o fr. 75 pour l'envoi par colis postal, livrable en gare, et 1 franc pour la livraison à domicile.

Le Tome premier relié, ainsi que l'emboîtage de ce Tome, sont en vente dans toutes les Librairies. Pour les recevoir franco, adresser les demandes, accompagnées d'un mandat-poste représentant le prix du volume désiré ou de l'emboîtage et des frais de port indiqués ci-dessus, à GOUNOUILHOU, éditeur, 8, boulevard des Capucines, à Paris.

mesures prises pour empêcher le trafic illicite d'armes et d'explosifs à travers la frontière. Il va de soi qu'il ordonnera tout de suite une enquête et punira sévèrement les fonctionnaires des frontières sur la ligne Schabac-Loznica, qui ont manqué à leur devoir et laissé passer les auteurs du crime de Sarajevo.

9° Le Gouvernement royal donnera volontiers des explications sur les propos que ces fonctionnaires, tant en Serbie qu'à l'étranger, ont tenus après l'attentat dans des interviews et qui, d'après l'affirmation du Gouvernement impérial et royal, ont été hostiles à la Monarchie, dès que le Gouvernement impérial et royal lui aura communiqué les passages en question de ces propos, et dès qu'il aura démontré que les propos employés ont en effet été tenus par lesdits fonctionnaires, propos au sujet desquels le Gouvernement royal lui-même aura soin de recueillir des preuves et convictions.

10° Le Gouvernement royal informe le Gouvernement impérial et royal de l'exécution des mesures comprises dans les points précédents en tant que cela n'a pas été déjà fait par la présente note. Aussitôt que chaque mesure aura été ordonnée et exécutée, dans le cas où le Gouvernement impérial et royal ne serait pas satisfait de cette réponse, le Gouvernement royal serbe, considérant qu'il est de l'intérêt commun de ne pas précipiter la solution de cette question, est prêt, comme toujours, à accepter une entente pacifique, en remettant cette question soit à la décision du Tribunal international de La Haye, soit aux grandes Puissances qui ont

pris part à l'élaboration de la déclaration que le Gouvernement serbe a faite le 18/31 mars 1909.

Le bruit avait couru un instant à Berlin, dans l'après-midi du 25, que la Serbie se soumettait sans conditions aux exigences autrichiennes. On avouait qu'on *avait craint* que la Serbie n'acceptât en bloc l'ultimatum, quitte à discuter les détails de l'application. Déjà les manifestations belliqueuses se produisaient dans la ville.

Mais les réserves de la Serbie, si modestes et si limitées fussent-elles, *rassuraient* ceux qui avaient pu appréhender un arrangement. Ces réserves, en somme, se bornaient à un seul point : le gouvernement serbe demandait (paragr. 5) que, quant à la participation, dans l'enquête, des fonctionnaires autrichiens, on lui expliquât comment elle s'exercerait ; il déclarait ne pouvoir accepter que celle « qui répondrait aux principes du droit international et à la procédure criminelle, ainsi qu'aux bons rapports de voisinage »!

Par cette restriction, le gouvernement serbe cherchait à se prémunir contre une ingérence qui menaçait son indépendance et pouvait

LE MAJOR TANKOSITSCH
DONT L'AUTRICHE DEMANDA L'EXTRADITION AU MOMENT
DE L'AFFAIRE DE SARAJEVO

tourner à une sorte de protectorat. A Vienne, on ne cachait pas que l'on entendait ramener la Serbie à une subordination analogue à celle qu'elle avait connue aux temps du roi Milan.

La Serbie discute, cela suffit. Le ministre d'Autriche à Belgrade, prenant à peine le temps de lire la réponse serbe, informe, par note datée de 6 h. 20, le gouvernement royal que, n'ayant pas reçu, au délai fixé, une réponse satisfaisante, il quitte Belgrade *par le train de 6 heures 30*, selon les instructions qu'il a reçues d'avance, avec tout le personnel de la Légation (1).

Le gouvernement serbe informe la Russie et les puissances. Il donne l'ordre de mobilisation générale. La Skoupchtina est convo-

(1) Quelques jours après (28 juillet) le gouvernement austro-hongrois donna à la presse un communiqué indiquant les raisons pour lesquelles la réponse serbe n'avait pas paru satisfaisante : la note serbe manque de sincérité ; elle n'admet pas la participation des organes austro-hongrois à la poursuite, en Serbie, des auteurs de l'attentat ; les réclamations austro-hongroises relatives à la presse et au travail des associations, même après leur dissolution, n'ont pas reçu satisfaction : « Ces revendications constituant le minimum nécessaire au rétablissement du calme permanent dans le sud-est de la monarchie, la réponse serbe est considérée comme insuffisante. Le gouvernement serbe en a conscience, d'ailleurs, puisqu'il envisage le règlement du conflit par voie d'arbitrage et que le jour où cette réponse devait être remise et avant cette remise, il avait ordonné la mobilisation. »

quée à Nisch pour le 27 juillet. Le gouvernement serbe et le corps diplomatique partent, le soir même, pour Kragoujevatz.

Les nouvelles les plus alarmantes sont expédiées, de Vienne, à la presse universelle : « *21 juillet*. Les ordonnances impériales soumettent les civils à la justice militaire, suspendent la liberté personnelle, le droit d'association, l'inviolabilité du domicile, le secret des lettres, la liberté de la presse, le fonctionnement du jury. Elles restreignent la délivrance et l'usage des passeports, l'emploi du télégraphe, du téléphone et des pigeons voyageurs. Sont closes les Diètes de Dalmatie, Carniole, Goritz, Moravie, Haute et Basse-Autriche, Silésie et Styrie. La session du Parlement est close également. » On annonce qu'une mobilisation partielle est ordonnée.

Cette mobilisation était commencée depuis plusieurs semaines et on allait procéder sans retard aux « mesures d'exécution ». C'est ainsi que, du jour au lendemain, les affirmations apportées au cabinet de Londres étaient contredites par les faits.

D'ailleurs, le système de politique générale austro-hongrois, avec l'acceptation de la perspective d'une guerre générale, était exposé par

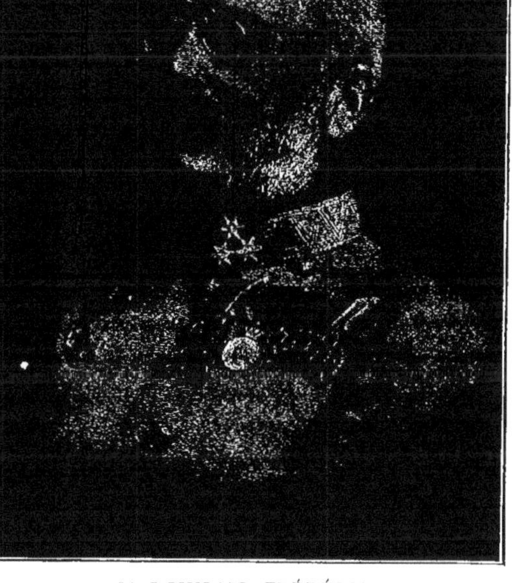

L'ARCHIDUC FRÉDÉRIC
GÉNÉRALISSIME DES ARMÉES AUSTRO-HONGROISES

LE GÉNÉRAL KROBATIN
MINISTRE DE LA GUERRE AUTRICHIEN

LE GÉNÉRAL VON GEORGI
MINISTRE DE LA DÉFENSE NATIONALE

une dépêche d'ensemble adressée, le 25 juillet, au comte Szapary, ambassadeur à Saint-Pétersbourg : « Au moment où nous avons pris la résolution d'une action énergique contre la Serbie, nous nous sommes rendu compte que le différend serbe pouvait provoquer une collision avec la Russie. Mais nous ne pouvions pas nous laisser influencer par cette éventualité. Dans le cas où la Russie estimerait que le moment de la grande liquidation avec les puissances de l'Europe centrale serait arrivé et serait de prime abord décidée à la guerre (on dirait que l'on veut essayer la force de résistance de la Russie), les instructions suivantes apparaîtraient sans doute comme superflues... Je prévois, sans me faire illusion, qu'il ne sera pas facile de faire comprendre à M. Sazonoff que notre action est devenue inévitable à

Belgrade... Cependant, nous ne pouvons nous empêcher de penser que la Russie, conservatrice et fidèle à son Empereur, jugera compréhensible et même nécessaire notre action énergique contre la Serbie... Tout en ne prétendant à l'acquisition d'aucun territoire et sans songer à attenter à la souveraineté du royaume, nous n'en irons pas moins jusqu'aux mesures extrêmes pour obtenir que nos demandes soient suivies d'effet... Notre action contre la Serbie, sous quelque forme qu'elle se produise, est absolument conservatrice et son but est le maintien nécessaire de notre position en Europe. » (*Livre rouge* austro-hongrois.)

Ainsi, on ne laissait, de parti pris, aucune issue à la négociation que la soumission de la Serbie d'abord, et de la Russie par suite, aux vues et aux intérêts de l'Autriche-Hongrie.

Et Berlin n'était pas moins formel. M. Zimmermann, sous-secrétaire d'Etat aux Affaires étrangères, s'exprimait ainsi dans un entretien avec le ministre de Belgique : « J'ai dit hier à M. Boghitchevich (diplomate serbe) que le meilleur conseil que je puisse donner à son pays, était de n'opposer à l'Autriche qu'un simulacre de résistance et de conclure la paix au plus vite en acceptant toutes les conditions du cabinet de Vienne. J'ai ajouté que, si une guerre générale éclatait et qu'elle tournât à l'avantage de la Triplice, la Serbie *cesserait vraiment d'exister comme nation ; elle serait rayée de la carte de l'Europe.* Mais j'espère encore qu'une conflagration pareille pourra être évitée et que nous réussirons à dissuader la Russie d'intervenir en faveur de la Serbie, dont l'Autriche est résolue à respecter l'intégrité une fois qu'elle aura obtenu satisfaction. »

Le baron Beyens, ministre de Belgique, rapporte ces déclarations qu'il recueillit de la bouche de M. Zimmermann, et expose le véritable problème résultant des exigences austro-hongroises et allemandes : « En somme, la thèse revenait à refouler à tout jamais le rôle historique de la Russie dans les Balkans ; elle prononçait d'avance la condamnation de chaque petit Etat qui aurait le malheur d'avoir une contestation avec une grande puissance... Après une correction aussi *exemplaire,* le royaume serbe était condamné à tomber dans le vasselage de sa terrible voisine, à végéter, humble et tremblant, sous l'œil méfiant du ministre austro-hongrois, transformé à Belgrade en proconsul. »

C'était l'application pure et simple du système de Treitschke : « Malheur aux faibles ! » La première réalisation de la *Weltpolitik* eût été obtenue ainsi sans coup férir.

Tel était le cas de conscience qui, dès la minute où le ministre d'Autriche quittait Belgrade, se posait devant tous les gouvernements européens.

Suivons les efforts désespérés que font les plus pacifiques d'entre eux pour échapper aux conséquences fatales que le même M. Zimmermann avait dégagées avec un sang-froid imperturbable devant son interlocuteur : « Si la Russie mobilise son armée, nous mobiliserons immédiatement la nôtre, et *alors* ce *sera une guerre générale,* une guerre qui embrassera toute l'Europe centrale et même la presqu'île balkanique, car les Roumains, les Grecs, les Bulgares et les Turcs ne pourront pas résister à la tentation d'y prendre part (1). »

M. MILENKO R. VESNITCH

MINISTRE DE SERBIE A PARIS

1) *Revue des Deux-Mondes,* 1er juin 1915.

VUE DES FORTIFICATIONS DE BELGRADE

ATTITUDE DES PUISSANCES EN PRÉSENCE DE LA RUPTURE MENAÇANTE

M. Jules Cambon avait télégraphié, avant la rupture entre l'Autriche-Hongrie et la Serbie : « Je ne vois que l'Angleterre qui puisse, en Europe, être écoutée à Berlin. »

C'est, en effet, vers Londres que tous les yeux se tournent : M. Sazonoff conseille au gouvernement serbe de solliciter la médiation du gouvernement britannique. Londres, dans un ordre d'idées qu'il faut indiquer maintenant, se tenait sur la réserve.

Dès le 24 juillet, un entretien des plus graves et qui donne, d'avance, le schéma de toute la crise, s'était engagé à Saint-Pétersbourg, entre M. Sazonoff et l'ambassadeur britannique en Russie, sir G. Buchanan. Aussitôt qu'il avait eu connaissance du texte de l'ultimatum austro-hongrois, M. Sazonoff s'était rendu à l'ambassade de France et il s'y était rencontré avec sir G. Buchanan. Là, il avait abordé franchement le fond des choses avec les deux représentants de la Triple-Entente : il avait apprécié sévèrement la conduite de l'Autriche, dit que cette puissance n'avait jamais agi ainsi sans que l'Allemagne eût été consultée. Il prévoyait que la Serbie ne pourrait se soumettre à l'ultimatum, et, par conséquent, prévoyant des conséquences plus graves, il avait dit à l'ambassadeur d'Angleterre qu'il espérait que le gouvernement britannique ne manquerait pas de proclamer sa solidarité avec la Russie et la France. C'était demander que l'*Entente* fût transformée en *Alliance*.

L'ambassadeur de France est en mesure d'avoir une opinion : en effet, le président de la République et le président du conseil, ministre des Affaires étrangères, ont quitté Cronstadt, le matin même ; il « donne à entendre que la France remplirait, si cela devenait nécessaire, toutes les obligations que lui impose son alliance avec la Russie ».

Sir G. Buchanan promet de demander les instructions de son gouvernement ; mais il donne immédiatement son avis personnel. « Je ne vois, dit-il, aucune raison de s'attendre à une déclaration de solidarité de la part du gouvernement de Sa Majesté, qui entraînerait un engagement absolu de sa part de soutenir la Russie et la France par la force des armes. Les intérêts directs de la Grande-Bretagne, en Serbie, sont nuls, et une guerre en faveur de ce pays ne serait pas sanctionnée par l'opinion publique de la Grande-Bretagne. » — « Mais, dit M. Sazonoff, la question n'est pas uniquement serbe, c'est la question générale européenne qui est impliquée dans l'incident ; comment la Grande-Bretagne pourrait-elle croire qu'elle se dégagerait quand de tels problèmes sont en jeu ? » — « Supposons, réplique l'ambassadeur, que l'Autriche ait recours à des mesures militaires contre la Serbie. Est-ce l'intention du gouvernement russe de déclarer aussitôt la guerre à l'Autriche ? » — « Je pense bien que nous devrons recourir à une mobilisation. Un conseil est convoqué, sous la présidence de l'empereur, pour prendre une décision. »

L'ambassadeur de France intervient de nouveau : « Ou l'Autriche *bluffe* ou elle agira brusquement. Dans les deux cas, la seule chance qu'il y ait d'éviter la guerre, c'est d'adopter, tous ensemble, une attitude ferme et unie... » L'ambassadeur d'Angleterre conseille de nouveau la recherche de moyens dilatoires. Mais ses deux interlocuteurs le pressent, insistent pour obtenir une déclaration de solidarité complète du gouvernement anglais, s'unissant aux gouvernements français et russe. M. Sazonoff dit encore, avec une force singulière : « Tôt ou tard, vous serez entraînés à la guerre, si elle éclate, et vous rendrez la guerre plus probable si, dès le début, vous ne faites pas cause commune avec la Russie et avec la France ! »

L'ambassadeur britannique ajoute, dans son compte rendu de l'entretien : « Il me semble, d'après le langage tenu par l'ambassadeur de France que, même si nous déclinons de nous joindre à elles, la France et la Russie sont décidées à prendre fortement position... »

Nous avons vu l'Allemagne et l'Autriche ménager, dès le début, le cabinet de Londres

UNE SÉANCE AU PARLEMENT DE BELGRADE

qu'ils espèrent maintenir en dehors du conflit. Londres, par contre, ménage également les deux empires alliés : sir Edw. Grey télégraphie à Paris, en lui demandant l'avis du gouvernement français et il fait observer que, pour qu'une démarche réussisse, il serait essentiel que l'Allemagne y participât. Paris, en l'absence des deux présidents, n'a rien à suggérer : « Le ministre intérimaire des Affaires étrangères n'a pas de suggestions à faire, sauf qu'un conseil modérateur pourrait être donné à Vienne aussi bien qu'à Belgrade, etc. »

Cependant, à Pétersbourg, le ministre russe revient à la charge, le lendemain, 25 juillet. Sir G. Buchanan télégraphie : « Lorsque j'exprimais à M. Sazonoff l'ardent espoir que la Russie ne précipitât pas la guerre, en mobilisant avant que vous n'ayez eu le temps d'employer votre influence en faveur de la paix, Son Excellence m'a assuré qu'elle n'avait pas d'intentions agressives. Mais l'action de l'Autriche était, en réalité, dirigée contre la Russie. Elle visait à renverser le *statu quo* existant dans les Balkans à y établir sa propre hégémonie. M. Sazonoff ne croyait pas que l'Allemagne désirât réellement la guerre. Mais son attitude serait décidée par la nôtre : Si nous prenions position, fermement, avec la France et la Russie, il n'y aurait pas de guerre. Si nous leur manquions, maintenant, des torrents de sang couleraient et, à la fin, nous serions entraînés dans la guerre. » L'ambassadeur n'a pas encore reçu ses instructions ; il développe les raisons qui doivent déterminer son gouvernement à rester sur la réserve, et il donne de nouveaux conseils de sagesse à la Russie : « J'ai dit tout ce que je pouvais au ministre des Affaires étrangères, pour l'engager à la prudence, et je l'ai prévenu que, si la Russie mobilisait, l'Allemagne ne se contenterait pas d'une simple mobilisation, ne donnerait pas le temps à la Russie d'effectuer la sienne, mais, probablement, déclarerait la guerre tout de suite. »

Chacun voit clair dans l'avenir ; mais chacun suit son idée. Le ministre dit : « que la Russie ne peut pas permettre à l'Autriche d'écraser la Serbie et de devenir la puissance prépondérante dans les Balkans; si la Russie se sent assurée de l'appui de la France, *elle fera face à tous les risques de la guerre* ». Le ministre m'a assuré, encore une fois, « qu'il ne désire pas précipiter, un conflit, mais, qu'à moins que l'Allemagne ne retînt l'Autriche, je pouvais considérer la situation comme désespérée ».

L'Allemagne a continué de porter tous ses soins vers l'Angleterre. Le chargé d'affaires de Grande-Bretagne à Berlin télégraphie que, selon M. de Jagow, celui-ci aurait donné à entendre au gouvernement russe que « la dernière chose que l'Allemagne voulait, était une guerre générale et qu'elle ferait tout ce qui était en son pouvoir pour éviter une telle calamité ».

Le cabinet de Londres est donc encouragé dans son point de vue et sir Edw. Grey adresse, le 25 juillet, un télégramme à sir G. Buchanan,

ambassadeur britannique à Saint-Pétersbourg, par lequel il approuve et renforce encore ses déclarations, en réponse à la demande du gouvernement russe : « Ce que vous avez dit, dans des circonstances très difficiles, au sujet de l'attitude du gouvernement de Sa Majesté, est tout à fait juste. J'approuve complètement vos paroles et ne puis promettre davantage au nom du gouvernement. Je n'estime pas que l'opinion publique approuverait ou devrait approuver que nous fissions la guerre à propos d'une querelle serbe. » Toutefois, le ministre ajoute : « Si, cependant, il y a guerre, nous y pourrons nous y trouver entraînés par d'autres considérations, et, par conséquent, je suis anxieux de l'empêcher. »

Avec la rapidité des échanges de nouvelles télégraphiques entre les divers cabinets, l'Allemagne et l'Autriche sont averties de ces sentiments de l'Angleterre. D'ailleurs, sir Edw. Grey les porte lui-même, dès le 25, à la connaissance du cabinet de Berlin : « J'ai déclaré au prince Lichnowsky (ambassadeur d'Allemagne à Londres), que je sentais bien n'avoir point qualité pour intervenir entre l'Autriche et la Serbie... » Il ajoute cependant que, si la question se posait entre l'Autriche et la Russie, cela toucherait la paix de l'Europe, pour laquelle l'Angleterre devrait agir.

M. PALÉOLOGUE

AMBASSADEUR DE FRANCE A SAINT-PÉTERSBOURG

BELGRADE, VUE DU TERRITOIRE HONGROIS

Cette attitude de l'Angleterre lui permet, du moins, de garder le contact avec l'Allemagne ; on obtient ainsi une déclaration qui mettra bientôt l'Allemagne dans son tort le plus évident. Le 27 juillet, sir E. Goschen télégraphie : « Au cours d'une conversation, le secrétaire d'État m'a dit que, jusqu'à présent, l'Autriche ne faisait qu'une mobilisation partielle, mais *que si la Russie mobilisait contre l'Allemagne*, cette dernière aurait à suivre le mouvement. Je lui ai demandé ce qu'il entendait par « mobiliser contre l'Allemagne ». Il m'a répondu que, si la Russie ne mobilisait que dans le Sud, l'*Allemagne ne mobiliserait pas ;* mais que si la Russie mobilisait dans le Nord, l'Allemagne serait obligée d'en faire autant. »

Le ministre allemand ajoutait, toutefois, que le système de mobilisation de la Russie était chose si compliquée qu'il pourrait être difficile de se rendre compte, d'une manière exacte, de la localisation de la mobilisation, que, par suite, « l'Allemagne aurait à faire la plus grande attention pour ne pas se laisser surprendre ».

Sauf ce petit avantage, bientôt démenti par les faits, l'Angleterre n'a rien obtenu de plus, du côté de l'Allemagne.

Aussi, la Russie ne peut dissimuler son inquiétude.

Soulignant encore ses instructions, sir G. Buchanan a dit, le 27 juillet, à M. Sazonoff, que l'Angleterre ne pouvait promettre de faire *rien de plus :* « — Vous seriez dans l'erreur, ajoute-t-il encore, en pensant que la cause de la paix pourrait être améliorée, si nous disions au gouvernement allemand qu'il aurait affaire à nous en même temps qu'à la Russie et à la

France, s'il appuyait l'Autriche par la force des armes. L'attitude de l'Allemagne et de l'Autriche serait seulement raidie par une pareille menace. Nous pouvons, tout simplement, amener l'Allemagne à user de son influence à Vienne pour empêcher la guerre, en nous adressant à elle, à titre d'amis, soucieux de sauvegarder la paix. »

Cette déclaration émeut profondément la Russie ; en même temps, elle confirme l'Allemagne et l'Autriche dans leur sentiment optimiste au sujet de l'Angleterre. Sir Edw. Grey télégraphie lui-même à sir G. Buchanan : « L'ambassadeur de Russie m'a dit que, dans les milieux allemands et autrichiens, prévaut l'impression que, *quoi qu'il advienne, nous resterons à l'écart*. Son Excellence a déploré l'effet que pareille impression ne peut manquer de produire (1). »

Sir Edw. Grey sent qu'il y a lieu de corriger quelque peu une donnée qui circule et qui, par son exagération, nuirait au fond des choses. Dans un entretien qu'il a, le 27 juillet, avec l'ambassadeur d'Autriche, il lui dit que l'effet produit sur l'Europe est un effet d'anxiété.

Il fait un premier pas dans la voie de l'action : « J'ai signalé que notre flotte devait se disperser aujourd'hui, mais que nous avions senti ne pouvoir permettre cette dispersion. Nous ne pensions pas à appeler nos réserves en ce moment, mais, étant donné la possibilité d'une conflagration européenne, il ne nous était pas possible de disperser nos flottes pour l'instant. »

Le gouvernement français, lui-même, n'a pas l'impression que l'Angleterre se mêlera au conflit. Sir Francis Bertie télégraphie de Paris : « Aujourd'hui, j'ai mis M. Bienvenu-Martin au courant de la conversation que vous avez eue

M. DUMAINE
AMBASSADEUR DE FRANCE A VIENNE

---

(1) Des révélations postérieures ont établi que cette appréciation de l'Allemagne et de l'Autriche sur les sentiments de l'Angleterre avait eu une grande influence sur les origines de la guerre. Vers la fin de février, le correspondant du *Daily Telegraph*, se trouvant à Hambourg, fut « invité » à venir causer avec Herr Ballin, le puissant directeur de la *Hamburg America Linie*, l'ami intime, le confident de l'empereur Guillaume et dont l'empereur s'est servi à diverses reprises comme truchement vis-à-vis de la presse. Or, voici les « confidences » faites par Herr Ballin au journaliste américain :

« Nous sommes convaincus que la guerre a été provoquée par l'Angleterre. S'il l'avait voulu, sir Edw. Grey aurait pu l'éviter. Si, le premier jour du danger, il avait déclaré que l'Angleterre ne marcherait pas à cause d'un différend entre la Serbie et l'Autriche, la Russie et la France auraient pu trouver un moyen de s'entendre avec l'Autriche. *Si, au contraire, sir Edw. Grey avait déclaré que l'Angleterre était prête à marcher, il est probable que l'Autriche, pour le salut de l'Allemagne, se serait plus disposée à un compromis.* Mais, en laissant son attitude incertaine, en nous laissant comprendre qu'il n'était pas lié pour la guerre, sir Edw. Grey a certainement amené la guerre. S'il avait eu une attitude décidée dès le début, dans un sens ou dans l'autre, il aurait pu éviter cette chose terrible. » (*Echo de Paris*, 16 avril 1915.)

Il convient d'ajouter, comme on le verra plus loin, qu'au mois d'août, le même Ballin, écho de la même pensée impériale, attribuait la guerre uniquement à la responsabilité russe.

LA FOULE DEVANT LA BANQUE D'ANGLETERRE

avec l'ambassadeur de Russie. Il m'a exprimé sa gratitude au sujet de cette communication. Il comprend parfaitement que le gouvernement de Sa Majesté ne peut se déclarer solidaire avec la Russie, pour une question qui se pose entre l'Autriche et la Serbie, et qui, dans son état actuel, ne touche pas l'Angleterre. Il comprend également que vous ne pouvez adopter, à Berlin et à Vienne, une attitude encore plus serbophile que celle qu'on attribue en Allemagne et en Autriche au gouvernement russe. »

Ainsi encouragé, le gouvernement britannique ne modifie rien dans sa position, au contraire. Le 28, sir M. de Bunsen, ambassadeur à Vienne, télégraphie encore à sir Edw. Grey : « En prenant congé du ministre je l'ai prié de croire que si, au cours de la grave crise actuelle, notre point de vue venait parfois à différer du sien, cela proviendrait, non pas d'un manque de sympathie avec les nombreuses et justes raisons que l'Autriche avait de se plaindre de la Serbie, mais du fait que, tandis que l'Autriche-Hongrie mettait en première ligne sa querelle avec la Serbie, ce qui vous préoccupait, tout d'abord, était la paix de l'Europe. J'émis la conviction que cet aspect plus large de la question se recommanderait avec autant de force à Son Excellence. »

Telles étaient les dispositions de l'Angleterre, le 28 juillet. Ne pas intervenir dans le conflit austro-serbe, et ne se mêler directement à l'incident que si le danger d'un conflit apparaissait entre les grandes puissances européennes.

Le cabinet de Londres se borne donc, pour le moment, à essayer d'exercer une action médiatrice; malheureusement, il faut bien reconnaître que, dans le court espace de temps laissé à cette action, une certaine confusion se produit :

D'une part, la Russie conseille à la Serbie de demander la médiation du gouvernement britannique.

D'autre part, M. Sazonoff, qui se déclare prêt à « négocier jusqu'au dernier instant », essaye d'un accord direct avec l'Autriche-Hongrie. Le 26 juillet, il fait venir l'ambassadeur Szapary, pour le convier à une franche et loyale explication. Il lui dit : « L'intention qui a inspiré votre ultimatum est légitime, si vous n'avez poursuivi d'autre but que de protéger votre territoire contre les menées des anarchistes serbes ; mais le procédé auquel vous avez eu recours n'est pas défendable. » Il conclut : « Reprenez votre ultimatum, modifiez-en la forme, et je vous garantis le résultat. »

Cependant, le cabinet de Londres met sur pied le projet d'une sorte de médiation à quatre, « de la part des puissances moins directement intéressées ». On croit obtenir, sur ce point, l'adhésion de l'Allemagne. L'ambassadeur britannique à Berlin a le « sentiment d'un peu de fléchissement ».

Ces procédures diverses s'entremêlent et se nuisent. On verra que la diplomatie des deux empires en profitera pour tout embrouiller et se dérober à l'une et à l'autre des propositions.

ATTITUDE DE L'ALLEMAGNE L'Allemagne a aussi son système. Tablant sur les protestations pacifiques, très sincères, du quai d'Orsay, elle prétend tirer la France à part et se lier à celle-ci exclusivement, pour chercher les éléments d'un accord.

M. Bienvenu-Martin télégraphie :

« L'ambassadeur d'Allemagne est venu, cet après-midi (26 juillet), me faire une communication tendant à une intervention de la France auprès de la Russie, dans un sens pacifique. L'Autriche, a-t-il dit, a fait déclarer à la Russie qu'elle ne poursuivait ni agrandissement territorial, ni atteinte à l'intégrité du royaume de Serbie ; sa seule intention est d'assurer sa propre tranquillité et de faire la police. C'est des décisions de la Russie qu'il dépend qu'une guerre soit évitée ; l'Allemagne se sent *solidaire de la France*, dans l'ardent désir que la paix puisse être maintenue, et a le ferme espoir

LE RETOUR DU PRÉSIDENT POINCARÉ ET DE M. VIVIANI A PARIS

que la France usera de son influence, dans un sens apaisant, à Pétersbourg. »

Le ministre répond sagement qu'à titre de contrepartie, l'Allemagne « devrait agir à Vienne ». L'ambassadeur se dérobe et s'abrite derrière le manque d'instructions. Mais il insiste sur sa proposition ; il a, sur ce point, les ordres formels de son gouvernement !...

Il se rend, deux heures après, chez le directeur politique, avec un projet de note qui devait être communiqué à la presse et dont voici le texte : « L'ambassadeur d'Allemagne et le ministre des Affaires étrangères ont eu, pendant l'après-midi, un nouvel entretien, au cours duquel ils ont examiné, dans l'esprit le plus amical, et dans un *sentiment de solidarité pacifique*, les moyens qui pourraient être employés pour maintenir la paix générale. » Le danger de ce projet de rédaction, s'il était accepté, serait d'isoler la Russie, à moins que

celle-ci ne fût prévenue et ne fût disposée à accepter ; il y aurait lieu, aussi, d'obtenir que l'Allemagne intervînt en même temps à Vienne. Au cours des explications que provoque cette initiative de l'ambassadeur allemand, celui-ci répète, une fois de plus, que l'Allemagne a ignoré le texte de la note autrichienne (1).

Si on l'en croit, il ne connaît pas davantage la note serbe ; mais il affirme les bonnes intentions de l'Autriche ; il ajoute même qu'il ne dit pas que l'Allemagne, de son côté, ne *donnerait pas quelques conseils à Vienne*.

En présence de ces avances, le quai d'Orsay

(1) Nous avons vu que cette note était connue du gouvernement bavarois. D'autre part, sir M. de Bunsen, ambassadeur d'Angleterre à Vienne, déclare : « Quoique je ne puisse vérifier le fait, je tiens d'une source privée que l'ambassadeur allemand connaissait le texte de l'ultimatum autrichien à la Serbie avant qu'il ne fût expédié et qu'il l'a télégraphié à l'empereur d'Allemagne ; je sais, par l'ambassadeur allemand lui-même, qu'il en approuve chaque ligne. »

croit pouvoir se prêter, jusqu'à un certain point, au désir de l'ambassadeur.

On cherche un texte et on aboutit à la rédaction suivante : « L'ambassadeur d'Allemagne et le ministre des Affaires étrangères ont eu un nouvel entretien, au cours duquel ils ont recherché les moyens d'action des puissances pour le maintien de la paix. » Cette rédaction, volontairement terne, avait l'avantage, selon la remarque du quai d'Orsay, d'éviter une solidarité avec l'Allemagne qui pouvait être mal interprétée à Saint-Pétersbourg.

L'Allemagne est-elle sincère ? Saint-Pétersbourg, averti, se prêtera-t-il à cette proposition ? Le baron de Schœn revient, une troisième fois, à la charge. Il adresse, le 27 juillet au matin, une lettre particulière au directeur des Affaires politiques : « Notez bien la phrase sur la « solidarité des sentiments pacifiques ». Ce n'est pas une phrase banale, mais la sincère expression de la réalité... Le cabinet de Vienne a fait formellement et officiellement déclarer à celui de Pétersbourg qu'il ne poursuit aucune acquisition territoriale en Serbie et qu'il ne veut point porter atteinte à l'intégrité du royaume ; sa seule intention est d'assurer sa tranquillité. En ce moment, la décision, si une guerre européenne doit éclater, *dépend uniquement de la Russie.* Le gouvernement allemand a la ferme confiance que le gouvernement français, *avec lequel il se sait solidaire,* dans l'ardent désir que la paix européenne puisse être maintenue, usera de toute son influence dans un esprit apaisant auprès du cabinet de Saint-Pétersbourg. »

Paris se méfie : « La lettre de M. de Schœn, dit la dépêche (adressée « pour information » aux divers cabinets) est susceptible de plusieurs interprétations : la plus vraisemblable est qu'elle tend, comme sa démarche même, à compromettre la France au regard de la Russie, quitte, en cas d'échec, à rejeter sur la Russie et sur la France la responsabilité d'une guerre éventuelle, enfin, à masquer par des assurances pacifiques non écoutées, une action

militaire de l'Autriche en Serbie, destinée à compléter le succès autrichien. »

La démarche trouve sa portée réelle dans un télégramme adressé par le chancelier de l'empire allemand à l'ambassadeur d'Allemagne à Saint-Pétersbourg, ce même jour, 26 juillet : « L'Autriche-Hongrie, ayant solennellement déclaré son désintéressement territorial (on va voir qu'elle refusait au même moment de prendre un pareil engagement à l'égard de l'Italie), la responsabilité d'avoir troublé la paix européenne par une intervention russe retombera sur la Russie elle-même. » Et le même chancelier, Bethmann-Hollweg, dans son exposé destiné à entraîner l'opinion allemande et à tromper l'opinion des neutres, travestit, en ces termes, tout l'incident : « Sur notre déclaration que le gouvernement allemand désirait et ferait tous ses efforts *pour obtenir la localisation du conflit,* tant le gouvernement français, que le gouvernement anglais, nous promettaient d'agir dans le même sens (jamais ces gouvernements n'ont accepté, sous aucune forme, le système allemand de la « localisation du conflit »). Ces efforts ne réussirent cependant pas à empêcher une immixtion de la Russie dans le différend austro-serbe. »

La proposition allemande n'ayant rien donné, quelles sont les chances de succès des autres procédures ?

La Russie a conseillé à la Serbie de faire appel à la médiation du cabinet de Londres et ce recours a eu lieu aussitôt.

Sir Edw. Grey a donc, en mains, quelque chose qui peut devenir un moyen d'action.

Il s'en sert : la proposition faite par le cabinet de Londres se présente dans les conditions suivantes. M. Sazonoff ayant dit à l'ambassadeur d'Angleterre qu'à la suite de l'appel de la Serbie aux puissances, la Russie accepterait de se tenir à l'écart, sir Edw. Grey a formulé, auprès des cabinets de Paris, Berlin et Rome, la suggestion suivante : « Les ambassadeurs de France, d'Allemagne et d'Italie à

L'EMPEREUR GUILLAUME II ACCLAMÉ PAR LA POPULATION BERLINOISE

Londres seraient chargés de chercher, avec sir Edw. Grey, un moyen de résoudre les difficultés actuelles, étant entendu que, pendant cette opération, la Russie, l'Autriche et la Serbie s'abstiendraient de toute opération militaire active. Sir. A. Nicholson a parlé de cette suggestion à l'ambassadeur d'Allemagne, qui s'y est montré favorable ; elle sera, également, bien accueillie à Paris, et aussi à Rome, selon toute vraisemblance. Ici encore, la parole est à l'Allemagne qui a l'occasion de témoigner, autrement qu'en paroles, sa bonne volonté. »

RETOUR DE L'EMPEREUR GUILLAUME A BERLIN — On est arrivé à l'heure décisive. Un fait le prouve. L'empereur Guillaume, qui avait poursuivi, jusque-là, sa croisière de la mer du Nord, rentre à Berlin, soudainement, le 26 au soir. On dit que l'empereur a pris cette décision de sa propre initiative ; on la regrette même au ministère des Affaires étrangères, à Berlin ; on craint qu'elle ne complique les choses. Un témoin bien informé, M. de Beyens, écrit : « Pourquoi ce retour subit ? Je ne crois pas me tromper en disant, qu'à cette nouvelle, le sentiment général, parmi les acteurs ou les témoins du drame, fut une grande appréhension. » L'empereur, entouré de fonctionnaires habitués à l'obéissance, et d'un État-Major habitué à parler haut, prend en mains le gouvernail. Sa responsabilité est donc absolue (1).

(1) Sur la responsabilité directe de l'empereur Guillaume certaines indications se sont fait jour. On affirme que, le 14 juillet ou un peu avant cette date, l'empereur d'Allemagne fit à l'empereur François-Joseph une communication dont les termes étaient si encourageants et contenaient une telle assurance de solidarité que le monarque austro-hongrois fut amené à consentir à la rédaction de l'ultimatum par lequel l'Autriche préparait son attaque contre la Serbie. (*Echo de Paris*, 16 avril 1915.)

D'autre part, M. Take Jonesco, qui a suivi de près les événements, porte le jugement suivant :

« Je pense que la décision définitive de l'empereur Guillaume pour une guerre immédiate n'a eu lieu que le jour ou la veille du jour où il est rentré à Berlin. L'atmosphère guer-

Il est fortement influencé par les dépêches d'un agent avec lequel on sait qu'il communique directement et qui semble avoir été un des plus tenaces machinateurs de toute l'affaire, c'est l'ambassadeur d'Allemagne à Vienne, comte Tchirschky, ancien ministre des Affaires étrangères et qui, depuis la mort de Marshall et de Kiderlen-Wæchter, fait figure de diplomate dans une génération d'épigones. Or, nous connaissons, par ses propres confidences, les dispositions du comte Tchirschky : « Il a la ferme croyance que la Russie, ayant reçu l'assurance que l'Autriche n'annexera aucun territoire serbe, se tiendra tranquille pendant le châtiment que l'Autriche-Hongrie est résolue à infliger à la Serbie. En réponse à ma question si le gouvernement russe ne pourrait se trouver forcé, par l'opinion publique, à intervenir à cause de l'affinité de race, il a dit que tout dépendait du caractère personnel du ministre russe des Affaires étrangères, qui, s'il le voulait, pourrait facilement résister à la pression de quelques journaux. Il a fait remarquer que les jours de l'agitation panslaviste, en Russie, étaient passés, et que Moscou était parfaitement tranquille. Le ministre russe des Affaires étrangères, d'après M. de Tchirschky, ne serait pas assez imprudent pour prendre une mesure qui aurait probablement pour résultat de soulever quantité de questions de frontières, dans lesquelles la Russie est intéressée, et de mettre à la refonte des questions telles que la question suédoise, la question polonaise, la question ruthène, celle de Roumanie et celle de Perse. De plus, la France n'était pas du tout en état de faire face à une guerre. »

On ne peut étudier trop attentivement les lignes qui précèdent. Ces impressions, confiées le 26 juillet à l'ambassadeur britannique, pour être transmises au cabinet de Londres, que l'on croyait encore pouvoir convaincre, furent sans doute télégraphiées le même jour à l'empereur Guillaume, qui les recevait à son arrivée à Berlin : émanant de son ambassadeur près de la puissance alliée, elles eurent, sans doute, sur sa détermination, la plus haute influence.

Elles n'étaient pas, comme nous l'avons vu, sans effet, même auprès du gouvernement britannique.

Il est possible de se rendre compte de l'état d'esprit dans lequel l'ensemble de ces informations peut mettre le gouvernement allemand, au moment où il reçoit la proposition de médiation anglaise, celle qui peut devenir une ancre de salut pour la paix. Tchirschky télégraphie que la Russie ne tiendra pas, que la France n'est pas prête ; on se persuade que l'Angleterre restera à l'écart du conflit : c'est donc un succès décisif contre la Russie, obtenu sans coup férir. Il suffit de tenir bon.

A Vienne, on accepte ces perspectives avec enthousiasme. « Ici, le pays est fou de joie à la perspective d'une guerre contre la Serbie. »

LA PROPOSITION ANGLAISE DE MÉDIATION A QUATRE — C'est dans ces circonstances, et en présence de ces dispositions, que la proposition britannique fait le tour des diplomaties européennes.

Elle avait été lancée, nous l'avons dit, dans sa première forme, par un télégramme de sir Ed. Grey, daté du 25 juillet. « Evidemment, nous allons nous trouver bientôt face à face avec la mobilisation de l'Autriche et de la Russie. Si elle avait lieu, la seule chance de paix serait que l'Allemagne, la France, la Russie et nous-mêmes, restions ensemble et demandions, de concert, à l'Autriche et à la Russie, de ne pas franchir la frontière, jusqu'à ce que nous ayons eu le temps d'arranger les

---

rière s'est emparée de lui. Il a eu subitement la vision de la non-préparation de la Russie et de la France, des difficultés intérieures de la France et surtout de celles de l'Angleterre, et il s'est décidé. Avec son tempérament impulsif au dernier degré, une fois fixé dans la direction de la guerre immédiate, rien ne pouvait plus l'arrêter. Et c'est pour cela que l'Autriche fut prise d'une salutaire terreur et voulut, à la dernière heure, entrer dans la voie de la raison (voir ci-dessous) ; l'empereur Guillaume ne lui en laissa plus la possibilité et précipita une guerre que, cette fois-ci, il désirait avec la frénésie d'un impulsif incorrigible. » (Take Jonesco, *Grande Revue*, fév. 1915, p. 516.)

UNE MANIFESTATION A MUNICH

choses entre elles. » Une modification sensible est introduite, le 26 : l'Italie, saisie également, a fait savoir « qu'elle était extrêmement désireuse d'éviter la guerre et elle adhère à la proposition de conférence ».

Sir Edw. Grey a donc pour plan de réunir, à Londres, une « petite conférence » à laquelle prendront part, le ministre anglais et les représentants de la France, de l'Italie et de l'Allemagne.

L'empereur Guillaume trouve cette proposition sur sa table, quand il arrive à Berlin, le 26 au soir, en même temps que la réponse de la Serbie à la note austro-hongroise.

Il sait aussi que le ministre autrichien à Belgrade est rappelé et que la rupture est imminente.

Va-t-il pencher exclusivement vers son allié, va-t-il se rapprocher des puissances, pour chercher avec elles les conditions d'un arrangement ?

Dès le 27, la réponse est donnée par le cabinet de Berlin, dans les termes suivants : « Le secrétaire d'État dit que la conférence que vous proposez équivaudrait, en pratique, à une cour d'arbitrage et, à son avis, ne saurait être convoquée qu'à la requête de l'Autriche et de la Russie. Il a donc déclaré ne pas pouvoir se rallier à votre proposition, malgré son désir de coopérer au maintien de la paix. »

Comme si l'objection que le ministre mettait en avant ne lui paraissait pas à lui-même des plus fortes, — car, comme le lui fait observer M. J. Cambon, elle était de pure forme, — il en donne une autre ; il objecte la deuxième procédure menée de front par le cabinet de Saint-Pétersbourg. « Il a ajouté, télégraphie l'ambassadeur britannique, que des nouvelles qu'il venait de recevoir de Saint-Pétersbourg indiquaient que M. Sazonoff avait l'intention d'avoir un échange de vues avec le comte Berchtold ; qu'il pensait que ce mode de procédure était susceptible de mener à un résultat satisfaisant et qu'avant de faire quoi que ce soit de plus, le mieux serait d'attendre ce qui sortirait des pourparlers directs entre les gouvernements autrichien et russe. En finissant, le secrétaire d'Etat m'a dit que les nouvelles de Saint-Pétersbourg le portaient à envisager la situation générale avec un peu plus d'espoir. »

L'empereur Guillaume et ses ministres se dérobaient, une fois de plus ; persistant dans leur système d'acculer la Russie à un échec et de semer, entre les membres de la Triple-Entente, des méfiances qui la disloquent, ils gagnent du temps, sans, cependant, rompre tout à fait. La Russie elle-même s'y laisse prendre un instant.

M. Paléologue télégraphie, le 27 : « M. Sazonoff a tenu, à tous mes collègues, un langage conciliant. Malgré l'émotion publique, le gouvernement russe s'applique et réussit à contenir la presse ; *on a, notamment, recommandé une grande modération à l'égard de l'Allemagne.* » En échange de ces bons procédés, Vienne et Berlin « ignorent » Saint-Pétersbourg. « Depuis hier, M. Sazonoff n'a reçu de Vienne, ni de Berlin, aucune information. »

Les choses en sont là : il semble, même, qu'il y ait un léger retour de l'Allemagne, dans la soirée du 27, puisque l'ambassadeur d'Allemagne à Londres informe sir Edw. Grey « que le gouvernement allemand accepte, en principe, la médiation entre l'Autriche et la Russie, par les quatre puissances », lorsque l'Autriche-Hongrie, sans attendre davantage, déclare la guerre à la Serbie, le 28 à midi.

Il est de toute évidence que le gouvernement allemand n'a exercé, ni voulu exercer aucune action sur son allié. Et, pourtant, on entretient sir Edw. Grey dans la pensée que ces démarches ont eu lieu selon son désir ; il télégraphie, le 28 juillet : « On est très satisfait d'apprendre, par l'ambassadeur d'Allemagne ici, que le gouvernement allemand a agi, à

M. PAUL CAMBON

AMBASSADEUR DE FRANCE A LONDRES

S. M. LE ROI GEORGES V

ROI DE GRANDE-BRETAGNE ET D'IRLANDE, EMPEREUR DES INDES

DÉFILÉ DE CUIRASSIERS SUR LES BOULEVARDS DE PARIS

Vienne, pour donner des conseils de modération. »

L'erreur psychologique des chefs de la politique allemande sur les véritables sentiments de la Russie et de l'Angleterre les porte à croire que personne ne leur résistera, s'ils mettent la Russie d'abord, puis les membres de la Triple-Entente, en présence d'un fait accompli.

Que devient, pendant ce temps, la « conversation directe » entre Saint-Pétersbourg et Vienne ? Elle n'a pas plus de succès que le projet de médiation britannique.

Elle s'est engagée, le 27, à Saint-Pétersbourg, avec l'ambassadeur d'Autriche-Hongrie, tandis que, le même jour, un entretien avait lieu, à Vienne, entre l'ambassadeur de Russie et le sous-secrétaire d'état des Affaires étrangères, baron Macchio. Sir Edw. Grey appréhende que cette procédure ne fournisse à l'Autriche un prétexte pour se dérober à l'intervention amicale des quatre puissances. M. de Jagow, en effet, s'empare de l'argument : « Pour faire un pas de plus, dit-il, attendons le résultat de la conversation engagée entre Saint-Pétersbourg et Vienne. » Sir Edw. Grey prescrit, en conséquence, à sir Ed. Goschen, de suspendre toute démarche.

Mais l'Autriche ne se prête pas à la conversation directe !

M. Paléologue télégraphie, le 28 : « M. Sazonoff a reçu, cet après-midi, les ambassadeurs d'Allemagne et d'Autriche-Hongrie ; l'impression qu'il a gardée de son double entretien est mauvaise. « Décidément, dit-il, l'Autriche ne veut pas causer ! »

C'est donc un jeu.

La guerre à la Serbie est déclarée le 28, à midi, et M. Dumaine télégraphie : « Parmi les soupçons qu'inspire la soudaine et violente résolution de l'Autriche, le plus inquiétant est que l'Allemagne l'aurait poussée à l'agression contre la Serbie, afin de pouvoir, elle-même, entrer en lutte avec la Russie et la France, dans les circonstances qu'elle suppose devoir lui être le plus favorables, et dans des conditions délibérées. »

Les courtes illusions que l'on peut avoir eues au sujet des sentiments de l'Allemagne se sont dissipées. Rien n'est plus significatif, à ce point de vue, que le dialogue qui s'est engagé, le 27 juillet, à Berlin, entre M. de Jagow et M. Jules Cambon. Celui-ci était venu soutenir la proposition anglaise de médiation à

LE PRINCE LICHNOWSKY
AMBASSADEUR D'ALLEMAGNE A LONDRES

quatre... « J'ai dit au ministre qu'il ne fallait pas s'arrêter à une question de forme, que l'association des quatre puissances non engagées directement dans le conflit, était le plus puissant instrument de la paix... « — Vous, m'avez « souvent exprimé le regret, lui ai-je dit, de voir « les deux groupes d'alliance opposés toujours « l'un à l'autre, en Europe : c'est l'occasion de « prouver que vous avez un esprit européen... « Que les quatre grandes puissances appartenant « aux deux groupes agissent en commun pour « empêcher le conflit... » Comme le secrétaire d'État persistait à dire qu'il était obligé de tenir ses engagements à l'égard de l'Autriche, je lui ai demandé s'il était disposé à la suivre partout, les yeux bandés, et s'il avait pris connaissance de la réponse de la Serbie à l'Autriche, que le chargé d'Affaires de Serbie lui avait remise ce matin. « — Je n'en ai pas encore « eu le temps, me dit-il. — Je le regrette, vous « verriez que, sauf sur des points de détail, la « Serbie se soumet entièrement... » Comme M. de

Jagow ne me répondait pas clairement, je lui ai demandé si l'Allemagne voulait la guerre. Il a protesté vivement, disant qu'il savait que c'était ma pensée, mais que c'était tout à fait inexact... Au moment de le quitter, je lui dis que j'avais eu, ce matin, l'impression que l'heure de la détente était sonnée, mais que je voyais bien qu'il n'en était rien. (Remarquez qu'entre ces deux impressions, il y avait eu le retour de l'empereur Guillaume à Berlin.) Il m'a répondu que je me trompais ; qu'il espérait que les choses étaient en bonne voie et aboutiraient peut-être rapidement. Je lui demandai d'agir à Vienne pour qu'elles marchent vite, parce qu'il importait de ne pas laisser se créer, en Russie, un de ces courants qui emportent tout. »

De deux choses l'une : ou, comme le disait M. J. Cambon, l'Allemagne veut la guerre, ou, croyant, sur certains indices, à la faiblesse des puissances de la Triple-Entente, elle tombe elle-même dans le piège qu'elle leur a tendu.

CHAPITRE XVI

L'EUROPE EN ALARME
LA DÉCLARATION DE GUERRE

*La Guerre à la Serbie. — Attitude de l'Italie. — Les Mobilisations.
Intervention personnelle des Chefs d'État. — L'Allemagne précipite la rupture. — La Neutralité belge.
L'Angleterre se prononce. — Les Déclarations de guerre.*

'AUTRICHE, suivant inflexiblement ses vues, a déclaré la guerre à la Serbie le 28 juillet, à midi. Le gouvernement allemand n'a fait aucune démarche sérieuse pour l'arrêter. La Russie reculera sans doute ; la France n'est pas prête ; l'Angleterre n'a pas pris parti ; on se perd dans de vaines négociations.

Il n'y a donc qu'à marcher de l'avant et à cueillir un succès qui se présente sous des auspices si favorables...

Eh bien ! l'Autriche et l'Allemagne se trompent : c'est précisément le premier pas qu'elles font, le premier coup aux faibles, la tentative d'écrasement des petites puissances qui va tout changer, mettre fin aux hésitations, dissiper les appréhensions, inspirer la pitié et le sentiment du devoir international. La faiblesse des faibles devient leur force. Les esprits germaniques n'ont pas compté là-dessus. C'est un tact qu'ils n'ont pas. Cette divergence dans leurs dispositions innées et celles des autres sociétés européennes affirme le contraste fondamental : le conflit naît de là.

Si les deux empires germaniques n'eussent pas été aveuglés par l'orgueil, ils eussent senti cette conséquence de leurs actes ; l'attitude et le langage de la troisième alliée, l'Italie, leur était un clair avertissement.

ATTITUDE DE L'ITALIE On sait que l'Autriche-Hongrie, renseignée par l'échec de ses ouvertures d'août 1913, n'avait pas cru devoir faire part au gouvernement italien de ses intentions à l'égard de la Serbie, ni de l'ultimatum si menaçant pour l'équilibre balkanique et la paix européenne. Pourtant, il existait entre l'Autriche et l'Italie des engagements précis au sujet de la politique générale et de la politique balkanique en particulier.

L'article 7 du traité de la Triple-Alliance, (révélé maintenant), dit que « l'Autriche-Hongrie et l'Italie qui visent seulement à la conservation du *statu quo* en Orient, s'obligent à faire valoir leur influence *afin d'éviter tout changement territorial* préjudiciable à l'une ou l'autre des puissances contractantes.

Ces puissances se *donneront réciproquement les explications* susceptibles d'éclairer leurs intentions respectives, de même que celles des autres puissances, si, au cours de certains événements, le maintien du *statu quo* du territoire balkanique, des côtes ou des îles otto-

GABRIEL HANOTAUX
de l'Académie Française

HISTOIRE ILLUSTRÉE
DE LA
GUERRE DE 1914

24 PAGES DE TEXTE ET D'ILLUSTRATIONS

FASCICULE N° 21

GOUNOUILHOU, ÉDITEUR
PARIS, 8, boulevard des Capucines & BORDEAUX, 8, rue de Cheverus.

PRIX NET 1 franc

Les quatorze premiers fascicules de l'*Histoire illustrée de la Guerre de 1914*, par Gabriel HANOTAUX, constituent le Tome premier de l'ouvrage.

Ces quatorze premiers fascicules, contenant trois cents pages, dont cent quatre-vingt d'illustrations, forment un superbe volume grand in-quarto qui sera mis en vente au prix de :

18 francs relié

Reliure demi-chagrin, plats toile, fers spéciaux du Maître graveur Auguste LEPÈRE, tranches ébarbées, tête dorée.

Les frais de port et d'emballage sont à ajouter au prix ci-dessus; soit o fr. 75 pour l'envoi par colis postal, livrable en gare, et 1 franc pour la livraison à domicile.

Nous pouvons fournir également, aux personnes qui préféreraient faire exécuter elles-mêmes la reliure des fascicules, des emboîtages avec les fers spéciaux de LEPÈRE, au prix de 3 fr. 50.

Les frais de port et d'emballage sont à ajouter à ce prix; soit o fr. 75 pour l'envoi par colis postal, livrable en gare, et 1 franc pour la livraison à domicile.

Le Tome premier relié, ainsi que l'emboîtage de ce Tome, sont en vente dans toutes les Librairies. Pour les recevoir franco, adresser les demandes, accompagnées d'un mandat-poste représentant le prix du volume désiré ou de l'emboîtage et des frais de port indiqués ci-dessus, à GOUNOUILHOU, éditeur, 8, boulevard des Capucines, à Paris.

L'HOTEL DE L'AMBASSADE D'AUTRICHE A PARIS, GARDÉ PAR LA POLICE

manes, dans l'Adriatique et la mer Egée, devenait impossible et si cette situation était la conséquence de l'attitude d'une troisième puissance ou avait une cause qui dût contraindre l'Autriche ou l'Italie à changer ce *statu quo* par *une occupation temporaire ou durable*.

« Cette occupation ne pourra avoir lieu qu'*après des accords préalables* entre les deux puissances, sur la base du principe de consentement réciproque, pour tous les avantages territoriaux ou d'un autre ordre que l'une d'elles viendrait à obtenir, modifiant le présent *statu quo* et de *manière à satisfaire les prétentions justifiées des deux parties.* »

Le mépris de ces engagements était un fait extrêmement grave et qui suffisait pour établir que les deux empires complices étaient décidés à tout braver.

Tel était bien le sentiment de l'Italie depuis le début des affaires balkaniques et elle l'avait fait connaître clairement à l'Autriche-Hongrie, dès novembre 1912, et surtout en avril 1913, ainsi que l'a exposé M. Tittoni dans le remarquable discours du 25 juin 1915 : « Le jour où l'Autriche prétendrait troubler de n'importe quelle façon ou mesure l'équilibre adriatique, la Triple-Alliance aurait cessé d'exister. Je suis certain que cette dernière considération, exposée par Votre Excellence aux ministres des Affaires étrangères d'Allemagne et d'Autriche-Hongrie, les persuadera qu'ils doivent se préoccuper des intérêts vitaux de l'Italie et qu'ils doivent faciliter la tâche entreprise par Votre Excellence de les concilier avec les intérêts autrichiens, *parce qu'en cas contraire, le traité de la Triple-Alliance sera déchiré par leurs mains.* »

13

(Dépêche de M. Tittoni du 1er mai 1913.)

L'Italie ne pouvait donc accepter cette insolente prétérition de ses droits sans renoncer à ses plus précieux intérêts. Mais, d'autre part, elle se trouvait placée devant une résolution de la plus haute importance historique, la rupture de la Triple-Alliance.

C'est dans cette situation extrêmement difficile qu'elle abordait les négociations à Berlin. Dès le 24 juillet, M. Bollatti, ambassadeur d'Italie, fait connaître à M. de Jagow le point de vue de son gouvernement : « L'Italie, *moyennant garantie de ses intérêts*, et conformément à l'article 7 du traité d'alliance, observera une attitude de neutralité bienveillante et amicale à l'égard de l'Autriche-Hongrie et ne lui créera pas de difficultés. » Il ajoute même que l'Italie voulait suivre, dans toutes les questions balkaniques, une politique d'entente avec ses alliés. Mais l'ambassadeur réclame des précisions, au sujet de l'interprétation de l'article 7 de la Triple-Alliance. En un mot, l'Italie ne se met pas encore en dehors du groupement auquel elle a si longtemps appartenu ; toutefois, au moment où l'on rompt, sans même l'avertir, les engagements communs, elle « marque le coup » et elle demande des explications et des garanties.

A ce même moment, les puissances pacificatrices s'adressent à l'Italie pour obtenir son concours dans les négociations en vue de la

SIR . FRANCIS BERTIE

prolongation du délai de l'ultimatum. Elle ne le refuse pas ; au contraire. « Nous ferons les plus grands efforts pour empêcher la paix d'être rompue, dit M. Salandra à M. Barrère. Notre situation, ajoute-t-il, est un peu analogue à celle des Anglais. Peut-être pourrions-nous faire quelque chose dans un sens pacifique avec les Anglais... » Ce n'était déjà plus la Triple-Alliance.

Voici, en effet, ce qui se passe, le soir même, 25 juillet :

Le marquis di San Giuliano avait convoqué l'ambassadeur d'Allemagne, M. de Flotow, et il avait eu avec lui un entretien décisif dont il rend compte, lui-même, en ces termes : « M. Salandra, M. de Flotow et moi nous avons eu une longue conversation. M. Salandra et moi avons fait remarquer, avant tout, à M. de Flotow, que l'Autriche n'avait pas le droit, d'après l'esprit de la Triple-Alliance, de faire une démarche comme celle qu'elle a faite à Belgrade sans un accord préalable avec ses alliés. En effet, l'Autriche, étant donné la manière dont est rédigée la note et les demandes faites, lesquelles, cependant, sont peu efficaces contre le danger panserbe et sont profondément offensantes pour la Serbie et, indirectement, pour la Russie, a clairement démontré *qu'elle veut provoquer la guerre*. Nous avons donc déclaré à M. de Flotow, qu'en raison de cette façon d'agir de l'Autriche, il en résulte que le caractère défensif et conservateur du

SOLDATS D'INFANTERIE GARDANT UN VIADUC

traité de la Triple-Alliance est modifié dans son essence pour l'Italie et que celle-ci n'est pas obligée de venir en aide à l'Autriche au cas où, par suite de cette démarche, elle se trouverait en guerre avec la Russie, parce qu'en ce cas, toute guerre européenne *est la conséquence d'un acte de provocation et d'agression de la part de l'Autriche.* »

L'Italie a donc, dès le 25, le mérite du courage : elle a immédiatement le courage de la précision. Tandis que la négociation s'attarde, d'autre part, elle pose les vraies questions : oui ou non, l'Autriche-Hongrie, au moment où elle entre en guerre contre la Serbie, s'engage-t-elle à ne pas réaliser d'acquisitions territoriales au détriment de la Serbie ?

C'est l'heure précise où l'Autriche et l'Allemagne font porter toutes leurs négociations avec les puissances sur cette déclaration, répétée à satiété, que l'Autriche respectera le *statu quo* territorial, l'intégrité et l'indépendance de la Serbie. Or, voici la réponse faite, à ce sujet, au gouvernement italien : « Le comte Berchtold déclare, le *28 juillet*, au duc d'Avarna, *qu'il n'est disposé à prendre aucun engagement relativement à la conduite éventuelle de l'Autriche,* en cas de conflit avec la Serbie. »

Et M. de Merey, ambassadeur d'Autriche, déclare, le 30 juillet, au marquis di San Giuliano, « que l'Autriche ne pouvait pas faire de déclaration l'engageant sur ce point, parce qu'elle ne pouvait pas prévoir si, pendant la guerre, *elle ne serait pas forcée, contre sa volonté, à conserver des territoires serbes* (1). » (Discours de M. Salandra, du 5 juin.)

N'insistons pas sur la fourberie éclatante : il y

avait violation formelle du pacte de la Triple-Alliance et de tous les engagements pris à l'égard de l'Italie. L'Italie était libérée.

L'Italie était libérée : mais la netteté, la fermeté de son attitude eût dû, n'est-il pas vrai ? avertir les deux gouvernements germaniques. Déjà, leurs projets agressifs rencontraient l'opposition de la loyauté internationale et des intérêts européens. Au premier pas sur une puissance faible, la Serbie, ils trouvaient les puissances fortes, la Russie et leur propre alliée, l'Italie ; en persévérant, ils se préparaient d'autres surprises.

Pour achever de donner toute son ampleur à la vigoureuse initiative de l'Italie, ajoutons que les puissances de la Triple-Entente avaient, dès lors, le sentiment qu'elles ne trouveraient pas, dans l'Italie, un adversaire.

Le cabinet de Rome se plaçait à leurs côtés tant que les négociations avaient quelque chance de succès. M. Salandra laisse entendre à M. Barrère, le 26 juillet, « qu'en cas de conflit, l'Italie se tiendra en dehors et restera dans une attitude d'observation ». Et l'ambassadeur est en mesure d'ajouter, le même jour : « Je remarque que la majeure partie de l'opinion publique italienne est hostile à l'Autriche dans cette grave affaire. »

La lucidité d'esprit des diplomates italiens, leur situation spécialement favorable pour être bien informés, leur font juger avec une autorité singulière les conditions immédiates dans lesquelles va s'engager le conflit entre les grandes puissances. Le bluff avorté de l'Autriche et de l'Allemagne en est, pour eux, la principale cause : « Le marquis di San Giuliano m'a dit que, malheureusement, dans toute cette affaire, les convictions de l'Autriche et de l'Allemagne avaient été et étaient encore (le 29 juillet) que la Russie ne marcherait pas. Il m'a lu, à ce propos, une dépêche de M. Bollati, lui rendant compte d'un entretien qu'il avait eu avec M. de Jagow et où ce dernier lui avait encore répété qu'il *ne croyait pas que la Russie marcherait.* Il fondait cette croyance sur le fait que le gouvernement russe venait

---

(1) Sur les véritables intentions de l'Autriche, voici un télégramme extrait du *Livre bleu* et qui cadre avec les déclarations faites à l'Italie :

Constantinople, 29 juillet 1914.

« Je crois comprendre que des projets autrichiens pourraient aller beaucoup plus loin que le Sandjak et une occupation préventive de territoire serbe. Cette conclusion m'est suggérée par une remarque qu'a laissé tomber l'ambassadeur d'Autriche qui parlait de la déplorable situation de Salonique sous l'administration grecque et du *concours sur lequel l'armée autrichienne pourrait compter de la part de la population musulmane mécontente du régime serbe.* »

BEAUMONT.

L'HOTEL DE L'AMBASSADE D'ALLEMAGNE A PARIS

d'envoyer à Berlin un agent pour traiter de certaines questions financières.

« L'ambassadeur d'Autriche à Berlin a dit également, à son collègue anglais, qu'il ne croyait pas à une guerre générale, la *Russie n'étant ni en humeur, ni en état de faire la guerre...* Quant au marquis di San Giuliano, il ne partage pas du tout cette opinion... »

Ce diplomate si clairvoyant ne se trompe pas davantage sur le rôle qui incombe à l'Angleterre. Il la presse, il la sollicite : « Malgré l'extrême gravité de la situation, le ministre des Affaires étrangères ne me paraît pas désespérer de la possibilité d'un arrangement. Il croit que l'Angleterre peut encore exercer beaucoup d'influence à Berlin dans un sens pacifique. Il a eu, hier soir, m'a-t-il dit, une longue conversation avec l'ambassadeur d'Angleterre, sir Rennell Rodd, pour lui démontrer combien l'intervention anglaise pourrait être efficace. Il m'a dit, en terminant : « Si tel est aussi l'avis du gouvernement français, il pourrait, de son côté, insister, dans ce sens, à Londres. » (*Livre jaune.*)

C'est donc vers Londres, de nouveau, qu'il faut tourner les regards. L'attitude du gouvernement anglais peut se déterminer en deux mots : il ne s'intéresse au conflit austro-serbe que dans la proportion où il peut entraîner un conflit européen. Il se tient donc sur la réserve et n'offre ses bons offices diplomatiques pour arranger les choses qu'en veillant à ne pas porter atteinte à la confiance que le cabinet de Berlin paraît lui témoigner. C'est par l'Allemagne, surtout, que l'Angleterre espère pouvoir agir à Vienne et peser sur la situation générale.

Sir Edw. Grey s'en est expliqué, le 27, devant la Chambre des Communes : « J'ai reçu, vendredi dernier, la note autrichienne adressée à la Hongrie... J'ai vu aussitôt les ambassadeurs étrangers et leur ai dit qu'aussi longtemps que le conflit concernerait seulement l'Autriche et la Serbie, l'Angleterre ne saurait intervenir à aucun titre, mais que si les relations entre l'Autriche et la Russie devenaient plus tendues, de ce fait, la paix de l'Europe serait alors mise en jeu, ce qui nous concernerait, certes, tous... »

Exposant ensuite sa proposition d'une conférence à Londres, le ministre ajoutait : « Je crois que ma proposition peut fournir la base sur laquelle le groupe des puissances déjà mentionnées pourrait trouver un accord raisonnable. Il ne faut pas oublier, qu'à partir du moment où la question cesse de se confiner à l'Autriche et à la Serbie, elle englobe toutes les puissances et ne peut manquer de se terminer par la plus grande des catastrophes que l'Europe ait jamais vues. Personne ne pourrait, alors, prévoir les limites du conflit dont les conséquences directes ou indirectes seraient incalculables. » C'est dans cette mesure, exactement, que l'Angleterre s'intéresse à ce qui se passe. On demande au ministre si le gouvernement allemand est favorable au principe de la médiation tel qu'il le définit. Il répond : « J'ai des raisons de le penser ; mais, quant au fait d'appliquer ce principe au moyen de la conférence, je n'ai pas encore reçu la réponse du gouvernement allemand. »

Les faits ont marché plus vite que les procédures diplomatiques : la proposition de conférence est rejetée par l'Allemagne ; la conversation directe entre les gouvernements russe et austro-hongrois est déclinée par Vienne ; l'Autriche a déclaré la guerre à la Serbie et a commencé sa mobilisation contre cette puissance.

LES MOBILISATIONS Nous entrons dans la phase la plus critique, celle où les actes commencent à apparaître entre les paroles.

Le 28 juillet, M. Sazonoff télégraphie à l'ambassadeur de Russie à Berlin : « Par suite de la déclaration de guerre faite par l'Autriche à la Serbie, le gouvernement impérial annoncera demain (29) la mobilisation des arrondissements militaires d'Odessa, Kieff, Moscou et Kazan. Veuillez en informer le gouvernement allemand en lui confirmant l'absence, en Russie, de toute intention agressive contre l'Allemagne. »

On avait cru que la Russie « ne marcherait pas ». Elle répond à ce doute par une mobilisation qui peut n'être encore, dans sa pensée, qu'un moyen d'éclairer les puissances germaniques sur ses véritables intentions. Il ne faut pas oublier que l'Allemagne a déclaré que cette mobilisation sur la frontière autrichienne ne serait pas considérée, par elle, comme la visant directement.

Paris est averti de cette mesure prise à Saint-Pétersbourg, par le télégramme de M. Paléologue, daté du 29 juillet : « La conversation directe à laquelle le gouvernement russe avait amicalement convié le gouvernement austro-hongrois est refusée par celui-ci. D'autre part, l'état-major russe a constaté que l'Autriche précipite ses préparatifs militaires contre la Russie et active sa mobilisation qui a commencé sur la frontière de Galicie. En conséquence, l'ordre de mobilisation *sera expédié cette nuit* aux treize corps d'armée destinés à opérer éventuellement contre l'Autriche. »

A Berlin, on tire parti immédiatement de cette mesure de précaution prise à Saint-Pétersbourg. M. Jules Cambon télégraphie : « Le chancelier m'a dit qu'il poussait, autant que possible, aux conversations directes entre

METZ. VUE PRISE SUR LA MOSELLE

l'Autriche et la Russie ; il savait que l'Angleterre voyait cette conversation d'un œil favorable (or, elle était rompue du fait de l'Autriche). Il a ajouté que sa propre action serait bien difficile à Vienne, s'il était vrai que la Russie eût mobilisé sur la frontière autrichienne quatorze corps d'armée. Il a prié mon collègue d'appeler sur toutes ces observations l'attention de sir Edw. Grey... »

L'attitude du chancelier est, très probablement, la conséquence du dernier entretien de sir Edw. Grey avec le prince Lichnowski.

« Jusqu'à ces tout derniers jours, on s'est flatté, ici, que l'Angleterre resterait hors du débat, et l'impression produite par son attitude est profonde sur le gouvernement allemand, sur les financiers et sur les hommes d'affaires. »

La péripétie vraiment dramatique qui va se produire tient à ce fait, qu'au moment où la Russie mobilise, les intentions de l'Angleterre ne sont pas encore avérées. M. Paul Cambon télégraphie, le 29 juillet : « Mon collègue d'Allemagne ayant interrogé sir Edw. Grey sur les intentions du gouvernement britannique, le secrétaire d'État aux Affaires étrangères a répondu qu'il n'avait pas à se prononcer, quant à présent. »

L'Allemagne, oublie la promesse qu'elle a faite de ne pas s'émouvoir si la Russie ne mobilise que sur la frontière autrichienne et, à la simple énonciation que la Russie lui a donné de ses intentions de mobiliser partiellement, elle répond en annonçant, la première, la prochaine éventualité d'une mobilisation générale. C'est le pas décisif vers une guerre entre les puissances.

M. Paléologue télégraphie : « L'ambassadeur d'Allemagne est venu déclarer à M. Sazonoff que si la Russie n'arrête pas ses préparatifs militaires, l'armée allemande recevra l'ordre de mobiliser. M. Sazonoff a répondu que les préparatifs russes sont motivés : d'un côté par l'intransigeance obstinée de l'Autriche ; d'autre part, par le fait que huit corps austro-hongrois sont mobilisés. Le ton sur lequel le comte de

Pourtalès s'est acquitté de la notification a décidé le gouvernement russe, cette nuit même, à ordonner la mobilisation des treize corps destinés à opérer contre l'Autriche.

C'est alors que la Russie se tourne vers la France et se décide à INVOQUER L'ALLIANCE.

M. René Viviani (qui a repris la direction du ministère des Affaires étrangères), porte, le 30 juillet, cette démarche décisive à la connaissance des ambassadeurs de France à Saint-Pétersbourg et à Londres : « M. Isvolski est venu, cette nuit, me dire que l'ambassadeur d'Allemagne a notifié à M. Sazonoff la décision de son gouvernement de mobiliser ses forces armées, si la Russie ne cesse pas ses préparatifs militaires.

« Le ministre des Affaires étrangères du tsar fait remarquer que ces préparatifs n'ont été commencés qu'à la suite de la mobilisation, par l'Autriche, de huit corps d'armée et du refus de cette puissance de régler pacifiquement son différend avec la Serbie.

« M. Sazonoff déclare que, dans ces conditions, la Russie ne peut que hâter ses armements et envisager l'imminence de la guerre, *qu'elle compte sur le secours d'alliée de la France* et qu'elle considère comme désirable que l'Angleterre se joigne, sans perdre de temps, à la Russie et à la France.

« M. Viviani a déclaré à l'ambassadeur que *la France est résolue à remplir toutes les obligations de l'alliance.* »

M. Viviani donne, cependant, à la Russie, le conseil « de ne prendre immédiatement aucune disposition qui offrît à l'Allemagne un prétexte pour une mobilisation totale ou partielle de ses forces ». Car l'ambassadeur d'Allemagne est venu au quai d'Orsay annoncer que l'Allemagne se préparait, de son côté, à prendre de telles dispositions.

Le conseil de la France est suivi à Saint-Pétersbourg. Le chef d'état-major russe donne à l'attaché militaire allemand sa parole d'honneur que les mesures de mobilisation prises le 30 juillet au matin visent exclusivement

LA RELÈVE DE LA GARDE DE L'HOTEL DES POSTES DE PARIS

l'Autriche. M. Sazonoff répète : « Jusqu'au dernier moment, je négocierai. »

Il fait même, à cette minute extrême, une proposition qui pourrait tout arranger. Il convoque, dans la nuit, l'ambassadeur d'Allemagne et lui dit : « L'heure est trop grave pour que je ne vous déclare pas toute ma pensée. En intervenant à Pétersbourg, tandis qu'elle refuse d'intervenir à Vienne, l'Allemagne ne cherche qu'à gagner du temps, afin de permettre à l'Autriche d'écraser le petit royaume serbe, avant que la Russie n'ait pu le secourir. Mais l'empereur Nicolas a un tel désir de conjurer la guerre, que je vais vous faire, en son nom, une nouvelle proposition : Si l'Autriche, reconnaissant que son conflit avec la Serbie a assumé *le caractère d'une question d'intérêt européen*, se déclare prête à éliminer de son ultimatum les clauses qui portent atteinte à la souveraineté de la Serbie, la Russie s'engage à cesser toutes mesures militaires. »

Voilà une parole forte, précise. Qui peut nier que l'affaire de Serbie n'ait, maintenant, le caractère d'une question « d'intérêt européen » ? Qu'on s'en remette donc à la sagesse des puissances : elles arbitreront.

INTERVENTION DES SOUVERAINS On dirait qu'à ce moment, et par suite de cette habile proposition qui reportait sur l'Autriche et l'Allemagne la responsabilité d'une rupture, il y ait eu, à Vienne, sinon un moment d'hésitation suprême, du moins une procédure plus ou moins sincère destinée peut-être à retourner, contre la Russie, la responsabilité qui, en fait, incombait aux deux empires germaniques.

L'ensemble de cette lutte diplomatique, qui s'achemine à grands pas vers le plus tragique des dénouements, est ramassé et condensé, en quelque sorte, dans un échange de télégrammes qui se produit entre les deux empereurs Guillaume II et Nicolas II.

On sait les étroites relations de parenté et d'amitié scellées, depuis plus d'un siècle, entre les deux familles souveraines ; on sait comment ces relations s'étaient développées aux temps de la guerre de 1870, et comment elles avaient été maniées par Bismarck, pour assurer à l'Allemagne le concours de la Russie, dans la guerre contre la France et contre Napoléon III ; on sait que, malgré l'incident de 1875 et le congrès de Berlin, ces relations avaient subsisté tant qu'avait vécu Alexandre II.

Alexandre III les avait respectées.

L'empereur Nicolas, fidèle aux traditions de ses prédécesseurs, les avait, de même, soigneusement entretenues et il avait fait un effort constant pour les conserver comme un lien entre les deux groupements qui partageaient l'Europe ; les deux princes avaient gardé l'habitude du tutoiement, des échanges sympathiques de lettres et de télégrammes à chaque événement de famille, aux anniversaires traditionnels. Tout récemment encore, lors de l'entrevue de Potsdam, la diplomatie allemande avait habilement profité des excellents rapports existant entre les deux souverains pour en venir à ses fins, dans l'affaire du chemin de fer de Bagdad.

L'empereur Nicolas était, parfois, un peu gêné par les façons envahissantes de son impérial collègue et cousin, mais il ne laissait rien paraître et les rencontres, les parties de chasse ou de yacht en commun, étaient empreintes d'une parfaite cordialité.

L'empereur Guillaume est arrivé à Berlin le 26 au soir : le 27, il voit ses ministres, son état-major, tient un conseil à Potsdam. Immédiatement, deux initiatives, qui sont, toutes deux, en corrélation et qui vont précipiter le cours des événements sont prises : l'une émane directement de l'empereur Guillaume, c'est un télégramme adressé au tsar ; et l'autre enjoint à l'ambassadeur d'aborder de front le problème capital avec l'Angleterre.

On dirait qu'à cette minute précise, l'empereur Guillaume ait voulu réaliser ce qu'il considérait comme un succès diplomatique, dans la ferme conviction où il était encore que la Russie et l'Angleterre reculeraient devant la menace.

Le premier télégramme au tsar est sur le ton d'affabilité habituel entre les deux cousins.

L'empereur Guillaume s'adresse en ces termes à l'empereur Nicolas :

> 28 juillet 1914 (10 h. du soir.)
>
> C'est avec la plus vive inquiétude que j'ai appris l'impression qu'a produite dans ton Empire la marche en avant de l'Autriche-Hongrie contre la Serbie. L'agitation sans scrupule qui se poursuit depuis des années en Serbie a conduit au monstrueux attentat dont l'archiduc François-Ferdinand a été la victime. L'état d'esprit qui a amené les Serbes à assassiner leur propre roi et son épouse règne encore dans le pays. Sans doute, conviendras-tu avec moi, que tous deux, toi aussi bien que moi, nous avons, comme tous les souverains, un intérêt commun à insister pour que ceux qui sont moralement responsables de ce terrible meurtre reçoivent le châtiment qu'ils méritent. D'autre part, je ne me dissimule aucunement combien il est difficile pour toi et ton gouvernement de résister aux manifestations de l'opinion publique. En souvenir de la cordiale amitié qui nous lie tous deux étroitement depuis longtemps, j'use de toute mon influence pour décider l'Autriche-Hongrie à en venir à une entente loyale et satisfaisante avec la Russie. Je compte bien que tu me secourras dans mes efforts tendant à écarter toutes les difficultés qui pourraient encore s'élever.
>
> Ton ami et cousin très sincère et dévoué,
>
> GUILLAUME.

L'empereur Nicolas répond le 29 juillet à 1 heure de l'après-midi, sur le même ton confiant :

> Je suis heureux que tu sois rentré en Allemagne. En ce moment si grave, je te prie instamment de venir à mon aide. Une guerre honteuse a été déclarée à une faible nation ; je partage entièrement l'indignation qui est immense en Russie. Je prévois que très prochainement je ne pourrai plus résister à la pression qui es exercée sur moi et que je serai forcé de prendre des mesures qui conduiront à la guerre. Pour prévenir le malheur que serait une guerre européenne, je te prie, au nom de notre vieille amitié, de faire tout ce qui sera possible pour empêcher ton alliée d'aller trop loin.

L'empereur Guillaume, ce même 29 juillet à 6 h. 1/2 du soir, relève le mot « une guerre

LA NOUVELLE GARE DE METZ

honteuse »; il plaide la cause de l'Autriche contre la Serbie.

> Je pense qu'il est très possible à la Russie de persévérer, en présence de la guerre austro-serbe, dans son rôle de spectatrice, sans entraîner l'Europe dans la guerre la plus effroyable qu'elle ait jamais vue.

Il conseille l'entente directe entre le gouvernement russe et le gouvernement austro-hongrois; il ajoute, dans l'intention évidente de porter la responsabilité tout entière sur la Russie :

> Naturellement, des mesures militaires de la Russie, que l'Autriche-Hongrie pourrait considérer comme une menace, hâteraient une calamité que tous deux nous cherchons à éviter et rendraient également impossible ma mission de médiateur que j'ai acceptée avec empressement, lorsque tu as fait appel à mon amitié et à mon aide.

L'empereur Guillaume accepte donc le rôle de médiateur. Par quels actes précis, par quelle pression sur le gouvernement austro-hongrois, par quel télégramme à l'empereur François-Joseph, sa promesse d'agir sur l'Autriche va-t-elle se manifester ? Le *Livre blanc* reste muet.

Bien plus, le même *Livre blanc* SUPPRIME un autre télégramme du 29 juillet, par lequel l'empereur Nicolas témoigne sa surprise de la contradiction existant entre les paroles de l'empereur et les actes de la diplomatie allemande et propose de recourir à l'arbitrage.

> Merci pour votre télégramme conciliant et amical. Attendu que le message officiel présenté aujourd'hui par votre ambassadeur à mon ministre était conçu dans des termes très différents, je vous prie de m'expliquer cette différence. IL SERAIT JUSTE DE SOUMETTRE LE PROBLÈME AUSTRO-SERBE A LA CONFÉRENCE DE LA HAYE. J'ai confiance en votre sagesse et en votre amitié.

Le Messager officiel du gouvernement russe, en publiant ce télégramme, le fait suivre du commentaire suivant : « Le gouvernement allemand s'est abstenu de publier, parmi les autres télégrammes, une dépêche dans laquelle l'empereur Nicolas II proposait de soumettre le conflit austro-serbe au tribunal de La Haye. Il apparaît que, par là, on voulut, en Allemagne, faire le silence sur

cette tentative que l'empereur de Russie fit, trois jours avant la guerre, pour conjurer la collision déjà imminente. » L'empereur Nicolas, initiateur de la conférence de la paix, était logique avec lui-même... et l'empereur Guillaume également.

L'empereur Guillaume maintient avec insistance le dialogue sur le fait de la mobilisation russe :

30 juillet (1 h. du matin).

> Mon ambassadeur a été chargé d'appeler l'attention de ton gouvernement sur les dangers et les graves conséquences d'une mobilisation; c'est ce que je t'avais dit dans mon dernier télégramme. L'Autriche-Hongrie n'a mobilisé que contre la Serbie, et seulement une partie de son armée. Si la Russie mobilise contre l'Autriche-Hongrie, la mission de médiateur que tu m'as amicalement confiée et que j'ai acceptée sur ton instante prière (sans la remplir, d'ailleurs) sera compromise, sinon rendue impossible. Tout le poids de la décision à prendre pèse sur tes épaules qui auront à supporter la responsabilité de la guerre ou de la paix.

Le système est toujours le même et la répétition presque fastidieuse. Pour entraîner l'opinion allemande, il faut lui faire croire que la Russie est agressive.

L'empereur Nicolas répond, le 31 juillet, en faisant appel de nouveau aux bons offices promis auprès de l'empereur d'Autriche et quant à la position agressive qu'on prétend lui faire assumer, il pare le coup en offrant l'engagement d'honneur de ne prendre aucune offensive :

> Techniquement, il est impossible de suspendre nos préparatifs militaires qui ont été nécessités par la mobilisation de l'Autriche. Nous sommes loin de désirer la guerre; aussi longtemps que dureront les pourparlers avec l'Autriche, au sujet de la Serbie, *mes troupes ne se livreront à aucun acte de provocation. Je t'en donne ma parole d'honneur.* J'ai confiance absolue dans la grâce divine et souhaite la réussite de ton intervention à Vienne, pour le bien de nos pays et la paix de l'Europe.

Malgré ces assurances positives, malgré la promesse donnée par son gouvernement de ne pas mobiliser si la Russie croit devoir mobiliser contre l'Autriche, que fait le gouvernement allemand ? Il proclame, le 31 juillet, « l'imminence du danger de guerre » qui est

LA RÉSIDENCE DU COMMANDANT DU XVIᵉ CORPS A METZ

en réalité, une première phase de la mobilisation générale, et il adresse à la Russie la sommation insultante d'avoir à « suspendre toute mesure de guerre contre l'Allemagne et l'Autriche-Hongrie dans un délai de douze heures ».

Et l'empereur Guillaume couvre, bien entendu, par son télégramme du 31 juillet (2 heures après-midi), les actes du gouvernement.

Sur ton appel à mon amitié et ta prière de te venir en aide (quel ton !) j'ai entrepris une action médiatrice entre ton gouvernement et le gouvernement austro-hongrois (où, quand, comment ?). Pendant que cette action était en cours (!), tes troupes ont été mobilisées contre mon alliée, l'Autriche-Hongrie ; à la suite de quoi, ainsi que je l'ai fait savoir, mon intervention est devenue presque illusoire. Malgré cela, je l'ai continuée. (Pas un fait précis, pas un télégramme à l'empereur François-Joseph !)

Je reçois à l'instant des nouvelles dignes de foi touchant de sérieux préparatifs de guerre également sur ma frontière orientale. Ayant à répondre de la sécurité de mon Empire, je me vois forcé de prendre les mêmes mesures défensives. Je suis allé jusqu'à l'extrême limite du possible dans mes efforts pour maintenir la paix. Ce n'est pas moi qui supporterai la responsabilité de l'affreux désastre qui menace maintenant tout le monde civilisé.

En ce moment encore, il ne tient qu'à toi de l'empêcher. Personne ne menace l'honneur et la puissance de la Russie qui eût bien pu attendre le résultat de mon intervention (et l'égorgement de la Serbie, les hostilités étant commencées à Belgrade). L'amitié pour toi et ton royaume, qui m'a été transmise par mon grand-père à son lit de mort, est toujours sacrée pour moi, et j'ai été fidèle à la Russie lorsqu'elle s'est trouvée dans le malheur, notamment dans la dernière guerre. Maintenant encore, la paix de l'Europe peut être maintenue par toi (tandis que le canon tonne) si la Russie se décide à suspendre ses mesures militaires qui menacent l'Allemagne et l'Autriche.

A ce télégramme, où chaque mot respire une sorte de duplicité mielleuse, l'empereur Nicolas répond avec netteté :

Le 1ᵉʳ août, 2 heures de l'après-midi.

J'ai reçu ton télégramme ; je comprends que tu sois obligé de mobiliser ; *mais je voudrais* avoir de toi la même garantie que je t'ai donnée, à *savoir que ces mesures ne signifient pas la guerre* et que nous poursuivons nos négociations pour le bien de nos deux pays et la paix si chère à nos cœurs. Notre longue amitié éprouvée doit, avec l'aide de Dieu, réussir à empêcher une effusion de sang. J'attends avec confiance une réponse de toi.

C'est la minute décisive, un mot, une marque de bon vouloir, un engagement réciproque de ne pas recourir à des mesures militaires agressives, peut encore tout arrêter. Cet engagement, Nicolas le prend. Guillaume le prend-il de son côté ? Voici la réponse qui l'accable devant l'histoire :

Berlin, 1er août 1914.

Je te remercie de ton télégramme. J'ai indiqué hier à ton gouvernement le *seul* moyen par lequel la guerre pourrait encore être évitée (c'est-à-dire une capitulation de la Russie, but poursuivi depuis le début de la négociation). Bien que j'eusse demandé une réponse pour midi, aucun télégramme contenant une réponse de ton gouvernement ne m'est encore parvenu. J'ai donc été contraint de mobiliser mon armée.

Une réponse immédiate, claire et non équivoque de ton gouvernement est le seul moyen de conjurer une calamité incommensurable. Jusqu'à ce que je reçoive cette réponse, il *m'est impossible, à mon vif regret, d'aborder le sujet de ton télégramme* (c'est-à-dire de prendre l'engagement de ne pas attaquer). Je dois te demander catégoriquement de donner sans retard l'ordre à tes troupes de ne porter en aucun cas la moindre atteinte à nos frontières.

Que n'ajoute-t-il : « Je donne le même ordre de mon côté à l'égard des frontières russes et des frontières françaises » ?...

Mais la chose n'est-elle pas cent fois démontrée ? L'Allemagne et l'Autriche veulent gagner la partie et elles risquent tout pour la gagner, fût-ce la guerre !

Espérant encore avoir raison de la fermeté russe, elles ont accepté la perspective d'une guerre sur deux fronts, contre la Russie et contre la France.

Mais, que se passe-t-il du côté de l'Angleterre ?

EFFORTS FAITS PAR L'ALLEMAGNE POUR S'ASSURER LA NEUTRALITÉ DE L'ANGLETERRE On est au 29 juillet. L'Allemagne qui mobilise a besoin de savoir absolument ce que fera la Grande-Bretagne. On espère la maintenir encore dans sa position d'expectative, sinon de neutralité.

On l'aborde directement avec une sorte de confiance : « On m'a prié d'aller voir le chancelier ce soir, télégraphie l'ambassadeur. Son Excellence venait de rentrer de Potsdam... » (C'est donc la décision impériale que nous allons connaître.) « Il me dit qu'il prévoyait la guerre, et alors, il m'offrit une *forte enchère* pour s'assurer la neutralité britannique. « — Je comprends votre poli« tique, dit le chancelier : la Grande-Bretagne « ne consentira jamais à se tenir à l'écart, de « façon à laisser écraser la France : ce n'est pas « le but de l'Allemagne. Restez neutres et nous « vous donnerons toutes les assurances de « nature à vous garantir que l'Allemagne ne « réclamera aucune acquisition territoriale aux « dépens de la France, en cas de guerre et de « victoire finale. — Mais, dit aussitôt l'ambas« sadeur, prenez-vous le même engagement au « sujet des colonies françaises ? » C'était le coup droit, et le chancelier, dans une conversation avec un représentant de l'Angleterre, devait y être préparé. Sa réponse est telle : « — Nous ne pouvons prendre aucun engagement analogue, à cet égard. » Cette réticence ne suffit-elle pas pour faire apparaître aux yeux de l'ambassadeur britannique et de son gouvernement, tout le projet de domination mondiale inclus dans la *Weltpolitik* ?

Et voici, maintenant, un autre sujet non moins grave, celui qui, en touchant à une autre petite puissance, va enfin dissiper les hésitations de la Grande Angleterre. Le chancelier examine la situation probable des pays riverains de la mer du Nord : « Pour les Pays-Bas, nous nous engagerons envers vous à respecter leur intégrité et leur neutralité, tant que les adversaires de l'Allemagne en feront autant. Quant à la Belgique (voilà le mot redoutable, celui que l'histoire écoute) : *Les opérations que l'Allemagne pourrait se trouver dans la nécessité d'entreprendre en Belgique* dépendraient de ce que ferait la France ; *après la guerre,* l'intégrité de la Belgique serait respectée, si ce pays ne se rangeait pas contre l'Allemagne. » Aucun engagement d'éviter le territoire,

LE PONT DE GRILLES SUR LA MOSELLE

des « *opérations* » prévues, et un « *après la guerre* » trop significatif : c'est clair, l'Allemagne est décidée à ne pas tenir compte des traités réciproques consacrant la neutralité belge.

Alors, pour finir, le grand couplet de séduction : « En terminant, Son Excellence me déclare que, depuis le jour où il devint chancelier, il avait eu pour but d'arriver à une entente avec l'Angleterre; il espérait que ces assurances pourraient devenir la base de l'entente qui lui tenait tant à cœur. Il pensait à une entente générale de neutralité entre l'Allemagne et l'Angleterre, et, quoiqu'il fût encore trop tôt pour en discuter les détails, l'assurance de la neutralité britannique, dans le conflit que pourrait peut-être provoquer la crise actuelle, lui permettait d'entrevoir la réalisation de son désir. »

Il ne paraît pas douteux, qu'en ce moment, le chancelier, dans son aveuglement au sujet des relations européennes, dans le mépris que son âme de papier faisait de ces « chiffons de papier » comme il en avait tant griffonné depuis le début de son existence de bureaucrate, que cet Allemand, inspiré par la violence illusionniste du conseil tenu la veille à Potsdam, emporté enfin par l'immense erreur allemande, croyait, de bonne foi, qu'il comblait les vœux de l'Angleterre en lui apportant l'offre d'une telle neutralité !

L'ambassadeur reste froid et promet d'en référer à son gouvernement.

Si on lit le mémoire du chancelier Bethmann-Hollweg, au Reichstag, où il expose, à sa façon, les événements qui ont précédé la déclaration de guerre, on remarque avec surprise, qu'à cette date, alors que le véritable sujet du conflit avec l'Angleterre était déjà abordé, pas une trace du dissentiment qui pourtant devait être sensible, dès lors, n'y apparaît. Tout au contraire : l'Angleterre figure, dans ce récit, comme une sorte d'associée de l'empire allemand : « *Côte à côte avec l'Angleterre, nous avons, sans cesse, contribué à une action de médiation... Tandis*

que, du 29 au 31 juillet, ces efforts de notre part, en vue d'une médiation, *appuyés par la diplomatie anglaise*, etc. »

C'est assez dire à quel point la diplomatie du chancelier avait confiance en sa « forte enchère ».

Il est vrai que sir Edw. Grey, au moment même où il va se prononcer, tient à maintenir, dans le monde entier, l'impression que l'Angleterre a les mains libres :

Le 29 juillet, il expliquait son sentiment à M. Paul Cambon. « Si, à Berlin, on ne doit pas se laisser aller à une « fausse certitude » que l'Angleterre n'interviendrait pas, *la France ne doit pas, non plus, s'entretenir dans l'illusion contraire*. J'ai dit à M. P. Cambon que le différend entre l'Autriche et la Serbie n'était pas de ceux où nous nous sentions appelés à jouer un rôle actif. Même si la question se posait *entre l'Autriche et la Russie*, nous ne nous sentirions pas appelés à y jouer un rôle. La lutte *pour la suprématie, entre Teuton et Slave ne nous importait pas* et notre idée a toujours été d'éviter d'être entraînés dans une guerre ayant pour objet la question balkanique. Si l'Allemagne et la France étaient impliquées dans la guerre, *ce serait un cas que nous aurions à examiner*. Nous étions libres d'engagements et nous aurions à décider ce que les intérêts britanniques exigeraient que nous fissions. » Ce dut être une réelle déception pour M. P. Cambon, d'avoir à transmettre au gouvernement « ami » une déclaration si froide.

Paris la reçoit avec un sentiment de tristesse et d'inquiétude. Le président de la République le fait savoir à sir F. Bertie, ambassadeur d'Angleterre et il s'ouvre à lui avec franchise : « Le Président est d'avis que les conditions de la médiation ne seront pas acceptées par l'Autriche. Il est convaincu que la paix entre les puissances est entre les mains de la Grande-Bretagne. *Si le gouvernement de Sa Majesté annonçait que l'Angleterre viendrait en aide à la France, dans le cas d'un conflit entre la France et l'Allemagne, résultant du différend actuel entre l'Autriche et la Serbie, il*

LES GRANDS MOULINS DE CORBEIL GARDÉS PAR LA TROUPE

n'y aurait pas de guerre, car l'Allemagne modifierait aussitôt son attitude. »

Donc, à Berlin et à Paris, on croit encore que l'Angleterre ne s'est pas prononcée. En réalité, déjà elle l'a fait dans sa conscience intime : la démarche du chancelier Bethmann-Hollweg lui a ouvert les yeux et l'a conduite droit à son devoir.

Sir E. Goschen, ambassadeur de Grande-Bretagne à Berlin, reçoit, le 30 juillet, les instructions qu'il a sollicitées à la suite dudit entretien. Rien de plus catégorique : « Le gouvernement de Sa Majesté ne peut pas accueillir, un seul instant, la proposition du chancelier de s'engager à rester neutre dans de telles conditions. Il nous demande de prendre l'engagement de rester à l'écart, tandis que l'Allemagne saisirait les colonies françaises et battrait la France, sous cette seule réserve que l'Allemagne ne prendrait aucune partie du territoire français. Au point de vue matériel, cette proposition est inacceptable, car la France, sans qu'on lui enlevât de nouveaux territoires en Europe, pourrait être écrasée, au point de perdre sa position de grande puissance, et se trouver subordonnée à la politique allemande. En général, et ceci à part, ce serait *une honte pour nous* de passer un tel marché avec l'Allemagne, aux dépens de la France, *une honte de laquelle le bon renom de notre pays ne se relèverait jamais.*

« Pour la Belgique, notre situation est la même ; nous ne pouvons pas accepter le marchandage que le chancelier nous propose, au sujet des obligations et des intérêts qui sont les nôtres, en ce qui concerne la neutralité de cet État. Nous ne pouvons, en aucune façon, accueillir une telle proposition et un tel marché... Nous conserverons notre entière liberté d'action, selon que les circonstances nous paraîtront l'exiger, en cas d'un développement défavorable et regrettable de la crise actuelle, tel que le chancelier le prévoit. »

L'Angleterre offrait, en dernière analyse, au gouvernement allemand, un arrangement général « par lequel elle pourrait être assurée qu'aucune politique agressive ou hostile ne serait poursuivie contre elle, par la France, la Russie et l'Angleterre, soit ensemble, soit séparément ». C'était un retour vers l'ancienne proposition de lord Haldane, déjà repoussée par l'Allemagne. Il est à croire que sir Edw. Grey, en la renouvelant, ne se faisait pas grande illusion.

L'ANGLETERRE ET LA FRANCE Cependant, l'Angleterre est pressée par la France qui ne peut pas rester sur les déclarations si peu encourageantes de sir Edw. Grey.

Entre les deux pays, des propos, sinon des accords, ont été échangés, deux ans auparavant ; le même jour, 30 juillet, M. P. Cambon vient les rappeler à sir Edw. Grey : l'heure prévue dans ces accords est arrivée; il faut s'expliquer.

M. P. Cambon établit d'abord que les préparatifs militaires allemands ont commencé, depuis plusieurs jours, — en fait depuis la remise de la note autrichienne à la Serbie, — que des patrouilles allemandes ont, déjà deux fois, franchi la frontière française, que tout le 16e corps de Metz a été renforcé par une partie du 8e, venu de Trèves et de Cologne, que le 15e corps d'armée de Strasbourg est sur la frontière ; que, malgré que les avant-postes français soient en retrait de 10 kilomètres, une attaque est imminente.

En présence d'un tel péril, la France fait appel à l'Angleterre. Sir Edw. Grey télégraphie :

« M. Cambon m'a rappelé, aujourd'hui, la lettre que je lui ai écrite, il y a deux ans, (22 nov. 1912), dans laquelle nous avons convenu que, dans le cas où la paix de l'Europe serait sérieusement menacée, nous discuterions ce que nous serions préparés à faire... Il ne voulait pas me demander de dire directement que nous interviendrions, mais il aimerait bien que je lui dise ce que nous ferions dans certaines éventualités. »

Sir Edw. Grey n'a pas perdu tout à fait l'espoir que les négociations pour la médiation peuvent aboutir. Il apprend aussi, « avec une grande satisfaction », que les pourparlers directs sont repris, entre l'Autriche et la Russie, si bien qu'il ne répond pas encore avec netteté à M. P. Cambon. Il télégraphie, le 31 juillet, à sir F. Bertie, ambassadeur à Paris : « Personne, ici, ne ressent que, dans ce conflit, au point où en sont les choses, les traités et les obligations de la Grande-Bretagne sont engagés... Dans le cas présent, la France *est entraînée dans un conflit qui n'est pas le sien.* Nous ne pouvons pas donner un gage défini d'intervenir dans une guerre. C'est ce que j'ai dit à l'ambassadeur de France qui m'a prié de reconsidérer cette décision. Je lui ai dit que nous ne pouvions donner aucun gage en ce moment, mais que nous considérerions certainement à nouveau la situation, sitôt qu'il y aurait un nouveau développement. »

On comprend l'émotion de Paris, où cet avertissement arrive le jour même où l'ambassadeur d'Allemagne pose l'ultimatum et parle de demander ses passeports !

Le président de la République sort de sa réserve constitutionnelle et il s'adresse directement au roi George V :

Paris, 31 juillet 1914.

Cher et grand ami,

Dans les circonstances graves que traverse l'Europe, je crois devoir communiquer à Votre Majesté les renseignements que le Gouvernement de la République a reçus d'Allemagne.

Les préparatifs militaires auxquels se livre le gouvernement impérial, notamment dans le voisinage immédiat de la frontière française, prennent, chaque jour, une intensité et une accélération nouvelles.

La France, résolue à faire jusqu'au bout tout ce qui dépendra d'elle pour maintenir la paix, s'est bornée jusqu'ici aux mesures de précaution les plus indispensables. Mais il ne semble pas que sa prudence et sa modération ralentissent les dispositions de l'Allemagne, loin de là.

Nous sommes donc peut-être, malgré la sagesse du gouvernement de la République et le calme de l'opi-

STRASBOURG

LE POSTE DE POLICE DE LA PLACE KLÉBER. — RASSEMBLEMENT DE TROUPES

TRAINS AFFECTÉS AUX TRANSPORTS DES MOBILISÉS EN GARE DE BERCY

nion, à la veille des événements les plus redoutables.

De toutes les informations qui nous arrivent, il résulte que si l'Allemagne avait la certitude que le gouvernement anglais n'intervînt pas dans un conflit où la France serait engagée, la guerre serait inévitable et qu'en revanche, si l'Allemagne avait la certitude que l'Entente cordiale s'affirmerait, le cas échéant, jusque sur les champs de bataille, il y aurait les plus grandes chances pour que la paix ne fût pas troublée.

Sans doute, nos accords militaires et navals laissent entière la liberté du gouvernement de Votre Majesté, et dans les lettres échangées en 1912 entre sir Edward Grey et M. Paul Cambon, l'Angleterre et la France se sont simplement engagées, l'une vis-à-vis de l'autre, à causer entre elles en cas de tension européenne et à examiner ensemble s'il y aurait lieu à une action commune.

Mais, le caractère d'intimité que le sentiment public a donné, dans les deux pays, à l'entente de l'Angleterre et de la France, la confiance avec laquelle nos deux gouvernants n'ont cessé de travailler au maintien de la paix, les sympathies que Votre Majesté a toujours témoignées à la France m'autorisent à lui faire connaître en toute franchise mes impressions, qui sont celles du gouvernement de la République et de la France entière.

C'est, je crois, du langage et de la conduite du gouvernement anglais que dépendent désormais les dernières possibilités d'une solution pacifique.

Nous avons nous-mêmes, dès le début de la crise, recommandé à nos alliés une modération dont ils ne se sont pas départis.

D'accord avec le gouvernement royal et, conformément aux dernières suggestions de sir Edward Grey, nous continuerons à agir dans le même sens.

Mais, si tous les efforts de conciliation partent du même côté et si l'Allemagne et l'Autriche peuvent spéculer sur l'abstention de l'Angleterre, les exigences de l'Autriche demeureront inflexibles et un accord deviendra impossible entre la Russie et elle.

J'ai la conviction profonde qu'à l'heure actuelle, plus l'Angleterre, la France et la Russie donneront une forte impression d'unité dans leur action diplomatique, plus il sera encore permis de compter sur la conservation de la paix.

Votre Majesté voudra bien excuser ma démarche qui n'est inspirée que par le désir de voir l'équilibre européen définitivement raffermi.

Je prie Votre Majesté de croire à mes sentiments les plus cordiaux.

R. POINCARÉ.

Et voici la réponse du roi George :

Buckingham Palace, 1er août 1914.

Cher et grand ami,

J'apprécie on ne peut plus hautement les sentiments qui vous portèrent à m'écrire dans un esprit si cordial et si amical, et je vous suis reconnaissant d'avoir exposé vos vues si complètement et si franchement.

Vous pouvez être assuré que la situation actuelle de l'Europe est pour moi une cause de beaucoup d'anxiété et de préoccupation et je suis heureux à la pensée que nos deux gouvernements ont travaillé ensemble si amicalement pour tâcher de trouver une solution pacifique aux questions à résoudre.

Ce serait pour moi une source de réelle satisfaction si nos efforts combinés aboutissaient à un succès, et je ne reste pas sans espoir que les terribles événements qui semblent si proches pourront être empêchés.

J'admire le sang-froid dont vous et votre gouvernement faites preuve, en vous gardant de prendre à la frontière des mesures militaires exagérées et d'adopter une attitude susceptible le moins du monde d'être interprétée comme une provocation.

Je fais personnellement tous mes efforts afin de trouver quelque solution qui permette en tout cas d'ajourner les opérations militaires actives et de laisser aux puissances le temps de discuter entre elles avec calme. J'ai l'intention de poursuivre ces efforts sans relâche, tant qu'il restera un espoir de règlement amical.

Quant à l'attitude de mon pays, les événements changent si rapidement qu'il est difficile de prévoir ce qui se passera; mais vous pouvez être assuré que mon gouvernement continuera de discuter franchement et librement avec M. Cambon, tous les points de nature à intéresser les deux nations.

Croyez-moi, Monsieur le Président, etc., etc.

GEORGE, roi-empereur.

Donc, même cette démarche suprême ne portait pas. La lettre du roi arrive à Paris, le 1er août, quand déjà la mobilisation générale est ordonnée en Russie et en Allemagne. C'est la guerre, et l'Angleterre ne veut pas s'engager encore.

Au moment où les deux lettres parurent (21 février 1915), le *Daily Express* apprécia en ces termes les longues tergiversations de sir Edw. Grey: « L'opinion qu'ont les Allemands de notre duplicité sera agrandie par la publication de la lettre de M. Poincaré. En France et en Russie, on croyait que si l'Allemagne connaissait nos intentions, elle romprait la paix. Le roi était naturellement impuissant dans une action indépendante; quant à sir Edw. Grey et ses confrères, ils avaient peur des pacifistes du parti radical. L'Allemagne a été trompée, et quand, enfin,

L'ANIMATION DANS UNE RUE VOISINE DU STOCK-EXCHANGE DE LONDRES

l'opinion publique a sauvé notre honneur, et en même temps notre existence nationale, l'ennemi a, naturellement, attribué l'hésitation de nos hommes d'État à une duplicité subtile et maligne qui aurait rempli Nietzsche de joie. » (Cité par *le Temps* du 22 février 1915.)

Critique non fondée; nous savons, en effet, que si le cabinet anglais tardait encore, son parti était pris : il levait lentement la massue qui devait asséner le coup sur l'infatuation aveugle des Allemands.

LA NEUTRALITÉ BELGE — Le même jour, 31 juillet, sir Edw. Grey pose la question qui va tout déclancher, c'est celle qui seule, au fond, intéresse profondément l'Angleterre, la neutralité belge.

Il envoie simultanément trois télégrammes datés tous trois du 31 juillet : deux identiques, à chacun des ambassadeurs britanniques à Berlin et à Paris :

J'espère toujours que la situation n'est pas irréparable, mais en vue des préparatifs de mobilisation en Allemagne, il est devenu essentiel pour le gouvernement de Sa Majesté, en vue des traités existants, de demander si le gouvernement allemand (ou français) est préparé à s'engager à respecter la neutralité de la Belgique, tant qu'une autre puissance ne l'aura pas violée. Une demande semblable est adressée au gouvernement français (ou allemand). Il est important d'avoir une prompte réponse.

Et, à Bruxelles, ce télégramme corollaire :

En raison des traités existants, vous devez informer le ministère des Affaires étrangères que, en considération de la possibilité d'une guerre européenne, j'ai demandé aux gouvernements français et allemand si chacun d'eux était décidé à respecter la neutralité de la Belgique, pourvu qu'elle ne fût pas violée par aucune autre puissance.

Vous devez dire que j'assume que le gouvernement belge maintiendra jusqu'au bout sa neutralité ; je désire et j'espère que les autres puissances la maintiendront et l'observeront. Une prompte réponse est désirée.

Par ces questions précises, le ministre anglais prend tous les avantages de la clairvoyance et de la décision. Il met l'Allemagne dans la nécessité de démasquer ses batteries.

Tandis que le gouvernement français répond immédiatement qu'il respectera la neutralité belge, pourvu qu'elle soit respectée par la partie adverse, le ministre des Affaires étrangères allemand fait à l'ambassadeur britannique la plus piètre des réponses : « J'ai vu le secrétaire d'État qui m'informe qu'il lui faut consulter l'empereur et le chancelier. J'ai compris, d'après ce qu'il disait, qu'à son avis, n'importe quelle réponse de leur part ne pourrait que dévoiler une partie de leur plan de campagne en cas de guerre et que, par suite, il lui paraissait douteux qu'*on pût donner une réponse quelconque.* Cependant, Son Excellence a pris note de votre requête. »

Sans attendre davantage, sir Edw. Grey met son adversaire, surpris, en demeure de se prononcer.

Il déclare à l'ambassadeur d'Allemagne que, « si l'un des belligérants viole la neutralité de la Belgique pendant que l'autre la respecterait, il serait difficile de contenir le sentiment public en Angleterre ». Il ajoute que le cabinet a délibéré à ce sujet et que c'est en vertu de cette délibération qu'une note écrite lui est remise. Alors, l'ambassadeur : « — Mais, au cas où l'Allemagne s'engage à ne pas violer la neutralité belge, vous engagez-vous à rester neutres ? — Je ne puis faire aucune promesse. Tout dépendra de votre attitude à l'égard de la Belgique. Même sous cette seule condition, je ne puis donner aucune assurance de neutralité. — Formulez, du moins, les conditions moyennant lesquelles vous garderez la neutralité ; le feriez-vous, par exemple, au cas où nous garantirions l'*intégrité de la France et de ses colonies ?* (C'était captieux. Etait-ce même sincère ?) — Je suis obligé de refuser définitivement toute promesse de rester neutre, même dans ces conditions. Je ne puis que le répéter, nous entendons garder les mains libres. »

Quand on reçut ce télégramme à Berlin, on dut commencer à perdre quelques illusions sur l'Angleterre.

MALENTENDU ENTRE L'ALLEMAGNE ET L'ANGLETERRE Il se produit, précisément à cette date, un court malentendu qui a, du moins, l'avantage de les dissiper tous. Le prince Lichnowski télégraphie, le 31 juillet, au chancelier Bethmann-Hollweg : « Sir Edw. Grey vient de m'appeler au téléphone et m'a demandé si je pensais pouvoir déclarer que nous n'attaquerions pas la France, si la France restait neutre dans une guerre germano-russe. J'ai dit que je pensais ne pouvoir assumer la responsabilité de cette déclaration. »

Cette nouvelle face que prend, soudain, l'affaire, paraît si heureuse, si inattendue, à Berlin, que l'empereur Guillaume, se découvrant, télégraphie lui-même au roi George V.

Berlin, 1er août 1914.

Je viens de recevoir la communication de votre gouvernement m'offrant la neutralité de la France avec la garantie de la Grande-Bretagne. A cette offre était liée la question de savoir si, à cette condition, l'Allemagne n'attaquerait pas la France. Pour des raisons techniques, ma mobilisation, qui a été ordonnée cet après-midi sur les deux fronts Est et Ouest, doit s'accomplir selon les préparatifs commencés. Des contre-ordres ne peuvent être donnés et votre télégramme est malheureusement venu trop tard. Mais si la France offre sa neutralité, *qui sera alors garantie par la flotte et l'armée anglaises* (autant dire une alliance germano-britannique pour museler la France), je m'abstiendrai d'attaquer la France et j'emploierai mes troupes ailleurs. Je souhaite que la France ne montre aucune nervosité. Les troupes, sur ma frontière, sont en ce moment arrêtées par des ordres télégraphiques et téléphoniques dans leur marche en avant au delà de la frontière française (ce qui établit bien, entre parenthèses, que les ordres pour l'attaque sont donnés avant le 1er août).

M. de Bethmann-Hollweg confirme le télégramme de l'empereur en fixant un délai : « Nous garantissons que, d'ici au lundi 3 août à sept heures du soir, la frontière française ne sera pas franchie si l'assentiment de l'Angleterre nous est parvenu en ce moment. »

Sir Edw. Grey est stupéfait de cette façon de tourner les choses. Le roi Georges répond directement à l'empereur Guillaume :

Londres, 1er août 1914.

En réponse à votre télégramme, je pense qu'il s'est produit un malentendu à propos de la suggestion qui aurait été faite au cours d'une conversation amicale

GABRIEL HANOTAUX
de l'Académie Française

HISTOIRE ILLUSTRÉE
DE LA
GUERRE DE 1914

24 PAGES DE TEXTE ET D'ILLUSTRATIONS

FASCICULE
No 22

FOUNOUILHOU, Éditeur
PARIS, 8, boulevard des Capucines & BORDEAUX, 6, rue de Chéverus.

PRIX NET
1 franc

Les quatorze premiers fascicules de l'*Histoire illustrée de la Guerre de 1914*, par Gabriel HANOTAUX, constituent le Tome premier de l'ouvrage.

Ces quatorze premiers fascicules, contenant trois cents pages, dont cent quatre-vingt d'illustrations, forment un superbe volume grand in-quarto qui sera mis en vente au prix de :

18 francs relié

Reliure demi-chagrin, plats toile, fers spéciaux du Maître graveur Auguste LEPÈRE, tranches ébarbées, tête dorée.

Les frais de port et d'emballage sont à ajouter au prix ci-dessus; soit o fr. 75 pour l'envoi par colis postal, livrable en gare, et 1 franc pour la livraison à domicile.

Nous pouvons fournir également, aux personnes qui préféreraient faire exécuter elles-mêmes la reliure des fascicules, des emboîtages avec les fers spéciaux de LEPÈRE, au prix de **3 fr. 50**.

Les frais de port et d'emballage sont à ajouter à ce prix; soit o fr. 75 pour l'envoi par colis postal, livrable en gare, et 1 franc pour la livraison à domicile.

Le Tome premier relié, ainsi que l'emboîtage de ce Tome, sont en vente dans toutes les Librairies. Pour les recevoir franco, adresser les demandes, accompagnées d'un mandat-poste représentant le prix du volume désiré ou de l'emboîtage et des frais de port indiqués ci-dessus, à GOUNOUILHOU, éditeur, 8, boulevard des Capucines, à Paris.

BRUXELLES. — LE BOULEVARD ANSPACH

entre le prince Lichnowsky et sir Edw. Grey, où ils discutaient comment un conflit armé entre l'Allemagne et la France pourrait être retardé jusqu'à ce qu'on ait trouvé un moyen d'entente entre l'Autriche-Hongrie et la Russie. Sir Edw. Grey verra le prince Lichnowsky demain matin, pour déterminer *qu'il y a bien un malentendu de la part de ce dernier*.

Comment, en effet, un ambassadeur peut-il lancer une si grosse machine sur un simple coup de téléphone, sans avoir obtenu quelque confirmation ou quelque précision par un entretien officiel ou mieux, une note écrite ?

Mais la diplomatie allemande ne sait pas reconnaître ses torts, et le prince Lichnowsky télégraphie, le 2 août, à M. Bethmann-Hollweg : « Les suggestions de sir Edw. Grey, basées sur le désir de garder la neutralité, de la part de l'Angleterre, ont été faites sans accord préalable avec la France et ont été, depuis, abandonnées comme *futiles* (1). »

L'incident n'a pas de suite, mais il établit, du moins, la décision prise par l'Allemagne et

les mesures ordonnées par elle, avant le 1er août, d'attaquer la France ; il prouve aussi que l'illusion allemande, au sujet des intentions de la Grande-Bretagne, persista jusqu'au 2 août.

SINGULIÈRES HÉSITATIONS DE L'AUTRICHE-HONGRIE Cependant, les événements se développaient, d'autre part, avec une rapidité vertigineuse :

Le 30 juillet, l'Allemagne et l'Autriche commencent à comprendre que rien n'est moins assuré qu'une reculade russe et la neutralité anglaise.

M. de Bunsen, ambassadeur à Vienne, télégraphie le 29 juillet à son gouvernement : « Le ministre des Affaires étrangères ici a réalisé, quoique un peu tard, que la Russie ne restera pas indifférente dans la crise actuelle. »

C'est à ce moment que se produit, en Autriche du moins, comme une sorte de temps d'arrêt et même de recul devant l'abîme entrevu. Dans un entretien avec l'ambassadeur de Russie, M. Schebeko, le comte Berch-

---

(1) Documents publiés à titre officieux par la *Gazette de l'Allemagne du Nord*, le 20 août 1914, et recueillis dans le *Livre jaune* (p. 188).

told demande que les pourparlers directs entre la Russie et l'Autriche, interrompus par suite d'un malentendu, soient repris, en vue de discuter quel accommodement serait compatible « avec la dignité et le prestige des deux empires ». Au même moment, des démarches analogues étaient faites à Paris, à Londres, à Saint-Pétersbourg. Etait-ce une feinte pour mettre la Russie en mauvaise posture, ou bien l'Autriche éprouvait-elle réellement de sérieuses appréhensions, à la veille d'un conflit dont, de toutes façons, elle devait être la première victime ? Le ministre austro-hongrois affirmait que des pourparlers directs entre l'ambassadeur russe à Saint-Pétersbourg pouvaient aboutir, et qu'une guerre générale, *il l'espérait sérieusement*, pouvait être évitée. (*Livre bleu*, pièce 118.)

Or, le jour même où se produit cette « ouverture » *in extremis*, que fait l'Allemagne ?... Elle annonce qu'elle mobilise...

« L'entretien s'était maintenu sur un ton amical et permettait de croire que toute chance de localiser le conflit n'était pas perdue, lorsque la nouvelle de la mobilisation allemande est parvenue à Vienne. » (Dépêche de M. Dumaine. *Livre jaune* n° 104 .)

La nouvelle n'est pas tout à fait exacte ; mais elle a été répandue dans les rues de Berlin par une édition spéciale du *Lokal Anzeiger*, et par des placards évidemment préparés d'avance. Peu importe, d'ailleurs, car la mobilisation réelle, commencée depuis six jours et peut-être plus, se poursuit avec une hâte fébrile. L'armement des places fortes, l'occupation militaire des gares, le rappel d'une quantité considérable de réservistes, le renforcement des corps de la frontière, tout est en mouvement, à partir du 25 juillet.

M. Jules Cambon rappelle à M. de Jagow la déclaration faite par lui que l'Allemagne ne se croyait pas obligée de mobiliser si la Russie limitait sa mobilisation à la frontière austro-hongroise. Celui-ci ne nie pas ; mais il ajoute que tout retard étant une perte de force pour l'armée allemande, ses propres paroles ne

constituaient pas, de sa part, un engagement ferme et il passe outre (procédé ordinaire de la diplomatie allemande).

Au même moment, des mesures sont prises sur la frontière du Luxembourg qui motivent une question du gouvernement luxembourgeois au gouvernement allemand. Le ministre d'État demande une déclaration officielle prenant l'engagement de respecter la neutralité. Le ministre allemand, qui a ses instructions, répond : « Cela va de soi, mais il faudrait que le gouvernement français prît le même engagement! » (Autre procédé dont on va voir les suites.)

Belgrade est bombardée dans la nuit du 30 au 31 juillet. L'émotion est vive, en Russie. Cependant, malgré que les faits soient engagés, M. Sazonoff propose encore aux puissances de chercher un arrangement sur les bases suivantes : « Si l'Autriche consent à arrêter la marche de ses troupes sur le territoire serbe et si, reconnaissant que le conflit austro-serbe a assumé le caractère d'une question d'intérêt européen, elle admet que les grandes puissances examinent les satisfactions que la Serbie pourrait accorder au gouvernement austro-hongrois, sans porter atteinte à ses droits souverains et à son indépendance, la Russie *s'engage à conserver son attitude expectante.* »

Or, que répondent les deux empires germaniques à ces dispositions avérées ? L'Autriche-Hongrie décrète la mobilisation générale, atteignant tous les hommes de 19 à 42 ans. Et, quant à l'Allemagne, son ambassadeur vient prévenir le quai d'Orsay, le 31 juillet à 7 heures du soir, que son gouvernement *exige* que la Russie démobilise dans un délai de douze heures ; en plus, on demande à la France quelle serait, en cas de conflit entre l'Allemagne et la Russie, l'attitude de la France. L'ambassadeur viendra prendre la réponse le lendemain, samedi, à une heure.

C'est donc l'Allemagne qui jette, dans une négociation en cours, le poids de son épée. De même qu'elle a abordé l'Angleterre, elle aborde

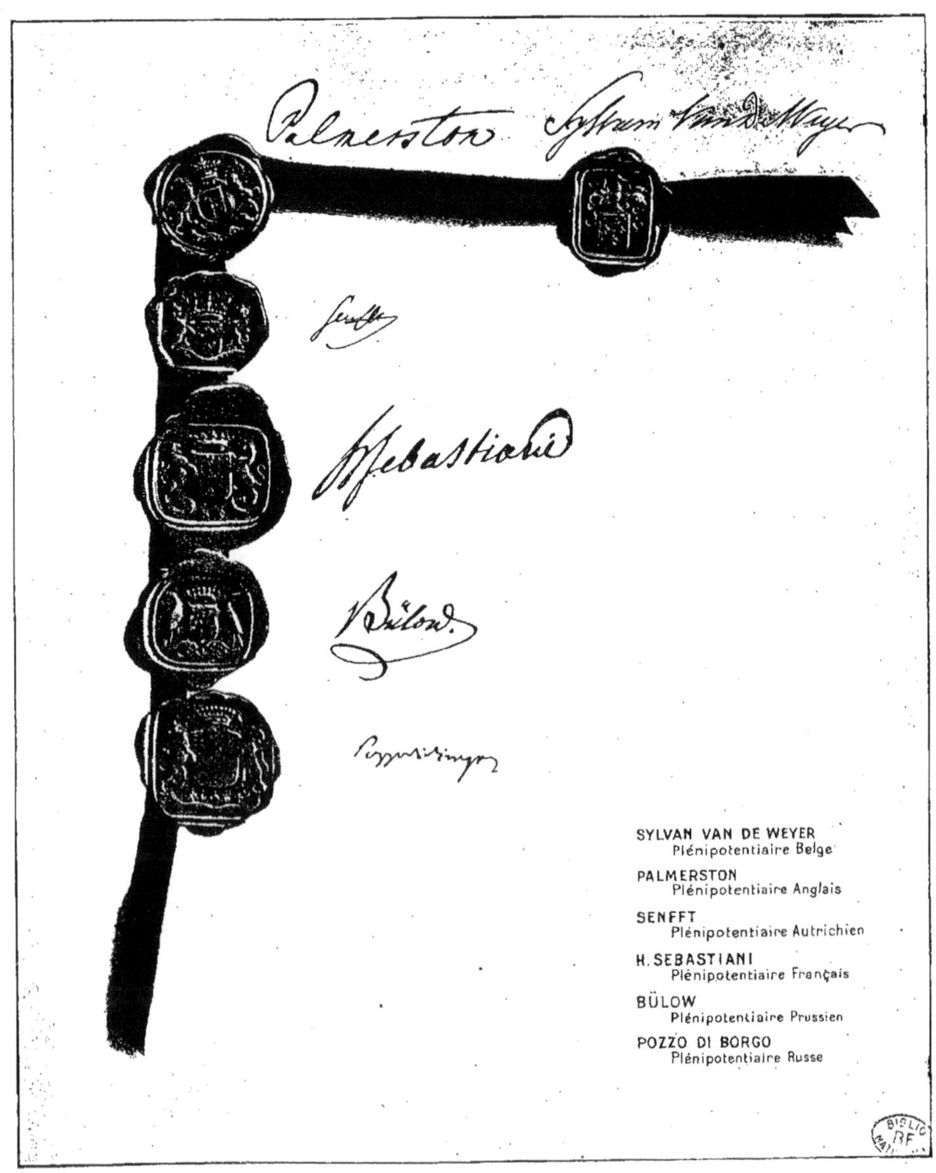

« LE CHIFFON DE PAPIER »
LE TRAITÉ DU 19 AVRIL 1839 GARANTISSANT LA NEUTRALITÉ DE LA BELGIQUE

15.

NAMUR. — VUE SUR LA MEUSE

la France. Evidemment, elle est pressée d'en finir et de prononcer les paroles irrémédiables. La situation, telle qu'elle apparaît au gouvernement de Paris, est la suivante : « L'attitude constante de l'Allemagne qui, depuis le commencement du conflit, tout en protestant sans cesse de ses intentions pacifiques, a fait échouer, en fait, par son attitude dilatoire ou négative, toutes les tentatives d'accord et n'a pas cessé d'encourager, par son ambassadeur, l'intransigeance de Vienne ; les préparatifs militaires allemands, commencés dès le 25 juillet et poursuivis sans arrêt depuis ; l'opposition immédiate de l'Allemagne à la formule russe, déclarée à Berlin inacceptable pour l'Autriche avant même d'avoir consulté cette puissance ; enfin, toutes les impressions venues [de Berlin, imposent la conviction que l'Allemagne a poursuivi l'humiliation de la Russie, la désagrégation de la Triple-Entente et, si ses résultats ne pouvaient être obtenus, la guerre. »

Nous avons, d'autre part, un télégramme de M. Iswolsky, ambassadeur russe à Paris, dont on n'ignore pas la haute influence sur ces événements, et qui nous donne un aperçu extrêmement précis sur le point de vue moscovite.

Paris, 27 juillet 1914.

A l'occasion de l'arrivée du président de la République française, le ministre des Affaires étrangères avait préparé un court exposé de la situation politique actuelle, à peu près dans les termes suivants : l'Autriche, craignant la décomposition intérieure, s'est emparée du

M. DAVIGNON

MINISTRE DES AFFAIRES ÉTRANGÈRES DE BELGIQUE

prétexte de l'assassinat de l'archiduc pour essayer d'obtenir des garanties qui pourront revêtir la forme de l'occupation des communications militaires serbes ou même du territoire serbe. L'Allemagne soutient l'Autriche. Le maintien de la paix dépend de la seule Russie, parce qu'il s'agit d'une affaire qui doit être « localisée » entre l'Autriche et la Serbie, c'est-à-dire de la punition de la politique précédente de la Serbie et des garanties pour l'avenir. De ceci, l'Allemagne conclut qu'il faut exercer une action modératrice à Pétersbourg. Ce sophisme a été réfuté à Paris comme à Londres... L'Allemagne s'oppose à la conférence, sans indiquer aucune autre manière d'agir pratique. L'Autriche mène des pourparlers manifestement dilatoires à Pétersbourg. En même temps, elle prend des mesures actives, et, si ces mesures sont tolérées, ses prétentions augmenteront proportionnellement. Il est très désirable que la Russie prête tout son appui au projet de médiation que présentera sir E. Grey. Dans le cas contraire, l'Autriche, sous prétexte de « garantie », pourra, en fait, changer le statut territorial de l'Europe orientale.

ISWOLSKY.

Nous découvrons ainsi le fond des sentiments des gouvernements alliés, au moment

LA MAISON DU ROI, A BRUXELLES

où les résolutions définitives vont être prises de part et d'autre.

Cependant, par la volonté de l'Allemagne, les faits se précipitent ; la mobilisation est commencée partout. Comment combiner ce travail fébrile des ultimatums et des préparatifs menaçants, avec l'essai de conciliation tenté *in extremis*, par l'Autriche-Hongrie, à Saint-Pétersbourg et à Paris ?

On croit, en général, à la sincérité de l'Autriche. Il est possible, en effet, il est probable que le comte Berchtold, en présence de l'attitude imprévue, pour Vienne et peut-être même pour Berlin, de la Russie et de l'Angleterre, ait eu le sentiment du péril auquel il exposait la monarchie dualiste et qu'il se soit accroché au dernier espoir d'arrêter les événements. Mais il semble plus probable que, ce que l'on espérait surtout, c'était tenir en suspens les résolutions de l'Angleterre. Le 1er août, l'Angleterre ne s'est pas encore prononcée officiellement. M. J. Cambon télégraphie : « Mon collègue d'Angleterre a fait, dans la nuit, un appel pressant aux sentiments d'humanité de M. de Jagow. »

Or, il semble bien que l'on espérait établir, aux yeux de l'Angleterre, que toute la responsabilité de la rupture retomberait sur la Russie. Voici les appréciations concordantes de M. Jules Cambon et de M. Viviani :

« 1er *août*. — Mon collègue de Russie a reçu, hier soir, deux télégrammes de M. Sazonoff l'avisant que l'ambassadeur d'Autriche à Saint-Pétersbourg avait déclaré que son gouvernement était prêt à discuter, avec le gouvernement russe, la note à la Serbie, même quant au fond ; M. Sazonoff lui aurait répondu que ces conversations devraient, à ses yeux, avoir lieu à Londres. L'ultimatum de l'Allemagne à la Russie ne peut qu'écarter les dernières chances de paix que ces conversations semblaient laisser subsister. On peut se demander si, dans de pareilles conditions, l'acceptation de l'Autriche était sérieuse et n'avait pas pour objet de faire peser la responsabilité du conflit sur la Russie. » Et M. Viviani, le 1er août : « Nous sommes avisés, par plusieurs voies, que le gouvernement allemand et le gouvernement autrichien essaient, en ce moment, d'impressionner l'Angleterre, en lui faisant croire que la responsabilité de la guerre, si elle éclate, incombera à la Russie. On fait effort pour obtenir la neutralité de l'Angleterre, en dénaturant la vérité. »

M. CARTON DE WIART

MINISTRE DE LA JUSTICE DE BELGIQUE

S. M. LA REINE ÉLISABETH DE BELGIQUE

Sans insister plus qu'il ne convient sur cet incident de la dernière heure qui est, tout au plus, de l'ordre des velléités ou des manifestations platoniques, il convient de reprendre les faits positifs dans leur développement simultané, sur les divers points, durant ces trois journées haletantes :

Le 29 juillet, M. Iswolski télégraphie : « M. Viviani vient de me confirmer l'entière résolution du gouvernement français d'agir d'accord avec nous. Cette résolution est soutenue par les cercles les plus étendus et par les partis, y compris les radicaux-socialistes qui viennent de lui présenter une déclaration exprimant la confiance absolue et les dispositions patriotiques du groupe... »

Le même jour, M. Sazonoff télégraphie à M. Iswolsky : « Aujourd'hui, l'ambassadeur d'Allemagne m'a communiqué la résolution prise par son gouvernement de mobiliser, si la Russie ne cessait pas ses préparatifs militaires... »

On reçoit, à Saint-Pétersbourg, la réponse du gouvernement serbe, au télégramme par lequel le tsar Nicolas, en conseillant la sagesse et la modération à la Serbie, lui a donné l'assurance, « qu'en aucun cas, la Russie ne se désintéressera du sort de la Serbie ». M. Patchich, après avoir lu le télégramme, se signa et dit : « Seigneur ! Le tsar est grand et clément ! » Ensuite, il m'embrassa, ne pouvant contenir l'émotion qui l'avait gagné. » (Télégr. du chargé d'affaires. *Livre rouge.*)

Le lendemain, le prince régent de Serbie adresse au peuple serbe un manifeste : « Défendez de toutes vos forces vos foyers et la Serbie. »

A l'ouverture solennelle de la *Skoupchtina,* il lit un document où il insère le passage du télégramme impérial, « qu'en aucun cas, la Russie n'abandonnera la Serbie ». « A chaque mention du nom de Sa Majesté, télégraphie le chargé d'affaires russe, un « jivio » formidable et fébrile secouait la salle des séances. Les marques de sympathie de la part de la France et de l'Angleterre furent aussi relevées sépa-

rément et provoquèrent des « jivio » d'approbation de la part des députés. » (*Livre orange russe.*)

A Rome, le gouvernement allemand fait demander, par son ambassadeur, quelle sera définitivement l'attitude de l'Italie : « Le marquis di San Giuliano a répondu que la guerre entreprise par l'Autriche, étant donné, surtout, les conséquences qui pouvaient en sortir, d'après les déclarations de l'ambassadeur d'Allemagne (à savoir une guerre générale), ayant un caractère agressif et ne cadrant pas avec le caractère purement défensif de la Triple-Alliance, l'Italie ne pourrait pas participer à la guerre. »

A Paris, voici les précisions apportées par M. Viviani, dans son entretien avec l'ambassadeur d'Allemagne : « L'ambassadeur est venu me voir, ce matin, à 11 heures. Je l'ai mis au courant des pourparlers continués depuis hier, (c'est-à-dire de la conversation engagée à Saint-Pétersbourg par l'Autriche, et du désir des puissances de voir reporter à Londres l'examen de la situation pour arriver à un accord). J'ai mis en regard l'attitude de l'Allemagne qui, abandonnant tous pourparlers, pose à la Russie un ultimatum, au moment même où cette puissance vient d'accepter la formule anglaise (qui implique arrêt des préparatifs militaires de tous les pays ayant mobilisé) et envisage, comme imminente, une rupture diplomatique avec la France... »

Faisant ainsi le tour des capitales européennes, nous voici, de nouveau, ramenés à Londres, où, avec un désir toujours instant de travailler à l'arrangement des choses, on voit l'état d'esprit se transformer graduellement : « L'Allemagne ayant réclamé de l'Angleterre une déclaration de neutralité et ne l'ayant pas obtenue, le gouvernement britannique demeure maître de son action. » Un conseil des ministres a eu lieu, le 1er août au matin.

Deux choses importent par-dessus tout, maintenant, à l'Angleterre : 1o la neutralité belge ; 2o l'attitude à l'égard de la France

Prince Charles-Théodore. Prince Léopold. Princesse Marie-José.

LES ENFANTS ROYAUX DE BELGIQUE

dans l'imminence d'une guerre entre cette puissance et l'Allemagne.

Voici où on en est sur ces deux points :

Nous avons vu que sir Edw. Grey a fait poser la même question, à Berlin et à Paris, à savoir si chacun de ces gouvernements était décidé à respecter la neutralité de la Belgique, pourvu qu'elle ne fût pas violée par une autre puissance. Nous avons vu que le cabinet de Berlin a répondu évasivement. Paris, au contraire, a fait savoir, le 31 juillet, que le gouvernement français « est résolu à respecter la neutralité de la Belgique, à moins qu'une autre puissance ne viole cette neutralité ». D'ailleurs, cette assurance donnée à diverses reprises à la Belgique a été renouvelée spontanément par le ministre de France auprès du gouvernement belge.

Londres apprend, d'autre part, que la neutralité du Luxembourg est violée, d'ores et déjà, par l'Allemagne.

La question des neutralités se pose dans toute sa gravité.

Et voici, maintenant, la question de guerre générale ; elle se pose par suite des faits suivants, suite des faits antérieurs : mobilisation générale de la flotte et de l'armée austro-hongroise, le 1er août. Etat de guerre de l'Allemagne (*Kriegszustand*) entraînant la mobilisation de six classes. Mobilisation générale de l'armée française, le samedi 1ᵉʳ août, à 3 h. 40.

Le cabinet de Londres est prévenu aussitôt par une communication faite à son ambassadeur et le gouvernement français ajoute, pour faire apprécier l'imminence du péril : « Les forces françaises opposées aux forces allemandes, sur la frontière, comprennent huit corps d'armée sur pied de guerre et l'on s'attend à une attaque, d'un moment à l'autre. Il est, par conséquent, de la plus grande importance de se mettre en garde contre elle... Les troupes françaises n'attaqueront pas et le ministre de la Guerre tient à ce qu'il soit bien établi que cet acte de mobilisation est fait dans un but purement défensif. »

Comme le fait observer l'ambassadeur Buchanan, il n'y a plus qu'un moyen d'éviter une guerre générale, c'est que les puissances prennent l'engagement de maintenir leurs armées mobilisées, de chaque côté de la frontière, et de ne pas prendre l'initiative de l'attaque. Cet engagement étant pris par la Russie et par la France, l'Angleterre s'adresse à l'Allemagne et lui demande un engagement analogue. « Puisque l'Autriche-Hongrie se montre prête à discuter, il semble logique que l'Allemagne, si elle ne désire pas la guerre pour son propre compte, s'abstienne d'intervenir, pour que l'on puisse travailler, en commun, à une solution pacifique », tel est le langage que sir E. Goschen tient au ministre des Affaires étrangères à Berlin.

Or, que répond celui-ci ? « La Russie a déclaré que sa mobilisation n'impliquait pas, nécessairement, la guerre, et qu'elle pouvait parfaitement rester mobilisée pendant des mois, sans faire la guerre. *Il n'en est pas de même de l'Allemagne.* Elle a pour elle la rapidité, la Russie a pour elle le nombre... L'Allemagne a donc ordonné la mobilisation et le représentant de l'Allemagne à Saint-Pétersbourg a reçu les instructions pour qu'à l'expiration d'un délai fixé, il informe le gouvernement russe que le gouvernement impérial considère *que le refus de répondre entraîne l'état de guerre.* »

Ces considérations décident le gouvernement allemand. « Le 1ᵉʳ août, les ordres sont donnés pour la mobilisation générale de la marine et de l'armée, le premier jour de la mobilisation étant le 2 août. »

Le 1ᵉʳ août, à 7 h. 10 du soir, l'ambassadeur d'Allemagne a remis à M. Sazonoff la déclaration de guerre de son gouvernement; il doit quitter Pétersbourg le lendemain. L'ambassadeur d'Autriche-Hongrie n'a reçu aucune instruction de son gouvernement pour la déclaration de guerre.

N'insistons pas sur les détails : le territoire français violé par les troupes allemandes, le 2 août, à Cirey et près de Longwy, les mesures prises dans le grand-duché de Luxembourg, qui sont un danger de guerre immédiate pour la France. Celle-ci, du fait de l'alliance, s'est d'ailleurs engagée à suivre la Russie. Donc, c'est la guerre générale.

Neutralité belge non respectée, la France engagée dans le conflit, voilà les deux sujets qui seuls étaient de nature à émouvoir le cabinet de Londres. Que va-t-il faire ? (1)

(1) Sur l'ensemble des motifs qui ont déterminé l'attitude du cabinet anglais dans cette période pleine d'anxiété, voir un remarquable article de Wickham Steed dans *la Revue de Paris*, du 1ᵉʳ juin 1915. En voici de trop courts extraits : « Le ministre des Affaires étrangères avait suivi la seule politique que lui permit l'état d'âme des partis politiques et l'état d'ignorance dans lequel il avait laissé le pays. On ne sait pas précisément à quel moment il commença à douter de la bonne foi allemande, mais il est certain que le cabinet, dans son ensemble, crut jusqu'au dernier moment au désir de l'Allemagne de conserver la paix... En jugeant la politique du gouvernement anglais, il faut tenir compte d'un élément d'une importance capitale. Il s'agissait d'engager, non seulement l'Angleterre, mais toutes les nations britanniques d'outre-mer, dans une lutte à outrance, et de mettre en péril leur existence même. Si les hommes d'État anglais avaient eu soin, pendant les dix dernières années, de donner aux citoyens de l'Empire une conception plus juste des questions européennes, il est possible qu'ils eussent pu prendre, au moment critique, une position plus nette. Mais il fallait pouvoir démontrer à tous la justice de la cause que l'on défendait et empêcher la naissance du moindre doute sur les origines véritables de la guerre... Un résultat très important fut l'unanimité du peuple anglais. Les divisions des partis, la menaçante question irlandaise, les violences des suffragettes s'effacèrent comme par enchantement. Je comprends que l'Allemagne ait été désappointée... »

Par contre, les officieux Allemands accusent violemment les tergiversations de l'Angleterre : voir, à ce sujet, une interview donnée par M. de Jagow dans le *National Tidende* de Copenhague du 3 octobre, et la polémique de la *Gazette de l'Allemagne du Nord* citée dans le *Journal de Genève* du 7 octobre 1914. Le journal officieux allemand dit : « Sir

LE ROI ALBERT SE RENDANT AU PARLEMENT

LA NEUTRALITÉ BELGE (1) — L'histoire poursuit sa marche inflexible : une petite puissance attaquée, la Serbie, a mis en mouvement la Russie, a détaché l'Italie de la Triple-Alliance : une autre petite puissance menacée, la Belgique, met l'Angleterre en demeure de se prononcer et va bientôt attirer sur l'Allemagne le verdict du monde tout entier. On dirait que la loi morale prépare d'elle-même sa propre vengeance en arrachant l'aveu de la bouche même de ceux qui la renient.

La violation de la neutralité belge a une importance si considérable, elle est si évidem-

ment le nœud du grand drame et projette sur l'avenir de l'univers des suites si considérables, qu'il faut l'exposer avec précision, au moment où le débat arrive à son point culminant.

Nous avons dit les origines de la neutralité belge, les soins pris par la Belgique elle-même pour la protéger et pour la défendre au besoin, les injustes accusations portées par l'Allemagne contre la Belgique, au sujet de certains entretiens avec les attachés militaires britanniques dans les années 1906, 1911-1912. Contre la Belgique, on ramasse, par des ruses de praticiens, un réquisitoire sans preuves et sans force, quand il suffit d'un seul mot pour tout faire tomber : Pourquoi l'Allemagne n'a-t-elle pas pris simplement l'engagement de ne pas violer la neutralité belge ?

Parce que, comme elle l'a dit elle-même, elle avait arrêté, d'avance, sa résolution de passer sur le corps du malheureux petit pays. Il n'y a pas une argutie qui puisse prévaloir contre cet aveu spontané.

La neutralité se décompose, pour ainsi dire, en deux éléments distincts : l'indépen-

Edw. Grey ne voulant d'aucune manière se lier, il lui manquait aussi la volonté d'agir avec énergie, surtout d'agir sérieusement sur la Russie. C'est cette irrésolution volontaire de l'Angleterre qui la rend responsable de la guerre et non pas l'esprit pacifique de l'Allemagne, surtout pas du parti militaire allemand, à l'influence duquel le ministre anglais ne pouvait croire que par suite d'une ignorance absolue des choses d'Allemagne. » La thèse allemande tendant à rejeter les responsabilités sur l'Angleterre est, d'ailleurs, exposée dans une lettre de Herr Ballin publiée dans *l'Écho de Paris* du 16 avril 1915 (voir ci-dessus p. 122).

(1) Pour cet exposé trop sommaire d'un forfait international sans précédent, je me suis servi du beau et triste volume d'Emile Waxweiler, *la Belgique neutre et loyale* (Lausanne, 1915), et des *Études* de M. le baron Beymes, parues dans la *Revue des Deux-Mondes*, 1915.

dance nationale et l'intégrité du territoire. En Belgique, l'Allemagne visait à la fois l'une et l'autre.

Dès le 24 juillet, le gouvernement belge, ayant eu communication de la note austro-hongroise, prévoit et se met sur ses gardes. Il donne à ses ministres à l'étranger des instructions qu'ils auront à exécuter en cas de conflit imminent. Le 29 juillet, l'armée est mise sur « le pied de paix renforcé ».

Le 31 juillet, le ministre de France à Bruxelles porte à la connaissance du ministre des Affaires étrangères, M. Davignon, la décision prise spontanément par le gouvernement français : « Je profite de cette occasion pour vous déclarer qu'aucune incursion de troupes françaises n'aura lieu en Belgique, même si des forces importantes étaient massées sur les frontières de votre pays. »

Le ministre belge prend acte et remercie.

Il reçoit, en même temps, le télégramme déjà cité de sir Edw. Grey, lui faisant part des sentiments de l'Angleterre. Évidemment, l'Angleterre, « puissante garante », « en présence du projet de mobilisation en Allemagne », entend veiller elle-même à l'application de cette clause de garantie qui constitue pour elle, à la fois, un droit et un devoir « essentiels ».

La France a répondu solennellement en s'engageant de nouveau à respecter la neutralité (31 juillet) ; l'Allemagne a donné une réponse vague et dilatoire.

L'Angleterre précise aussitôt son point de vue. Le même jour, 31 juillet, le ministre d'Angleterre apporte au ministre belge la déclaration suivante : « L'Angleterre compte que la Belgique défendra sa neutralité jusqu'à la dernière extrémité. (Remarquez l'importance de cette déclaration, puisqu'elle met la Belgique en demeure de se battre. Une prompte réponse est attendue. » Le ministre belge fait savoir que la Belgique remplira ses devoirs de puissance neutre : ses forces militaires « considérablement développées à la suite de la réorganisation récente, sont à même de lui permettre de se défendre éner-

giquement, en cas de violation du territoire. »

Le gouvernement décrète, le même jour (31 juillet), la mobilisation générale.

Sir Edw. Grey, aussitôt qu'il a pris connaissance de la réponse dilatoire du cabinet de Berlin, a eu un entretien « des plus graves » avec l'ambassadeur d'Allemagne : « La réponse du gouvernement allemand au sujet de la neutralité de la Belgique est très regrettable, lui ai-je dit. L'opinion publique anglaise en est très affectée. Si l'un des belligérants violait la neutralité de la Belgique, il serait très difficile de contenir le sentiment public en Angleterre... »

L'ambassadeur, rendant compte de cet entretien, prouve qu'il en a saisi le caractère : « Sir Edw. Grey, dit-il, revenait toujours sur la neutralité belge, et il estimait que cette question jouerait un grand rôle... »

Le même jour, 1er août, le gouvernement belge voit l'heure venue de saisir les puissances ; il donne l'ordre aux ministres belges près des gouvernements étrangers d'exécuter les instructions à eux adressées préventivement dès le 24 juillet. Voici la substance de ces instructions : « La Belgique a observé les devoirs d'Etat neutre que lui imposent les traités du 19 avril 1839. La Belgique a la confiance de voir son territoire demeurer hors de toute atteinte, si des hostilités venaient à se produire à ses frontières. L'armée belge est mobilisée et se porte sur les positions stratégiques choisies pour assurer la défense du pays et le respect de sa neutralité. Ces mesures n'ont d'autre but que de mettre la Belgique en situation de remplir ses obligations internationales. »

En même temps, le roi Albert adresse à l'empereur Guillaume une lettre personnelle, pour lui rappeler les engagements réitérés pris par la Prusse et le souverain lui-même dans le sens du respect de la neutralité.

Le ministre des Affaires étrangères belge communique au ministre d'Allemagne, M. de Below, la réponse du gouvernement français : M. de Below le remercie « en ajoutant que, jusqu'à présent, il n'a pas été chargé de faire une communication officielle, mais que l'on connaît son opinion *personnelle* (n'est-ce pas dérisoire ?) sur la sécurité avec laquelle la Belgique a le droit de considérer ses voisins de l'Est ».

Or, c'est justement à cette heure que l'on obtient la réponse officielle, tant désirée, de l'Allemagne : « Le ministre des Affaires étrangères de l'Empire dit qu'il ne peut répondre à la question posée par l'Angleterre. » On peut croire que le ministre d'Allemagne sait maintenant à quoi s'en tenir et qu'il va se découvrir. Non. Il se rend au ministère des Affaires étrangères et, quand on fait allusion aux mesures prises pour que les Allemands mobilisés quittent facilement la Belgique, en ajoutant que les mêmes mesures sont prises pour les Français, afin de « ménager toutes les susceptibilités », il dit : « Cela va de soi ; mais vous savez bien qu'en ce qui nous concerne, *vous pouvez avoir toute confiance.* »

La fourberie est soigneusement prolongée et organisée : « Le même jour, dimanche 2 août, le ministre d'Allemagne, interviewé par le journal *Le Soir*, se porte garant des dispositions de l'Allemagne envers la Belgique, et il résume son opinion en cette phrase : « Peut-être que le toit de vos voisins brûlera, mais votre maison restera sauve. »

Le même jour encore, l'attaché militaire allemand déclare à un journaliste belge, lui demandant s'il est vrai que les troupes allemandes avaient envahi le grand-duché de Luxembourg : « C'est de la haute fantaisie !... etc. — Pouvons-nous vous mettre en cause et dire

que nous tenons de vous l'affirmation ? — Parfaitement. »

Les journaux belges du 2, rassurés eux-mêmes, rassurent la population. Toute la légation est surprise en flagrant délit de mensonge ; car, le même jour enfin, le même ministre d'Allemagne demande une audience au ministre belge, à 7 heures du soir, « pour lui faire une communication importante ».

Tandis qu'on s'abandonnait à un rêve optimiste, on va se trouver en face de la plus cruelle réalité.

Dans l'intervalle, l'Angleterre a fait un pas.

Le 2 août, au matin, sir Edw. Grey voit l'ambassadeur de France, M. Jules Cambon.

« M. Cambon, télégraphie le ministre lui-même, m'a interrogé au sujet de la violation du Luxembourg... Il m'a demandé ce que nous dirions en cas de violation de la neutralité belge. J'ai répondu que c'était là une affaire beaucoup plus importante ; que nous examinerions quelle déclaration nous ferions demain à ce sujet au Parlement, c'est-à-dire si nous déclarerions que la violation de la neutralité belge est un *casus belli...* »

Le ministre d'Allemagne à Bruxelles vient effacer les derniers doutes et détruire les dernières illusions. Le dimanche 2 août, à 7 heures du soir, il se présente chez M. Davignon, lui remet un document *très confidentiel* de la part du gouvernement allemand et lui notifie que le gouvernement belge a douze heures pour répondre.

Voici le texte de ce document :

Le gouvernement allemand a reçu des nouvelles sûres, d'après lesquelles des forces françaises auraient l'intention de marcher sur la Meuse par Givet et

GARDES CIVIQUES BELGES

ARTILLERIE BELGE EN CAMPAGNE

Namur (prétexte fabriqué de toutes pièces et absurde). Ces nouvelles ne laissent aucun doute sur l'intention de la France de marcher sur l'Allemagne par le territoire belge.

Le gouvernement impérial allemand ne peut s'empêcher de craindre que, si la Belgique ne reçoit pas de secours, elle ne sera pas, malgré sa meilleure volonté, en mesure de repousser avec succès une marche française comportant un plan aussi étendu, de façon à assurer à l'Allemagne une sécurité suffisante contre cette menace.

C'est un devoir impérieux de conservation pour l'Allemagne de prévenir cette attaque de l'ennemi.

Le gouvernement regretterait très vivement que la Belgique regardât comme un acte d'hostilité contre elle, le fait que les mesures des ennemis de l'Allemagne l'obligent de violer aussi, de son côté, le territoire belge.

Afin de dissiper tout malentendu, le gouvernement allemand déclare ce qui suit :

1º L'Allemagne n'a en vue aucun acte d'hostilité contre la Belgique ; si la Belgique consent, dans la guerre qui va commencer, à prendre une attitude de neutralité bienveillante vis-à-vis de l'Allemagne, le gouvernement allemand, de son côté, s'engage à garantir, au moment de la paix, l'intégrité et l'indépendance du Royaume dans toute leur ampleur ;

2º L'Allemagne s'engage, sous la condition énoncée, à évacuer le territoire belge aussitôt la paix conclue ;

3º Si la Belgique observe une attitude amicale, l'Allemagne est prête, d'accord avec les autorités belges, à acheter contre argent comptant tout ce qui est nécessaire à ses troupes et à indemniser pour tous les dommages quelconques causés en Belgique par les troupes allemandes ;

4º Si la Belgique se comporte d'une façon hostile contre les troupes allemandes et, particulièrement, fait des difficultés à leur marche en avant par la résistance des fortifications de la Meuse ou par des destructions de routes, chemins de fer, tunnels ou autres ouvrages d'art, l'Allemagne sera obligée, à regret, de considérer la Belgique en ennemie.

Dans ce cas, l'Allemagne ne pourrait prendre aucun engagement vis-à-vis du Royaume, mais elle devrait laisser le règlement ultérieur des deux États l'un vis-à-vis de l'autre à la décision des armes.

Le gouvernement allemand a le ferme espoir que cette éventualité ne se produira pas et que le gouvernement belge, saura prendre les mesures appropriées, pour empêcher que des faits comme ceux qui viennent d'être mentionnés ne se produisent. Dans ce cas, les relations d'amitié qui unissent les deux États voisins seront maintenues de façon durable.

En présence d'une pareille mise en demeure, le devoir de la Belgique lui était dicté, non seulement par le droit qu'a tout peuple au respect de son indépendance, mais par les engagements internationaux, résumés par l'article 5 de la Convention de La Haye : « Une puissance neutre ne peut laisser passer à travers son territoire les troupes ou les convois d'un belligérant. » Bien plus, ce devoir lui était dicté par l'Allemagne elle-même, puisque, deux jours après, elle invoquait les traités auprès de la Confédération helvétique, pour que le passage sur le territoire suisse fût interdit aux troupes françaises : le gouvernement allemand répond, en effet, en ces termes, à la déclaration par laquelle la Suisse manifeste sa volonté de rester neutre : « ... Le gouvernement impérial a pris connaissance de cette déclaration avec une satisfaction sincère et il compte que la Confédération, *grâce à sa forte armée* et à la volonté inébranlable du peuple suisse tout entier, *repoussera toute violation de sa neutralité.* »

L'Allemagne demande donc à la Belgique ce qu'elle somme la Suisse d'empêcher. Le voudrait-elle, la Belgique ne peut pas l'accorder ; elle est serve de sa parole, de ses engagements, de son devoir à l'égard des puissances qui, en garantissant la neutralité belge, ont compté sur elle.

Ajoutons que le gouvernement belge, en présence de l'affreuse sommation, avait à prendre en considération une autre conséquence terrible, soudainement évoquée devant lui. Par la volonté de l'Allemagne, le territoire belge était choisi comme champ de bataille pour des raisons de commodité stratégique, et toutes les horreurs de la guerre allaient s'abattre sur des populations paisibles et innocentes.

Quelle angoisse chez ce roi, chez ces ministres qui avaient douze heures pour délibérer !

On cherche à savoir, à se renseigner. On télégraphie en Angleterre : on fait part de la remise de la note au cabinet de Londres. Le roi Albert adresse au roi d'Angleterre un télégramme ainsi conçu :

Me souvenant des nombreuses marques d'amitié de Votre Majesté et de ses prédécesseurs, de l'attitude amicale de l'Angleterre en 1870 et de la preuve de

LES BORDS DE LA MEUSE A GIVET

sympathie qu'elle vient encore de nous donner, je fais un suprême appel à l'intervention *diplomatique* du gouvernement de Votre Majesté pour la sauvegarde de la neutralité de la Belgique.

Combien ces paroles sont modérées! Le gouvernement belge demande encore le secours *diplomatique,* et il est pris à la gorge.

On n'a qu'une nuit. Il faut prendre un parti... Le parti est pris. Le 3 août à 7 heures du matin, le gouvernement belge répond à la note allemande dans les termes suivants :

Bruxelles, le 3 août 1914
(7 heures du matin).

Par sa note du 2 août 1914, le gouvernement allemand a fait connaître que, d'après des nouvelles sûres, les forces françaises auraient l'intention de marcher sur la Meuse, par Givet et Namur, et que la Belgique, malgré sa meilleure volonté, ne serait pas en état de repousser sans secours une marche en avant des troupes françaises.

Le gouvernement allemand s'estimerait dans l'obligation de prévenir cette attaque et de violer le territoire belge. Dans ces conditions, l'Allemagne propose au gouvernement du roi de prendre vis-à-vis d'elle une attitude amicale et s'engage, au moment de la paix, à garantir l'intégrité du royaume et de ses possessions dans toute leur étendue. La note ajoute que, si la Bel-

gique fait des difficultés à la marche en avant des troupes allemandes, l'Allemagne sera obligée de la considérer comme ennemie et de laisser le règlement ultérieur des deux États l'un vis-à-vis de l'autre à la décision des armes.

Cette note a provoqué chez le gouvernement du roi un profond et douloureux étonnement.

Les intentions qu'elle attribue à la France sont en contradiction avec les déclarations formelles qui nous ont été faites le 1er août, au nom du gouvernement de la République.

D'ailleurs, si, contrairement à notre attente, une violation de la neutralité belge venait à être commise par la France, la Belgique remplirait tous ses devoirs internationaux, et son armée opposerait à l'envahisseur la plus vigoureuse résistance.

Les traités de 1839, confirmés par les traités de 1870, consacrent l'indépendance et la neutralité de la Belgique, sous la garantie des puissances et notamment du gouvernement de Sa Majesté le roi de Prusse.

La Belgique a toujours été fidèle à ses obligations internationales; elle a accompli ses devoirs dans un esprit de loyale impartialité; elle n'a négligé aucun effort pour maintenir ou faire respecter sa neutralité.

L'atteinte à son indépendance dont la menace le gouvernement allemand constituerait une flagrante violation du droit des gens. Aucun intérêt stratégique ne justifie la violation du droit.

Le gouvernement belge, en acceptant les propositions qui lui sont notifiées, sacrifierait l'honneur de la nation en même temps qu'il trahirait ses devoirs vis-à-vis de l'Europe.

Conscient du rôle que la Belgique joue depuis plus de quatre-vingts ans dans la civilisation du monde, il se refuse à croire que l'indépendance de la Belgique ne puisse être conservée qu'au prix de la violation de sa neutralité.

Si cet espoir était déçu, le gouvernement belge est fermement décidé à repousser par tous les moyens en son pouvoir toute atteinte à son droit.

Au même moment, s'engageait à Berlin, entre le ministre de Belgique, baron Beyens, et le secrétaire d'État, M. de Jagow, un dialogue qui mettait en présence les deux thèses : celle de la petite puissance brave et forte de son droit, celle de la grande puissance, honteuse d'elle-même et se dérobant devant le fier et loyal regard.

De bonne heure, le lundi matin 3 août, le ministre de Belgique avait demandé par téléphone à être reçu par le Secrétaire d'État ; l'audience fut immédiatement accordée.

Le ministre de Belgique avait à peine prononcé quelques paroles que M. de Jagow s'écriait :

« — Croyez bien que c'est la mort dans l'âme que l'Allemagne se résout à violer la neutralité de la Belgique et, personnellement, j'en éprouve les plus poignants regrets. Que voulez-vous ! *C'est une question de vie ou de mort pour l'empire.* Si les armées allemandes ne veulent pas être prises entre l'enclume et le marteau, elles doivent frapper un grand coup du côté de la France, pour pouvoir ensuite se retourner contre la Russie.

« — Mais, fit le baron Beyens, les frontières de la France sont assez étendues pour que l'on puisse éviter de passer par la Belgique.

« — Elles sont trop fortifiées. D'ailleurs, que vous demandons-nous ? Simplement de nous laisser le libre passage, de ne pas détruire vos chemins de fer ni vos tunnels et de nous laisser occuper les places fortes dont nous avons besoin.

« — Il y a, répliqua aussitôt le ministre de Belgique, une façon bien facile de formuler la seule réponse que cette demande puisse com-

porter, c'est de vous représenter que la France nous ait adressé la même invitation, et que nous ayons accédé. L'Allemagne n'aurait-elle pas dit que nous l'avions lâchement trahie ? »

Le secrétaire d'État, laissant sans réponse cette question si précise, le baron Beyens compléta sa pensée.

« — Du moins, interrogea-t-il, *avez-vous quelque chose à nous reprocher ? N'avons-nous pas toujours, depuis trois quarts de siècle, rempli, vis-à-vis de l'Allemagne comme de toutes les grandes puissances garantes, tous les devoirs de notre neutralité ? N'avons-nous pas donné à l'Allemagne des témoignages de loyale amitié ? De quel prix l'Allemagne veut-elle payer tout cela ? En faisant de la Belgique le champ de bataille de l'Europe, et l'on sait ce que la guerre moderne entraîne de dévastations et de calamités...*

« — *L'Allemagne ne peut rien reprocher à la Belgique et l'attitude de la Belgique a toujours été d'une correction parfaite.*

« — Reconnaissez donc, reprit le baron Beyens, que la Belgique ne peut pas vous faire une autre réponse que celle qu'elle vous fait, à moins de perdre l'honneur. Il en est des nations comme des individus et il n'y a pas pour les peuples une autre espèce d'honneur que pour les particuliers. Vous devez le reconnaître, pressa le baron Beyens, la réponse devait être ce qu'elle est.

« — *Je le reconnais comme homme privé, mais comme secrétaire d'État, je n'ai aucun avis à exprimer.* »

Tout était dit de part et d'autre. Le ministre de Belgique ajouta cependant que, selon lui, l'Allemagne se faisait des illusions : elle allait au-devant d'une guerre avec l'Angleterre et, au surplus, les troupes allemandes ne passeraient pas à Liége aussi facilement qu'on se l'imaginait peut-être. Et, comme le ministre donnait à penser qu'il allait sans doute demander ses passeports, M. de Jagow protesta : « Ne partez pas encore ; peut-être aurons-nous encore à causer. — Ce qui va se passer, conclut le baron Beyens, ne dépend d'aucun de nous deux ; c'est désormais au gouvernement belge qu'appartiennent les décisions. »

Chaque parole, dans ce grave échange de pensées, pèse d'un poids égal. Je veux cependant retenir, pour l'instant, l'explication de la demande du passage des armées allemandes à travers la Belgique. Le secrétaire d'Etat eut d'ailleurs l'occasion de la renouveler dans la conversation qu'il eut, le mardi 4 août, avec l'ambassadeur d'Angleterre.

Si l'Allemagne, dit-il alors, est contrainte de prendre cette mesure, *c'est qu'elle doit arriver en France par le chemin le plus rapide et le plus facile*, de façon à être sûrement la première dans ses opérations et à tenter de frapper un coup décisif aussitôt que possible. C'est pour elle une question de vie ou de mort, attendu que, si elle prenait la route du sud, elle ne pourrait, par suite de la rareté des voies de communication et de la puissance des forteresses, compter faire sa trouée sans rencontrer de formidables obstacles qui lui feraient perdre un temps précieux. Or, du temps perdu pour elle, ce serait du temps gagné pour les Russes qui pourraient ainsi concentrer leurs troupes à la frontière allemande. La rapidité d'action est le grand atout de l'Allemagne, la possession d'inépuisables réserves d'hommes

est l'atout de la Russie. (*Livre bleu*, n° 160.)

Et dans un second entretien avec le même ambassadeur, quelques heures plus tard, le secrétaire d'Etat résumait ainsi ses arguments : « La sécurité de l'empire exige d'une façon absolue que les armées allemandes traversent la Belgique. » (*Id., id.*)

L'homme qui a pu avoir avec un collègue, avec un homme représentant un pays ami, un tel entretien, est mis pour toujours au ban de l'humanité, au pilori de l'histoire. Il s'appelle Jagow.

Dans la journée du 3 août, le ministre de France, tenu au courant, fait la déclaration suivante : « Si le gouvernement royal faisait appel au gouvernement français comme puissance garante de sa neutralité, nous répondrions immédiatement à son appel ;... en tout cas, le gouvernement français attendra, pour intervenir, que la Belgique ait fait un acte effective. » Le gouvernement belge ne veut pas se prononcer encore ; il décline l'appui que la France (conformément aux traités de garantie) vient de lui offrir. « Le gouvernement ne fait pas appel,

LE BARON GUILLAUME
MINISTRE DE BELGIQUE A PARIS

pour le moment, à la garantie des Puissances, se réservant d'apprécier ultérieurement ce qu'il y aurait lieu de faire. »

... Tous les regards sont tournés vers Londres. A Londres, sir Edw. Grey étale, en quelque sorte, sous les yeux du Parlement et du monde tout entier l'angoisse qui l'étreint lui-même. Informé seulement par des nouvelles sommaires, il se rend à la Chambre des Communes ; il communique aux membres du Parlement les renseignements qui sont parvenus au gouvernement, les réflexions suggérées, les hésitations, les résolutions qui naissent lentement :

« Le roi des Belges fait un suprême appel... à notre intervention diplomatique. Mais nous sommes intervenus diplomatiquement la semaine dernière. Que pourrait encore produire, à présent, une intervention ? Nous avons des intérêts considérables et vitaux à l'indépendance de la Belgique — indépendance dont l'intégrité n'est que la petite part. Or, l'Allemagne nous a sondés la semaine dernière pour savoir si nous nous contenterions de l'assurance qu'après la guerre la Belgique conserverait son intégrité. Nous avons répondu que nous ne consentirions à cet égard à aucun marchandage. Si, en effet, la Belgique est contrainte de consentir à la violation de neutralité, la situation est parfaitement claire, car ce ne sera jamais qu'à la pression du plus fort qu'elle cédera. Or, la seule chose que les petits États du centre de l'Europe désirent, la seule chose qu'ils redoutent de perdre, ce n'est pas tant leur intégrité que leur indépendance. Ils veulent qu'on les laisse seuls et indépendants. Si, dans la guerre qui menace l'Europe, la neutralité d'un de ces petits États est violée par un des belligérants, et si elle est violée sans qu'une résistance ne se mette en travers de l'agression, après la guerre, quelle que puisse être l'intégrité, l'indépendance sera perdue.

« S'il est bien exact, ajoute le ministre, qu'une sorte quelconque d'ultimatum ait été adressé à la Belgique, lui demandant de tolérer la violation de sa neutralité, de la donner ou de la vendre quel que soit le prix qu'on lui en offre, son indépendance est perdue. Si son indépendance s'en va, celle de la Hollande suivra, et alors, je demande à la Chambre de réfléchir à la situation qui résultera de tout cela. Voici la France, peut-être battue, perdant sa position de grande puissance, assujettie à une autre puissance plus forte qu'elle-même ; voici la Belgique asservie à cette même puissance, voici la Hollande et puis le Danemark. Alors, les paroles de Gladstone ne seraient-elles pas devenues vraies et ne serions-nous pas en face, précisément, d'un intérêt s'imposant à nous tous, celui de résister aux agrandissements exagérés d'une puissance ?

. . . .

« Gladstone a dit encore autre chose. Au-dessus des obligations que nous impose le respect de la lettre d'un traité, il en est une autre. Est-il possible que, dans de telles conjonctures, un pays riche d'influence et de puissance comme l'Angleterre reste indifférent devant la perpétration du plus monstrueux des crimes sans en devenir le complice ?

« Et que l'on ne dise pas que l'on pourrait rester indifférent pendant la guerre, puis, après qu'elle sera terminée, rétablir les choses comme nous voudrions qu'elles fussent. Si, dans une crise comme celle-ci, nous nous soustrayons aux obligations de l'honneur et aux obligations de l'intérêt, quelle que puisse être, au bout du compte, notre puissance matérielle, elle pèsera bien peu en face du droit que nous aurions perdu au respect des autres, nous aurons sacrifié, tout à la fois, notre réputation devant le monde et nos intérêts économiques les plus graves et les plus sérieux. »

Sir Edward Grey suspend néanmoins encore toute décision, jusqu'à ce qu'il soit en présence de renseignements précis sur la nature de la demande de passage adressée à la Belgique par l'Allemagne et il termine en rappelant qu'il a voulu seulement expliquer à la Chambre quelle est la pensée du gouvernement et

LUXEMBOURG. — VUE GÉNÉRALE

la mettre en possession de tous les éléments de la question.

Mais plus tard, au cours de la même journée, il reprend la parole pour annoncer qu'il vient de recevoir de la Légation belge le texte précis de la note télégraphiée le matin par le gouvernement belge, et il conclut simplement :

« Je me borne à dire que le gouvernement est prêt à prendre cette note en toute sérieuse considération. Je n'ai rien à ajouter ! » (*Livre bleu*, édition anglaise, p. 97.)

Le Conseil des ministres se réunit quelques instants plus tard, et, à l'issue de la réunion, sir Edward Grey informe le ministre de Belgique à Londres que « si la neutralité belge est violée, c'est la guerre avec l'Allemagne ». (*Livre gris*, n° 26.)

Dès le lendemain 4 août, au matin, sir Edward Grey envoie à Berlin un télégramme, qui est le résultat de la délibération de la veille. (*Livre bleu*, n° 153.)

Le roi des Belges a adressé un appel à Sa Majesté le roi, en vue d'une intervention diplomatique en faveur de la Belgique dans les termes suivants :

« Me rappelant les nombreuses preuves d'amitié de Votre Majesté et de son prédécesseur, ainsi que l'attitude amicale de l'Angleterre, en 1870, et le témoignage d'amitié que vous venez de nous donner encore, je fais un suprême appel à l'intervention diplomatique du gouvernement de Votre Majesté pour la sauvegarde de l'intégrité de la Belgique. »

Le lendemain 4 août, dès les premières heures de la matinée, le gouvernement reçoit la lettre suivante du ministre d'Allemagne à Bruxelles :

« J'ai été chargé et j'ai l'honneur d'informer Votre Excellence que, par suite du refus opposé par le gouvernement de Sa Majesté le roi aux propositions bien intentionnées que lui avait soumises le gouvernement impérial, celui-ci se verra dans le vif regret forcé d'exécuter, — au besoin par la force des armes — les mesures de sécurité exposées comme indispensables vis-à-vis des menaces françaises. »

Quelques instants après, l'état-major belge signale que le territoire national a été violé à Gemmerich.

Un conseil des ministres se réunit aussitôt et décide de recourir aux trois puissances garantes qui peuvent répondre à cet appel.

La demande est adressée en ces termes dans la soirée du 4 août :

« Le gouvernement belge a le regret de devoir annoncer à Votre Excellence que, ce matin, les forces armées de l'Allemagne ont pénétré sur le territoire belge, en violation des engagements qui ont été pris par traité. Le gouvernement du roi est fermement décidé à résister par tous les moyens en son pouvoir. La Belgique fait appel à l'Angleterre, à la France et à la Russie pour coopérer comme garantes à la défense de son territoire.

« Il y aurait une action concertée et commune pour résister aux mesures de force employées par l'Allemagne contre la Belgique et, en même temps, garantir le maintien de l'indépendance et de l'intégrité de la Belgique dans l'avenir. La Belgique est heureuse de pouvoir déclarer qu'elle assurera la défense des places fortes. »

Le gouvernement de Sa Majesté est également informé que le gouvernement allemand a remis au gouvernement belge une note proposant une neutralité amicale, permettant le libre passage en territoire belge et s'engageant à maintenir l'intégrité et l'indépendance du royaume à la conclusion de la paix ; dans le cas contraire, la Belgique serait traitée en ennemie. Une réponse était exigée en douze heures au plus tard.

Nous apprenons aussi que la Belgique a opposé un refus formel à ce qu'elle considère comme une violation flagrante du droit des gens.

Le gouvernement de Sa Majesté est obligé de protester contre cette violation d'un traité que l'Allemagne a signé aussi bien que nous-mêmes ; il lui faut des assurances que la demande faite à la Belgique ne sera pas suivie d'effet et que sa neutralité sera respectée par l'Allemagne. Vous demanderez une réponse immédiate.

Nouveau télégramme dans la journée du 4 août, sur l'avis officiel que le territoire belge a été violé à Gemmerich, et, cette fois, ce ne sont plus des paroles : le fait déclanche le fait.

Dans ces conditions et étant donné que l'Allemagne a refusé de nous donner au sujet de la Belgique les mêmes assurances que celles que nous a données la France la semaine dernière, il vous faut réitérer cette demande et exiger une réponse satisfaisante, ainsi qu'à mon télégramme de ce matin, qui devra être reçue ici avant minuit ce soir. *Sinon, vous demanderez vos passeports et vous déclarerez que le gouvernement de Sa Majesté se voit obligé de prendre toutes les mesures en son pouvoir pour maintenir la neutralité de la Belgique et le respect d'un traité que l'Allemagne a souscrit comme nous-mêmes.*

L'après-midi du 4 août, l'ambassadeur britannique se rend aux Affaires étrangères. Il est reçu par le secrétaire d'Etat et lui demande si son gouvernement respectera la neutralité de la Belgique : « Je regrette de devoir dire : Non ! répond le secrétaire d'Etat ; d'ailleurs, la neutralité est déjà violée ; les

GABRIEL HANOTAUX
de l'Académie Française

HISTOIRE ILLUSTRÉE
DE LA
GUERRE DE 1914

24 PAGES DE TEXTE ET D'ILLUSTRATIONS

<table>
<tr><td>FASCICULE
N° 23</td><td align="center">GOUNOUILHOU, Éditeur
PARIS, 8, boulevard des Capucines & BORDEAUX, 8, rue de Cheverus.</td><td align="center">PRIX NET
1 franc</td></tr>
</table>

Les quatorze premiers fascicules de l'*Histoire illustrée de la Guerre de 1914*, par Gabriel HANOTAUX, constituent le Tome premier de l'ouvrage.

Ces quatorze premiers fascicules, contenant trois cents pages, dont cent quatre-vingt d'illustrations, forment un superbe volume grand in-quarto qui sera mis en vente au prix de :

18 francs relié

Reliure demi-chagrin, plats toile, fers spéciaux du Maître graveur Auguste LEPÈRE, tranches ébarbées, tête dorée.

Les frais de port et d'emballage sont à ajouter au prix ci-dessus; soit o fr. 75 pour l'envoi par colis postal, livrable en gare, et 1 franc pour la livraison à domicile.

Nous pouvons fournir également, aux personnes qui préféreraient faire exécuter elles-mêmes la reliure des fascicules, des emboîtages avec les fers spéciaux de LEPÈRE, au prix de **3 fr. 50**.

Les frais de port et d'emballage sont à ajouter à ce prix; soit o fr. 75 pour l'envoi par colis postal, livrable en gare, et 1 franc pour la livraison à domicile.

Le Tome premier relié, ainsi que l'emboîtage de ce Tome, sont en vente dans toutes les Librairies. Pour les recevoir franco, adresser les demandes, accompagnées d'un mandat-poste représentant le prix du volume désiré ou de l'emboîtage et des frais de port indiqués ci-dessus, à GOUNOUILHOU, éditeur, 8, boulevard des Capucines, à Paris.

Me souvenant des nombreuses marques
d'amitié de Votre Majesté et de ses prédécesseurs.
de l'attitude amicale de l'Angleterre
en 1870 et de la preuve de sympathie
qu'elle vient encore de nous donner,
je fais un suprême appel à l'intervention
diplomatique du Gouvernement de
Votre Majesté, pour la sauvegarde de
la neutralité de la Belgique.—

Albert

LE DROIT CONTRE LA FORCE

FAC-SIMILÉ DE L'APPEL ADRESSÉ PAR LE ROI DES BELGES AU ROI D'ANGLETERRE

troupes allemandes ont passé la frontière. »

C'est alors que s'engagent, entre l'ambassadeur d'Angleterre et le ministre Jagow, puis avec le chancelier, ces deux entretiens fameux où les représentants de l'Allemagne, surpris et désarçonnés, livrent à l'Angleterre et à l'histoire le secret de leur dessein perfide, de leur épaisse fourberie et de leur âme noire.

Mais cette conversation aborde, en même temps, d'autres sujets. Avant d'en rappeler les termes, il faut jeter un coup d'œil d'ensemble sur le débat diplomatique relatif à la neutralité belge.

L'Allemagne avait conçu le plan stratégique de traverser le territoire belge pour attaquer la France. Tout était préparé pour cela, on le sait maintenant, et nous le démontrerons bientôt par un simple exposé des faits. Le gouvernement allemand demandait à la Belgique d'autoriser ses troupes à passer dans les conditions énumérées par la note du 2 août.

S'agit-il seulement d'une opération stratégique ? L'Allemagne n'a-t-elle pas une arrière-pensée ? En marchant sur la Belgique, que prétend-elle ? Veut-elle seulement battre la France par les procédés les plus rapides, ou bien ne songe-t-elle pas à s'assurer un gage et à commencer, par l'occupation de la Belgique, la guerre de conquête ?...

La conquête de la Belgique est, au fond, le plan secret de la *Weltpolitik*. Bernhardi et les partisans de la plus grande Allemagne s'en sont expliqués cent fois avec une absolue netteté. Maximilien Harden, dans la *Zukunft* du 17 octobre, a exposé ces convoitises secrètes dans une déclaration très franche : « Il faut que le noble germanisme se conquière ici de nouvelles provinces. Anvers, non pas *contre*, mais *avec* Hambourg et Brême ; Liége à côté des fabriques d'armes de la Hesse, de Berlin, de la Souabe ; Cockerill allié avec Krupp ; les fers, les charbons, les tissus belges

et allemands dirigés ensemble... De Calais à Anvers, Flandres, Limbourg et Brabant, jusqu'au delà de la ligne des forteresses de la Meuse, tout prussien ! »

Seules, ces convoitises avouées donnent un sens aux multiples et obscures déclarations officielles de l'Allemagne quand il s'agit d'expliquer ses intentions au sujet du sort de la Belgique *après la guerre:* Au cas où cette puissance prendrait partie contre l'Allemagne, toutes les hypothèses, tous les systèmes sont envisagés dans ces déclarations allemandes. Rien de catégorique, rien de franc. Quand on espère encore la neutralité de l'Angleterre, on fait patte de velours, on promet l'intégrité et l'indépendance de la Belgique ! « Prière de dissiper tout soupçon qui pourrait subsister dans l'esprit du gouvernement britannique au sujet de nos intentions : répétez positivement l'assurance formelle que, *même en cas de conflit armé avec la Belgique*, l'Allemagne ne s'annexera *aucune partie du territoire belge* SOUS AUCUN PRÉTEXTE. La sincérité de cette déclaration est prouvée par notre engagement solennel à l'égard de la Hollande de respecter strictement sa neutralité. Il est évident que nous ne pourrions annexer profitablement une partie du territoire belge sans nous agrandir en même temps au détriment de la Hollande... »

Voilà des assurances formelles, et qu'entre parenthèses il n'est pas inutile de retenir. Mais comment concilier ces déclarations avec celles qui sont contenues dans la note initiale du 2 août ? « Dans le cas où la Belgique se comporterait d'une façon hostile contre les troupes allemandes..., l'Allemagne ne pourrait prendre aucun engagement vis-à-vis du royaume ; mais elle devrait laisser *le règlement ultérieur des rapports des deux Etats, l'un vis-à-vis de l'autre, à la décision des armes!* » Toutes les formes de la séduction ou de l'intimidation sont employées selon le besoin de la cause.

La vérité est que, dès le début, l'Allemagne avait escompté la résistance de la Belgique,

JAURÈS PARLANT AU MEETING SOCIALISTE DE BRUXELLES

que son plan de conquête comprenait l'annexion de la Belgique. Une fois la guerre déchaînée, n'a-t-on pas vu cette convoitise secrète reparaître sous toutes les formes dès que les événements militaires se furent prononcés en faveur de l'Allemagne ? Un moment, elle crut habile d'apaiser, par quelques déclarations anodines, l'émotion britannique. Mais elle savait que les paroles échangées au cours de ces discussions diplomatiques ne sont pas gênantes après la victoire. Elle se réservait de se servir de ces alternatives, savamment combinées, selon le développement des faits ultérieurs.

La machination suprême était, comme l'observe fortement M. Emile Waxweiler, la suivante : « Placer la Belgique dans l'obligation de se défendre et, pour la châtier de l'avoir fait, la prendre. » L'attentat à la neutralité de la Belgique n'était qu'un moyen ; le but, c'était la conquête. De même que la préparation militaire est évidente, le COMPLOT est avéré (1).

(1) La question de la violation de la neutralité belge a été soulevée à nouveau par l'Allemagne dans un article du général Bernhardi publié dans le *Sun* de New-York. Il y affirmait que, dès le mois de juillet, la France et l'Angleterre s'apprêtaient à violer la neutralité de la Belgique, et il donnait comme preuve de cette intention l'orientation même de notre plan de concentration et la présence à notre gauche de nos forces principales.

Une note officielle (*Temps* du 26 mars 1915) a réduit à néant cette allégation.

En vertu du plan de concentration, les cinq armées françaises étaient orientées, au moment de la déclaration de guerre, uniquement face à l'Allemagne, entre Belfort et la frontière belge. C'est pour cette raison, d'ailleurs, que notre état-major, après la violation de la neutralité belge par l'Allemagne et l'appel du gouvernement belge du 4 août (*Livre jaune*, p. 161), fut obligé de prescrire des variantes au plan de concentration. Les zones d'action des armées durent être étendues vers le nord-ouest jusqu'à la hauteur de Fourmies et l'aile gauche dut être renforcée. Ce brusque déplacement de nos troupes n'aurait pas été nécessaire, s'il y avait eu préméditation de notre part de violer la neutralité.

Quant à l'Angleterre, son concours ne nous fut assuré que le 5 août, après l'entrée des Allemands en Belgique, et son armée se concentra du 14 au 21.

D'autre part, des ordres divers ont été donnés par le gouvernement français : le 30 juillet, de se tenir à 10 kilomètres de la frontière ; le 2 août, de se borner à repousser toute troupe pénétrant en France ; le 3 août, de se tenir à 2 ou

DÉFILÉ DE GARDES CIVIQUES A BRUXELLES

Ces clartés, soudainement apparues, décident le gouvernement britannique.

Mais il est placé en présence d'un ordre de faits non moins graves par l'appel que la France lui adresse en se réclamant des accords militaires et navals résultant de l'Entente.

De ce côté aussi, l'Angleterre a un intérêt primordial qu'elle ne peut négliger et qui pèse sur ses longues irrésolutions.

Il ne s'agit plus des autres, il s'agit d'elle-même. L'Allemagne vise Anvers et, probablement, Calais : ce qu'elle veut, c'est l'hégémonie maritime, d'abord dans la mer du Nord, ensuite sur tous les Océans. Sinon, pourquoi cette longue et coûteuse préparation d'une flotte militaire, pourquoi cet enthousiasme marin, pourquoi la fameuse formule : « Notre avenir est sur les eaux » ?

Voici donc qu'apparaît le sens profond de la *Weltpolitik*. Cette politique est surtout une concurrence à l'Angleterre. Seulement, l'Allemagne préférerait procéder par étapes : d'abord occuper la Belgique, non pour la rendre mais pour la garder, ou, du moins, la dominer; puis abattre la France et s'introduire jusqu'au Pas-de-Calais. Et, quand l'Angleterre essaiera d'intervenir pour refaire une Europe avec les débris des puissances vaincues, on profitera de son impuissance militaire pour lui opposer la loi du plus fort.

L'animal de proie s'approche en rampant, il se glisse jusqu'à portée de la victime, et puis, d'un brusque élan, il lui saute à la gorge.

Voilà les perspectives qui se dévoilent devant l'Angleterre, soudain réveillée. Elle a peine à le croire. Dans le sein du gouvernement et du pays, des secousses suprêmes se produisent. Se décider à la guerre ! Jouer sur une carte le sort du grand pays prospère et pacifique, aborder la plus terrible des luttes sans

l'avoir prévue ni préparée... Il faut se prononcer pourtant !

Un nouveau pas est fait. Et ce n'est pas encore le pas décisif : tant on hésite, tant les esprits sont divisés.

M. Paul Cambon télégraphie, le 2 août :

A l'issue du conseil des ministres tenu ce matin, sir Edw. Grey m'a fait la déclaration suivante : « Je suis autorisé à donner l'assurance que, si la flotte allemande pénètre dans la Manche ou traverse la mer du Nord, afin d'entreprendre des opérations de guerre contre la flotte française ou la marine marchande française, la flotte britannique donnera toute la protection en son pouvoir.

« Cette assurance est naturellement donnée sous la réserve que la politique du gouvernement de Sa Majesté sera approuvée par le Parlement britannique et ne doit pas être considérée comme obligeant le gouvernement de Sa Majesté à agir, jusqu'à ce que l'éventualité ci-dessus mentionnée d'une action de la flotte allemande se soit produite. »

Me parlant ensuite de la neutralité de la Belgique et de celle du Luxembourg, le principal secrétaire d'Etat m'a rappelé que la Convention de 1867, relative au Grand-Duché, différait du traité relatif à la Belgique, en ce sens que l'Angleterre était tenue de faire respecter cette dernière convention sans le concours des autres puissances garantes, tandis que, pour le Luxembourg, toutes les puissances garantes devaient agir de concert.

La sauvegarde de la neutralité belge est considérée ici comme si importante que l'Angleterre envisagerait *sa violation par l'Allemagne comme un* casus belli.

C'est là un intérêt proprement anglais et on ne peut douter que le gouvernement britannique, fidèle aux traditions de sa politique, ne la fasse prévaloir, même si le monde des affaires, où l'influence allemande poursuit des efforts tenaces, prétendait exercer une pression pour empêcher le gouvernement de s'engager contre l'Allemagne.

Cette dépêche présente le tableau exact des sentiments de l'Angleterre. Elle croit encore qu'elle peut éviter, dans une certaine mesure, de se mêler au conflit: on y voit l'action exercée, notamment sur le monde des affaires, par l'influence allemande; on y saisit la trace des dernières et plus cruelles incertitudes. M. P. Cambon ne se fait pas d'illusion, mais il agit avec vigueur.

Dans la masse du pays et dans le cabinet lui-même, c'est un déchirement. Le parti libéral est obligé de se retourner sur lui-même et de se lancer à contresens de son passé, de

---

3 kilomètres de la frontière belge; le 4 août, interdiction absolue de pénétrer en territoire belge. Le 5 seulement, à la demande de la Belgique, les avions purent survoler le pays et les reconnaissances y pénétrer.

Ces points seront précisés dans le chapitre relatif à la disposition des armées.

UN COIN DE LA SALLE OU S'EST TENU LE MEETING SOCIALISTE DE BRUXELLES

son système. Et pourtant, deux urgentes nécessités nationales le pressent : la neutralité de la Belgique, la liberté de la mer du Nord et du Pas-de-Calais... Eh bien! on les défendra, mais on défendra seulement ce domaine restreint. On bornera l'action des forces anglaises à la protection exclusive et soigneusement délimitée des intérêts anglais. On s'engagera à demi... Comme si on se battait d'un bras !

Sir Edw. Grey explique, par un télégramme du 2 août, à sir Fr. Bertie la position prise par l'Angleterre :

J'ai fait remarquer à M. Cambon que nous avions des questions extrêmement graves et délicates à considérer et que le gouvernement ne pouvait s'engager à déclarer la guerre à l'Allemagne, si la guerre éclatait demain entre la France et l'Allemagne, mais qu'il était essentiel que le gouvernement français, dont la flotte était depuis longtemps concentrée dans la Méditerranée, sût quelles dispositions prendre, la côte septentrionale étant sans défense. Il nous a donc paru nécessaire de lui donner cette assurance. Cela ne nous engage pas à déclarer la guerre à l'Allemagne (quelle insistance!) à moins que la flotte allemande n'agisse comme il est indiqué ci-dessus, etc.

Pendant la journée du 3 août, la proposition anglaise se précise graduellement. Sir Edw. Grey se lie définitivement au sujet de la « protection navale » par un engagement écrit auprès de M. Cambon.

On apprend, d'ailleurs, que l'Italie, sommée par l'Allemagne et l'Autriche, de faire connaître le parti qu'elle prendrait, a répondu que ces deux puissances étant agressives, elle ne considérait pas la situation comme impliquant le *casus fœderis*.

Du côté de la Belgique, on est en présence de la sommation brutale d'avoir à se prononcer dans les sept heures. D'autre part, l'Allemagne fait un suprême effort pour retenir l'Angleterre.

M. Cambon télégraphie :

Londres, 3 août.

Au moment où sir Edw. Grey partait ce matin pour le conseil, mon collègue allemand, qui l'avait déjà vu hier, est venu le prier avec insistance de lui dire que la neutralité de l'Angleterre ne dépendait pas du respect de la neutralité belge. Sir Edw. Grey s'est refusé à toute conversation à ce sujet.

On essaye, du moins, de peser sur l'opinion :

L'ambassadeur d'Allemagne a adressé à la presse un communiqué disant que si l'Angleterre restait neutre, l'Allemagne renoncerait à toute opération navale et ne se servirait pas des côtes belges comme point d'appui.

Mais les choses se développent dans leur sens fatal.

C'est le 3 août que sir Edw. Grey fait, à la Chambre, la déclaration relative à l'intervention de la flotte anglaise et précise celle qu'il compte faire au sujet de la neutralité belge. La lecture de la lettre du roi Albert, demandant l'appui de l'Angleterre, a produit une profonde émotion. La Chambre des Communes vote, le soir même, les crédits demandés. Elle se lie étroitement à la politique du gouvernement et elle suit, elle-même, l'opinion publique qui se prononce, de plus en plus, pour une énergique intervention.

Depuis quelques jours, l'Allemagne cherche visiblement un prétexte quelconque pour prendre, du côté de la France, les mesures offensives que son état-major considère comme indispensables : elle voudrait aussi donner une apparence de motifs à la violation, par ses troupes, du territoire belge. On sème les bruits les plus absurdes, les plus invraisemblables.

Les sentiments de la France sont tellement pacifiques, la discipline si parfaite, les précautions si bien prises, qu'aucun incident ne se produit.

M. Viviani télégraphie à Londres, le 3 août :

Il me revient que l'ambassadeur d'Allemagne aurait déclaré au Foreign Office que, hier matin, quatre-vingts officiers français en uniforme prussien auraient essayé de traverser la frontière allemande dans onze automobiles à Walbeck, à l'ouest de Geldern, et que ceci constituait une très sérieuse violation de la neutralité de la part de la France. Veuillez démentir d'urgence cette nouvelle de pure invention et attirer l'attention du

Foreign Office sur la campagne allemande de fausses nouvelles qui commence.

La réalité est que l'Allemagne et la Russie sont en guerre, et que, dans la certitude où l'on est que la France sera fidèle à l'alliance, les plans de l'état-major allemand, consistant à briser par surprise la force de résistance de la France en empruntant le territoire belge, ne peuvent réussir que s'ils s'exécutent rapidement. Il faut, à tout prix, attaquer la France, et l'attaquer par la Belgique! Eh bien! puisqu'il le faut, on déclarera la guerre à la France!

Le 3 août, à 18 h. 45, l'ambassadeur d'Allemagne remet à M. René Viviani, président du conseil, ministre des Affaires étrangères, le document suivant :

Les autorités administratives et militaires allemandes ont constaté un certain nombre d'actes d'hostilités caractérisés commis sur le territoire allemand par des aviateurs militaires français. Plusieurs de ces derniers ont manifestement violé la neutralité de la Belgique, survolant le territoire de ce pays; l'un a essayé de détruire des constructions près de Wesel, d'autres ont été aperçus sur la région de l'Eiffel, un autre a jeté des bombes sur le chemin de fer, près de Karlsruhe et de Nuremberg.

Je suis chargé, et j'ai l'honneur de faire connaître à Votre Excellence, qu'en présence de ces agressions, l'Empire allemand se considère en état de guerre avec la France, du fait de cette dernière puissance.

J'ai, en même temps, l'honneur de porter à la connaissance de Votre Excellence que les autorités allemandes retiendront les navires marchands français dans les ports allemands, mais qu'elles les relâcheront si, dans les quarante-huit heures, la réciprocité complète est assurée.

Ma mission diplomatique ayant ainsi pris fin, il ne me reste plus qu'à prier Votre Excellence de vouloir bien me munir de mes passeports et de prendre les mesures qu'elle jugera utiles pour assurer mon retour en Allemagne avec le personnel de l'ambassade, ainsi qu'avec le personnel de la Légation de Bavière et du Consulat général d'Allemagne à Paris.

Veuillez agréer, Monsieur le Président, l'expression de ma très haute considération.

SCHŒN.

M. Viviani fait part du fait aux représentants de la France à l'étranger. Il ajoute : « J'ai formellement contesté les allégations inexactes de l'ambassadeur et, de mon côté, je lui ai rappelé que, dès hier, je lui avais laissé une note contre les violations caractérisées de la frontière française commises depuis deux jours par des détachements de troupes allemandes. »

En même temps, l'ordre est envoyé à M. Jules

L'EMPEREUR GUILLAUME II
SUR SON YACHT

Cambon de demander ses passeports et de quitter Berlin.

Paris, le 3 août 1914.

Je vous invite à demander vos passeports et à quitter immédiatement Berlin avec le personnel de l'ambassade en laissant la charge des intérêts français et la garde des archives à l'ambassadeur d'Espagne.

Je vous prie de protester en même temps par écrit contre la violation de la neutralité du Luxembourg par les troupes allemandes signalée par le premier ministre luxembourgeois, contre l'ultimatum adressé au gouvernement belge par le ministre d'Allemagne à Bruxelles pour lui imposer la violation de la neutralité de la Belgique et exiger de celle-ci qu'elle lui facilite sur le territoire belge les opérations militaires contre la France; enfin contre la fausse allégation d'un prétendu projet d'invasion de ces deux pays par les armées françaises, par lequel il a essayé de justifier l'état de guerre qu'il déclare exister désormais entre l'Allemagne et la France.

RENÉ VIVIANI.

Le même ordre est envoyé à M. Allizé, ministre de France à Munich.

C'EST LA GUERRE! C'est donc la guerre, la guerre européenne.

Il ne s'agit plus seulement d'écraser la Serbie, mais de maîtriser la Belgique : c'est la guerre contre les petits peuples, la guerre pour l'hégémonie, la guerre selon la *Weltpolitik*. L'heure prévue par les conseils impériaux allemands, depuis 1897, est sonnée, le fait auquel aspire, depuis des années, le pangermanisme, se produit ; l'événement monstrueux, que prépare l'effort secret d'un peuple avide, orgueilleux et discipliné, est arrivé : c'est la guerre !

Il faut que le sens d'un tel événement se dégage nettement, devant l'opinion et devant l'histoire, il faut qu'un choc suprême illumine ces obscurités et ne laisse aucun doute sur les positions prises par tous et chacun, à la veille d'une telle catastrophe : ces lumières décisives se produisent dans les entretiens qui mettent en présence l'Allemagne et l'Angleterre et qui déterminent, enfin, la résolution de cette puissance.

Mais, pour bien saisir le caractère de ces entretiens, récapitulons d'abord les consé-

quences voulues de la note austro-hongroise. L'Autriche a déclaré la guerre à la Serbie ; la Russie, ayant mobilisé sur la frontière autrichienne, l'Allemagne, malgré l'engagement pris par elle de ne pas considérer ce fait comme l'intéressant directement, a pris des mesures de mobilisation qui ont amené la mobilisation générale russe; l'Allemagne a envoyé aussitôt un ultimatum à la Russie et lui a déclaré la guerre (1er août).

On allègue que des troupes russes ont franchi la frontière pour pouvoir dire : « C'est la Russie qui a commencé la guerre contre nous. »

En même temps, l'Allemagne déclarait la guerre à la France. On rompt sur le prétexte le plus futile et on affirme également, contre toute vérité, que c'est la France qui a ouvert les hostilités.

Le 2 août, l'Allemagne, prenant encore l'initiative, a envoyé un ultimatum à la Belgique ; le 4 août, la frontière belge était franchie par les troupes allemandes à Gemmenich, près de Verviers : c'est le premier acte d'hostilité déclaré.

Le gouvernement belge informe officiellement et par écrit le gouvernement français « qu'il est décidé à résister PAR TOUS LES MOYENS EN SON POUVOIR A L'AGRESSION DE L'ALLEMAGNE. LA BELGIQUE FAIT APPEL A L'ANGLETERRE, LA FRANCE ET LA RUSSIE, POUR COOPÉRER, COMME GARANTES, A LA DÉFENSE DE SON TERRITOIRE. Il y aurait une action concertée et commune ayant pour but de résister aux mesures de force, employées par l'Allemagne contre la Belgique, et, en même temps, DE GARANTIR LE MAINTIEN DE L'INDÉPENDANCE ET DE L'INTÉGRITÉ DE LA BELGIQUE DANS L'AVENIR ». La Belgique ajoute : « Qu'elle est heureuse de pouvoir déclarer qu'elle assurera la défense des places fortes. »

Cependant, l'Autriche-Hongrie paraît prolonger la singulière attitude expectante qu'elle a gardée dans la dernière phase de la crise diplomatique ; alors que la rupture entre l'Allemagne et la Russie était un fait accompli, elle continue à négocier. Le 1er août, l'ambassa-

APRÈS UNE MANIFESTATION DEVANT LE CAFÉ FRANÇAIS A MUNICH

deur d'Autriche-Hongrie à Saint-Pétersbourg vient encore trouver M. Sazonoff et insiste pour lui prouver que l'Autriche faisait preuve de bonne volonté.

Le gouvernement austro-hongrois a pris, à l'égard du gouvernement français, une atti-. tude non moins singulière. L'Allemagne est en guerre avec la France, et l'Autriche s'abstient; son ambassadeur reste à Paris : il paraît tout ignorer.

La moitié de l'Europe s'est vu déclarer la guerre par l'Allemagne ; l'autre moitié est en suspens ; et, déjà, avec une hâte extrême, l'Allemagne presse sa mobilisation et accomplit les premiers événements militaires, prend ses avantages.

Il appartient à l'Angleterre de décider si l'Allemagne en profitera pour exterminer chacun de ses adversaires isolément et commencer ses conquêtes par celle de la Belgique, ou si l'ensemble des puissances, échappant à l'étreinte allemande, se groupera contre l'animal de proie.

L'ANGLETERRE SE DÉCLARE Le 4 août, au matin, le gouvernement anglais a donné pour instructions à son ambassadeur, d'avoir à interroger définitivement le gouvernement allemand, au sujet de la neutralité belge. Le cabinet de Londres, ayant appris que la frontière belge est franchie, exige qu'une réponse satisfaisante lui soit adressée avant minuit. Sinon, l'ambassadeur britannique a l'ordre de demander ses passeports et de faire savoir que son gouvernement prendra toutes les mesures en son pouvoir pour maintenir la neutralité de la Belgique et le respect d'un traité souscrit par l'Allemagne elle-même.

Sir E. Goschen se rend, le 4 août après-midi, chez M. de Jagow ; dans un premier entretien, il pose nettement la question. Oui ou non, l'Allemagne s'abstiendra-t-elle de violer la neutralité belge? « Herr von Jagow, écrit l'ambassadeur, a répliqué tout de suite qu'il était fâché d'avoir à dire que sa réponse devait être « non »; les troupes allemandes ont déjà franchi la frontière et la neutralité de la Belgique est violée, d'ores et déjà. » Herr von Jagow veut bien donner des raisons : « Il faut que l'armée allemande suive la voie la plus rapide et la plus facile, de manière à prendre une bonne avance dans ses opérations et s'efforcer de frapper quelque coup décisif le plus tôt possible. »

Cette confidence ne convainc nullement l'ambassadeur d'Angleterre. Herr von Jagow insiste : « C'EST, POUR NOUS, UNE QUESTION DE VIE OU DE MORT. Car, si nous avions passé par la route plus au sud, nous n'aurions pu, vu le petit nombre de chemins et la force des forteresses, espérer passer sans rencontrer une opposition formidable, impliquant une grosse perte de temps. Cette perte de temps aurait été autant de temps gagné par les Russes, pour amener leurs troupes sur la frontière allemande. Agir avec rapidité, voilà, a-t-il ajouté, le maître-atout de l'Allemagne ; celui de la Russie est d'avoir d'inépuisables ressources en soldats. »

Ces explications où l'Allemand se complaît provoquent une observation de la part de l'ambassadeur d'Angleterre : « J'ai fait remarquer à Herr von Jagow que, ce fait accompli, la violation de la frontière belge rendait, comme il le comprenait facilement, la situation excessivement grave ; je lui ai demandé s'il n'était pas encore temps de faire un pas en arrière. » A quoi Jagow répond : « Maintenant, il est impossible au gouvernement allemand de faire un pas en arrière. »

L'ambassadeur rentre chez lui; il trouve un second télégramme lui donnant l'ordre de poser l'ultimatum avec toutes ses conséquences. Il se rend, de nouveau, auprès du ministre qui le reçoit vers sept heures du soir : « Je l'ai informé que, si le gouvernement allemand ne pouvait pas donner l'assurance, avant ce soir minuit, qu'il allait arrêter la marche de ses troupes et qu'il ne pousserait pas plus loin la violation de la frontière, j'avais reçu pour instruction de demander mes passeports et de déclarer que le gouvernement britannique prendrait toutes les mesures en son pouvoir pour maintenir le respect du traité signé par l'Allemagne elle-même. »

L'AMBASSADE DE FRANCE A BERLIN

L'ambassadeur remet au ministre une copie écrite des instructions qu'il a reçues. Il lui demande de réfléchir encore, « vu les conséquences terribles qui suivraient nécessairement », de profiter des quelques heures qui restent encore jusqu'à minuit. Jagow répond : « Quand bien même le temps accordé serait vingt-quatre heures, ou davantage, *il faut* que notre réponse reste la même ! » L'ambassadeur dit : « Alors, il ne me restera plus qu'à demander mes passeports ! » Herr von Jagow exprime son poignant regret de voir s'écrouler toute sa politique et celle du chancelier, qui a été *de devenir amis avec la Grande-Bretagne, et, ensuite, par elle, de se rapprocher de la France !*

L'ambassadeur manifeste le désir de rendre visite au chancelier, « puisque c'est peut-être la dernière occasion qu'il aura de le voir ».

LE JOUR DE LA DÉCLARATION DE GUERRE A BERLIN
(2 AOUT)

Le chancelier, averti, reçoit l'ambassadeur : « J'ai trouvé le chancelier très agité. Son Excellence a commencé, immédiatement, un discours qui a duré environ vingt minutes. « Quelle terrible nouvelle vous venez m'annoncer ! Le gouvernement britannique prend un tel parti ! Quoi, pour un mot, ce mot « neutralité », dont, en temps de guerre, on n'a si souvent tenu aucun compte ! pour un mot, pour UN BOUT DE PAPIER, la Grande-Bretagne va faire la guerre à une nation du même sang, qui ne désire rien tant que de rester son amie ! Tous mes efforts sont donc inutiles, en présence d'une telle résolution ! Vous savez, mieux que personne, la politique suivie par nous, depuis mon arrivée au pouvoir. Et elle s'écroule comme un château de cartes ! C'est inconcevable ! Vous frappez par derrière un homme qui défend sa vie contre deux assaillants ! La Grande-Bretagne sera responsable des terribles événements qui vont se produire !... »

L'ambassadeur interrompt, cette fois : « Je proteste à mon tour, lui ai-je dit, et je proteste de toute ma force. Herr von Jagow et vous-même, vous vous efforcez de me faire comprendre que c'est pour l'Allemagne une affaire de vie ou de mort, de passer à travers la Belgique et de violer la neutralité de ce pays. Et moi, j'entends que vous compreniez que c'est UNE AFFAIRE DE VIE OU DE MORT POUR L'HONNEUR de la Grande-Bretagne, que de tenir l'engagement solennel, pris par elle, de faire, en cas d'attaque, tout son possible pour défendre la neutralité de la Belgique. Si

M. DE JAGOW

MINISTRE DES AFFAIRES ÉTRANGÈRES
D'ALLEMAGNE

ce pacte solennel n'est pas tenu, qui pourrait, dans l'avenir, avoir confiance dans la parole de la Grande-Bretagne ? — Mais, à quel prix le tenez-vous, ce pacte ! Le gouvernement britannique a-t-il réfléchi aux conséquences ? » Mais, l'ambassadeur : « Puis-je essayer de faire comprendre à Votre Excellence que *la crainte des conséquences ne peut être considérée comme une excuse pour la rupture d'engagements solennels ?* »

Le chancelier ne répond rien. « Il était dans un tel état d'excitation ; il était si visiblement *démonté* par la nouvelle de notre action ; il était si peu disposé à entendre raison, que je m'abstins, dit l'ambassadeur, de jeter de l'huile sur le feu en insistant davantage. »

En reconduisant l'ambassadeur, le chancelier reprit un peu de son sang-froid : «Comme je prenais congé de lui, il a dit que le coup que la Grande-Bretagne portait à l'Allemagne, en s'unissant à ses ennemis, était d'autant plus violent que, presque jusqu'au dernier moment, lui et son gouvernement avaient travaillé avec nous et appuyé nos efforts en vue du maintien de la paix entre l'Autriche et la Russie. Je répondis que c'était bien ce qu'il y avait de tragique, de voir deux nations tomber en garde, juste au moment où les rapports entre elles se trouvaient plus amicaux et cordiaux qu'ils ne l'avaient été depuis plusieurs années. J'ai ajouté que, par malheur, la guerre nous mettait en présence d'une situation où, pour ne pas rompre nos engagements, nous étions obligés de rompre avec nos collaborateurs. »

LA REVUE, AVANT LE DÉPART D'UN RÉGIMENT CASERNÉ A BERLIN

Remarquez que, parmi les doléances, les plaintes et les fureurs du ministre Jagow et du chancelier, aucune hésitation ne se produit sur le fond : on déplore l'attitude de l'Angleterre, mais on veut la guerre et les ministres ne parlent même pas d'en référer à l'empereur.

Le récit de cette entrevue « pénible », où l'ambassadeur britannique avait montré, par son calme, toute la supériorité d'une juste cause, fut immédiatement rédigé par lui, dans un télégramme confié au Bureau central du télégraphe à Berlin, un peu avant 9 heures du soir. Ce télégramme fut supprimé par le gouvernement allemand et ne parvint jamais à Londres.

L'ambassadeur ajoute, en post-scriptum, ce détail important : « Vers 8 heures et demie du soir, le sous-secrétaire d'État, Herr von Zimmermann, est venu me voir. Il m'a demandé, incidemment, si la demande de mes passeports équivaudrait à une déclaration de guerre. (Voilà encore de ces lourdes ruses, de ces *marchandages* épais à l'allemande.) Je lui ai répondu que, puisqu'il était une autorité en droit international, il savait, mieux que moi, quelle était la coutume en pareil cas. L'ambassadeur répéta ce qu'il avait dit à Herr von Jagow, que « l'Angleterre prendrait les mesures, etc. ». Herr von Zimmermann déclara alors que c'était bien, de fait, une déclaration de guerre, étant donné qu'il était de toute impos-

sibilité, pour le gouvernement impérial, de donner les assurances requises, ni ce soir, ni aucun autre soir. »

C'est donc la rupture entre l'Allemagne et l'Angleterre !

ET L'AUTRICHE! Mais il faut que le cercle de ces pénibles tractations diplomatiques s'achève.

D'abord, que fait l'Autriche-Hongrie ? On se bat pour elle et elle reste absente, les yeux ailleurs. Il faut bien qu'elle se décide. L'ambassadeur d'Angleterre à Vienne rendra compte, un peu plus tard (1er septembre), après les péripéties d'un voyage pénible, de ce qui s'était passé dans les derniers jours du mois de juillet et dans les premiers jours d'août :

« Le gouvernement allemand dit avoir persévéré, jusqu'au bout, dans l'effort de soutenir à Vienne vos projets successifs, lancés dans l'intérêt de la paix... Herr von Tchirschky se gardait de demander ma coopération ainsi que celle des ambassadeurs de France ou de Russie. Le 28 juillet, le comte Berchtold refusait de donner les pouvoirs au comte Szapary pour une conversation directe avec Saint-Pétersbourg. Il se ravisa, le 30 juillet, et, le 1er août, M. Schébéko me fit savoir que le comte Szapary avait enfin cédé sur le point principal en question, en déclarant à M. Sazonoff que l'Autriche consentirait à soumettre à médiation les points de la note serbe qui paraissaient incompatibles avec l'indépendance de la Serbie. Mais, à partir de ce moment, la tension entre la Russie et l'Allemagne devenait beaucoup plus grande qu'elle n'était entre la Russie et l'Autriche... M. Schébéko travailla, jusqu'au bout, pour assurer la paix. Le comte Berchtold avait un ton des plus conciliants, comme M. Schébéko lui-même. Celui-ci m'a dit, à plusieurs reprises, qu'il était prêt à accepter n'importe quelle transaction raisonnable.

« *Malheureusement, il fut coupé court à ces conversations, à Saint-Pétersbourg et à Vienne, par le transfèrement du différend sur le terrain plus dangereux d'un conflit direct entre l'Allemagne et la Russie. Le 31 juillet, l'Allemagne intervint, par ses ultimatums adressés à la fois à Saint-Pétersbourg et à Paris. Ces ultimatums étaient d'un caractère à ne comporter qu'une seule réponse, et, le 1er août, l'Allemagne déclara la guerre à la Russie et, le 3 août, à la France.*

« *Selon toute probabilité, un retard de quelques jours aurait pu épargner à l'Europe une des plus grandes catastrophes que l'histoire connaisse.* »

Quelle que soit la sincérité de l'Autriche dans ces ultimes négociations, la responsabilité de la rupture effective retombe, de toutes parts, sur l'Allemagne. L'empereur Guillaume, soit spontanément, soit cédant aux exigences de son état-major et à la poussée d'une « organisation » qui ne voulait plus attendre, a préparé cette guerre, l'a voulue, l'a déclarée.

On était le 4 août, le soir. L'Allemagne, la Russie, la France, la Belgique étaient déjà engagées dans le conflit. L'Autriche non, sauf du côté serbe. La Russie s'abstenait également de rompre avec l'Autriche. M. Schébéko avait reçu, pour instructions, de rester à son poste jusqu'à ce que le gouvernement d'Autriche-Hongrie eût effectivement déclaré la guerre à la Russie.

Enfin, le gouvernement austro-hongrois se décide. Le 5 août, il adresse à son ambassadeur à Saint-Pétersbourg, comte Szapary, le télégramme suivant, transmis le 6 août :

Vienne, le 5 août 1914.

Je prie Votre Excellence de remettre la note suivante au ministre des Affaires étrangères à Saint-Pétersbourg.

« D'ordre de son gouvernement, le soussigné, ambassadeur d'Autriche-Hongrie, a l'honneur de notifier à Son Excellence Monsieur le ministre des Affaires étrangères de Russie ce qui suit :

« Vu l'attitude menaçante prise par la Russie dans le conflit entre la monarchie austro-hongroise et la Serbie et, en présence du fait qu'en suite de ce conflit, la Russie, d'après une communication du cabinet de Berlin, a cru devoir ouvrir les hostilités contre l'Allemagne et que celle-ci se trouve, par conséquent, en état de guerre avec ladite puissance, l'Autriche-Hongrie se considère également en état de guerre avec la Russie à partir du présent moment. »

Saint-Pétersbourg, 24 juillet/6 août 1914.
SZAPARY.

Les instructions ajoutent :

Après la remise de cette note, Votre Excellence voudra bien demander ses passeports et partir sans délai avec tout le personnel de l'ambassade, à l'exception de quelques agents qu'elle jugera peut-être utile de laisser là-bas. En même temps, M. de Schébéko recevra de nous ses passeports.

L'Autriche songe encore à ménager à la fois l'Angleterre et la France.

L'ambassadeur d'Autriche-Hongrie, comte Szecsen, s'obstine à rester à Paris dans une position des plus fausses, attendant, dit-il, les instructions de son gouvernement. D'autre part, le gouvernement austro-hongrois donne les instructions suivantes à son ambassadeur à Londres :

Je vous prie de donner à sir Edw. Grey l'assurance qu'en aucun cas, nous n'ouvrirons les hostilités contre l'Angleterre sans déclaration de guerre formelle et préalable; mais nous attendons également de l'Angleterre qu'elle observe à notre égard une attitude analogue et ne commette aucun acte hostile avant la notification officielle de la guerre.

Il faut en finir avec cette situation ambiguë et dangereuse. L'Autriche unit ses efforts à ceux de l'Allemagne : ses forces sont en communauté d'action avec les forces allemandes.

DÉPART D'UN RÉGIMENT DE RÉSERVE A BERLIN

M. Doumergue, devenu ministre des Affaires étrangères, dans le cabinet Viviani transformé, convoque le comte Szecsen, le 8 août. Il lui fait savoir que, d'après des informations certaines, le corps d'armée d'Insbruck aurait été envoyé à la frontière française. Il demande si le fait est exact. Le gouvernement austro-hongrois répond : « Toutes nouvelles concernant la participation de nos troupes à la guerre franco-allemande sont inventées de toutes pièces. » Que veut, que prétend l'Autriche ?

Le 10 août, quand l'ambassadeur d'Autriche vient apporter cette réponse au quai d'Orsay, le ministre français déclare que, sans insister sur le fait d'une participation immédiate et directe, il n'en restait pas moins que les troupes austro-hongroises étaient en liaison indéniable avec les armées allemandes et que cela équivalait à une aide militaire fournie par l'Autriche à l'Allemagne. En conséquence, M. Dumaine a reçu l'ordre de demander ses passeports et de quitter Vienne avec tout le personnel de son ambassade. Le ministre a fait observer à l'ambassadeur que la présence d'une représentation austro-hongroise à Paris n'avait plus la moindre utilité et qu'un train était mis à sa disposition. Le comte Szecsen veut bien comprendre et demande, à son tour, ses passeports (10 août).

Le gouvernement français, pour donner la raison de sa décision, fit parvenir à Vienne, par l'intermédiaire du cabinet de Londres, le télégramme suivant :

Londres, le 12 août 1914.

A l'instance du gouvernement français, qui n'est pas à même de communiquer directement avec votre gouvernement, j'ai à vous faire la notification suivante :

« Le gouvernement austro-hongrois, après avoir déclaré la guerre à la Serbie et pris, par cet acte, l'initiative des hostilités en Europe, a amené, sans la moindre provocation de la part du gouvernement de la République française, l'état de guerre avec la France :

« 1° Après que l'Allemagne eut déclaré successivement la guerre à la Russie et à la France, le gouvernement austro-hongrois a pris part à ce conflit en déclarant la guerre à la Russie qui combattait déjà aux côtés de la France ;

« 2° D'après de nombreux renseignements dignes de foi, l'Autriche a envoyé des troupes à la frontière allemande, dans des circonstances qui signifient une menace directe pour la France.

« En considération de ces faits, le gouvernement français se voit dans la nécessité de déclarer au gouvernement austro-hongrois qu'il prendra toutes les mesures qui lui permettront de répondre à ces actes et à ces menaces. »

Quant à la rupture de l'Autriche-Hongrie avec l'Angleterre, elle découle, naturellement, de la rupture avec la France.

Sir Edw. Grey le constata par le même télégramme, en ces termes :

La rupture avec la France ayant été amenée de la façon qui vient d'être indiquée, le gouvernement de la Grande-Bretagne se voit obligé d'annoncer qu'un état de guerre existera entre la Grande-Bretagne et l'Autriche-Hongrie, à partir de minuit. » (12 août.)

M. de Bunsen fit la démarche qui lui était prescrite, auprès du comte Berchtold, le 13 août. Au dire de l'ambassadeur, le ministre austro-hongrois reçut cette communication « avec la courtoisie qui ne l'abandonna jamais ». « Il a déploré les complications malheureuses qui poussaient de bons amis, tels que l'Autriche et l'Angleterre, à se faire la guerre. J'ai expliqué, en peu de mots, comment les circonstances nous avaient imposé ce conflit fâcheux. Nous avons évité, tous deux, les arguments inutiles. »

Le contraste avec ce qui s'était passé à Berlin est frappant. Il y eut des visites et des politesses réciproques, et l'ambassadeur

quitta Vienne par train spécial, pour la frontière suisse, le 14 août, à 7 heures du soir.

La situation diplomatique était ainsi conforme aux faits que la hâte agressive de l'Allemagne avait précipités.

Ajoutons immédiatement que l'Autriche-Hongrie déclara la guerre à la Belgique, le 22 août, et que le Japon, après avoir adressé, le 15 août, un ultimatum au gouvernement allemand, celui-ci n'ayant pas répondu, l'état de guerre exista entre les deux puissances, à partir du 23 août midi, et que ce même état de guerre exista entre l'Autriche-Hongrie et le Japon, à partir du 24 août.

Telles sont les circonstances diplomatiques et internationales, par suite desquelles l'Allemagne et l'Autriche trouvèrent, contre elles, la coalition des six puissances : Serbie, Russie, Belgique, France, Angleterre et Japon ; les autres puissances principalement intéressées, notamment la Hollande, la Suisse, les États Scandinaves, l'Espagne, l'Italie, la Roumanie, la Bulgarie, la Grèce, gardant la neutralité.

L'AMBASSADE DE RUSSIE A BERLIN

LA SÉANCE DU REICHSTAG DU 4 AOUT

CHAPITRE XVII

L'OPINION PUBLIQUE ET GUERRE

L'Opinion publique dans les pays belligérants. — Proclamations des chefs d'État.
Séances des Parlements. — Les premiers incidents de frontière.

'ÉTUDE des faits diplomatiques succédant, par un enchaînement fatal, aux lentes préparations de la *Weltpolitik*, dévoile les responsabilités des deux empires germaniques, et, en particulier, celles de l'Allemagne. Il est arrivé ce que Bismarck avait prévu, quand il mettait ses successeurs en garde contre les dangers que feraient courir, à la paix du monde, les ambitions autrichiennes : les deux puissants empires s'étaient entraînés mutuellement, l'un vers la domination des Balkans, l'autre vers l'hégémonie universelle. Quand l'assassinat de l'archiduc Ferdinand eut founi l'occasion, ils se trouvèrent debout, tous deux en même temps, pour obtenir satisfaction ou pour en finir avec la résistance des pays indépendants.

Mais, que pensaient, que faisaient les peuples, tandis que les volontés officielles les conduisaient, consciemment, à l'effroyable boucherie humaine qui se préparait ?...

Etaient-ils consentants ? Etaient-ils complices ? De quel mouvement des âmes accompagnaient-ils la tempête qui, déjà, soulevait les vagues ? Comment s'écoulaient, pour le public, ces quelques journées haletantes, tandis que le travail des diplomates se poursuivant, dans le silence, aboutissait à cette issue prévue et incroyable : la déclaration de guerre.

LA DÉCLARATION DE GUERRE EN ALLEMAGNE Voyons, d'abord, comment fut traitée l'opinion publique allemande : dès la période diplomatique, elle est maniée avec un art, un savoir-faire, une volonté soutenue, un esprit d'organisation, en un mot, que nous retrouverons, plus tard, dans le travail des communiqués militaires et qui suffiraient à établir la volonté arrêtée de la conduire à un but déterminé d'avance. On dosait, pour elle, les renseignements favorables ou contraires, de façon à l'enflammer ou à l'irriter, mais en écartant soigneusement tout ce qui pouvait l'avertir ou l'éclairer. Le parti pris belliqueux du pouvoir impérial se révèle par cette surveillance constante de soi-même et des autres.

On était aux premiers jours de l'été. Déjà, avec le goût du déplacement et du tourisme, si caractéristique chez l'Allemand moderne, et cette impatience des vacances, naturelle à une société disciplinée, le bourgeois de Berlin ou de Munich bouclait sa valise et hâtait

L'ARRIVÉE DU PRINCE ALEXANDRE DE SERBIE A BELGRADE

les préparatifs du départ, quand, soudain, on apprit l'attentat contre l'archiduc Ferdinand.

Il y eut comme un frisson de pressentiment ; puis, le sang-froid revint : le silence officiel portait à l'apaisement, quand, le 24 juillet, le premier mot d'ordre, nettement alarmiste, fut donné à la presse : la *Gazette de Francfort*, d'ordinaire modérée et indépendante, sonna la cloche d'alarme : le journal annonçait que les choses se compliquaient, que le maintien de la paix dépendait de la Russie et qu'il était, d'ailleurs, préférable, peut-être « que la guerre européenne, devenue inévitable, éclatât, plutôt que dans deux ou trois ans » (1).

La veille même de la remise de la note autrichienne à la Serbie, le journal socialiste, le *Vorwaerts*, dans son numéro du 23 juillet, avait commencé, contre la guerre, une campagne qui la dénonçait déjà comme probable et imminente. « ... En vérité, le danger que l'on en vienne à une guerre avec la Serbie est, aujourd'hui, incomparablement plus grand que jamais... il est très possible que les gouvernants autrichiens veuillent la guerre, et, même, que leur fièvre guerrière soit encore excitée de Berlin. »

Cependant, le calme était encore à la surface : on attendait la réponse de la Serbie à l'Autriche-Hongrie : les réservistes, convoqués par lettres particulières, partaient comme

(1) Pour l'ensemble de l'étude sur l'opinion allemande, je me suis servi, outre la lecture des documents originaux et de la presse allemande, de plusieurs remarquables études déjà parues: *l'Esprit public en Allemagne*, par ***, dans *le Correspondant*, du 25 février 1915; *les Socialistes alle-* *mands et la Guerre*, par C.-G. La Chesnais, dans *la Grande Revue*, de mars 1915: *les Socialistes du Kaiser*, par Edmond Laskine; El. Altiar. *Journal d'une Française en Allemagne* (juillet-octobre 1914): *Souvenirs d'une Institutrice anglaise à la Cour de Berlin* (1909-1914). Traduits par T. de Wyzewa.

pour les manœuvres. Le peuple allemand, peu accoutumé au détail des affaires extérieures, fatigué par les longues péripéties des compli-cations balkaniques, ne s'échauffe pas faci-lement.

Le *Vorwaerts* écrit encore, le 28 : « Les quatre États neutres : Angleterre, France, Allemagne, Italie, prennent le rôle de médiateurs... Si l'Autriche ne veut pas la guerre à tout prix, mais *seulement son droit et des garanties* pour l'avenir, *il est impossible qu'elle refuse la média-tion*. Cette médiation suppose que la raison l'emporte à Vienne, à Belgrade et à Saint-Pétersbourg. »

Il est à peine besoin de dire que les journaux officieux, avertis, ont un autre ton : « *Guerre !* », s'écrient, le 26 juillet, la *Wiener Extrablatt* et la *Neue Freie Presse*. De premières mani-festations se produisent devant l'ambassade de Russie, le même jour, 26 juillet (*Tageblatt*). Le petit public s'émeut. L'assaut est donné aux caisses d'Épargne, à Berlin, le 27 juillet.

On attend la réponse serbe. Le public alle-mand n'en a guère connu, par les grands journaux, que des analyses tronquées, entourées de commentaires justifiant la politique agres-sive de l'Autriche-Hongrie. Ainsi présentée, l'impression qu'elle produit à Berlin, « où l'on s'obstine à ne voir que par les yeux de l'Au-triche », est presque nulle.

Dès cette heure, on ne laissera plus l'opi-nion une minute en face d'elle-même et de la vérité.

On apprend, *ex abrupto*, le 28 juillet, la dé-claration de guerre de l'Autriche à la Serbie : on lit le manifeste de l'empereur François-Joseph à ses peuples. La guerre frappe à la porte.

En général, on croit encore, dans la masse, que la guerre peut être « localisée », et que l'on s'arrêtera « au premier sang ».

Il semble que le pouvoir juge utile, à ce moment, de ménager les transitions, de calmer les premières émotions. A l'heure où les diplo-mates échangent les paroles décisives (29 juil-let), la presse officieuse se borne à incriminer doucement la Russie : « Les mouvements des troupes russes, à la frontière, ont provoqué quelque inquiétude. Il serait absurde, cepen-dant, d'en conclure que la guerre est inévi-table... l'action diplomatique s'efforce de locali-ser le conflit. » (*Gazette de Francfort* du 29 juillet.) « Le ton amical de la dernière communica-tion officielle faite par la Russie a trouvé, à Berlin, un vif écho... » (*Gazette de l'Allemagne du Nord*, 29 juillet.)

On laisse encore la bride sur le cou aux so-cialistes. Le *Vorwaerts* écrit :

L'Angleterre et la Russie ont échoué sur la suspen-sion des hostilités autrichiennes jusqu'à nouvel ordre. L'Autriche a refusé, parce qu'elle veut d'abord laisser la parole aux fusils... En Angleterre, c'est une idée admise que l'empereur allemand, en sa qualité d'allié et de conseiller de l'Autriche, peut, en secouant sa toge, faire sortir de ses plis la paix ou la guerre. L'Angleterre a raison : au point où nous en sommes, la *décision dépend de Guillaume II*. Que l'Allemagne agisse sur l'Autriche, c'est ce qu'il faut aujourd'hui, avant tout...

Je ne pense pas qu'il y ait eu, sur la ma-nœuvre de la diplomatie allemande, un juge-ment plus ferme et plus juste que celui qui est exprimé dans le *Vorwaerts* du 30 juillet :

Comment ces « habiles » politiques *réalistes* ont-ils pu et peuvent-ils, ne fût-ce qu'un instant, perdre de vue qu'il fallait considérer *l'intime amitié de la Russie et de la Serbie*, comme un fait, et compter avec ce fait...

Les gouvernements allemand et autrichien devraient pourtant comprendre que la Russie tsariste *ne peut* absolument pas, de son point de vue, abandonner entièrement son protégé la Serbie.

Certainement, sous la pression de sa situation inté-rieure et sous l'influence du gouvernement français *résolument pacifiste*, la Russie, malgré sa mobilisation, s'imposera la plus grande retenue et fera des conces-sions étendues. Mais qu'elle abandonne la Serbie *entièrement à la merci* de l'expédition de châtiment de l'Autriche, *cela paraît hors de toute prévision*.

L'Autriche a solennellement déclaré qu'elle n'envi-sage aucune conquête *territoriale*. La Russie exige que soit aussi garantie l'indépendance politique de la Serbie. Voilà, en fait, le fond des choses.

L'Autriche veut-elle imposer à la Serbie des condi-tions qui la *rayeraient du rang des Etats indépendants*, au lieu de se procurer simplement des assurances contre de nouveaux troubles et attentats panserbes ?

L'Autriche a, sur ce point, à répondre clairement.

LE JOUR DE LA DÉCLARATION DE GUERRE A SAINT-PÉTERSBOURG

Et le pont de l'entente serait si facile à jeter, si l'on ne travaillait pas à la catastrophe avec une *bêtise de taureau*.

Cette fois, ce n'est vraiment pas un mensonge conventionnel de dire que tous les États montrent leurs dispositions à des négociations loyalement conciliantes... Et l'Autriche aurait *l'incompréhensible manque de conscience de rester sourde* à tout conseil de modération? *Et l'Allemagne* serait résolue à passer *par où le voudrait* un *pareil* camarade d'alliance — au risque d'une guerre mondiale?

Une *bêtise de taureau;* a-t-on jamais mieux stigmatisé la folie des pangermanistes et des états-majors ? Le mot est allemand, il est vécu, il restera.

On sent alors sourdre dans les masses allemandes comme un vague désir de contrôle, un soupçon de résistance. Il importe de le relever, dès cette heure, car c'est lui qui, d'ailleurs surveillé de près par la duplicité officielle, reparaîtra plus tard et préparera le premier travail, plus ou moins suspect, pour une paix boiteuse et peu sûre.

Donc, le parti social-démocrate organise une campagne de réunions publiques contre la guerre. « A Berlin, le mardi 28 juillet, un cortège se forma, *Unter den Linden,* chantant l'*Internationale* et criant : « A bas la guerre ! » Il fallut des forces de police importantes pour le refouler. Il rencontra une contre-manifestation patriotique et le sang coula (1). »

En présence du péril prochain, le Bureau socialiste international se réunit à Bruxelles, le 29 juillet.

Adler, au nom des socialistes autrichiens,

(1) P.-G. La Chesnais, *loc., cit.,* p. 106.

déclara que la guerre était populaire dans l'empire dualiste.

L'Allemand Haase, dont la conduite postérieure indique qu'il n'agissait pas sans autorisation, parle, dans une réunion publique, du « crime de la déclaration de guerre ». Il s'efforce d'amener une entente entre les prolétaires de tous les pays. Il dit : « A Berlin, hier, des milliers et des milliers de prolétaires ont protesté contre la guerre, aux cris de : Vive la paix ! A bas la guerre ! »

Que prétendait-il ? On sent, déjà, que le parti évolue : il rejette la responsabilité uniquement sur l'Autriche et non plus, comme la veille, sur le gouvernement allemand. Il est probable que ce que l'on cherche, maintenant, c'est d'agir sur les partis révolutionnaires au dehors pour provoquer des troubles et des désordres sans engager le parti allemand. L'opposition, elle-même, est déjà truquée.

Jaurès répondit à Haase. Il le fit avec beaucoup de force et de simplicité. C'est son dernier grand discours en public : déjà, il indique les résolutions prochaines du parti socialiste français :

> Citoyens, je dirai à mes compatriotes, à mes camarades du parti en France, avec quelle émotion j'ai entendu, moi qui suis dénoncé *comme un sans-patrie*, acclamer ici le souvenir de la grande Révolution...

Après avoir souligné le rôle de l'Autriche, il accuse l'Allemagne et il couvre, de sa chaude parole, le pacifisme déclaré du gouvernement français :

> Nous, socialistes français, notre devoir est simple; nous n'avons pas à imposer à notre gouvernement une politique de paix : il la pratique. Moi, qui n'ai jamais hésité à assumer sur ma tête la haine de nos chauvins, par ma volonté obstinée, et qui ne faillira jamais du rapprochement franco-allemand, j'ai le droit de dire qu'à l'heure actuelle, le gouvernement français veut la paix et travaille au maintien de la paix. Le gouvernement français est le meilleur allié de paix de cet admirable gouvernement anglais qui a pris l'initiative de la conciliation. Et il donne à la Russie des conseils de prudence et de patience.

Le *Vorwaerts*, dont les sentiments ont déjà évolué, ou, plutôt, qui a subi l'influence croissante du gouvernement, par des intermédiaires comme Haase, escamote cette déclaration de Jaurès et ne veut voir, en lui, que « l'ami du peuple allemand ». La réunion de Bruxelles laisse les divers partis socialistes sur une impression de méfiance réciproque.

Cependant, une tentative d'un socialiste allemand notoire, Muller, député de Metz, ami de Jaurès, membre du comité du parti socialiste allemand, révèle des dessous : Le 1er août, ce Muller vint à Paris, en automobile, par la Belgique. Il se présente devant le groupe socialiste français, accompagné de Camille Huysmans, Belge. Il parle en allemand, dit qu'il était chargé d'une mission et demande qu'une entente intervienne entre camarades français et camarades allemands. Il conseille l'abstention dans le vote des crédits, *des deux côtés*.

> ... Le délégué du comité directeur du parti allemand insista fortement pour qu'une ligne de conduite semblable fût adoptée des deux côtés. En réponse, il fut déclaré qu'un accord à ce sujet était désirable, mais il fut observé, d'autre part, qu'une attitude semblable était seulement possible si les circonstances étaient identiques dans les deux pays; que si la France était attaquée en dépit de ses efforts évidents en faveur de la paix, les socialistes ne *pourraient pas refuser les crédits pour la défense du pays*. Le délégué allemand en convint et, dans la conversation, ajouta que le vote des crédits par le parti socialiste *était impossible en Allemagne*. Personnellement, il estimait que l'abstention même n'était pas suffisante et qu'il importait d'émettre un vote contre. (Nous allons voir ce qu'il en fut.) Les renseignements très précis recueillis plus tard montrent que le délégué allemand *parvint à rentrer à Berlin* et à rendre compte de sa mission avant la séance du Reichstag et la discussion du groupe (1).

La démarche du camarade Muller parut, tout au moins, singulière. Peut-être n'eut-elle d'autre effet que d'ouvrir les yeux aux socialistes français. A l'issue de la réunion, quelques instants avant d'être frappé, Jaurès, délégué par le groupe socialiste, et accompagné de MM. Renaudel et Longuet, se rendit auprès de M. Viviani.

Le travail concerté des partis socialistes

(1) *Justice* du 31 décembre 1914. Cité par La Chesnais, p. 120.

GABRIEL HANOTAUX
de l'Académie Française

HISTOIRE ILLUSTRÉE
DE LA
GUERRE DE 1914

24 PAGES DE TEXTE ET D'ILLUSTRATIONS

FASCICULE
N° 24

GOUNOUILHOU, Éditeur
PARIS, 8, boulevard des Capucines & BORDEAUX, 8, rue de Cheverus.

PRIX NET
1 franc

Les quatorze premiers fascicules de l'*Histoire illustrée de la Guerre de 1914*, par Gabriel HANOTAUX, constituent le Tome premier de l'ouvrage.

Ces quatorze premiers fascicules, contenant trois cents pages, dont cent quatre-vingt d'illustrations, forment un superbe volume grand in-quarto qui sera mis en vente au prix de :

18 francs relié

Reliure demi-chagrin, plats toile, fers spéciaux du Maître graveur Auguste LEPÈRE, tranches ébarbées, tête dorée.

Les frais de port et d'emballage sont à ajouter au prix ci-dessus; soit o fr. 75 pour l'envoi par colis postal, livrable en gare, et 1 franc pour la livraison à domicile.

Nous pouvons fournir également, aux personnes qui préféreraient faire exécuter elles-mêmes la reliure des fascicules, des emboîtages avec les fers spéciaux de LEPÈRE, au prix de **3 fr. 50**.

Les frais de port et d'emballage sont à ajouter à ce prix; soit o fr. 75 pour l'envoi par colis postal, livrable **en gare**, et 1 franc pour la livraison à domicile.

Le Tome premier relié, ainsi que l'emboîtage de ce Tome, sont en vente dans toutes les Librairies. Pour les recevoir franco, adresser les demandes, accompagnées d'un mandat-poste représentant le prix du volume désiré ou de l'emboîtage et des frais de port indiqués ci-dessus, à GOUNOUILHOU, éditeur, 8, boulevard des Capucines, à Paris.

DÉPART D'UN RÉGIMENT SERBE

allemands et du gouvernement impérial résulte de la façon la plus évidente, d'une déclaration de Wendel, affirmant, à Bruxelles, « qu'au cours d'une entrevue secrète qui eut lieu entre les socialistes allemands et un membre du gouvernement, avant la séance du 4 août, celui-ci montra des documents établissant qu'une entente existait entre la France et la Belgique, pour laisser passer les troupes françaises qui devaient attaquer l'Allemagne » ; c'est cette communication qui aurait mis le groupe dans l'impossibilité de refuser les crédits de la guerre.

Cet ensemble de renseignements suffit pour établir la pression exercée par le gouvernement impérial pour influer, par les chefs socialistes, sur l'opinion allemande et sur les partis socialistes à l'étranger. On sait aussi que le camarade Haase eut, deux ou trois jours avant la réunion du Reichstag, une entrevue avec Bethmann-Hollweg et qu'il entra, comme on le dit plus tard, « dans les routes du chancelier ». Donc, entre le pouvoir et les partis socialistes, le contact existe toujours : c'est un fil conducteur que l'histoire doit, désormais, tenir en main.

21

Revenons à l'exposé des faits.

Le 28 juillet, la Russie a mobilisé, dans les « arrondissements » opposés à l'Autriche, mais en prenant le soin d'avertir le gouvernement allemand qu'elle n'a aucune pensée d'agression contre l'Allemagne. Les journaux allemands révèlent, à l'opinion, les armements, mais ne *mentionnent pas la démarche conciliante* et ne *donnent pas le nom des arrondissements mobilisés*.

On est encore dans le trouble et dans une sorte d'hésitation quand, tout à coup, se produit un événement presque incompréhensible, où il est bien difficile de ne pas voir quelque ruse du parti militaire. Le *Lokal Anzeiger* publie, prématurément, le 30 juillet, le décret de mobilisation de l'armée et de la flotte allemandes. M. Jules Cambon écrit, à ce sujet : « Il paraît certain que le conseil extraordinaire tenu hier soir à Potsdam, avec les autorités militaires et sous la présidence de l'empereur, avait décidé la mobilisation, ce qui explique la préparation de l'édition spéciale du *Lokal Anzeiger*, mais que, sous des influences diverses (déclaration de l'Angleterre réservant son entière liberté d'action, échange de télégrammes entre le tsar et Guillaume II), les graves mesures arrêtées ont été suspendues. »

L'opinion publique allemande est, cette fois, pleinement réveillée. Mais il est bien tard, car elle apprend, coup sur coup, en moins de vingt-quatre heures : 1º qu'étant donné la mobilisation russe, l'empereur François-Joseph a ordonné la mobilisation générale de l'armée austro-hongroise (*Gazette de Francfort, 1er août*) ; 2º que l'Allemagne ayant demandé à la Russie de démobiliser immédiatement, et celle-ci ayant refusé, l'Allemagne est en état de guerre avec la Russie ; 3º que la Russie, « ayant attaqué le territoire et l'empire », la guerre a commencé (*Gazette de Francfort*, 3 août).

On entraînait le public allemand vers une explosion de sentiment unanime, en lui laissant ignorer l'enchaînement des faits diplomatiques : la réponse de la Serbie, la proposition conciliante de Saint-Pétersbourg, les longues hésitations presque sympathiques de l'Angleterre. Il fallait, à tout prix, que l'empire « fût attaqué ». Pour l'opinion, il l'était (1).

La Russie était alors la grande responsable. On prend toutes les mesures de « prémobilisation », qui doivent entraîner le public patriote et le mettre en état de grâce.

L'ENTHOUSIASME MILITAIRE A BERLIN — L'empereur et l'impératrice sont arrivés de Potsdam à Berlin, le vendredi 31 juillet, à 2 h. 45 de l'après-midi. L'automobile découverte suit l'avenue des Tilleuls ; l'empereur est en uniforme des gardes du corps ; il est suivi du kronprinz, du prince Henri et d'autres membres de la famille impériale. Longue acclamation. L'empereur salue gravement. Le kronprinz est accueilli avec plus d'enthousiasme encore.

La foule, un instant dissipée, se reforme, et, vers 6 h. 15, plus de 50.000 personnes poussent des hourras sous les fenêtres du palais impérial. L'empereur paraît. C'est du délire. Il parle : sa voix porte et elle est entendue sur toute la place où le silence s'est fait. Voici la version officielle du discours :

« C'est un jour sombre pour l'Allemagne... On nous oblige à prendre l'épée... Si, à la dernière heure, nos efforts ne réussissent pas à amener nos adversaires à s'entendre avec nous

(1) La machination contre la Russie paraît avoir une très haute origine. En effet, le *Times* a raconté qu'il reçut, *le 2 août*, de Herr Ballin, « le puissant directeur de la *Hamburg America Linie*, considéré comme un ami personnel de Guillaume II, avec qui il est resté en relations depuis les hostilités », une lettre, pour être insérée, et qui a paru dans le numéro du 12 août. Or, cette lettre destinée à influer sur l'opinion universelle et notamment sur l'opinion anglaise s'exprime ainsi : « Tout a été rompu à cause de l'attitude de la Russie, qui, au milieu des négociations qui semblaient devoir suivre un cours favorable, a mobilisé ses forces, prouvant ainsi qu'elle ne croyait pas elle-même aux assurances pacifiques qu'elle prononçait... Il faut le redire, la Russie, et la Russie seule, a obligé l'Europe à la guerre. C'est elle qui doit porter le poids de cette responsabilité. »

Reste à savoir, comme le fait observer le *Times*, comment Herr Ballin concilie cette affirmation avec le point de vue qu'il a exposé à M. Rœder correspondant du *Daily Telegraph* : « Nous sommes convaincus que la guerre a été provoquée par l'Angleterre », etc.

L'EMPEREUR GUILLAUME ET SES PRINCIPAUX LIEUTENANTS

pour le maintien de la paix, j'espère, avec l'aide de Dieu, que nous manierons l'épée de telle façon que nous pourrons la remettre au fourreau avec honneur... Une guerre exigerait de nous d'énormes sacrifices en biens et en existences ; mais nous montrerons à nos ennemis ce qu'il en coûte de provoquer l'Allemagne... Et maintenant, je vous remets entre les mains de Dieu. Allez dans les églises : agenouillez-vous devant Dieu et priez-le d'aider à notre vaillante armée ! »

En réalité, l'improvisation impériale fut beaucoup plus violente, paraît-il, qu'elle n'a été rapportée officiellement. Selon le témoignage d'un auditeur, M. Maklakoff, « le souverain exaspéré provoquait ses sujets à l'extermination de tous les Russes, toujours et partout » (1).

Par l'intervention impériale, l'opinion, préparée par la presse officieuse, se trouve, désormais, dans un état de surexcitation où le sentiment patriotique ne se distingue plus d'une sorte d'ivresse sanglante. La colère gronde. C'est vraiment le *furor teutonicus*.

(1) V. T. de Wysewa, dans *Revue des Deux-Mondes* du 1er août 1915, p. 33.

On répand les bruits de désordre et de révolution en France et en Belgique. On raille les pessimistes qui craignent pour le crédit de l'Allemagne. On donne déjà des indications sur la fabrication du pain de guerre ; le général de Kessel reçoit les représentants de la presse berlinoise (1er août).

De grandes cérémonies militaires et religieuses se succèdent, avec ces chants magnifiques, nécessaires au rythme de l'âme allemande; revues de parade; prières solennelles au dôme de Berlin; appel aux femmes allemandes. Enfin, la mobilisation a lieu au milieu de l'enthousiasme général ; les dépêches arrivent de Stuttgard, de Neu-Strelitz, de Cologne, de Dresde, de Hambourg (2 août).

La circulation des trains est réduite ; les relations postales sont réglementées ; les tramways et les omnibus réquisitionnés ; la Bourse de Berlin est fermée. Berlin prend, soudain, un aspect guerrier. Des uniformes partout; une prière en plein air a lieu, devant le monument de Bismarck (1).

Cependant, le parti socialiste a reçu des conseils ou des ordres : il achève son évolution. Hier encore, le *Vorwaerts* incriminait *la bêtise de taureau*. A partir du 2 août, il met toute sa confiance dans l'empereur Guillaume. Une analyse de la correspondance télégraphique entre les deux empereurs met tous les torts du côté de l'empereur Nicolas et du gouvernement russe.

« Une camarilla belliqueuse aurait-elle, en Russie, accompli une besogne néfaste ? Les télégrammes de l'empereur Guillaume n'auraient-ils pas, même en partie, été soustraits au tzar ? » Il n'est plus question de folie pangermaniste. Tout au plus si, au sujet de la « bévue » du *Lokal Anzeiger*, on esquisse une légère critique qui, d'ailleurs, dégage l'empereur : « Ce n'est nullement dans la question elle-même que gisent les difficultés. Nous l'avons démontré bien des fois. D'autant plus dangereux est, par contre, le zèle excessif des subalternes et de certains endroits tout à fait irresponsables qui, par leur politique particulière, *peuvent contrecarrer les vues du gouvernement et de Guillaume II lui-même.* » C'est tout.

Il ne suffit pas de prévenir l'opinion contre la Russie ; il faut, maintenant, l'entraîner contre la France et contre l'Angleterre. Personne n'avait discuté, jusqu'ici, le sentiment pacifiste de ces deux pays ; on s'était même vanté de marcher diplomatiquement, la main dans la main de l'Angleterre. Comment le gouvernement va-t-il s'y prendre pour expliquer le brusque revirement qui, déjà, est accompli dans les faits ? Comment exposer au public la violence infâme à l'égard de la Belgique ?

La France, d'abord. Le 3 août, au matin, la *Gazette de Francfort* publie un premier télégramme, ainsi conçu : « Berlin, 2 août, 4 h. 20. Un détachement français a franchi la frontière allemande, près du village alsacien de Reppe. Il est désormais établi que la France, tout comme la Russie, *nous a attaqués sans décla-*

(1) Les alternatives par lesquelles passe la province allemande sont décrites avec finesse et précision dans *le Journal d'une Française en Allemagne*, juillet-octobre 1914, signé d'El. Altiar. Il semble bien que l'auteur était en Silésie dans un château de la princesse Antoine Radziwill. Au début, tout le monde est inquiet : « L'impression générale était plus de désolation que d'enthousiasme... Les visages tristes ici font peine à voir... On est beaucoup plus monté contre les Russes que contre les Français et l'Allemagne prétend « défendre contre la Russie la cause de la culture intellectuelle contre la barbarie »... Ils ont plus peur de la France que de la Russie. J'ai entendu le jardinier dire à la femme de chambre. « Ah! les Russes, nous nous en moquons; ils n'ont jamais rien valu. Ce sont les Français qui nous effrayent! » Et je crois bien qu'il a ajouté : « Ils sont si rancuniers! » Le discours du trône m'a abasourdie. L'empereur déclare qu'il voulait la paix, qu'on lui a mis l'épée en main, que le tzar a traîtreusement brisé toutes ses promesses, etc...Ce qui me frappe, dans ce pays-ci, c'est que l'opinion publique accepte toujours sans commentaires ce que lui disent les journaux officieux. La confiance est immense, en général, et, quoiqu'on en ait dit, en l'Empereur et en tout ce qu'il fait. On ne discute pas, on ne raisonne pas; on suit docilement l'opinion donnée. Peu d'Allemands pensent par eux-mêmes; j'en connais bien quelques-uns qui murmurent *in petto* que l'on va tirer les marrons du feu pour l'Autriche, mais ils sont rares et n'oseraient pas parler à haute voix. La majorité est admirablement disciplinée. On lui dit que l'Allemagne est dans son bon droit, qu'elle soutient le parti de l'ordre et de la justice, qu'elle a toujours été pacifique et conciliante, et tout cela est avalé sans l'ombre d'une hésitation » (p. 25 et 29).

ration de guerre. » Puis, une autre accusation, qui a déjà fait le tour des chancelleries : « Coblentz, le 2 août. Ce matin, 80 officiers français, revêtus de l'uniforme prussien, ont franchi la frontière prussienne, près de Walbeck, à l'ouest de Geldern ; leur tentative a échoué. » Or, Walbeck est, non à la frontière belge, mais à la frontière hollandaise ! Puis, dépêches sur dépêches, au sujet de raids d'avions en Allemagne, de bombes sur les gares, sur les voies, etc. Cela suffisait pour justifier la déclaration de guerre à la France. L'opinion allemande n'en demanda pas davantage.

En ce qui concerne l'Angleterre, le système consiste à la dénoncer comme ayant voulu la guerre depuis longtemps, mais en cachant son jeu jusqu'à la dernière minute, et d'avoir fait brusquement volte-face, « frappant par derrière l'Allemagne, occupée à se défendre contre deux assaillants ».

L'auteur qui a signé ✱✱✱ un article remarquable paru dans *le Correspondant* du 25 février 1915, pense, qu'en fait, on hésita jusqu'au conseil du 27 juillet à adopter définitivement le projet d'invasion par la Belgique, préparé depuis longtemps. Un Français passant à Cologne, le 31 juillet, aperçut, sur les voies de garage, cinquante et un trains sous pression. Ils attendaient le signal. :

L'IMPÉRATRICE DOUAIRIÈRE DE RUSSIE

A DOUVRES

« Avant de lancer son armée à travers la Belgique, l'empereur envisagea certainement une dernière fois, avec ses conseillers, comment cette démarche militaire serait accueillie par les différents gouvernements au pouvoir en cet été de 1914. On peut admettre que le parti militaire exposa et soutint sa thèse avec énergie. M. de Bethmann-Hollweg et M. de Jagow, sentant que le sort de l'empire pouvait dépendre d'une telle décision, la combattirent vraisemblablement avec le zèle de ministres soucieux de ne point assumer, devant l'histoire, de graves responsabilités. Leur devoir de diplomates était d'insister sur le danger qu'il y avait à provoquer l'Angleterre et d'annoncer comme à peu près certain un ultimatum britannique. Les rapports de l'ambassadeur d'Allemagne à Londres, les déclarations de l'ambassadeur de Grande-Bretagne à Berlin leur fournissaient, à cet égard, des arguments irréfutables. L'empereur et l'état-major, qui étaient sans doute convaincus que l'Angleterre ne pourrait rester longtemps neutre en un pareil conflit, et qui estimaient peut-être qu'un plan militaire d'un succès certain ne pouvait être abandonné pour des considérations diplomatiques aussi peu sûres, passèrent outre : « La voix des généraux couvrit celle des diplomates » selon l'aveu de M. Zimmermann. Le plan de l'invasion par la Belgique fut adopté. »

Les choses furent ainsi décidées, dans le secret du cabinet. Mais la sommation du cabinet anglais, l'ultimatum à la Belgique, la noble attitude du roi et du peuple belges, tout fut ignoré, jusqu'au 4 août, au moins, par l'opinion publique allemande. Ceux qui savaient se turent ou s'inclinèrent. On crut ou l'on voulut croire au long machiavélisme du cousin britannique, en attendant la légende de l'agression belge, préméditée de longue main. D'où le fameux chant de la haine, qui explose, en quelque sorte, du cœur de l'Allemagne contre l'Angleterre :

Wir wollen nichts lassen von unseren Hass;
Wir haben alle nur einen Hass;
Wir lieben vereint, wir hassen vereint :
Wir haben alle nur einen Feind : — England !
Nous ne voulons rien perdre de notre haine.
Nous n'avons, tous, qu'une seule haine !
Nous aimons ensemble, nous haïssons ensemble :
Nous n'avons tous qu'un ennemi : l'Angleterre !

Les esprits étaient donc entraînés, et au point ; la crédulité absolue, l'adhésion, — où il y avait de vieilles rancunes et de vieilles jalousies, — était certaine, pour la séance solennelle, fixée au 4 août.

Mille détails rendent la vie publique plus passionnée et plus intense, durant les quarante-huit heures qui sont, à Berlin et dans toute l'Allemagne, la veillée des armes : le 3 août, le bruit se répand, recueilli par la presse, que des puits sont empoisonnés par des médecins aidés d'officiers français ; tous les étrangers sont suspects : des Russes, des Français sont arrêtés, pour espionnage ; on fait la chasse aux automobiles « chargées d'or » ; des bruits terribles se murmurent, sur ce qui se passe à Paris ; la forteresse de Varsovie a sauté ; le prince Alexandre de Serbie est l'objet d'un attentat.

Cependant, les dispositions sont prises ostensiblement pour la guerre. Dans la campagne, on organise fébrilement les travaux de la moisson. Les femmes renoncent aux toilettes voyantes. A Berlin, 1.800 mariages de guerre sont célébrés, et, notamment, celui du prince Oscar de Prusse avec la comtesse Bassewitz.

Plus de partis : là aussi, « l'union sacrée » ; les engagements en masse ont lieu sur tout le territoire de l'empire. Le *Kladderadatsch* du 16 août traduit le sentiment populaire en deux lignes : « Quand on se rencontrait, le premier jour de la mobilisation, on disait : « Es-tu obligé de partir ? » Le deuxième jour : « Pars-tu ? » Le troisième jour : « Es-tu autorisé à partir ? »

Quoi de surprenant, si un peuple, ainsi soulevé, ne se connaît plus et se laisse entraîner aux pires violences ! Des boutiques saccagées, des voyageurs, des malades rentrant des stations thermales, parqués comme des troupeaux de bêtes et insultés, la plupart accablés de mauvais traitements ; nul respect pour des personnes âgées qui s'étaient confiées à l'hospitalité allemande ; on s'en prend même à des neutres, comme à la femme du ministre de l'Argentine à Paris ; les enfants, confiés à des familles allemandes, les institutrices sont jetés sur la voie publique ou dans les wagons de rapatriement où ils sont l'objet d'infinies vexations, et combien de faits abominables et douloureux se perdent dans l'immense tourbillon de la haine soulevée ! Car ce peuple, dont l'orgueil est blessé, ne sait plus que haïr.

Ce sentiment s'exalte, enfin, dans les violences commises à l'égard des ambassades de France, d'Angleterre, de Russie et de l'impératrice douairière, mère de l'empereur Nicolas (1).

On a tout fait pour déchaîner la foule : on ne la tient plus.

Le 3 août, M. de Jagow venait à l'ambassade de France pour se plaindre, auprès de M. J. Cambon, de prétendus actes d'agression

(1) Sur les « atrocités allemandes » au départ des « baigneurs » russes, voir le livre de M. Rezanof, 1 vol. in-8°, Petrograd, librairie de la *Novoïe Vremia*, analysé par M. Th. de Wyzewa dans *la Revue des Deux-Mondes*, 1er août 1915. Les excès furent vraiment abominables. « Unanimement, d'un bout à l'autre de l'immense empire, la haine séculaire du Slave s'est soudainement déchaînée dans l'âme allemande » (p. 549).

VUE DE VARSOVIE. — LE PONT SUR LA VISTULE

qui s'étaient produits sur la frontière allemande. En réponse, M. J. Cambon cite des faits inverses beaucoup plus avérés. La conversation fut froide et sèche : on avait, de part et d'autre, hâte d'en finir. M. J. Cambon manifeste le désir de faire une visite personnelle au chancelier ; le ministre l'en dissuade : « l'entrevue ne servirait à rien et ne pourrait être que pénible ». Des fenêtres de l'ambassade, on voyait une foule ameutée sur la Pariser-Platz. M. J. Cambon demande quand tout cela finirait. Réponse évasive de M. de Jagow. Il part.

A 6 heures du soir, un fonctionnaire apporte les passeports de l'ambassadeur. Celui-ci désire rentrer par la Hollande et la Belgique : on lui déclare, d'abord, qu'il ne pourra partir que par la Suisse ou le Danemark ; puis, on lui assigne la voie de Vienne. Il s'agit, évidemment, de retarder le plus possible son retour en France. L'ambassadeur refuse de partir par Vienne. Alors, on ne lui laisse ouverte que la route du Danemark : « Je déclarai à M. Langworth que je me soumettrais à l'ordre qui m'était donné, mais que je protestais. »

L'ambassadeur écrit à M. de Jagow : « On me traite presque en prisonnier. » Le personnel de l'ambassade est avisé qu'il ne pourra pas aller prendre ses repas dans les restaurants.

L'ambassadeur et le personnel de l'ambassade partent à 10 heures du soir, le 4 août. Le voyage dura vingt-quatre heures. « J'étais accompagné du major von Rheinbaden et d'un fonctionnaire de la police. On a fait fermer les fenêtres et les rideaux des voitures ; chacun de nous a dû se tenir isolément dans son compartiment, avec défense de se lever et de toucher à ses sacs de voyage. Dans le couloir des wagons, devant la porte de chacun des compartiments, maintenue ouverte, se tenait un soldat, le revolver au poing et le doigt sur la gâchette. »

On arriva à la dernière station allemande, le 5, vers onze heures du soir. Là, le major déclara à l'ambassadeur qu'il ne pourrait le conduire jusqu'à la frontière danoise, *s'il ne réglait immédiatement le prix du voyage* : 3.611 *marks* 75. On refusa un chèque sur une banque de Berlin, offert par l'ambassadeur, et il fallut faire une collecte parmi les Français présents pour réunir la somme exigée en or (1).

Pendant ce temps, M. de Schœn, qui avait paru, un instant, pouvoir provoquer un incident, par son attitude à Paris, était traité avec les plus grands égards et convoyé dans un wagon-salon avec tout le personnel de son ambassade, jusqu'à la frontière. Le wagon-salon fut, d'ailleurs, retenu et confisqué par l'autorité allemande.

Au Luxembourg, le ministre de France, M. Armand Mollard, avait été informé, le mardi matin, 4 août, par M. Eyschen, ministre d'État, que les autorités militaires allemandes exigeaient son départ. Le grand-duché était occupé, à titre temporaire, par les troupes allemandes, depuis le 2 août (2).

(1) Sur les protestations postérieures de l'ambassade la somme a été remboursée.

(2) La situation diplomatique avait été exposée en ces termes par le ministre d'Etat, M. Eyschen, dans une lettre à M. Mollard :

Luxembourg, 4 août 1914.

« Monsieur le ministre,

« Par sa communication verbale d'hier soir, Votre Excellence a eu la haute obligeance de porter à ma connaissance que, conformément au traité de Londres de 1867, le gouvernement de la République entendait respecter la neutralité du Grand-Duché de Luxembourg, comme il l'avait montré par son attitude, mais que la violation de cette neutralité par l'Allemagne était toutefois de nature à obliger la France à s'inspirer désormais à cet égard du souci de sa défense et de ses intérêts.

« Vous me permettrez de constater, Monsieur le ministre, que la décision du gouvernement de la République est uniquement basée sur le fait d'une tierce Puissance dont, certes, le Grand-Duché n'est pas responsable.

« Les droits du Luxembourg doivent donc rester intacts.

« L'Empire allemand a formellement déclaré que seule une occupation temporaire du Luxembourg entrait dans ses intentions.

« J'aime à croire, Monsieur le ministre, que le gouver-

M. Mollard dut céder à la force et fut reconduit à la frontière.

M. Allizé, ministre en Bavière, avait été également molesté, au moment de son départ de Munich. Il en fut de même de la plupart des consuls des puissances alliées, notamment de M. Armez, consul de France à Stuttgard.

Voici comment les choses se passèrent, à l'égard des représentants de l'Angleterre : après que la presse eut fait connaître l'état de guerre réciproque, entre l'Angleterre et l'Allemagne, une cohue excessivement excitée et désordonnée se massa devant l'ambassade britannique. La police est débordée. On ferme les portes. Des cailloux sont jetés dans les fenêtres et tombent dans les salons de l'ambassade. On dut avertir, par le téléphone, M. de Jagow, qui donna des ordres aussitôt,

nement de la République n'aura pas de peine à constater avec moi que de tout temps et en toutes circonstances, le Grand-Duché a pleinement et loyalement rempli toutes les obligations généralement quelconques qui lui incombaient en vertu du traité de 1867.

« Veuillez agréer, etc.

Le ministre d'État,
Président du gouvernement,
EYSCHEN.

Le général allemand Tulff von Tschepe und Weidenbach avait lancé la proclamation suivante :

« Tous les efforts les plus sérieux de Sa Majesté l'empereur d'Allemagne de conserver la paix ont échoué. La France *ayant violé la neutralité du Luxembourg* a commencé les hostilités — comme on constate avec le moindre doute — du sol luxembourgeois contre les troupes allemandes. En vue de cette nécessité urgente, Sa Majesté a ordonné aux troupes allemandes — en première ligne au 9ᵉ corps d'armée — d'entrer dans le Luxembourg.

« L'occupation du Luxembourg a cependant le seul but d'ouvrir le chemin aux opérations futures. Elle se fait sous l'assurance formelle :

« 1º Qu'elle ne sera que passagère ;

« 2º Que la liberté personnelle et les biens de tous les Luxembourgeois seront complètement estimés et garantis ;

« 3º Que les troupes allemandes sont accoutumées à une discipline sévère ;

« 4º Que toutes les livraisons seront payées argent comptant.

« Je me fie au sentiment de justice du peuple luxembourgeois, qu'il sera convaincu que Sa Majesté n'a ordonné l'entrée des troupes dans le Luxembourg qu'en cédant à la dernière nécessité et forcé par la violation de la neutralité du Luxembourg de la part de la France. En répétant les garanties susdites, j'espère que le peuple luxembourgeois et son gouvernement éviteront d'aggraver la tâche des troupes allemandes. »

TULFF VON TSCHEPE UND WEIDENBACH
Général commandant en chef
le 9ᵉ corps d'armée prussien.

PHOTOGRAPHIES ET AUTOGRAPHES DE S. M. LE TZAR DE RUSSIE ET DE SON FILS

et puis, vint, lui-même, et se confondit en excuses. Il déclara que la conduite de ses compatriotes « lui avait fait éprouver une honte plus grande qu'il n'avait de paroles pour l'exprimer ». Au fond, la foule se sentait approuvée et soutenue.

Le lendemain, 5 août, un aide de camp de l'empereur se présenta à l'ambassade : il était chargé du message verbal suivant : « L'empereur m'a chargé d'exprimer à Votre Excellence son regret des événements d'hier soir ; mais de vous dire en même temps que, de ces événements, vous déduirez une idée des sentiments qu'éprouve son peuple au sujet de l'acte de la Grande-Bretagne, se joignant à d'autres nations, contre ses vieux alliés de Waterloo. Sa Majesté l'empereur vous prie également de dire au roi qu'il a été fier des titres de feld-maréchal britannique et d'amiral britannique, mais que, par suite de ce qui est arrivé, il se voit, maintenant, dans l'obligation de s'en dépouiller sur-le-champ. »

Et l'ambassadeur, rendant compte de l'incident, écrit : « Je désire ajouter que le message ci-dessus n'a rien perdu de son acerbité, par la manière dont il a été prononcé. »

Cet affront sanglant fut vite connu. A partir de ce moment, les autorités et la foule parurent satisfaites. L'ambassadeur, accablé des politesses de M. de Jagow, put partir directement par la voie hollandaise : « Nous ne subîmes aucune espèce de molestation et évitâmes le traitement dont la foule avait gratifié mes collègues français et russe. »

Le traitement infligé à l'ambassadeur de Russie et au personnel attaché à l'ambassade impériale est le plus indigne de tous. Une foule énorme s'était massée, au moment où le départ devait avoir lieu, devant et aux alentours de l'ambassade. Malgré la police à cheval, la foule accabla l'ambassadeur d'injures ; peu s'en fallut qu'il ne fût frappé. Les automobiles se suivaient, formant une sorte de convoi. Elles furent entourées de la foule et avaient peine à se frayer un chemin. Une foule innombrable, composée de nombreux représentants des classes intellectuelles, les entouraient, proférant des injures, crachant au visage des voyageurs et frappant à coups de canne et de parapluie, non seulement les hommes, mais aussi les femmes et les enfants. Le chambellan Chrapovitzki, ancien premier secrétaire à l'ambassade de Russie à Berlin, est frappé, à la tête, de coups si violents que le sang coule ; la princesse Belosselka, américaine de naissance, la comtesse Litke, Mme Totleben, sont insultées ou frappées. On est dans la nécessité de cacher les enfants au fond des automobiles, pour les mettre à l'abri des coups.

L'impératrice douairière de Russie venait d'Angleterre et traversait l'Allemagne pour rentrer en Russie. Sur l'ordre des autorités allemandes, il fut interdit à Sa Majesté de continuer son voyage : on lui donna le choix, ou d'aller à Copenhague, ou de retourner à Londres. Elle dut obéir et passer par Copenhague pour rentrer chez elle.

SÉANCE DU REICHSTAG, LE 4 AOUT La séance solennelle du Reichstag s'ouvre le 4 août. L'assemblée est réunie, d'abord, en séance extraordinaire, puis en séance ordinaire. L'empereur est debout ; il s'exprime en ces termes :

C'est à une heure fatidique que je rassemble autour de moi les représentants élus du peuple allemand... Je prends l'univers à témoin que, durant ces dernières années, si lourdes de complications de toutes sortes, nous n'avons cessé de nous tenir au premier rang pour épargner aux peuples de l'Europe une guerre entre les grandes puissances. Les graves dangers que les événements dans les Balkans avaient fait surgir semblaient écartés. C'est alors que l'assassinat de mon ami, le prince héritier François-Ferdinand, a ouvert un abîme.

Mon noble allié, l'empereur et roi François-Joseph fut forcé de recourir aux armes pour assurer la sécurité de son royaume contre les menées dangereuses d'un État voisin. L'Empire russe s'est alors mis en travers de la Monarchie alliée qui poursuivait la revendication de ses intérêts les plus fondés.

Ce n'est pas seulement notre devoir de puissance alliée qui nous appelle aux côtés de l'Autriche-Hongrie. A nous, échoit aussi la tâche gigantesque de défendre, en même temps que l'ancienne communauté de culture des deux États, notre propre position dans le monde contre l'assaut des forces hostiles. C'est avec douleur que j'ai dû mobiliser mon armée contre un voisin avec lequel elle a combattu côte à côte sur tant de champs de bataille.

Le gouvernement impérial de Russie cédant à la poussée d'un nationalisme insatiable, a pris fait et cause en faveur d'un Etat qui, pour avoir fomenté des attentats criminels, portera la responsabilité de cette guerre.

Que la France se soit rangée parmi nos adversaires, cela ne pouvait aucunement nous surprendre. Trop souvent, nos efforts pour entretenir avec la République française des rapports plus amicaux se sont heurtés à d'anciennes espérances et à de vieilles rancunes.

Il ressortira pour vous, clairement, des documents qui vous sont soumis, que mon gouvernement, et surtout mon chancelier, se sont efforcés jusqu'au dernier moment d'éviter les solutions extrêmes. Acculés à notre défense légitime, nous tirons l'épée, la conscience pure et les mains pures.

J'en appelle aux peuples et aux tribus de l'Empire allemand. Que leurs forces s'unissent, et qu'ils marchent fraternellement aux côtés de nos alliés, pour défendre ce que nous avons forgé dans le travail et dans la paix.

A l'exemple de nos pères, résolus et fidèles, graves et chevaleresques, humbles devant Dieu et vaillants devant l'ennemi, demandons avec confiance au Tout-Puissant qu'il veuille bien nous fortifier dans notre défense et la mener à bonne fin !

Et vous, messieurs, le peuple allemand tout entier, rassemblé autour de ses princes et de ses chefs, a aujourd'hui les yeux tournés vers vous.

Prenez vos résolutions, d'un accord unanime et sans retard. C'est là mon vœu fervent.

A ce discours, ponctué d'acclamations enthousiastes, l'empereur ajouta ces quelques mots :

Vous avez lu, messieurs, ce que j'ai dit à mon peuple du haut du balcon du château. Je le répète : Je ne connais plus de partis, je ne connais que des Allemands. Et pour me montrer que vous êtes fermement résolus, sans distinction de partis, de rang ou de religion, à me soutenir à travers tous les obstacles, dans le malheur comme dans la mort, j'invite les chefs des partis à s'avancer et à me le jurer solennellement dans la main.

Nouvelles acclamations. Sauf les démocrates socialistes, qui n'assistent pas à la cérémonie, les chefs des différents partis s'avancent vers l'empereur qui leur serre à chacun la main.

Après que le chancelier de l'empire a déclaré la session ouverte, l'assemblée entonne l'hymne impérial : « Salut à toi, ceint des lauriers de la victoire ! » (*Heil dir, im Siegerkranz.*)

(Autographe du Grand-Duc)

LE GRAND-DUC NICOLAS
GÉNÉRALISSIME DES ARMÉES RUSSES

Lorsque la dernière strophe eut retenti, l'empereur quitta la salle, suivi d'un tonnerre d'applaudissements.

L'empereur, comme on le voit, a pris le ton de l'épopée. Il a parlé en burgrave. Les vieux souvenirs de l'histoire allemande et prussienne sont évoqués par lui. Il se sent enfin dans son rôle, dans un rôle. Il parle beaucoup de Dieu.

Le chancelier Bethmann-Hollweg est chargé d'exposer les faits et de plaider la cause, après que l'empereur, chef des tribus allemandes, eut chanté le bardit.

Voici les plus importants passages de ce discours, dont on remarquera les allégations imprécises, les lacunes voulues, l'argumentation captieuse. Le chancelier a donné, dans cette harangue, un portrait trop exact de son âme et de l'âme allemande : loin de chercher à dissimuler l'erreur morale de la politique qu'il défendait, il l'a proclamée. Ce plaidoyer est un aveu.

Messieurs, on vous a soumis une série de documents rassemblés dans la fièvre des événements qui se précipitent. Laissez-moi en dégager les faits qui éclaireront notre attitude. Dès le début du conflit entre l'Autriche-Hongrie et la Serbie, nous n'avons cessé d'agir, par nos déclarations et par nos actes, pour que cette affaire restât localisée entre l'Autriche-Hongrie et la Serbie. Tous les cabinets, en particulier celui de l'Angleterre, partageaient le même désir. La Russie seule déclare qu'elle doit faire entendre sa voix dans le règlement de ce conflit. C'est alors que surgit le danger des complications européennes.

Aussitôt que les premières nouvelles positives concernant les préparatifs militaires russes nous parvinrent, nous fîmes savoir à Pétersbourg, d'une façon aimable mais ferme, que tous préparatifs militaires dirigés contre l'Autriche-Hongrie nous trouveront aux côtés de notre alliée, et que les préparatifs militaires faits contre nous, nous obligeront de notre côté à des mesures semblables. Entre la mobilisation et la guerre, il n'y a qu'un pas. La Russie nous fait part, de la manière la plus solennelle, de son désir de paix, et nous fait savoir que ces préparatifs militaires ne sont aucunement dirigés contre nous.

Entre temps, l'Angleterre essaie d'intervenir entre Vienne et Saint-Pétersbourg et nous lui prêtons notre appui.

Le 28 juillet, l'empereur envoie une dépêche au tzar dans laquelle il le prie de considérer que l'Autriche-Hongrie a le droit et le devoir de se protéger contre les menées de la Serbie qui menacent son existence.

L'empereur lui rappelle en même temps les intérêts solidaires des souverains, en présence de l'assassinat de Sarajevo et il espère que le tzar lui prêtera son appui, dans ses efforts pour résoudre les différends entre la Russie et l'Autriche-Hongrie.

A peu près à la même heure, et avant la réception de son télégramme, le tzar prie instamment l'empereur de lui venir en aide ; il a le désir de conseiller à Vienne la modération. L'empereur se prête à ce rôle d'intermédiaire. Mais, à peine a-t-il commencé à agir, que la Russie mobilise toutes ses forces contre l'Autriche-Hongrie. L'Autriche-Hongrie elle-même n'avait mobilisé que contre la Serbie, et elle n'avait mis en mouvement au nord que deux corps d'armée, mais loin de la frontière russe. La mobilisation russe était déjà décidée tout entière, avant même que le tzar se fût adressé à l'empereur. L'empereur fit observer au tzar que son rôle d'intermédiaire devenait difficile, sinon tout à fait inutile, par suite de cette mobilisation générale contre l'Autriche-Hongrie.

Malgré cela, nous continuâmes notre intercession à Vienne et cela dans des formes qu'il était impossible d'outrepasser, si nous les voulions compatibles avec nos engagements d'alliés.

Pendant ce temps, la Russie renouvelait spontanément l'assurance que ses dispositions militaires n'étaient nullement dirigées contre nous.

Nous sommes alors au 31 juillet.

C'est de Vienne que doit venir la décision. Notre intercession a déjà eu ce résultat qu'à Vienne, sur nos instances, on est entré, encore une fois, en pourparlers directs avec Pétersbourg.

Mais avant que Vienne ait prononcé, nous parvient la nouvelle que la Russie a mobilisé toutes ses forces militaires, par conséquent contre nous également.

Le gouvernement russe qui savait pertinemment, par nos avertissements répétés, ce que signifiait la mobilisation contre nous, ne nous l'a pas même fait connaître, ne nous en donne aucune explication plausible.

C'est dans l'après-midi seulement qu'un télégramme du tzar parvient à l'empereur, par lequel il assure que son armée ne prendra aucune attitude agressive contre nous.

Cependant, la mobilisation russe, sur notre frontière, est déjà en pleine action depuis la nuit du 30 au 31 juillet.

Ainsi, tandis que nous intercédions à Vienne sur la prière du gouvernement russe, la force militaire russe se mettait en mouvement, tout le long de notre frontière qui est presque à découvert ; la France ne mobilisait pas encore, mais poussait activement, comme nous l'apprenions, ses préparatifs militaires.

Et nous, pendant ce temps, nous n'avions, de propos délibéré, convoqué jusqu'alors aucun réserviste sous les drapeaux, par amour pour la paix de l'Europe.

LE TZAR AU MILIEU DES INFIRMIÈRES D'UN HOPITAL DE SAINT-PÉTERSBOURG

Devions-nous prolonger encore notre patience, jusqu'à attendre que les puissances qui nous encerclaient eussent choisi l'instant du combat?

Exposer l'Allemagne à un pareil danger eût été un crime. C'est pourquoi, le 31 juillet, nous sommons la Russie d'opérer sa démobilisation, comme étant le seul moyen qui pût désormais sauver la paix de l'Europe. Notre ambassade impériale à Pétersbourg reçoit, en outre, la mission de faire au gouvernement russe la déclaration qu'au cas où il repousserait notre proposition, nous nous considérerions comme en état de guerre avec lui. Notre ambassadeur a rempli cette mission. Quelle fut la réponse de la Russie à notre proposition? Nous l'ignorons encore aujourd'hui.

Des communications télégraphiques de Pétersbourg à ce sujet ne nous sont point parvenues, bien que le télégraphe ait, depuis, communiqué des messages bien moins importants.

C'est ainsi que l'empereur, comme le délai fixé était depuis longtemps écoulé, s'est vu dans la nécessité, le 1er août à 5 heures de l'après-midi, de mobiliser.

En même temps, il nous fallait savoir quelle serait l'attitude de la France. Nous lui avons demandé si, en cas de guerre russo-allemande, elle garderait la neutralité. Elle nous a répondu qu'elle ferait ce que lui dicteraient ses intérêts.

C'était ne pas répondre à notre question, sinon par la négative.

Malgré cela, l'empereur a donné l'ordre qu'on respectât, en tous les cas, la frontière française; cet ordre a été observé de la façon la plus rigoureuse à l'exception d'un cas isolé. La France, qui avait mobilisé en même temps que nous, nous déclarait qu'elle respecterait une zone de dix kilomètres de la frontière.

Et qu'est-il arrivé en réalité? Les aviateurs ont lancé des bombes, des patrouilles de cavalerie et des compagnies se sont avancées sur notre territoire. Ainsi la France, sans que la guerre eût été déclarée, a rompu la paix et nous a vraiment attaqués.

Quant au cas isolé de tout à l'heure, je viens de recevoir la communication suivante du chef de l'état-major:

« Des plaintes du gouvernement français se rapportant aux violations du territoire de notre part, il n'en faut retenir qu'une. Malgré l'ordre donné, une patrouille du 14e corps d'armée, conduite probablement par un officier, a franchi la frontière, le 2 de ce mois. Elle a été sans doute anéantie, un homme seulement est retourné. »

Mais, longtemps avant ce simple empiètement de territoire, des aviateurs français avaient lancé des bombes sur nos lignes de chemins de fer et des troupes françaises avaient attaqué les nôtres dans le passage de la Schlucht. Nos troupes se sont, d'après les ordres qui leur avaient été donnés, bornées uniquement à la défensive. .

Voilà la vérité.

Nous sommes dans la nécessité, et nécessité ne connaît point de loi. Nos troupes ont occupé le Luxembourg et ont peut-être déjà foulé le territoire belge.

C'est contre le droit des nations. Le gouvernement a, en effet, il est vrai, déclaré à Bruxelles qu'il respecterait la neutralité de la Belgique tant que l'adversaire la respecterait. Nous savions cependant que la France était prête à l'agression. La France pouvait attendre ; nous, pas. Une attaque française sur notre flanc, dans le Bas-Rhin, eût pu nous être fatale. Ainsi, nous avons été contraints de passer outre aux protestations fondées du Luxembourg et du gouvernement belge. Nous les dédommagerons du tort que nous leur avons ainsi causé, aussitôt que nous aurons atteint notre but militaire.

Quand on est aussi menacé que nous le sommes et qu'on combat pour ce qu'on a de plus sacré, on ne doit penser qu'à une chose, c'est de s'en tirer coûte que coûte.

L'Autriche-Hongrie et nous, nous marchons côte à côte.

Quant à l'attitude de l'Angleterre, les déclarations que sir Edward Grey a faites hier à la Chambre des Communes exposent le point de vue du gouvernement anglais. Nous lui avons donné l'assurance que tant que l'Angleterre restera neutre, notre flotte s'abstiendra d'attaquer la côte nord de la France et que nous respecterons l'intégrité territoriale et l'indépendance de la Belgique.

Cette déclaration, je la renouvelle ici publiquement devant le monde entier et je puis ajouter que, tant que l'Angleterre restera neutre, nous sommes prêts, en cas de réciprocité, à n'entreprendre aucune opération hostile contre la marine marchande française.

Je répète les paroles de l'empereur : « C'est la conscience pure que l'Allemagne va au combat ».

La thèse est donc la suivante : Dans la difficulté austro-serbe, l'Autriche-Hongrie n'avait à tenir compte que de ses propres sentiments ; l'Allemagne n'avait à tenir compte que des volontés de l'Autriche-Hongrie ; et l'Europe n'avait qu'à s'incliner devant les décisions des deux empires.

D'autre part, la Russie voulait la guerre ; elle a mobilisé contre l'Autriche et contre l'Allemagne, avant que l'Allemagne ait pu agir sur l'Autriche. L'Allemagne a sommé la Russie de démobiliser « parce que c'était le seul moyen de sauver la paix de l'Europe (!) »

et la Russie n'ayant pas obtempéré, la guerre a été déclarée à la Russie par l'Allemagne.

Quant à la France, c'est plus simple encore : la France a violé la frontière allemande, et, tout en reconnaissant que les troupes allemandes ont violé la frontière française, on se considère comme attaqué et on lui déclare la guerre.

Le passage sur la neutralité du Luxembourg et de la Belgique est immortel : « Nous sommes dans la nécessité et nécessité ne connait pas de loi... Nos troupes ont occupé le Luxembourg et ont peut-être déjà foulé le territoire belge : c'est contre le droit des nations... Quand on est aussi menacé que nous le sommes et qu'on combat pour ce qu'on a de plus sacré, on ne doit penser qu'à une chose, c'est a s'en tirer coute que coute ! »

Quant à l'Angleterre, on affecte d'ignorer ses véritables sentiments et l'état où la négociation a mis les choses. On sait que l'Angleterre a lié son sort à celui de la Belgique et de la France, mais on ne l'avoue pas.

Le discours est couvert d'applaudissements ; scandé de cris d'enthousiasme par une chambre en délire : les députés allemands acclament l'homme qui n'a pas hésité à dévoiler, à la face de l'Univers, l'âme allemande, faite d'audace, de brutalité et de cynisme.

Plus tard, quand la fièvre eut disparu, on devait réfléchir et désavouer, mollement d'ailleurs, le chancelier, baisser la tête devant l'histoire. Mais la parole et le « tonnerre d'applaudissements durant quelques minutes », tout est officiel. Maître et complices trouvent, dans l'indiscutable enthousiasme de l'assemblée, leur éternelle condamnation.

La séance avait été soigneusement réglée. Il avait été décidé que personne ne prendrait la parole, sauf le chancelier et le président Kaempf, celui-ci devant exprimer le sentiment de toute la chambre ; mais qu'on réserverait, cependant, la parole, à un orateur du groupe socialiste. Les choses étaient ainsi réglées, quoi qu'il advînt. Elles se passèrent comme il avait été décidé.

Le président Kaempf, parla brièvement, pour adhérer, au nom de la chambre et du pays, à la thèse gouvernementale et magnifier l'enthousiasme patriotique : « Nous savons que la guerre que l'on nous oblige à entreprendre est une lutte défensive... Le Reichstag se dispose à faire face à la guerre, à voter les lois qui assureront la conduite de la guerre et l'entretien de la vie économique... Jamais le peuple ne s'est montré aussi unanimement d'accord qu'aujourd'hui. Ceux-là même qui sont les adversaires acharnés de la guerre accourent sous les drapeaux... »

C'était la main tendue au parti socialiste. Tout cela, d'ailleurs, avait été encore arrangé dans a coulisse. C'est avec le sang du peuple que cette guerre d'hégémonie allait être entreprise; il fallait que ce sang, le peuple le donnât avec joie et qu'il fût engagé de son propre mouvement.

L'attitude du parti socialiste avait été décidée dans une séance tenue le lundi matin, 3 août : « Les députés savaient à quoi s'en tenir, au sujet de l'agression dont on prétendait que l'Allemagne était victime ; ils connaissaient la mauvaise foi de leur gouvernement. Muller leur avait rendu compte de sa démarche à Bruxelles et à Paris et il avait pu les éclairer sur les faits.

Dans le groupe, le débat fut vif ; les opinions diverses furent défendues avec violence. Finalement, la majorité se rallia à la proposition du docteur David, de Mayence, estimant que le pays, étant en guerre, il ne pouvait plus y avoir de partis et que les socialistes devaient associer leur action, sans réserve, à celle du gouvernement.

Haase, qui avait fait partie de la minorité et qui s'était prononcé pour l'abstention, accepta, sur les instances de Kautsky, de parler au nom du parti. Il ne faut pas oublier que Haase est en relation directe avec le chancelier. Il se charge de manigancer, en dessous, la véritable tactique du parti socialiste, qui pourrait se résumer ainsi : Selon les traditions marxistes, adhérer à une guerre de conquête (1), à une guerre contre la

LE PALAIS DE PÉTERHOF

(1) « Le socialisme, exposent Bernstein, Heine, Hœnisch, Calwer, Schippel et bien d'autres social-démocrates, le socialisme est solidaire du plus haut développement capitaliste possible, affirmation rigoureusement marxiste. Le socialisme dépend de la croissance de la classe ouvrière industrielle, laquelle dépend de la croissance de l'industrie, laquelle dépend du commerce extérieur et des colonies. Cette guerre impérialiste est en même temps une guerre social-démocrate ; elle donnera, espère-t-on, à l'Allemagne les colonies dont celle-ci a besoin, à la fois pour y écouler ses produits et pour en tirer des matières premières ; elle augmentera dans des proportions considérables le « territoire économique allemand ». Or, explique le théoricien marxiste Hilferding (1910), « plus grand et plus peuplé est le territoire économique, moindre est le coût de production, plus forte la spécia-

Russie et contre la France ; en laisser la responsabilité au parti capitaliste ; l'aider, s'il
y a des chances de gagner ; l'aider encore dans
la retraite, s'il vient à perdre ; le renverser
et lui succéder, s'il se perd tout à fait et s'il
faut liquider l'entreprise.

On trouve de tout cela dans la déclaration
de Haase. Moins emphatique que celle du chancelier, elle est infiniment plus habile et mieux
posée. L'histoire verra germer, peu à peu, les
riches semences d'avenir qu'elle contient.

Voici, in-extenso, le texte de la *Déclaration*
des socialistes.

Au nom de mon parti, j'ai à faire la déclaration suivante :

Nous sommes à une heure marquée par le destin.
Les suites de la politique impérialiste qui a introduit
une surenchère incessante des armements et a aiguisé
les antagonismes entre les peuples, se sont abattues sur
l'Europe comme un ouragan. La responsabilité en
incombe aux champions de cette politique; nous la
repoussons.

La démocratie socialiste s'est opposée de toutes ses
forces à cette évolution inquiétante, et, jusqu'à la dernière minute, nous nous sommes efforcés, par de puissantes manifestations dans tous les pays, notamment en
intime accord avec nos frères de France, d'assurer le
maintien de la paix. Nos efforts ont été vains. Maintenant, nous nous trouvons en présence de cette réalité
d'airain, la guerre, et nous sommes menacés des horreurs
de l'invasion ennemie. Nous n'avons plus à prononcer
pour ou contre la guerre, mais sur les moyens nécessaires à la défense du pays, et nous devons penser à ces
milliers d'hommes du peuple qui, sans qu'il y ait de
leur faute, sont impliqués dans cette bagarre. C'est eux
qui auront le plus à souffrir des maux de la guerre.

Notre peuple, et sa liberté dans l'avenir, aurait
beaucoup, sinon tout à redouter d'une victoire de ce
despotisme russe qui s'est souillé du sang des meilleurs
d'entre ses sujets.

Il s'agit d'écarter ce danger et d'assurer la civilisation
et l'indépendance de notre propre pays.

C'est pourquoi nous faisons ce que nous avons
toujours annoncé : à l'heure du péril nous ne laissons
pas la patrie en plan. Nous nous sentons en cela d'accord avec l'Internationale qui a toujours reconnu à
tout peuple le droit de défendre en tout temps son indépendance, si elle réprouve les guerres de conquêtes.

lisation industrielle, plus faibles les frais de transport;
plus grand est le territoire économique, plus grande la
puissance de l'État, et d'autant plus favorable la position
du capital national sur le marché mondial » (Edm. Laskine, p. 44).

Nous demandons qu'aussitôt que la sécurité sera certaine et que l'ennemi sera disposé à la paix, de mettre
un terme à la guerre par un traité qui rende possible
l'amitié avec les peuples voisins. Nous demandons cela,
non seulement au nom de la solidarité internationale
que nous avons toujours défendue, mais aussi dans l'intérêt du peuple allemand.

Nous espérons que la cruelle école de la guerre va
réveiller l'horreur de ce fléau chez des millions
d'hommes qui seront ainsi gagnés à l'idéal du socialisme et s'y voueront désormais.

C'est guidé par ces principes, que nous approuvons
les crédits demandés.

Les crédits furent votés à l'unanimité, au
milieu d'un enthousiasme indescriptible. Plusieurs députés socialistes demandèrent à partir
immédiatement. L'un d'eux avait fait enrôler
ses quatre fils et ses trois gendres. D'ailleurs, la
séance avait déjà un aspect militaire. Nombre
de députés y assistaient en uniforme de campagne, prêts à partir le jour même, pour re-
joindre leur régiment.

C'était vraiment le *tumulte*, « l'Allemagne
en armes. »

**L'OPINION PUBLIQUE
EN AUTRICHE-HONGRIE** Quoique la
guerre euro-
péenne ait été une conséquence immédiate
de la politique austro-hongroise, ce n'est pas
l'Autriche-Hongrie qui, à proprement parler,
mène le jeu. Elle allume, et puis rentre dans
l'ombre.

Pourtant, c'est par sa volonté que le premier
sang coule. Elle a rompu, le 23 juillet, avec la
Serbie. Dès le 24, à la chambre hongroise, le
comte Tisza, président du conseil des ministres,
expose la pensée gouvernementale. Rien qu'à
ce signe, on comprend que la grande affaire
qui se déroule est surtout une affaire hongroise.
La partie se joue entre Slaves et Magyars,
au dedans et au dehors de l'empire. Le comte
Tisza prend immédiatement l'allure de maître
de l'heure et de grand responsable, qui sera la
sienne, désormais.

Expliquant la rupture avec la Serbie, il
déclare « que la demande du gouvernement
austro-hongrois n'a pas besoin d'être justifiée,
mais qu'il est plutôt nécessaire d'expli-

La Grande-Duchesse Olga.   L'Impératrice.   La Grande-Duchesse Tatiana.

L'IMPÉRATRICE DE RUSSIE ET SES DEUX FILLES EN INFIRMIÈRES DE LA CROIX-ROUGE

quer pourquoi elle n'a lieu qu'à présent ».

« Je puis dire que nous sommes allés jusqu'aux extrêmes limites de la patience. Dans la conviction que la démarche est exigée par les intérêts vitaux de la nation hongroise, nous en supporterons toutes les conséquences. »

Ces déclarations sont accueillies par de bruyants applaudissements. Le comte Andrassy, au nom de l'opposition, se réserve de faire la critique de la politique étrangère du gouvernement, mais déclare que l'opposition remplira tout son devoir et que cette attitude sera suivie par tous les Hongrois.

A Vienne, la presse accueille avec enthousiasme la guerre que son attitude a tout fait pour rendre inévitable. Même le journal socialiste, *Arbeiter Zeitung*, constate l'union de tous les partis. D'ailleurs, sur une simple

réserve, un numéro du journal est saisi.

Les manifestations de l'opinion à Vienne et à Budapest se résument donc en une immense acclamation : dans le premier emballement, personne n'hésite, personne ne réfléchit : tout le monde suit. A la nouvelle authentique de la rupture, deux mille personnes se massent devant le télégraphe central, criant : « Hurrah ! » et « A bas la Serbie ! » A Prague, en Bohême, on sent une certaine hésitation, mais elle ose à peine se manifester. Les journaux publient les documents officiels et se contentent d'ajouter que tout commentaire leur est impossible.

Les premières mesures militaires sont prises : les ponts, les voies ferrées sont gardés. Les télégraphes et les téléphones sont soumis à une censure rigoureuse.

Le 25, le 26, la fièvre belliqueuse gagne les

225

diverses parties de l'empire. Le ministre de Serbie, M. Yovanovitch, reçoit ses passeports. Les troupes sont acheminées vers la Bosnie et Herzégovine, pour envahir la Serbie. Le 3e corps occupe la Slavonie. La ville de Semlin, en face de Belgrade, se remplit de soldats. Douze canonnières sont mouillées à Neusatz. Provisoirement, l'empereur François-Joseph reste à Ischl. On affirme qu'il aurait reçu un télégramme du pape Pie X le conjurant « de ne pas ensanglanter sa vieillesse ».

La *Nouvelle Presse libre* donne déjà à la crise son véritable caractère, quand elle voit, comme premier résultat, l'union intime des deux empires germaniques : « Ils mêlent, aujourd'hui, leurs sentiments et leurs convictions ; des millions d'hommes sont dominés par la même émotion et se sentent frères. Ils savent, qu'entourés d'un même danger, ils ont un même avenir. Cette guerre sera menée jusqu'à la dernière extrémité. »

On veut frapper un coup, avant que la Russie et les puissances soient intervenues au conflit. La déclaration de guerre officielle est notifiée, le 28 juillet, à la Serbie :

Le gouvernement royal de Serbie n'ayant pas répondu d'une manière satisfaisante à la note qui lui avait été remise par le ministre d'Autriche-Hongrie à Belgrade, à la date du 23 juillet 1914, le gouvernement impérial et royal se trouve dans la nécessité de pourvoir lui-même à la sauvegarde de ses droits et intérêts et de recourir, à cet effet, à la force des armes. L'Autriche-Hongrie se considère donc, dès ce moment, en état de guerre avec la Serbie.

Le ministre des Affaires étrangères
d'Autriche-Hongrie
COMTE BERCHTOLD.

Le comte Tisza parle de nouveau à la chambre hongroise, le 28. Il affirme l'unité de toutes les nationalités dans la fidélité à l'empereur-roi et lit la lettre autographe du souverain ajournant le Parlement hongrois. L'assemblée accueille les déclarations du ministre avec un enthousiasme indicible. Le président se lève, implore la bénédiction divine pour le roi et pour la patrie.

L'empereur, enfin, sort de son long silence.

Il y a un mois, il paraissait incliné vers la paix : maintenant, le vieillard tragique choisit la guerre :

Ischl, 28 juillet.

A MES PEUPLES,

Ce fut mon plus grand désir de consacrer les années qui me sont encore accordées par la grâce de Dieu, aux œuvres de la paix... Il en a été décidé autrement par la Providence... Le royaume de Serbie, dans une ingratitude pleine d'oubli (ce souverain « ingrat » ne parle que de l'ingratitude des autres, nous retrouverons des expressions presque identiques dans la proclamation relative à la guerre avec l'Italie), ce royaume qui, dès le début de son indépendance jusqu'en ces tout derniers temps, fut favorisé et protégé par mes ancêtres et par moi, s'était déjà, il y a quelques années, engagé dans la voie des hostilités contre l'Autriche-Hongrie... La haine contre moi et ma maison devint de plus en plus violente et plus forte (c'est la seule allusion à la mort de l'archiduc François-Ferdinand). Mon gouvernement a entrepris en vain une dernière tentative pour amener, par des moyens pacifiques, la Serbie à changer de politique... Je me vois obligé de me créer par la force des armes les garanties indispensables pour assurer à mon empire le calme à l'intérieur, la paix permanente à l'extérieur...

Je prends, en cette heure grave, tout le poids de ma décision et la responsabilité que j'encours devant le Tout-Puissant. J'ai tout examiné et tout étudié. En conscience, je m'engage dans la voie que me montre le devoir. J'ai confiance dans mes peuples. J'ai confiance dans l'armée de l'Autriche-Hongrie, qui est animée de sentiments de bravoure et de dévouement, et j'ai confiance dans le Tout-Puissant qui donnera la victoire à mes armées.

François-Joseph n'a pas écouté le conseil du vicaire du Christ. Comme l'empereur Guillaume, il dispose de la Providence; il fait, de Dieu, sa chose. Et, pourtant, comme il est près de paraître devant lui !

Le 29, au matin, les premiers coups de canon sont tirés sur Belgrade. Les Serbes font sauter le pont qui relie leur capitale à Semlin. Un court combat s'est engagé sur les deux rives du Danube. Le sang a coulé.

Les Serbes habitant l'empire sont l'objet de vexations infinies. Leurs boutiques sont saccagées. Des milliers d'entre eux sont emprisonnés ; les convois fugitifs marchent le long des routes, parfois enchaînés, escortés de soldats, baïonnette au canon.

LA MOBILISATION RUSSE. — EMBARQUEMENT DE COSAQUES

Là aussi, la haine commence son œuvre. Belgrade, ville ouverte, est bombardée. Les Autrichiens, dans une note officieuse, se servent, pour la première fois, du prétexte qui couvrira, désormais, la destruction systématique des villes sans défense : « On a tiré sur des troupes combattantes qui s'abritaient derrière les maisons. »

Dès le 31 juillet, on fait placarder à Budapest l'occupation de Belgrade. L'empereur François-Joseph rentre à Vienne, le 30 juillet : il dit au bourgmestre qui vient le saluer : « Je croyais, à mon âge, n'avoir à vivre que des années de paix ! » L'arrivée de l'empereur est accueillie , dans toute la ville, par des manifestations enthousiastes. On acclame les puissances de la Triplice ; les musiques jouent les hymnes nationaux, sans oublier l'hymne italien.

Les hostilités se poursuivent sans grand résultat ; l'occupation de Belgrade est démentie. On dirait que les troupes austro-hongroises commencent à sentir qu'elles auront affaire à forte partie.

D'ailleurs, d'autres préoccupations détournent l'attention. L'Allemagne a déclaré la guerre à la Russie : ce n'est plus la guerre « localisée » ; c'est la grande guerre, la guerre européenne. Il semble qu'il y ait eu à ce moment, dans la résolution autrichienne, comme un temps d'arrêt, peut-être un léger recul. Voyait-on l'abîme s'entr'ouvrir ?

Je rapporterai ici encore l'opinion d'un homme qui vit les choses de près : « Il serait peut-être équitable de concéder aux gouvernants austro-hongrois qu'ils n'ont ni mesuré, ni entrevu les conséquences des actes qu'on leur faisait commettre. Même après avoir rompu brutalement avec Belgrade, le comte Berchtold, comme il appert de la lecture du *Livre jaune*, a pu croire ou, du moins, a paru se prêter à la prolongation des pourparlers qui réservaient quelques dernières chances d'accommodement entre son pays et la Russie (voir ci-dessus, p. 161). C'est alors que, pour rendre toute entente impossible, l'Allemagne, par une double mise en demeure, à Pétersbourg et à Paris, précipita les ruptures que son alliée espérait encore éviter.

« Pourtant, l'irrésolution de l'Autriche, la crainte des paroles définitives n'en persistaient

DANSE NATIONALE DES COSAQUES DU CAUCASE

pas moins ; elle prolongeait la présence de son ambassadeur en France, elle retenait à Vienne celui de la République en affirmant à maintes reprises qu'aucune fraction des troupes austro-hongroises n'était employée contre les armées françaises. Mais c'est en vain qu'elle tentait de se dérober à la complicité où elle s'était laissée entraîner.

« L'Allemagne l'a conduite comme elle l'a voulu. Elle y a trouvé d'autant plus de facilité que l'Autriche-Hongrie, aveuglée par sa haine contre la Serbie, n'a cherché dans la crise balkanique que les moyens d'humilier, d'abaisser et, si possible, de supprimer cette voisine détestée. »

S'il s'agit des peuples divers qui composent la monarchie, on peut se demander aussi quels sentiments réels se cachaient derrière le tapage des manifestations officielles. Il est difficile de préciser. Les dispositions ont été prises pour que les sentiments slavophiles ou italophiles ne puissent se manifester.

Un expert des choses austro-hongroises écrit : « Quant aux Slaves du Nord, c'est seulement l'état de siège et une véritable terreur policière, avec arrestation, en masse, confiscations, etc., qui ont empêché une explosion précédemment prévue par le gouvernement comme par les adversaires de l'Autriche-Hongrie. » (*Temps* du 6 août 1914.)

A Prague, les mesures les plus sévères furent prises. On appela les réserves avant qu'il fût question d'une guerre avec la Russie. Une grande manifestation russophile s'étant produite dans les rues de Prague, sur la nouvelle annonçant la mobilisation russe, on suspend les journaux, on procède à des perquisitions chez tous les anciens députés radicaux, ainsi que chez les journalistes. Le chef du parti national-social, le député Klofa, est arrêté et emprisonné, sous l'inculpation de haute trahison ; la femme du recteur de l'école polytechnique est également arrêtée pour avoir dit : « Plût au ciel que les Russes fussent déjà à Prague ! »

Ainsi préparée, la mobilisation générale

tchèque donne des résultats inattendus : 80 o/o, tandis que l'on ne comptait guère que sur 60 o/o. Mais, combien sont nombreux les soldats tchèques qui emportent leurs sentiments slaves au fond de leur cartouchière ; au cours des longues marches, où plus d'un d'entre ces régiments entrevoit la désertion en masse, ils chantent, à mi-voix, l'hymne : *Hei Slavani* ! avec les paroles interposées :

> Rus je o nàmi .
> Kdo proti nam
> Aoho Franco smete (1).

(*Journal de Genève*, 6 et 8 décembre 1914.)

L'OPINION PUBLIQUE EN SERBIE

On est mal renseigné sur ce qui se passe à Belgrade, pendant la courte période où la Serbie est seule, face à face avec l'empire austro-hongrois. Les journées du 24 et du 25 apparaissent comme étrangement dramatiques. Le vaillant petit peuple jouait sa vie. Voici les impressions d'un témoin occulaire :

Belgrade était dans l'attente de la réponse russe, après l'appel que le prince royal avait adressé à l'empereur Nicolas. Le 25 juillet, à 3 heures de l'après-midi, dans les rues de la capitale, sorte de grand village placé sous le feu des canons austro-hongrois, le bruit se répand : « La Russie nous abandonne. Nous sommes perdus ! » Désespoir de la foule ! Cris, plaintes, protestations. Les histoires les plus absurdes se répandent : « Révolution au konak. Le roi est mort. Le prince royal est frappé. » Celui-ci sort. Il a le bras en écharpe. Que s'est-il passé ? Il parle avec animation à deux officiers qui ne paraissent pas de son avis. Il rentre au palais. On a le sentiment d'une lutte violente entre le parti militaire et le parti de la paix. Un peu après 3 heures, l'ordre de mobilisation est placardé. Mais, qui sait ? ce n'est pas le dernier mot. Il reste 3 heures encore.

Les messagers courent d'une légation à

(1) Le Russe est avec nous.
Qui sera contre nous
Le Français le balayera.

l'autre. La foule s'amasse et roule de la légation de France à la légation russe. L'Italie est très populaire. « C'est l'Italie qui nous sauvera ! » Le konak est gardé militairement. Des milliers de dépêches arrivent de Russie à la famille royale, aux ministres, aux hommes politiques connus : « Tenez bon ! Nous vous soutiendrons jusqu'au dernier homme ! » On reprend courage. Il n'y a plus d'employés pour porter les télégrammes ; on les placarde aux murailles et la population de crier : « A bas l'Autriche ! Malheur aux lâches ! » Ces cris visent le prince royal qu'on accuse de céder.

Les chefs de l'opposition sont convoqués au conseil. On dit que Patchich a reçu une dépêche de Saint-Pétersbourg : « En tous cas, mobilisez ! » Il s'est écroulé dans un fauteuil, en essuyant son front couvert de sueur. Même aux yeux des Autrichiens et des Allemands, il ne passe pas pour appartenir au parti de la guerre. Le prince royal, si ardent quelques jours auparavant, semble aussi, maintenant, désireux d'un arrangement. C'est dans cet état d'esprit que Patchich a envoyé à Saint-Pétersbourg une dépêche que l'on croit conciliante. Il fait, assure-t-on, un nouvel effort et insiste.

A 5 heures et demie, on apprend que la note serbe a été rejetée. La confusion atteint son apo-

gée à 6 heures. Il n'y a que le chemin de Semlin qui soit sans animation. Tout le monde se précipite vers les gares. Environ le huitième de la population quitte Belgrade. Les autres attendent le bombardement, puis l'entrée de l'ennemi. A 6 heures et demie, on ne voit plus un militaire dans Belgrade. (Correspondance de la *München Augsburger Abendzeitung* du 28 juillet.)

Ce qui n'empêche pas la presse officieuse austro-allemande d'affirmer que Belgrade, ville ouverte, est bombardée pour dissiper les forces militaires qui s'y abritent !

Le prince héritier a signé le décret de mobilisation de l'armée, le samedi à 5 heures. Il prend en mains le pouvoir. La Skoupchtina est convoquée, à Nisch, pour le 27 juillet. A partir du 28, Belgrade est sous le feu des canons ennemis. La mobilisation générale de la vieille Serbie s'est terminée le 28 ; celle de la nouvelle Serbie commence aussitôt ; le prince royal se rend à Uskub.

Il ouvre solennellement la Skoupchtina et, au milieu de l'enthousiasme général, déclare que la Serbie a fait son devoir et compte sur l'appui de la Russie. La *Gazette de Cologne* et toute la presse allemande, commençant leur campagne de fausses nouvelles, annoncent l'occupation de Belgrade, le 30, à la suite d'un combat d'artillerie. « Le bourgmestre a rendu

LES RUSSES MUSULMANS PRÊTENT SERMENT
SUR LE CORAN

la ville vide de ses habitants. » En fait, l'armée autrichienne s'en tient à des combats d'artillerie sur le Danube et sur la Dvina. Toutes les tentatives des troupes autrichiennes de débarquer sur le territoire serbe échouent.

Le Monténégro restera fidèle à son alliance avec la Serbie. Les forces militaires du royaume sont mobilisées le 31 juillet. Les premiers engagements sont favorables aux Monténégrins, qui s'emparent des défilés des montagnes.

A Belgrade, la situation est affreuse pour la population qui reste dans la ville. Composée de pauvres gens, femmes, enfants, vieillards, — toute la population virile étant sous les drapeaux, — elle est exposée, sans vivres, sans ressources et sans communications, au bombardement des Autrichiens, qui, malgré leurs efforts pour passer le fleuve, sont tenus en échec. La nouvelle de la déclaration de guerre de l'Allemagne à la Russie rend enfin l'espoir. La guerre générale, c'est la seule chance de salut qui reste à la Serbie.

Après huit jours de guerre, après des efforts réitérés, aucun soldat autrichien n'a pu pénétrer sur le territoire serbe. Et, de Belgrade, on voit les corps d'armée autrichiens quittant leurs positions, sans doute pour être envoyés sur le front russe. Les communications télégraphiques et téléphoniques sont rétablies. Il y a eu 150 victimes dans la population civile. Mais la crainte de l'invasion se dissipe.

Le Monténégro a déclaré la guerre à l'Autriche-Hongrie et les deux petits Etats se préparent, d'un cœur ferme, aux grands événements.

L'OPINION PUBLIQUE EN RUSSIE En Russie, la période que l'on peut appeler préparatoire de la guerre s'étend du 24 juillet au 8 août, date de la réunion de la Douma...

Dès que la note austro-hongroise fut connue à Saint-Pétersbourg, l'opinion publique comprit la gravité de la situation. M. Poincaré et M. Viviani avaient quitté la Russie le jour même. On était fort des paroles échangées et

de l'alliance confirmée. C'est le premier sentiment qui se manifeste dans la presse russe. La *Novoïe Vremia* écrit : « La réponse de la Russie est donnée dans les communiqués officiels, celui qui fut publié à propos de la visite de M. Poincaré et celui de ce matin, sur le conflit austro-serbe. Nous voulons la paix ; mais on nous entraîne à la guerre. Devant aucune menace, la Russie ne sortira de la voie que l'histoire lui a tracée. »

Le *Courrier de Saint-Pétersbourg* ajoute : « La seule réponse digne de la Russie serait la mobilisation sur la frontière autrichienne. »

Les hostilités avaient commencé par la volonté de l'Autriche-Hongrie, contre la Serbie, le 25 juillet ; la guerre européenne résulta de l'ultimatum adressé par l'Allemagne à la Russie. Un télégramme du ministre des Affaires étrangères russe aux représentants à l'étranger explique, en ces termes, la situation de la Russie au 2 août :

Il est absolument clair que l'Allemagne s'efforce, dès à présent, de rejeter sur nous la responsabilité de la rupture. Notre mobilisation a été provoquée par l'énorme responsabilité que nous aurions assumée, si nous n'avions pas pris toutes les mesures de précaution à un moment où l'Autriche, se bornant à des pourparlers d'un caractère dilatoire, bombardait Belgrade et procédait à une mobilisation générale.

Sa Majesté l'empereur s'était engagé, vis-à-vis de l'empereur d'Allemagne, par sa parole, à n'entreprendre aucun acte agressif, tant que dureraient les pourparlers avec l'Autriche. Après une telle garantie et après toutes les preuves de l'amour de la Russie pour la paix, l'Allemagne ne pouvait, ni n'avait le droit de douter de notre déclaration, que nous accepterions avec joie toute issue pacifique compatible avec la dignité et l'indépendance de la Serbie. Une autre issue, tout en étant incompatible avec notre propre dignité, aurait certainement ébranlé l'équilibre européen, en assurant l'hégémonie de l'Allemagne. Ce caractère européen, voire mondial, du conflit, est infiniment plus important que le prétexte qui l'a créé. Par sa décision de nous déclarer la guerre, à un moment où se poursuivaient les négociations entre les puissances, l'Allemagne a assumé une lourde responsabilité.

Signé : SAZONOFF.

Dès le 27, la Russie est en alarme et résolue. Un conseil des ministres, qui paraît avoir été décisif, se tient, sous la présidence du tzar.

GABRIEL HANOTAUX
de l'Académie Française

HISTOIRE ILLUSTRÉE
DE LA
GUERRE DE 1914

24 PAGES DE TEXTE ET D'ILLUSTRATIONS

FASCICULE N° 25

GOUNOUILHOU, ÉDITEUR
PARIS, 8, boulevard des Capucines & BORDEAUX, 8, rue de Cheverus.

PRIX NET 1 franc

Les quatorze premiers fascicules de l'*Histoire illustrée de la Guerre de 1914*, par Gabriel HANOTAUX, constituent le Tome premier de l'ouvrage.

Ces quatorze premiers fascicules, contenant trois cents pages, dont cent quatre-vingt d'illustrations, forment un superbe volume grand in-quarto qui sera mis en vente au prix de :

18 francs relié

Reliure demi-chagrin, plats toile, fers spéciaux du Maît e graveur Auguste LEPÈRE, tranches ébarbées, tête dorée.

Les frais de port et d'emballage sont à ajouter au prix ci-dessus; soit o fr. 75 pour l'envoi par colis postal, livrable en gare, et 1 franc pour la livraison à domicile.

Nous pouvons fournir également, aux personnes qui préféreraient faire exécuter elles-mêmes la reliure des fascicules, des emboîtages avec les fers spéciaux de LEPÈRE, au prix de **3 fr. 50**.

Les frais de port et d'emballage sont à ajouter à ce prix; soit o fr. 75 pour l'envoi par colis postal, livrable en gare, et 1 franc pour la livraison à domicile.

Le Tome premier relié, ainsi que l'emboîtage de ce Tome, sont en vente dans toutes les Librairies. Pour les recevoir franco, adresser les demandes, accompagnées d'un mandat-poste représentant le prix du volume désiré ou de l'emboîtage et des frais de port indiqués ci-dessus, à GOUNOUILHOU, éditeur, 8, boulevard des Capucines, à Paris.

On assure qu'il aurait dit, à la fin de ce grand conseil du samedi : « Nous avons supporté cet état de choses pendant sept ans et demi : c'est assez. »

Le ministre de la Guerre passe la nuit, jusqu'à 5 heures du matin, au palais. On décide une promotion des cadets, dans toutes les écoles militaires. Au théâtre de Krasnoïé-Sélo une foule, composée surtout d'officiers en uniforme, acclame l'empereur dès qu'il paraît et entonne l'hymne russe. Fait considérable: le peuple prend part à l'émoi patriotique. Les grèves cessent comme par enchantement et les ouvriers reprennent, sans exception, le travail dans les usines.

Les journaux paraissent avec des titres alarmants : « A la veille de la guerre! » « La guerre est inévitable! » Le *Novoïe Vremia* résume l'impression :

Une parole de l'empereur d'Allemagne suffit pour que l'Autriche retire sa note... Une issue pacifique est seule possible, si l'Allemagne n'est pas fermement décidée à faire maintenant la guerre à la France et à la Russie... Alors, toute la responsabilité retomberait sur l'Allemagne.

La mobilisation partielle, limitée aux douze corps d'armée situés sur la frontière autrichienne, s'accomplit. Elle porte sur quatre arrondissements militaires : Odessa, général Nikitine : 7e et 8e corps. Moscou, général Plehve : 5e, 13e, 17e, 25e corps, en plus un corps de grenadiers. Kief, général Ivanof :9e, 10e, 11e, 12e, 21e corps. Kazan, général Salza : 16e, 24e corps.

Ces quatorze corps d'armée, sur pied de paix, comptent 400.000 hommes : incorporant 300.000 réservistes, c'est un total de 700.000 hommes. Une note officieuse déclare :

La mobilisation de ces quatorze corps d'armée doit être considérée comme une réponse à la déclaration de guerre autrichienne à la Serbie : rien de plus, rien de moins.

Les Russes voyageant en Allemagne sont rappelés en Russie; l'or déposé dans les banques allemandes est transporté hâtivement dans les caisses russes. Les phares et les bateaux-feux sont éteints dans les ports et sur la côte de la Baltique; de même, dans la mer Noire, à Sébastopol, sauf le phare de la Chersonèse. L'entrée des ports, sur toute l'étendue des côtes, est interdite pendant la nuit.

Le mouvement slave monte : de grandes

LE COMTE KOKOVTZOFF
ANCIEN PRÉSIDENT DU CONSEIL ET MINISTRE DES FINANCES

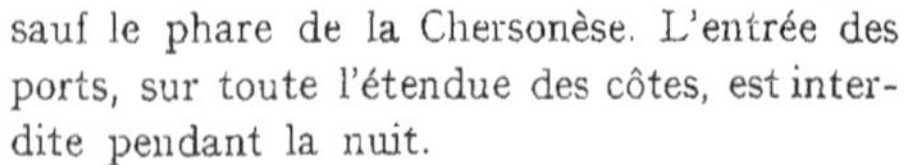

manifestations patriotiques ont lieu à Saint-Pétersbourg et à Moscou. Cependant, la note officielle est encore pacifique : c'est toujours de l'Allemagne que l'on attend la parole décisive (29 juillet).

Cette parole n'est pas prononcée. Belgrade est bombardé. L'Allemagne s'est mise en état de guerre. Le *Lokal Anzeiger* a publié la nouvelle de la mobilisation générale. Dans ces conditions, la Russie croit devoir généraliser sa propre mobilisation.

L'ukase appelle sous les drapeaux : 1° Les réservistes de 23 gouvernements, en entier, de 71 districts et de 14 autres gouvernements ; 2° une autre partie des réservistes de 9 districts et de 4 gouvernements; 3° les réservistes de la flotte de 64 districts de 12 gouvernements russes et d'un gouvernement finlandais; 4° les cosaques congédiés des territoires du Don, de Térek, d'Astrakan, d'Orenbourg, de l'Oural ; 5° un nombre correspondant d'officiers de réserve, médecins, vétérinaires, etc. Les chevaux, voitures, attelages, sont réquisitionnés. C'est l'immense Russie qui se lève.

L'Allemagne lance son ultimatum, sommant la Russie de désarmer, le 31 juillet. Le délai expire le 1er août. C'est la guerre. La mobilisation placardée sur des affiches, le 31 juillet, s'accomplit dans un calme parfait.

« La population est toujours enthousiaste à l'idée de faire la guerre pour la sainte Russie et pour la cause slave. Mais, jusque dans les manifestations publiques, qui se multiplient par toutes les villes de l'empire, elle reste maîtresse d'elle-même. C'est un contraste frappant avec les inquiétudes qui précipitent les foules allemandes vers les caisses d'épargne. A déjeuner, chez Cubat, je cause avec des officiers. Tous sont dans l'admiration de leur mobilisation, de l'état d'esprit général. Aucun ne cache sa joie de la guerre prochaine. On sent une haine contenue des Germains, mais une haine qui va déborder. Et, comme ils sont sûrs et fiers de leurs hommes, comme ils les aiment et les glorifient!... Et toujours, toujours, comme un refrain, reviennent ces mots : « Vous savez, c'est « décidé, cette fois, *nous, la Garde,* nous marchons les « premiers » (1).

(1) *L'Esprit public en Russie.* Journal d'un mobilisé, par *** *Correspondant* du 10 sept. 1914.

L'impression universelle est que les choses diffèrent du tout au tout de ce qu'elles étaient, lors de la guerre contre le Japon.

« L'important, dit un officier, c'est qu'il faut que l'Allemand mange le Russe ou que le Russe mange l'Allemand ; depuis longtemps, mais surtout depuis trois ans, nous sentons cela... Et, bien entendu, c'est le Russe qui mangera l'Allemand... Quelqu'un manifeste une certaine inquiétude au sujet des dispositions de la France. Le Français qu'il interpelle lui répond : « Soyez tranquille « pour les Français ; espérons seulement que les Russes ne « nous laisseront pas trop longtemps seuls à nous battre. »— « Soyez tranquilles aussi, répond le Russe, nous commen- « cerons dès que nous pourrons; mais, surtout, nous ne « *finirons* que quand tout sera vraiment fini, et, la *fin*, « c'est encore le plus important. »

L'émotion de tout ce peuple, de cet immense pays, de cet empire invisible qui ne se connaît lui-même que par l'image sensible du tzar, de l'icone terrestre, a besoin de se traduire par une apparition de la personne impériale aux foules qui la vénèrent sans la connaître.

C'est la scène que décrit un témoin :

Dimanche 2 août.

« *4 heures.* — Au Palais d'Hiver, l'empereur, les impératrices, les grandes-duchesses et toute la famille impériale, entourés de la cour, reçoivent les hommages des généraux, des officiers, des hauts fonctionnaires, des ambassadeurs, de tous les représentants de la noblesse, de la bourgeoisie et du peuple. Sur l'immense place, le peuple lui-même, une foule énorme, est réuni. Beaucoup, parmi ces gens, n'ont jamais vu l'empereur, et, rien que pour le voir, ils sont venus de partout. Depuis midi, ils attendent, tête nue, sous un dur soleil. Ils chantent, ils prient. Aucun appareil militaire. Pas de troupes. Trois ou quatre sentinelles sont aux portes du palais, aujourd'hui comme toujours. Un député à la Douma, en costume de boyard à cheval, harangue la foule par intervalles ; on lui répond par des hourras.

« J'ai été me placer tout au fond de la place, à une fenêtre du ministère du Commerce, qu'un de mes amis a bien voulu me réserver. Ces milliers d'hommes, tête nue, ces centaines de drapeaux, ces clameurs sont impressionnants, et, tout au fond, le palais rouge reste clos.

« *4 heures et demie.* — Au-dessus de la grande porte, trois portes-fenêtres donnent sur un grand balcon. Lentement, ces fenêtres s'ouvrent. Il y a un moment d'attente, où l'on sent presque matériellement le halètement formidable du cœur énorme de la foule.

« Quelques minutes se passent ainsi, et, soudain, à la fenêtre de gauche, *Il* paraît, avec, près de lui, l'impératrice.

« Une tempête furieuse de hourras, de clameurs, éclate

A BORD DU YACHT IMPÉRIAL LE *STANDART*

comme mille fracas de tonnerre et s'arrête, aussitôt, car une même idée a traversé les cerveaux... Peut-être va-t-il parler ?

« Et il parle, en effet. Que dit-il ? Je suis bien trop loin pour l'entendre ; mais, à son geste, devant lequel la foule, d'un coup, s'écroule, agenouillée, j'ai compris qu'il bénissait son peuple, au nom du Dieu qui donne la victoire.

« Très vite, il disparaît. Devant les colossales et incessantes acclamations, il revient, très pâle, salue.) Et soudain, voici que les clameurs grandissent encore, éclatent, forcenées, surhumaines : c'est la gracieuse grand-duchesse Olga qui, tout en blanc, a paru au balcon. Elle agite son mouchoir, salue, salue encore... C'est du délire.

« Les fenêtres se referment. Lentement, la foule s'éloigne, par les larges avenues, et les gens que l'on rencontre ont des yeux rayonnants, illuminés. On les entend qui parlent gravement :

« — Moi, j'ai vu le « petit colonel ». « Moi, j'étais devant lui, il m'a regardé. » « Tu sais, il nous a bénis lui-même ! »

« La belle dame en blanc, c'est *sa* fille... oui, *moi*, j'ai vu sa fille... »

« Ah ! le tzar peut bien leur demander leur vie à tous. Ils l'ont vu, ils sont payés.

« Et voilà le vrai peuple russe. »

Les scènes religieuses succèdent à ces grands drames du cœur. A la cathédrale de Kazan, les services divins, les prières pour le tzar, pour la Sainte Russie, se multiplient, tandis que la foule, tête nue, à genoux, se prosterne sur la place ; des cortèges se forment, et, dans un ordre parfait, se portent vers les ambassades. L'alliance franco-russe se réalise en un cri unanime : « A l'ambassade de France ! »

Il faut s'imaginer la suite et la répercussion sur le territoire sans limites : la mobilisation militaire s'accompagne, immédiatement, d'une sorte de mobilisation du corps social, toute spontanée. On sent d'abord qu'il faut s'entr'aider. La guerre est nationale, elle sera longue ; tous doivent *donner*, en même temps, si l'on veut que l'effort aboutisse.

Le peuple russe est loin d'être inorganique ; il a ses corporations traditionnelles, le *mir* ou communauté patriarcale, subsistant encore dans certaines régions ; le *skhod* ou communauté municipale ; la *volost* ou canton ; les *zemstvos*, les villes. Les plus importantes de ces formations corporatives sont « l'Union des Zemstvos » et « l'Union des Villes ». En outre, 32.000 coopératives et institutions de crédit mutuel ont l'habitude de s'administrer elles-mêmes et sont en contact direct avec le peuple. La machine aux rouages multiples se met en mouvement dès la déclaration de guerre. Tous se mobilisent, en quelque sorte, pour la « cause commune ».

On décide spontanément et à l'unanimité, que les travaux agricoles commencés par les hommes sous les drapeaux seront terminés par le mir ou par le village ; que les familles nécessiteuses recevront du bois de chauffage, lequel serait distribué. par les hommes, aux femmes, dans les isbas; que les familles des plus pauvres recevront gratuitement, pour leurs besoins, du blé, à fournir par les autres membres de la commune, au moyen d'une collecte spéciale.

Un congrès des Zemtsvos russes, c'est-à-dire des administrations locales des gouvernements et des districts, élit un comité central, dont l'action (même sur le terrain politique) se fera sentir par la suite. Ce comité se charge de l'organisation générale du secours aux blessés et aux populations. Une collaboration analogue est assumée par le comité central de « l'Union des Villes », qui fut également convoqué en congrès, aussitôt après la déclaration de guerre.

La pensée qui préside à ses efforts est la même : « Là-bas, sur les champs de bataille, va se dérouler une grande lutte, pour sauver notre pays et la liberté européenne, pour les soustraire au poing orgueilleux des orgueilleux junkers prussiens ; ici, derrière l'armée, une lutte pacifique est engagée pour préserver de la ruine l'avoir des laboureurs ; partout, les hommes, hier séparés l'un de l'autre, commencent à comprendre que leur destin est étroitement lié à celui de leurs voisins, de leur village, de la province, de la Russie, de l'Europe, et, enfin, de l'humanité. »

Le mot qui vient partout sur les lèvres, la pensée qui enthousiasme les foules, qui les jette sur les chemins de la croisade, c'est *libérer, libérateur* : une sorte de lente et joyeuse résistance contre l'oppression personnifiée par le junker prussien. Comment expliquer un sentiment qui agit, tout en restant inexprimé au fond de ces âmes multiples ? « Dans un hôpital de l'armée caucasienne, à Erivan, est alité un sous-officier russe, à côté d'Arabes de Bagdad, prisonniers... Il écrit des vers. Ils sont de forme bien défectueuse et d'inspiration bien banale. Mais, lisez ceux-ci dans leur tournure gauche :

> Voici le mont Ararat. Il a l'air pensif :
> On peut croire qu'il attend qu'on le libère.

« Oui, un sous-officier venu des plaines russes éprouve le besoin de « libérer » le mont Ararat, le pauvre Ararat, haut de 16.000 pieds. Le médecin de l'hôpital, à qui j'ai communiqué le rêve poétique du sous-officier, a fait cette remarque : « Oh ! oui, l'idée de libération est « fort répandue parmi nos soldats (1). »

« Un autre soldat de l'armée caucasienne expliquait la nécessité de la tempérance et justifiait ainsi la suppression de la vodka : « Un homme ivre ne peut *libérer* personne ! »

La suppression de la *vodka* est un des phénomènes frappants de cet enthousiasme spontané. Il y a là un effort de « résistance au mal » qui indique l'union profonde de la famille russe, du tzar aux sujets, du père aux enfants. Ce fut, de la part de tous, comme un acte de contrition précédant le sacri-

(1) Rousskoïé Slovo, Moscou. Janvier 1915. Cité dans Grégoire Alexinsky. *La Russie et la guerre*, p. 283.

LE PALAIS D'HIVER A SAINT-PÉTERSBOURG

fice et encouragé par ceux qui aiment et dirigent. « Ce mouvement avait un caractère un peu mystique et sectaire », dit un publiciste russe (1).

« Le 31 janvier 1914, avait été publié un décret du tzar ordonnant aux administrateurs locaux de « prendre en considération la volonté de la nation, relativement à la suppression des débits de *vodka*... » De février à juillet 1914, le dixième des débits de *vodka*, entretenus par l'État, furent fermés. Mais le mouvement s'accentua extraordinairement, dès que la guerre fut en perspective.

Un mois plus tard, le 28 septembre, à l'assemblée de l'Union des chrétiens abstinents de Russie, fut lu un télégramme du tzar, au président de cette union : « J'ai déjà décidé de supprimer *pour toujours* la vente de la *vodka* par l'État, en Russie (2). »

On le sent, quelque chose se transforme dans la constitution physique, morale, politique de la Russie. Sous le coup de la guerre, des déplacements d'atomes se produisent. Les vieilles formes, les forces surannées cherchent à s'adapter à ce mouvement, ou, plutôt, à le capter, à le subordonner. Après un essai plutôt maladroit et malheureux, elles devront céder. Mais la première phase est celle de l'union.

Le 2 août, fut publié le manifeste suivant, relatif à l'état de guerre entre la Russie et l'Allemagne :

« Nous Nicolas II, par la grâce de Dieu, empereur et autocrate de toutes les Russies, tzar de Pologne, grand-duc de Finlande, etc., etc., etc., déclarons à tous nos fidèles sujets :

« Suivant ses traditions historiques, la Russie, qui, par la foi et le sang, ne fait qu'un avec les peuples slaves, n'a jamais regardé leur sort avec indifférence. Les sentiments fraternels du peuple russe pour les Slaves se sont réveillés, d'un élan unanime, et avec une force particulière, ces jours derniers, au moment où l'Autriche-Hongrie présenta à la Serbie des sommations manifestement inacceptables pour un état souverain.

« Méprisant la réponse conciliante et pacifique du gou-

vernement serbe, repoussant la médiation bienveillante de la Russie, l'Autriche se hâta d'en venir à une attaque armée, qu'elle ouvrit par le bombardement de la ville sans défense de Belgrade.

« Forcé, par ces conditions nouvelles, de prendre les mesures de précaution nécessaires, nous avons donné l'ordre de mettre l'armée et la flotte sur le pied de guerre, mais, tenant au sang et aux biens de nos sujets, nous avons employé tous nos efforts à faire aboutir pacifiquement les pourparlers engagés.

« Au milieu de ces relations amicales, l'alliée de l'Autriche, l'Allemagne, en dépit de notre espoir en un bon voisinage perpétuel et fermant l'oreille aux assurances que nous lui donnions, que les mesures prises l'avaient été sans aucune intention qui lui fût hostile, l'Allemagne se mit à exiger que ces mesures fussent rapportées, et, ayant reçu un refus, déclara soudainement la guerre à la Russie.

« Maintenant, il ne s'agit plus seulement de prendre fait et cause pour une nation sœur injustement offensée, mais de défendre l'honneur, la dignité, l'intégrité de la Russie, et sa situation parmi les grandes puissances. Nous croyons inébranlablement que, pour défendre la terre russe, tous nos fidèles sujets se lèveront à la fois, pleins d'abnégation.

« A l'heure redoutable de l'épreuve, que les dissensions intestines soient oubliées, que l'union du tzar avec son peuple se consolide plus étroitement encore et que la Russie, se levant comme un seul homme, repousse l'insolente attaque de l'ennemi !

« Avec une foi profonde en la beauté de notre cause et une humble confiance en la Providence toute-puissante, nous invoquons, dans nos prières, sur la sainte Russie et nos troupes valeureuses, la bénédiction divine.

« Donné à Saint-Pétersbourg, le 20 juillet (a. s.) de l'an 1914 après Jésus-Christ, la vingtième année de notre règne.

« NICOLAS. »

SÉANCE DE LA DOUMA Le même jour, 2 août, la Douma et le conseil de l'empire étaient convoqués, pour le 8 août, en session extraordinaire, pour une seule séance.

Cette session s'ouvrit le matin, par une séance imposante chez l'empereur. Dès 10 h. 1/2, le salon Nicolas, au Palais d'Hiver, est comble (1). En attendant la sortie du tzar, les membres des deux Chambres vont, viennent, conversent avec animation. Tous les peuples de l'empire, toutes les conditions sont représentées. Les uniformes chamarrés des

---

(1) Borissow. *Les Affaires et la question intérieure*. Revue Rousskiya Zapiski, nov. 1914.

(2) Gr. Alexinsky. *La Russie et la guerre*, p. 152.

(1) Détails empruntés au *Retch*.

gens de cour, les fracs, les vestons, les houppelandes des paysans et les soutanes des popes se mêlent dans une pittoresque bigarrure. Le grand balcon qui donne sur la Néva est noir de monde, et, aussi loin que la vue s'étend, les quais sont couverts d'une foule compacte. Dans le bruit, le président de la Douma, en uniforme de chambellan, fait le tour de la salle et salue les députés.

A 10 h. 50, tout le monde envahit le salon. Les députés à la Douma se rangent à gauche, les conseillers de l'empire, à droite, formant un fer à cheval.

Devant les conseillers, se tient M. Goloubiev, vice-président, qui remplace le président, M. Akimov, gravement malade ; devant les députés, leur président, M. Rodzianko, flanqué de ses deux adjoints, MM. Protopopov et Varoun-Secret.

A 11 heures, exactement, un frémissement court dans la salle. Tout se tait. Les portes s'ouvrent et l'empereur de toutes les Russies sort de ses appartements, précédé du ministre de la cour, le baron Frédéricksz, et accompagné de sa suite. Le tsar est en tenue de campagne. Tout le monde s'incline. Il s'incline à son tour, et, faisant quelques pas en avant, prononce le discours suivant :

« Je vous salue dans ces jours mémorables et troublés que traverse toute la Russie. Le puissant élan d'amour

pour la patrie et le dévouement au trône, qui s'est étendu comme un ouragan, sur tout notre territoire, est à mes yeux, et aussi, je pense, aux vôtres, un sûr garant du succès avec lequel notre grande Russie maternelle mènera à terme cette guerre que le Seigneur nous envoie.

« Dans cet unanime élan d'amour, dans ce dévouement prêt à tous les sacrifices, jusques à la mort, je puise le pouvoir de soutenir mes forces et de regarder calmement et vaillamment vers l'avenir. Nous ne défendons pas seulement notre honneur et notre dignité, dans les limites de notre territoire, nous luttons encore pour nos frères slaves, qui ont même foi que nous et même sang. A cette heure, je vois, avec joie, que l'union des Slaves s'établit fortement et indissolublement, avec toute la Russie.

« Je suis certain que vous tous, chacun à sa place, vous m'aiderez à supporter l'épreuve qui m'est envoyée, et que, tous, à commencer par moi, nous accomplirons notre devoir jusqu'au bout.

« Grand est le Dieu de la terre russe ! »

Le président du conseil de l'empire, M. Goloubiev, le président de la Douma, M. Rodzianko, répondent chaleureusement à l'appel du tzar.

Les paroles prononcées par le président de la Douma ont un accent nouveau :

« La représentation nationale que la volonté de Votre Majesté a appelée à la vie politique se présente, maintenant, devant Vous. La Douma d'empire, résumant en soi l'unanime élan de toutes les parties de la Russie et animée par la pensée qui unit tous les Russes, la Douma m'a chargé de vous dire, Souverain, que votre peuple est prêt à la lutte, pour l'honneur et la gloire de la patrie. »

L'assemblée tout entière chante l'hymne

S. M. L'EMPEREUR NICOLAS II ET M. ISWOLSKY
A BORD DU YACHT IMPÉRIAL

national : *Dieu protège le tzar !* L'empereur remercie. Il s'écrie : « De toute mon âme, je vous souhaite tous les succès ! Dieu soit avec nous ! » L'empereur se signe. Tous se signent. L'émotion est à son comble. L'empereur s'approche, serre la main des deux présidents, échange quelques paroles et se retire. La foule entonne alors l'hymne liturgique : *Sauve, Seigneur, tes créatures !*

Une fusion de tous les groupes se fait, spontanément. Les ennemis se serrent la main. Tous jurent d'oublier leurs querelles et de travailler, en commun, au salut de la patrie. C'est l'application de la phrase du manifeste du tzar : « Que les dissensions intestines soient oubliées ! »

La séance de la Douma est fixée à trois heures.

A trois heures, exactement, commence un *Te Deum* solennel, dans la salle Catherine. L'évêque Anatole officie, entouré des députés qui appartiennent au clergé. Pendant la lecture des prières, tout le monde se met à genoux. L'office terminé, le public se joint aux députés, pour chanter l'hymne national.

La sonnette présidentielle rassemble rapidement les députés, dans la salle Blanche. Cette salle présente un aspect inaccoutumé. Les tribunes publiques sont bondées. Dans la loge du conseil de l'empire, il y a plus de conseillers que n'en peuvent réunir les plus importantes séances du conseil. La loge diplomatique, elle aussi, est pleine; au premier rang, les ambassadeurs des puissances amies, Angleterre et France, et le ministre de Belgique; derrière eux, le ministre de Serbie, docteur Spalaïkovitch et les représentants de l'ambassade japonaise. Dans la loge des ministres, le cabinet est là, presque au complet, M. Goremykine en tête.

A 3 h. 35, M. Rodzianko monte à la tribune présidentielle, avec ses deux adjoints. Un profond silence règne dans la salle. Tout le monde se lève et M. Rodzianko lit l'ukase impérial convoquant les Chambres en session extraordinaire. Cette lecture terminée, le président s'écrie, d'une voix forte :

« Vive le souverain empereur ! »

Un formidable hourra éclate et se répercute longuement. Le premier adjoint du président, M. Varoun-Secret, lit le manifeste impérial relatif à la déclaration de guerre de l'Allemagne. Cette lecture est écoutée debout. La séance se développe alors dans un ordre solennel qui fait apparaître, en quelque sorte, la complexité infinie de l'unanimité russe.

M. Rodzianko déclare la séance ouverte et s'adresse à la Douma en ces termes:

« Messieurs les membres de la Douma d'empire !

« A l'heure difficile que traverse notre patrie, le souverain empereur a bien voulu convoquer la Douma d'empire, au nom de l'union du tzar russe avec son peuple fidèle. La Douma a déjà répondu à l'appel du souverain, dans la réception d'aujourd'hui.

« Calmement, sans colère, nous pouvons dire à ceux qui nous attaquent : A bas les mains ! N'osez pas toucher à notre sainte Russie ! Notre peuple est pacifique et bon, mais il est terrible et puissant, quand on le force à se défendre. Voyez, pouvons-nous dire, vous pensiez que la discorde et la haine nous divisent, et, pourtant, toutes les nationalités qui peuplent l'immense Russie se sont fondues en une seule famille de frères, aujourd'hui qu'un malheur menace la patrie commune.

« Le héros russe ne laissera pas retomber sa tête avec tristesse, quelques épreuves qu'il doive supporter, ses fortes épaules supporteront tout ; et l'ennemi une fois repoussé, la patrie une et indivisible s'épanouira de nouveau, dans la paix et le bonheur, avec tout l'éclat de sa grandeur inébranlable. »

Le discours de M. Rodzianko est, à chaque

LE MINISTÈRE DES AFFAIRES ÉTRANGÈRES
A SAINT-PÉTERSBOURG

UN DÉJEUNER A BORD DU YACHT IMPÉRIAL LE *STANDART*

instant, interrompu par les applaudissements de toute la Douma, des bancs extrêmes de la droite, jusqu'aux bancs des
cadets, qui délimitent l'extrême gauche. Depuis qu'il y a une Douma, on n'avait
jamais vu, dans la salle Blanche du palais de
Tauride, telle unanimité, telle explosion de
sentiments patriotiques, des manifestations si
impétueuses. Elles atteignent leur point culminant au moment où M. Rodzianko parle de
l'armée russe ; un « Vive l'armée ! » formidable éclate sur tous les bancs. Une vive
émotion s'empare de toute la salle. Beaucoup
pleurent.

Le discours terminé, les députés chantent
l'hymne national. Le président Rodzianko
dirige le chant de sa place.

Des manifestations solennelles se produi-
sent, à l'adresse des nations alliées : Serbie,
Monténégro, d'abord ; puis France, Angleterre,
Japon, Belgique.

La manifestation à l'adresse de la
Belgique et de son représentant est, comme
les précédentes, une explosion d'enthousiasme. Députés, journalistes, public, toute la
salle, d'un bout à l'autre, applaudit à tout
rompre.

Quand le calme est rétabli, M. Goremykine,
président du conseil des ministres, lit, au nom
du gouvernement, une déclaration dont voici
les principaux passages :

« Messieurs les membres de la Douma d'empire !
« La Russie ne voulait pas la guerre. Le gouvernement a recherché consciencieusement les moyens de
sortir en paix de la situation compliquée qui s'était
créée, s'attachant même à la plus faible espérance
d'écarter la tempête de sang qui menaçait. Mais, il y
a des limites, même à l'esprit pacifique de la Russie.
Pleinement conscient de la lourde responsabilité qui

pesait sur lui, le gouvernement impérial ne pouvait, toutefois, reculer humblement, devant le défi qui lui était jeté. Cela eût été une erreur fatale ; elle nous eût humiliés, sans rien modifier au cours des événements qui n'a pas été décidé par nous.

« La guerre a commencé et il ne nous reste qu'à répéter les paroles qui ont retenti par tout le monde : « Nous mènerons cette guerre, quelle qu'elle soit, jusqu'au bout ! »

« Dans toute l'histoire, bien des fois séculaire, de la Russie, il n'y a peut-être qu'une guerre nationale, il n'y a que 1812, qui puisse être comparée, pour son importance, aux événements imminents.

« Une grande tâche, lourde de responsabilités, vous est échue, Messieurs, celle d'être l'expression des pensées et du sentiment populaire. Le gouvernement a accompli son devoir et l'accomplira jusqu'au bout ; c'est, maintenant, votre tour, Messieurs les membres de la Douma d'empire. A cette heure historique et solennelle, au nom du gouvernement, je vous invite tous, sans distinction de partis et de tendances, à vous pénétrer des volontés du manifeste impérial : « Que toutes les dissensions intestines soient oubliées ! » et à vous serrer avec nous, autour du drapeau commun, où sont tracés ces mots, pour nous tous, les plus grands qui soient : « Le Souverain et la Russie ! »

Pendant le discours du président du conseil des ministres, les députés socialistes et travaillistes sont entrés peu à peu dans la salle et vont occuper les bancs de l'extrême gauche.

Au président du conseil succède, à la tribune, M. Sazonoff, ministre des Affaires étrangères. A peine y apparaît-il, que toute la Douma se lève et lui fait une ovation magnifique.

Quand les dernières acclamations se sont tues, M. Sazonoff présente, aux membres de la Douma d'empire, un exposé diplomatique dont voici le principal passage :

« ...En présence des exigences austro-hongroises, nous ne maintenions fermement qu'une condition : prêts à accepter tout compromis qui pût être agréé de l'Autriche, sans diminuer son prestige, nous excluions tout ce qui eût pu porter atteinte à la souveraineté et à l'indépendance de la Serbie.

« Dès le début, nous n'avions pas dissimulé notre point de vue à l'Allemagne. Il est hors de doute que, s'il l'avait voulu, le cabinet de Berlin aurait pu, d'un seul mot impérieux, arrêter son alliée, comme il l'avait fait déjà, durant la crise balkanique. (Cris : « C'est vrai ! C'est vrai ! ») Mais, en réalité, l'Allemagne, qui n'a cessé, jusqu'à ces derniers jours, d'affirmer, en paroles, son désir d'agir sur Vienne, repoussait, les unes après les autres, toutes les propositions qui lui étaient faites, en répliquant, de son côté, par des assurances creuses.

« Le temps passait ; les négociations n'avançaient pas.

L'Autriche bombarda Belgrade avec acharnement. Le but évident était de gagner du temps en pourparlers et de mettre l'Europe et nous en face du fait accompli : l'humiliation et l'anéantissement de l'état serbe.

« Dans ces conditions, nous ne pouvions nous abstenir de prendre des mesures naturelles de précaution et cela d'autant moins que l'Autriche avait déjà mobilisé la moitié de son armée. Lorsque la mobilisation fut ordonnée, en Russie, notre souverain empereur donna sa parole impériale à l'empereur d'Allemagne, que la Russie ne recourrait pas à l'emploi de la force, tant qu'il y aurait un espoir d'arriver à une solution pacifique, aux conditions pleines de modération que j'ai indiquées plus haut.

« Cette voix ne fut pas écoutée. L'Allemagne déclara la guerre, à nous d'abord, à notre alliée ensuite. Perdant toute maîtrise de soi, elle foula aux pieds les droits consacrés de deux États, dont elle avait, d'accord avec les autres puissances, solennellement garanti la neutralité, par sa propre signature. (Cris sur tous les bancs : « Honte !... Honte ! »)

« ... L'Allemagne nous a déclaré la guerre le 1er août ; l'Autriche, cinq jours plus tard, motivant sa décision, tant par notre intervention dans le conflit austro-serbe que par les hostilités que nous aurions ouvertes contre l'Allemagne : c'est cela, prétend-elle, qui l'aurait amenée à nous faire la guerre.

« L'ennemi a pénétré sur notre sol. Nous combattons pour notre patrie, nous combattons pour son prestige et sa situation de grande puissance. (Cris tumultueux : Bravo, bravo !) Nous ne voulons pas accepter le joug de l'Allemagne et de son alliée en Europe. (Cris violents, bravos, applaudissements. Toute la salle est frémissante.) Les mêmes motifs guident nos alliés. Nous ne recherchons pas une gloire vaine. Nous savons que de dures épreuves peuvent se trouver sur notre chemin. Déjà, nos ennemis les escomptent. Ignorant la Russie et dédaignant son passé, ils croient à une lâcheté possible de notre part. Mais Dieu qui n'a pas abandonné la Russie aux moments les plus tragiques de son histoire, ne la délaissera pas non plus à l'heure présente, où elle se groupe autour de son souverain, dans un seul sentiment d'amour et d'abnégation. (Applaudissements sur tous les bancs ; cris : « C'est vrai ! oui, c'est vrai ! ») Pénétré d'humilité et de confiance en l'assistance divine, soutenu par une foi inébranlable en la Russie, le gouvernement s'adresse à vous, élus du peuple, avec une ardente confiance, convaincu qu'en vous se reflète l'image de la grande patrie qui sait imposer respect à ses ennemis. »

La péroraison du discours de M. Sazonoff est accueillie par des applaudissements frénétiques. Une longue ovation part des bancs des députés, gagne le public, les journalistes et la loge diplomatique ; pendant plusieurs minutes, toute la salle, debout, acclame le ministre des Affaires étrangères.

SAINT-PÉTERSBOURG. — LA PLACE DU PALAIS ET LA COLONNE ALEXANDRE

M. Bark, ministre des Finances, monte ensuite à la tribune.

Il annonce un projet de loi soumis à la Douma, permettant à la Banque d'État d'émettre des billets non couverts par l'encaisse métallique, jusqu'au total de un milliard et demi de roubles.

L'encaisse liquide et disponible, immédiatement, pour les besoins de la guerre, est de 500 millions de roubles.

Outre les mesures sur la circulation monétaire, la Douma est appelée à voter des ressources supplémentaires.

L'augmentation du prix de la *vodka* aura pour conséquence indirecte d'en diminuer la consommation.

Le gouvernement propose, en outre, d'imposer la bière. L'ensemble de ces impôts nouveaux donnera 200 millions de roubles par an.

M. Bark expose, ensuite, les mesures prises par la Banque d'État, pour venir en aide aux établissements de crédit et les dispositions du moratoire décrété le 21 juillet (a. s.) ; puis d'autres mesures prises par le gouvernement, aussitôt après l'ultimatum de l'Autriche à la Serbie.

« La nouvelle en fut reçue à Saint-Pétersbourg (on ne dit pas encore à Pétrograd), le 11 juillet (a. s.), au matin. Le soir du même jour, des fonctionnaires du ministère des Finances se rendirent à Berlin et y retirèrent des titres pour une vingtaine de millions. Ordre fut donné, en même temps, de transporter en Russie, en Angleterre et en France, les sommes du Trésor et de la Banque d'État qui étaient en dépôt à Berlin. (*Bravos et applaudissements.*) On ne laissa que la somme nécessaire aux paiements en cours.

« De cette façon, lorsque l'Allemagne nous déclara la guerre, il n'y avait plus d'argent russe à Berlin. (*Bravos et applaudissements prolongés.*) Nos dépôts montaient à 100 millions environ. Titres et espèces sont heureusement parvenus à destination. »

M. Bark termine en disant sa confiance dans la puissance financière de la Russie et en annonçant les mesures que le gouvernement a prises, et prendra encore, pour venir en aide aux familles des soldats appelés sous les drapeaux. La Douma salue cette conclu-

sion par de longs applaudissements. La séance est suspendue à 4 h. 30.

La séance est reprise à 5 h. 35. M. Rodzianko donne lecture du manifeste impérial, relatif à la déclaration de guerre de l'Autriche, qui vient d'être publié. Cette lecture est écoutée debout.

Des hourras et des applaudissements enthousiastes saluent cette lecture. La salle tout entière entonne l'hymne national.

Alors, commence une scène d'une très haute importance historique, parce qu'elle amène, pour la première fois, le défilé public et officiel des partis et des races qui composent l'empire russe. Pour la première fois, le peuple russe, dans une crise nationale, prend la parole. Les conséquences de cette journée échappent aux prévisions humaines : c'est un monde qui paraît à la lumière. Suivons les strophes alternatives de ce *chœur* digne du drame antique.

M. Kerenski parle au nom des « travaillistes » :

« Nous avons la ferme conviction que la grande démocratie russe, unie à toutes les autres forces du pays, feront une résistance décisive à l'ennemi qui nous attaque. Nous croyons que, sur les champs de bataille, au milieu des souffrances, s'affirmera la fraternité de tous les peuples de la Russie. Une volonté unique en naîtra, qui délivrera le pays, à l'intérieur, de ses terribles chaînes... Paysans et ouvriers, vous tous qui voulez le bonheur et la prospérité de la Russie, dans ces jours de grandes épreuves, trempez votre âme ! Rassemblez toutes vos forces, et, après avoir défendu le pays, libérez-le. »

M. Khaoustov parle au nom des socialistes, tout imprégnés encore des théories allemandes,

« Le prolétariat, perpétuel champion de la liberté et des intérêts du peuple, défendra, en tout temps, le trésor de civilisation amassé par le peuple, contre tous les attentats, d'où qu'ils partent... Puissent les conditions du traité de paix être dictées, non par les diplomates, mais par le peuple lui-même. En même temps, nous exprimons la conviction profonde que cette guerre ouvrira définitivement les yeux aux masses populaires de l'Europe, sur la source réelle des violences et des oppressions, dont elles souffrent, et que cette explosion de barbarie sera la dernière. »

Voici les «Allemands des provinces baltiques»:

« Nous ne nous contenterons pas de voter les projets militaires déposés, mais, à l'instar de nos ancêtres, nous sommes prêts à sacrifier notre vie et nos biens pour l'unité et la grandeur de la Russie. »

Voici les Polonais :

« Bien que les Polonais soient séparés territorialement, nous devons, dans nos sentiments et nos sympathies slaves, former un tout unique. (*Bruyants applaudissements de toute la Douma.*) Plaise à Dieu que le slavisme porte aux Teutons un coup pareil à celui que lui portèrent, à Grünwalden, il y a cinq siècles, la Pologne et la Lithuanie. Puissent le sang que nous verserons et les horreurs d'une guerre qui, pour nous, est fratricide, amener la réunion des trois parties du peuple polonais déchiré. (*Bruyants applaudissements sur les bancs de l'opposition et des octobristes.*)

(Le manifeste du grand-duc Nicolas aux Polonais n'avait pas encore été publié.)

Les Lettons et les Esthoniens ont été accusés, parfois, de sympathies allemandes. Leur représentant, M. Godman, s'exprime en ces termes :

« A cette heure historique, je déclare, au nom des députés, lettons et esthoniens, que nous, Lettons et Esthoniens, marcherons avec le peuple russe jusqu'au bout de la lutte actuelle qui est sainte et juste. Chez nous, dans chaque chaumière, à chaque pas, l'ennemi rencontrera un adversaire acharné ; il pourra nous ôter la vie, mais, des mourants eux-mêmes, il n'entendra qu'un cri : « Vive la Russie ! »

Les Lithuaniens :

« Nous avons, jadis, brisé l'Ordre teutonique... Le peuple lithuanien, sur qui sont tombés les premiers coups, marche à cette guerre comme à une guerre sainte. »

Les Juifs :

« Nous avons vécu et nous vivons, nous les Juifs, dans des conditions civiles excessivement pénibles, et, néanmoins, nous nous sommes toujours sentis fils de la Russie. A cette heure d'épreuve, répondant à l'appel qui a retenti du haut du trône, nous, Juifs russes, nous nous mettrons, comme un seul homme, sous les drapeaux russes. Le peuple juif accomplira son devoir jusqu'au bout ! (*La Douma entière, la droite, les nationalistes applaudissent démonstrativement.*)

Voici les libéraux (constitutionnalistes, démocrates, dits *cadets*) :

« Quelle que soit notre attitude à l'égard de la politique intérieure du gouvernement, notre premier devoir est de maintenir notre pays un et indivisible. Mettons donc de côté nos querelles intérieures... Que nos défenseurs ne se retournent pas vers nous avec inquiétude, mais qu'ils marchent hardiment en avant, vers la victoire et vers un avenir meilleur. »

Les « Allemands naturalisés » renient l'Alle-

M. STOLYPINE

PRÉSIDENT DU CONSEIL DES MINISTRES, MINISTRE DE L'INTÉRIEUR

magne. Les nationalistes et le centre s'écrient :

« Jurons tous, qu'oubliant tout, hors la grande tâche à laquelle nous nous donnons, nous combattrons de toutes nos force, jusqu'au jour où la poussée belliqueuse du germanisme, perpétuelle menace à la vérité, à la justice et à la paix, sera brisée. »

Voici les musulmans de la province de Kazan :

« Permettez-moi, en ma qualité d'élu des populations tatare, tchowaque et tchérémisse de Kazan, de déclarer que tous les Musulmans combattront, comme les Russes, contre l'invasion ennemie. »

M. Protopopov parle au nom des octobristes :

« A cette heure de rudes épreuves, où toute la Russie, sans distinction de races et de conditions, s'est groupée autour d'une tâche sainte, la défense du sol russe, une parole suffit: le monde entier voit notre union; c'est elle, avec l'aide de Dieu, qui nous donnera la victoire!»

Le député Markov II porte enfin la parole, et, lui, évoque la Russie tout entière :

« Il n'y a qu'un peuple dont nous n'ayons pas entendu les représentants, c'est le peuple russe. Et cela n'a rien d'étonnant ; quand la Russie est en guerre, on n'a pas besoin de tracer sa conduite au peuple russe. Je viens vous dire qu'à Koursk, au moment où les troupes partaient pour la frontière et que la foule les accompagnait, personne ne demandait : « Pourquoi cette guerre ? » Toute la foule répétait cette unique prière : « Seigneur, Seigneur, donnez-nous la victoire ! »

M. Rodzianko, président de la Douma, confirme le sentiment de l'assemblée, dans un ordre du jour qui salue l'armée et engage tous les peuples de la Russie dans un sentiment commun d'amour pour la patrie. Toute la salle se lève et entonne l'hymne russe. La Douma vote, à l'unanimité et sans débat, les trois projets de loi déposés par le gouvernement.

A 6 h. 25, la clôture de la séance est prononcée.

Les députés restent longtemps encore et procèdent à des collectes, à des enrôlements, à des réconciliations personnelles.

Le compte rendu officiel s'exprime en ces termes :

Quelques hauts fonctionnaires des ministères qui ont assisté à la séance ne cachent pas leur étonnement de tout ce qu'ils ont vu et entendu : ces acclamations, cet enthousiasme, ces déclarations de patriotisme et de dévouement, cette unanimité de la Douma, leur sont un sujet de conversation inépuisable. On se sépare avec le sentiment, qu'en ce jour, bien des malentendus se sont dissipés, et *qu'il y a place, maintenant, pour une vie nouvelle.*

« Il y a place pour une vie nouvelle », tel est l'espoir avec lequel la Russie aborde cette guerre redoutable, où elle se heurte au vieil adversaire de son expansion, au peuple rival, qui voudrait la refouler en Asie et dont tout l'effort a consisté, depuis des siècles, à lui barrer la route vers l'Europe. C'est le duel corps à corps ; et, en plus, la Russie n'est pas seule.

Cependant, elle rencontre et rencontrera, en elle-même, des obstacles et des faiblesses qui diminuent son énorme puissance d'action : dans son propre sein, l'ennemi a su établir ses redoutables colonies parasitaires. L'histoire de la Russie, depuis Catherine II, n'est qu'une longue «avant-guerre». L'Allemagne tient le slavisme et ne le lâchera pas. La lutte sera gigantesque. Deux mysticismes s'opposent, celui de la conquête et celui de la libération.

Libération ! Qui peut s'imaginer ce que ce mot représente pour les infinies variétés d'âmes russes. Chaque province, chaque classe, chaque religion, chaque individu a sa « libération ». Mais, certes, pour toutes, la première des libérations, c'est la libération de l'emprise allemande, du joug allemand.

Le sentiment slave, les appréhensions slaves avaient été exprimées par un Polonais non suspect, R. Dmovski, plusieurs années avant la guerre :

Toute l'Europe, centrale et orientale, est, aujourd'hui, pour l'Allemagne, un champ où elle travaille en vue de l'avenir et où elle exerce, en même temps, une action politique énergique. Sur ce terrain, l'influence allemande se développe rapidement et l'Allemagne poursuit sa conquête pacifique... Ce qui la favorise, c'est l'âme allemande

LA CATHÉDRALE DE RIGA

qui ramène, plus qu'aucune autre, l'intérêt de la vie au seul bien-être matériel et qui est étrangère au regret de la patrie absente. Aujourd'hui, un Allemand, en s'établissant en pays étranger, ne rompt pas avec la grande patrie, dont le rôle dominateur, dans l'avenir, ne fait pas doute pour lui. Aussi, les Allemands sont certains que les hommes de noms allemands habitant à l'étranger sont des citoyens de leur patrie.

Ce danger s'accroissait si promptement, en Pologne et en Russie, qu'il n'était plus une seule partie de la nation qui n'en fût convaincue et qui n'eût, dans son cœur, pris la résolution de le combattre.

Nous avons vu les chefs de chacune des frac-tions de l'Empire se lever dans la Douma et prêter, l'un après l'autre, le même serment. Seule, l'extrême-gauche, dominée encore par l'illusion pacifiste social-démocrate, dont les chefs sont à Berlin, lutte contre elle-même et n'assiste pas au vote des crédits. Cette erreur des socialistes donnera, par la suite, prise sur leur conduite, et sera peut-être la cause initiale de fautes où les deux partis se laisseront entraîner. *Libération, Libération*, que de maux on peut commettre en ton nom !

Car, en somme, pour refouler la plus dange-reuse des servitudes, la servitude allemande, il faut l'union, il faut une armée, c'est-à-dire la discipline, l'empire, et, par conséquent, l'empereur. L'empereur est le chef de guerre. Tzar est César.

Malheureusement, la volonté de l'empereur ne s'exerce pas directement. Entre lui et son peuple, existe un organe de transmission, la bureaucratie. La bureaucratie s'est entêtée et compromise dans des formules attardées et des habitudes suspectes : elle a soulevé contre elle de formidables inimitiés. Ainsi, il est à craindre que des difficultés intérieures, les lenteurs et les imperfections du mécanisme, n'entravent le magnifique élan du slavisme uni autour du chef de la famille slave.

Se rend-on compte de la grandeur de cette guerre ? A-t-on préparé, d'avance, les ressources indispensables à ces immenses armées, qui, d'ores et déjà, se sont mises en mouvement ? A-t-on consulté les forces et les moyens d'action en Russie même et avec les alliés ?...

Les hommes ne sont pas tout... il faut des munitions, de l'argent. Le temps peut avoir le dernier mot : mais, il faut savoir laisser du temps au temps.

L'Allemagne était avertie. Elle savait ce qu'elle faisait, en précipitant les événements avant que l'artillerie lourde fût achevée, avant que l'industrie militaire russe eut atteint son entier développement, avant que les chemins de fer stratégiques de la Pologne, pour lesquels un emprunt venait d'être contracté en France, fussent construits.

Ces imperfections n'étaient nullement ignorées; en tous cas, Berlin les connaissait. Le baron Beyens, ministre de Belgique en Allemagne, écrivait le 28 juillet 1914 à son gouvernement : « L'impression que la Russie est incapable de faire face à une guerre européenne règne non seulement dans le sein du gouvernement impérial, mais chez les industriels allemands qui ont la spécialité des fournitures militaires. Le plus autorisé d'entre eux, M. Krupp von Bohlen, a assuré à l'un de mes collègues *que l'artillerie russe était loin d'être bonne et complète, tandis que celle de l'armée*

allemande n'avait jamais été d'une qualité aussi supérieure. Ce serait une folie, a-t-il ajouté, pour la Russie, de déclarer la guerre à l'Allemagne dans ces conditions (1). »

Le gouvernement allemand averti a saisi l'heure favorable pour livrer le combat décisif : Germains contre Slaves !

La Russie, de son côté, était prévenue; elle était résolue : était-elle préparée ?

L'OPINION PUBLIQUE EN ANGLETERRE Dans la période qui précède immédiatement la guerre, la diplomatie anglaise n'a fait, comme d'ordinaire, que refléter les dispositions de l'opinion.

Au début, l'Angleterre ne crut pas un seul instant qu'elle aurait à prendre partie dans une « querelle serbe ». De quel ton ces choses lointaines étaient traitées à Londres par les personnes graves ! Nous ne parlons pas du citoyen quelconque, « de l'homme de la rue » *the man in the street*. Celui-ci ne savait même pas qu'il y eût une question. Le public anglais, absorbé par ses querelles intérieures, n'avait plus, depuis longtemps, l'esprit tourné vers les affaires étrangères. Si vous parliez à un Anglais : *Serbie*, il vous répondrait infailliblement : *Irlande*.

Il y avait bien la vieille histoire de la rivalité commerciale avec l'Allemagne et les déclarations un peu échauffées de lord Roberts... Sujets d'articles de revue ou rengaines de vieux militaires !

La diplomatie radicale avait paré à tout : elle saurait maintenir l'équilibre entre les deux groupements européens.

L'attache avec la Double-Alliance n'engageait à rien, en cas de crise grave. Sir Edw. Grey ne cessait de le répéter à M. P. Cambon il devait l'affirmer, le 3 août encore, devant les Communes : « La Triple-Entente n'est pas une alliance, c'est un groupe diplomatique... Nous n'avons jamais rien donné de plus *et nous n'avons jamais rien promis de plus que notre appui diplomatique.* Dans la crise actuelle, jus-

(1) *Livre gris*, II, pièce 12.

LE TZAR ET LA TZARINE SORTANT DE LA CÉRÉMONIE RELIGIEUSE AU KREMLIN

qu'à hier 2 août, nous n'avions jamais promis autre chose que notre appui *diplomatique.* »

La France, il est vrai, était sympathique ; on avait pris place auprès d'elle dans l'affaire d'Agadir. Mais la Russie était tout autre chose que populaire : le parti radical, dans sa grande majorité, ne lui avait pas ménagé les témoignages publics et officiels de son hostilité : or, il s'agissait d'une querelle russe.

Quant à l'Allemagne, elle avait poursuivi, avec une ténacité singulière, son projet de rapprochement avec l'Angleterre. Les négociations engagées par lord Haldane, au début de 1912, avaient été très loin ; peu s'en était fallu qu'elles n'eussent abouti à des arrangements contre-balançant les engagements pris à l'égard de la Triple-Entente. C'était une sorte de contre-assurance qui avait été débattue entre l'Allemagne et l'Angleterre. De ces pourparlers était résultée une proposition allemande dont voici la substance :

Si l'une des parties contractantes se trouve engagée dans une guerre contre une ou plusieurs puissances, l'autre partie contractante adoptera au moins une attitude de neutralité bienveillante et fera tous ses efforts pour localiser le conflit.

L'Allemagne demandait, par ce texte, le loisir d'attaquer la France et la Russie, en s'assurant, *au moins*, la neutralité bienveillante de l'Angleterre.

Sir Edw. Grey n'avait pas consenti. Mais, désireux de donner toute quiétude à l'Allemagne sur les intentions de l'Angleterre, il avait proposé le texte suivant :

La Grande-Bretagne n'attaquera pas l'Allemagne sans provocation et s'abstiendra de toute politique agressive contre l'Allemagne. Aucune attaque contre l'Allemagne ne fera l'objet d'aucun traité ni n'est visée dans l'une quelconque des combinaisons à laquelle la Grande-Bretagne appartient à l'heure actuelle et la Grande-Bretagne ne participera à aucune entente qui aurait pour objet pareille attaque.

Par cette rédaction, l'Allemagne eût été parée contre toute politique offensive de la part de l'Angleterre et, même, elle obtenait un gage contre une politique agressive quelconque de la part de la Triple-Entente.

L'Allemagne avait donc pleine sécurité, elle n'avait rien à craindre de la pacifique Angleterre : mais elle voulait plus, elle voulait une formule assurant *la neutralité*, de façon à pouvoir l'opposer à l'Angleterre au cas où, par suite d'une guerre dans laquelle ses alliances l'impliqueraient, elle aurait à violer la neutralité belge.

L'Angleterre eût été ainsi prise au piège; c'est pourquoi le cabinet de Berlin avait proposé une autre rédaction se résumant en ceci :

> L'Angleterre observera tout au moins une neutralité bienveillante si la guerre était imposée à l'Allemagne.
>
> Le devoir de neutralité qui résulte de l'article précédent ne sera pas applicable s'il vient à l'encontre des accords existants déjà faits par les contractants.
>
> Les parties contractantes s'engagent réciproquement à arriver *à un accord*, dans le cas où l'une ou l'autre d'elles se trouverait forcée de déclarer la guerre par suite de l'attitude provocatrice d'une autre puissance.

Outre la neutralité, c'était une sorte d'alliance à terme que l'on proposait à l'Angleterre. Celle-ci ne rompt pas encore et elle fait, à son tour, une nouvelle contre-proposition :

> Puisque les deux puissances désirent également assurer la paix et l'amitié entre elles, la Grande-Bretagne déclare qu'elle ne se livrera à aucune attaque non provoquée contre l'Allemagne et ne participera pas à une attaque de ce genre et s'abstiendra également de toute politique agressive à l'égard de l'Allemagne.

L'Allemagne ne consentit à discuter sur cette base, qu'à la condition expresse que l'Angleterre s'engageât d'avance « à garder *une neutralité bienveillante au cas où l'Allemagne serait forcée de faire la guerre* ». Elle montrait ainsi le bout de l'oreille et découvrait ses propres desseins agressifs. Sir Edw. Grey ayant laissé tomber la conversation, les pourparlers engagés par lord Haldane n'aboutirent pas. Mais, que les choses eussent pu aller jusque-là, c'est dire à quel point l'Angleterre se sentait libre à l'égard de la Triple-Entente.

Le parti radical était opposé à une guerre quelconque et, notamment, à une guerre avec l'Allemagne. L'opinion du parti, à ce sujet, était affirmée par tous les grands journaux. « Lord Morley, Lord Beauchamp, Mʳ Harcourt, Sir John Simson, Mʳ John Burns, Sir Charles Trevelyan, M. Hobhouse s'étaient déclarés résolus à démissionner plutôt que de céder.

Il suffit de lire les journaux libéraux, radicaux, du 27 juillet au 3 août au matin, pour constater l'opposition de toute la presse gouvernementale à l'envoi sur le continent d'un corps expéditionnaire. »

M. Lloyd Georges, M. Winston Churchill, Lord Haldane n'avaient-ils pas été les partisans déclarés du rapprochement avec l'Allemagne. Leur présence au ministère était une garantie pour les pacifistes et pour les partisans de la paix.

Vers la fin de novembre 1912, un homme au courant des choses balkaniques, M. Steed, écrit à un personnage anglais influent, pour l'avertir de la perspective qui s'ouvre déjà d'un conflit européen dans lequel l'Angleterre risque d'être impliquée. Le personnage influent lui répond :

> L'empire britannique ne peut et ne doit se battre que pour la défense de ses intérêts vitaux. Comment faire comprendre au Canada que nous devons nous lancer dans une guerre pour un sale village albanais, dont, hier, nous ignorions encore même le nom ? (1)

Le Canada l'a compris depuis. Mais le gouvernement anglais et surtout l'opinion anglaise ne le comprenaient pas encore.

Cela est d'autant plus explicable qu'il y avait une trame fortement ourdie, par l'Allemagne et l'Autriche-Hongrie, pour s'assurer la neutralité britannique. Les deux gouvernements impériaux avaient de sérieuses raisons de croire qu'ils y étaient parvenus.

L'ambassadeur prince Lichnowsky, grand seigneur, très bien vu par la haute société anglaise, le conseiller de l'ambassade, von Kühlmann, qui « travaillait » les milieux financiers, la presse et les hommes d'affaires (dont une bonne partie d'origine allemande), tous se croyaient en mesure d'assurer que l'Angleterre ne « marcherait » pas.

A la veille de la guerre, le conseiller de l'ambassade, Kühlmann, eut la hardiesse d'avertir le public, par la voie d'un journal, favorable à la cause allemande, que la seule politique qui convenait à l'Angleterre était la

---

(1) Voir l'article de M. Steed paru dans *la Revue de Paris* du 1ᵉʳ juin 1915, et un autre article signé ***, paru dans *le Correspondant* du 25 août 1914.

neutralité pure et simple. Le 2 août, l'empereur Guillaume faisait télégraphier au *Times*, par l'entremise de son ami, M. Ballin, une déclaration où il protestait de son amour pour la paix, de la sincérité de ses sentiments religieux, et rejetait sur la Russie toute la responsabilité de la guerre. Le *Times* ne publie pas la déclaration. Mais, *jusqu'à cette date*, elle répondait à un état d'esprit réciproque de l'Allemagne et de l'Angleterre (1).

Tout l'art de sir Edw. Grey avait consisté, non seulement à ne pas rompre avec l'Allemagne, mais à se tenir tout près de celle-ci. Il se surveillait lui-même, crainte de s'engager dans de fausses voies.

Donc, l'Allemagne, avec sa lourdeur psychologique et sa foi orgueilleuse en sa propre cause, pou-

vait se croire assurée d'une sorte de bienveillance tacite de la part de l'Angleterre.

La presse, l'opinion, le cabinet entretenaient cette illusion. Cependant, certains esprits étaient en éveil.

Un journal, dont l'autorité sur le monde britannique, notamment en ce qui concerne les affaires extérieures, est grande, le *Times*, se prononçait de plus en plus nettement pour une attitude énergique vis-à-vis de l'Allemagne.

Le parti conservateur qui, du temps de lord Landsdowne, avait signé les accords marocains et incliné l'Angleterre vers le rapprochement avec la France, faisait savoir au cabinet qu'il ne partagerait pas entièrement l'optimisme pacifiste des radicaux. Cependant, de ce côté, le sentiment qui devait s'affirmer bientôt était encore très réservé. Le *Standard* écrivait, le 26 juillet, à propos de la note autrichienne : « Les encouragements que la Serbie a donnés à la propagande panslave, en Autriche-Hongrie, ne sont pas seulement une menace pour celle-ci, mais, à moins d'être arrêtée, elle peut provoquer l'extension du conflit. *Les sympathies*

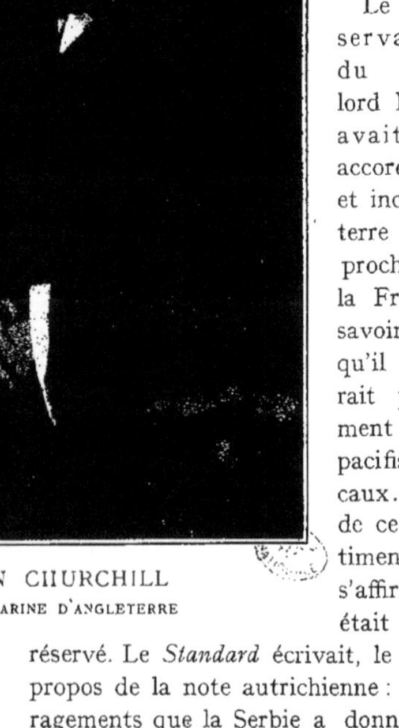

M. WINSTON CHURCHILL

MINISTRE DE LA MARINE D'ANGLETERRE

(1) Voir le texte de la lettre dans *le Temps* du 24 avril 1915. Commentant la lettre, l'*Evening Standard* analyse ainsi l'état d'esprit qu'elle révèle : « M. Ballin, avec une naïveté délicieuse, fait l'aveu le plus compromettant pour l'empereur Guillaume, puisqu'il déclare que si sir Edward Grey avait donné clairement à entendre à l'Allemagne que l'Angleterre prendrait part au conflit, l'Allemagne n'aurait jamais engagé les hostilités, ce qui revient à dire que l'Allemagne ne commença la lutte que parce qu'elle était sous l'impression que tout marcherait selon son bon plaisir. Quelle confession pour l'Allemagne qui s'est toujours posée comme un pays innocent se défendant contre une attaque préméditée ! »

TABLEAU DES FORCES NAVALES ANGLAISES, MOBILISÉES POUR PROTÉGER LES COTES DE GRANDE-BRETAGNE ET DE FRANCE

anglaises sont avec le pays et le gouvernement qui souffrent de l'entêtement serbe. »

On apprécie, à ces traits, combien fut grand le mérite des hommes qui, ayant à ramener de si loin l'opinion, ne se laissèrent pas entraîner dès l'abord et se mirent en état d'expectative vigilante, comme un médecin qui, penché sur le lit du malade, attend, pour se prononcer, que le développement de la maladie lui ait révélé le caractère et la gravité de l'atteinte.

Le premier ministre, M. Asquith, le ministre des Affaires étrangères, sir Edw. Grey, M. Lloyd Georges, M. Winston Churchill appliquèrent toute la tension de leurs esprits perspicaces à démêler l'écheveau. Eclairés par les rapports lumineux de la diplomatie anglaise, ils ne perdirent pas de vue, un seul instant, l'ensemble de la situation ; ils ne tombèrent pas dans le piège de la « localisation » du conflit ; ils marchèrent pas à pas, il est vrai, mais toujours vers la solution juste, nécessaire, inévitable, ayant eu la prudence de ne pas couper les ponts derrière eux.

Nous avons vu, dans les documents diplomatiques, comment la politique de balance et d'équilibre du début se transforme en une politique d'action. Il convient de rappeler, maintenant, comment M. Asquith et sir Edw. Grey, par d'habiles et fortes interventions, préparèrent, entraînèrent l'opinion et comment ils la mirent à un point tel qu'elle se retourna d'elle-même, quand la violation de la neutralité belge eut soulevé un litige qui ne pouvait pas ne pas ébranler l'âme anglaise.

Résumons l'ensemble de ces observations : L'Angleterre s'abstint, d'abord ; bientôt elle fut émue par l'attitude de l'Allemagne envers la France ; mais, peut-être, se fût-elle abstenue plus longtemps, si la neutralité belge n'eût pas été en cause : l'Angleterre fut décidée, et, pour ainsi dire, unanime, à la dernière minute, dès que l'Allemagne eut dévoilé ses plans.

Le 27 juillet, sir Edw. Grey explique aux Communes la gravité de la situation et la pro-

position conciliante qu'il a faite aux puissances : « Le temps était si court que j'ai dû assumer toute responsabilité et faire une proposition, sans savoir si elle serait favorablement accueillie. »

Le 28 juillet, en présence des difficultés que rencontre, de la part de l'Allemagne, toute action diplomatique conciliante, des mesures sont prises, au point de vue naval. La flotte de première ligne est, maintenant, disponible, sous la main de l'amirauté ; 29 cuirassés, 4 croiseurs cuirassés et 9 autres croiseurs de la flotte sont maintenus à Portland, pour faire du charbon. La flottille des sous-marins quitte Portsmouth. La presse prend l'engagement de ne rien publier, au sujet des mouvements de la flotte destinée, dit-on, à la Mer du Nord. Dès ce jour, les partisans de l'intervention se font connaître. La *Pall Mall Gazette* écrit :

Quoiqu'il puisse en coûter à l'Angleterre, nous sommes fermement décidés à marcher, la main dans la main, avec nos amis français. Si la France mobilise, la Grande-Bretagne mobilisera simultanément avec elle.

Les événements se précipitent. La guerre est déclarée par l'Autriche à la Serbie. On entre dans la période des mobilisations européennes.

Que se passe-t-il au sein du cabinet anglais ? Certainement, il est en état de crise : Le 29, sir Edw. Grey ne paraît pas aux Communes ; M. Asquith se borne à dire que « le gouvernement britannique continue à faire tous ses efforts pour limiter l'étendue du conflit »; et, — trait significatif — c'est lord Morley qui est chargé de renseigner l'opinion. Il le fait sur un ton pacifiste qui, à une pareille date, comporte une forte nuance d'illusion.

Le lendemain, 30 juillet, on recevait la nouvelle de l'ultimatum adressé, par l'Allemagne, à la Russie. La période des bons offices était close, la question était devenue européenne.

Il fallait se prononcer. Déjà, le contre-coup des événements s'est fait sentir en un point particulièrement sensible au public anglais, au Stock Exchange. Une première panique s'était produite le vendredi 24 juillet, à la suite de la publication de la note austro-hongroise. Ce fut

LE PORT DE PORTSMOUTH

bien pis, quand il fallut aborder la « fin du mois ».

Ce qui se passe en Europe aura donc, quoiqu'il arrive, des conséquences en Angleterre. On croit pouvoir cacher la tête sous le buisson et laisser passer l'orage : l'orage vous frappe.

Ce fut la première alarme. Sir Edw. Grey se réserve encore. Un mot de lui circule : « La paix et la guerre s'équilibrent dans la balance... »

L'opinion se surprend enfin à se demander si l'Angleterre devra se mêler immédiatement à ces querelles lointaines. Le colonel Repington écrit, dégageant les conséquences de la politique « d'affaires » :

Sans doute, nous pouvons regarder aujourd'hui, avec remords et regret, la position que nous occupions autrefois. Nous étions alors des arbitres indépendants. Nous étions maîtres de venir au secours des petits États, s'ils étaient attaqués. Cette position, nous l'avons perdue parce que nous avons refusé, égoïstement, d'être comme les autres « nations en armes », si bien que nous nous trouvons entraînés dans des querelles qui semblent n'avoir, pour nous, aucun intérêt, mais qui intéressent notre sécurité, laquelle dépend de l'équilibre des puissances.

Le *Daily News*, journal qui passe pour représenter l'opinion de la majorité radicale, n'en est que plus énergique, dans son attitude hostile à la Triple-Entente : Il écrit, le 31 juillet :

L'intervention de l'Angleterre dans le conflit serait un crime.

Ce à quoi le *Times* répond :

La marche des armées allemandes à travers la Belgique, pour attaquer le nord de la France, amènerait l'Allemagne à saisir Anvers, Flessingue, peut-être même Dunkerque et Calais, lesquels pourraient devenir, dans la suite, des bases navales contre l'Angleterre... Même, à supposer que la marine allemande restât inactive, l'occupation de la Belgique et du nord de la France, par les troupes allemandes, serait un coup terrible pour la sécurité de l'Angleterre.

Attentif à ces manifestations de l'opinion, sir Edw. Grey craint, par-dessus tout, que l'on engage la politique de l'Angleterre, malgré elle ; il n'ose prononcer le *quos ego*, qui, à cette heure peut-être, eût influé sur les déterminations de l'Allemagne. Berlin croit encore à l'abstention de l'Angleterre :

« Des articles de journaux, publiés ces jours derniers, écrit-on de Berlin, le 28 juillet, respiraient la plus grande confiance dans la neutralité de l'Angleterre. Il est hors de doute que le gouvernement impérial l'avait escomptée et qu'il devra modifier tous ses calculs. Comme en 1911, le cabinet de Berlin a été trompé par ses agents mal renseignés » (1).

L'état des esprits et des partis, en Angleterre, est décrit, *à cette heure précise*, par M. Steed :

Le parlement avait cessé depuis longtemps de s'intéresser aux plus grandes questions internationales... Le ministre des Affaires étrangères redoutait l'opposition des radicaux, qui formaient le gros des forces ministérielles, si sa politique paraissait devancer le sentiment de son parti... Le parti conservateur craignait de se voir accuser de desseins belliqueux et de paraître mériter le reproche d'être « le parti de la guerre » (2).

Ce ne fut que le 31 juillet qu'un jeune député conservateur alla chercher à la campagne les chefs de son parti et les ramena à Londres. Revenus dans la capitale, ils tinrent une séance où l'on décida l'envoi de la lettre historique, dans laquelle lord Landsdowne et M. Bonar Law promirent aux chefs du gouvernement leur entier appui pour une politique loyale envers la France et la Russie. Voici le texte de cette lettre qui eut une haute influence sur l'opinion:

2 août 1914.

Cher monsieur Asquith,

Lord Landsdowne et moi estimons de notre devoir de vous informer qu'à notre avis, et suivant l'opinion de tous les collègues que nous avons été à même de consulter, il serait fatal pour l'honneur et la sécurité du Royaume-Uni d'hésiter à seconder la France et la Russie dans les circonstances présentes ; nous offrons au gou-

vernement tout notre appui pour prendre les mesures qu'il peut considérer comme nécessaires dans ce but. Bien sincèrement votre

A. BONAR LAW.

Malgré ces avertissements, la foule subissait encore, dans son indifférence foncière, le remous des vagues alternatives qui agitaient le monde politique. On entendait, dans la rue, tantôt des phrases toutes faites empruntées aux journaux : « La flotte allemande est une menace pour notre suprématie... Le méprisable militarisme allemand » ! Tantôt l'explosion du sentiment naturel à un citoyen quelconque d'un quelconque faubourg de Londres : « Au moment où les roses fleurissaient si délicieusement dans les jardins, pouvait-on avoir même la pensée qu'on aurait à combattre pour le foyer et à subir les horreurs de la guerre ? » « Où nous a mené le gouvernement ? Il nous a trompé... Si la guerre nous surprenait, ni les hommes, ni le pays, ne seraient prêts et entraînés... »

Cependant, l'animation était étrange, dans Fleet Street. On voyait sortir, on ne savait d'où, les survivants des anciennes guerres ou des hommes en quête d'aventures, des flammes dans les yeux, à l'idée d'assister à un drame unique, à contempler de vraies « horreurs ». Le goût du sport s'en mêlait ; ceux-ci reniflaient la poudre et le sang, tandis que le bourgeois tranquille allait, répétant : « Sir Edw. Grey arrangera tout dans une conférence internationale... C'est un bluff de l'Allemagne... L'Angleterre n'a qu'à rester en dehors... Pourtant, et notre honneur et nos engagements avec la France !... » Sur l'étendue de la vaste ville se propageait une immense perplexité (1).

Trois jours vont s'écouler dans la fièvre du doute, avec le frisson des crises, d'où le tempérament sort transformé, raffermi, trois jours où l'opinion anglaise lutte contre elle-même, se trouble, se perd, se ressaisit dans un émoi unique, qui agite depuis les chefs de l'Empire jusqu'au dernier des portefaix. « J'étais sur le pont, dans le port de Douvres, regardant

---

(1) 2e Livre gris belge no 14.
(2) W. Steed, dans *Revue de Paris*, 1er juin 1915, p. 461.

(1) V. Ph. Gibbs. *The Soul of the War*. Ch. premier, *passim*.

GABRIEL HANOTAUX
de l'Académie Française

HISTOIRE ILLUSTRÉE
DE LA
GUERRE DE 1914

24 PAGES DE TEXTE ET D'ILLUSTRATIONS

FASCICULE
No 26

L'ÉDITION FRANÇAISE ILLUSTRÉE
(GOUNOUILHOU, Éditeur)
8, Boulevard des Capucines, Paris

PRIX NET
1 franc
ÉTRANGER, PORT EN PLUS

A NOS SOUSCRIPTEURS

Nous prions nos souscripteurs de vouloir bien nous adresser *immédiatement* leur souscription à la 2ᵉ série (fascicules 27 à 52). Nous les mettons en garde contre l'encombrement des derniers jours, leur renouvellement *immédiat* devant les assurer contre toute interruption de leur service.

Les conditions de souscription à la 2ᵉ série sont ainsi fixées :
Pour la France : 25 francs les 26 fascicules (au lieu de 26 francs).
Pour les pays étrangers faisant partie de l'Union postale, 27 fr. 60.
Adresser les souscriptions accompagnées d'un mandat-poste à : *L'Édition française illustrée*, Gounouilhou, éditeur, 8, boulevard des Capucines, Paris.

☞ **AVIS IMPORTANT** : A la suite de très nombreuses demandes de nos souscripteurs, nous avons décidé de faire désormais l'envoi des fascicules *sous tubes forts qui garantiront au souscripteur l'arrivée du fascicule en parfait état*. Ceci, sans augmentation, malgré le surcroît de dépense que cette mesure nous impose.

Ceux de nos lecteurs qui désireraient continuer à recevoir l'exemplaire à plat sous enveloppe devront nous en aviser.

VOLUME RELIÉ

Les quatorze premiers fascicules de *l'Histoire Illustrée de la Guerre de 1914*, par Gabriel Hanotaux, constituent le Tome premier de l'ouvrage.

Ces quatorze premiers fascicules, contenant trois cents pages, dont cent quatre-vingt d'illustrations, forment un superbe volume grand in-quarto qui est mis en vente au prix de :

18 francs, relié (franco)
Étranger, port en plus

Reliure demi-chagrin grenat, plats toile, fers spéciaux du Maître graveur Auguste Lepère, tête dorée, les autres tranches ébarbées.

Nous pouvons fournir également aux personnes qui préféreraient faire exécuter elles-mêmes la reliure des fascicules, des emboîtages avec les fers spéciaux de Lepère, au prix de **3 fr. 50.**

Les frais de port et d'emballage sont à ajouter au prix ci-dessus; soit 0 fr. 75 pour l'envoi par colis postal, livrable en gare, et 1 franc pour la livraison à domicile.

Le Tome premier relié, ainsi que l'emboîtage de ce Tome, sont en vente dans toutes les Librairies.

Pour les recevoir franco, adresser les demandes, accompagnées d'un mandat-poste représentant le prix du volume désiré ou de l'emboîtage et des frais de port indiqués ci-dessus, à : *L'Édition française illustrée*, Gounouilhou, éditeur, 8, boulevard des Capucines, à Paris.

LE DISCOURS DE SIR EDWARD GREY A LA CHAMBRE DES COMMUNES
(3 AOUT 1914)

en arrière, vers l'Angleterre... Ce sera peut-être cette nuit ?... Un matelot s'approche : « *God !* » dit-il à voix basse. — Croyez-vous que ce soit pour ce soir, dis-je à voix basse, moi-même. — Probablement. La flotte allemande n'attendra pas la déclaration de guerre. Ce sera comme à Port-Arthur... Ils voudraient nous prendre endormis. Mais ils ne nous prendront pas. » Montrant les masses compactes des vaisseaux se reflétant dans l'eau sombre : « Il y en a des foules d'autres et qui sont prêts. Les hommes de la réserve sont appelés... Et le public qui ne comprend pas encore !... Curieux, n'est-ce pas ? Ils dorment tranquilles dans leur lit, et, demain, ce sera l'enfer ; l'enfer et la damnation ; car, je sais ce que c'est que la guerre !... »

C'est le moment où l'Allemagne, par tous les moyens, même par une prodigalité étrange de fausses nouvelles, secondant la perfidie calculée de la démarche austro-hongroise à Saint-Pétersbourg *in fine*, s'efforce d'influencer le pacifisme des « petits Anglais ». La Serbie est impopulaire. La presse radicale est au summum d'une campagne désespérée : il est inadmissible, répète-t-elle, que l'Angleterre fasse la guerre pour protéger des « assassins » et pour établir l'hégémonie de la Russie sur l'Europe.

Le cabinet siège, pour ainsi dire, en permanence : tout le monde sait qu'il est divisé et que les partisans de l'abstention tiennent en échec les ministres qui penchent — non sans hésitation encore, — vers les résolutions vigoureuses.

Le samedi 1er août, quand toute l'Europe est en état de mobilisation, le premier ministre, Asquith, dit aux Communes : « Etant donné les circonstances, je préfère ne répondre à aucune question avant lundi. » C'est le moment où le roi d'Angleterre écrit sa lettre, en réponse à l'appel du président de la République. On songe encore à « ménager l'opinion ».

La France est attaquée, la Belgique est menacée, et, même, envahie. A Londres, on délibère encore.

25

Les journées du dimanche, du lundi, se passent en conférences, à Buckingham, en présence du roi. M. Asquith, sir Edw. Grey ne se couchent pas. La seule note livrée à l'opinion est plutôt faite pour accroître l'anxiété :

> Le gouvernement de Sa Majesté n'a pas décidé s'il interviendra, ou, s'il le fait, quand il interviendra dans la guerre européenne qui vient d'éclater. Il s'est toujours réservé le droit de déterminer le rôle que nous jouerons dans la Triple-Entente.

Le cabinet de Londres espère encore pouvoir limiter son action à la protection des côtes françaises dans la mer du Nord et dans le Pas-de-Calais.

Les empires allemands, de leur côté, n'ont pas entièrement renoncé à l'espoir d'un arrangement tenant l'Angleterre à l'écart, moyennant certaines garanties. Le ministre belge à Vienne écrit, le 2 août :

> L'opinion publique compte beaucoup, ici, sur une abstention complète de l'Angleterre et les journaux publient constamment des articles destinés à renforcer cette opinion. Je crois qu'on se fait, à ce sujet, beaucoup trop d'illusion.

Cet état d'esprit n'en explique pas moins certaines erreurs d'appréciation qui ont donné lieu, par la suite, du côté allemand, à des rancunes inexpiables. Les hésitations de Londres ont peut-être tenu le sort du monde en suspens.

C'est la journée du 3 août qui fait pencher la balance. Le territoire du Luxembourg est envahi et la Belgique sommée de laisser passer les troupes allemandes : l'Allemagne ne respectera pas la neutralité. L'Angleterre est visée au cœur : elle comprend, elle se réveille, elle est debout.

La flotte anglaise a reçu l'ordre de se porter à l'entrée de la mer du Nord. Des manifestations enthousiastes se produisent dans West-End ; on chante la *Marseillaise ;* le roi et la reine sont acclamés devant Buckingham Palace et paraissent au balcon. On accompagne en chantant les réservistes français qui se rendent à l'appel des armes. L'opinion publique

se prononce : l'Angleterre doit rester fidèle à ses engagements envers la France. Lord Charles Beresford écrit, dans le *Daily Express* :

> L'honneur de l'Angleterre et la sécurité de l'empire dépendent de la décision qui sera prise demain par le Parlement. Si nous rompons l'Entente cordiale et si nous abandonnons la France dans cette dure épreuve, manquant ainsi à nos engagements, nous serons traîtres à ceux qui ont accueilli avec confiance nos engagements moraux. Nous répudierons une dette d'honneur ; nous nous trouverons dans la situation ignominieuse de déserter nos amis dans un moment de pressant danger ; nous aurons mérité pour toujours le titre de « lâches » et nous aurons provoqué pour l'avenir une catastrophe sans précédent pour l'empire britannique.

Ces raisons de conscience émeuvent profondément l'âme anglaise. Toutes autres considérations deviennent secondaires : on accepte. Et le retentissement de cette disposition nouvelle résonne, à l'infini, sur l'immense domaine de l'empire : en effet, les messages arrivent des gouverneurs du Canada, de la Nouvelle-Zélande, déclarant que les dominions sont décidés à apporter leur concours absolu à la mère-patrie.

LA SÉANCE DE LA CHAMBRE DES COMMUNES — Et le gouvernement ?... Après de longues délibérations le dimanche et le lundi, le parti est pris.

Le lundi 3 août, sir Edw. Grey parle à la Chambre des Communes.

L'importance historique et universelle de cette déclaration est telle qu'il convient d'en peser tous les termes :

> «... Je puis dire avec la plus absolue confiance qu'aucun gouvernement et qu'aucun pays n'est moins désireux d'être impliqué dans une guerre entre l'Autriche-Hongrie et la Serbie que le gouvernement français et la nation française. Ils y sont impliqués par suite de leurs obligations d'honneur et une alliance précise avec la Russie.
>
> Mais une obligation d'honneur ne peut s'appliquer à nous avec la même force.
>
> Nous ne sommes pas partie à l'alliance franco-russe. Nous ne connaissons même pas les termes de cette alliance.
>
> La situation est donc bien nette en ce qui concerne la question d'honneur. Quelle est, dans ces conditions, notre position ?
>
> Nous avons, depuis de longues années, entretenu des relations amicales avec la France.

Je me souviens parfaitement du sentiment de cette Assemblée — je me souviens de mon propre sentiment lorsque le dernier gouvernement conclut cet arrangement avec la France, — de l'impression de réconfort résultant du fait que ces deux nations, que des différends perpétuels avaient divisées dans le passé, avaient résolu ces différends. (*Applaudissements.*)

Jusqu'à quel point cette amitié implique-t-elle des obligations ? C'est à la Chambre d'en juger.

La nation française a une flotte actuellement dans la Méditerranée. Les côtes septentrionales et occidentales de la France sont absolument sans défense. Avec la flotte française dans la Méditerranée, la situation est très différente de ce qu'elle était auparavant.

En ce qui concerne la France, l'amitié qui s'était établie et qui avait grandi entre les deux pays avait donné à la France le sentiment de sécurité, le sentiment qu'elle n'avait plus rien à craindre de nous.

Mon impression personnelle est que si une flotte étrangère, engagée dans une guerre que la France n'aurait pas cherchée, pénétrait dans la Manche, bombardait et détruisait les parties non défendues de la côte française, nous ne pourrions pas rester immobiles. (*Applaudissements frénétiques et prolongés.*)

En présence de ce qui se passerait sous nos yeux, nous ne pourrions pas rester les bras croisés sans rien faire. Cette impression, je le crois, est celle du pays tout entier. (*Applaudissements prolongés.*)

Mais je désire envisager la question du point de vue des intérêts britanniques, et c'est de ce point de vue que je vais justifier ce que je vais dire à la Chambre.

Si nous ne disons rien en ce moment, que fera la France avec sa flotte dans la Méditerranée, ses côtes du nord et de l'ouest absolument sans défense, à la merci d'une flotte allemande pénétrant dans la Manche ?

Nous devons nous souvenir que nous sommes en présence d'une guerre de vie ou de mort.

La France a le droit de savoir, et de le savoir immédiatement (*Violents applaudissements*) ce que notre attitude sera...

J'ai fait la déclaration suivante à l'ambassadeur de France :

« Je suis autorisé à donner l'assurance que si une flotte allemande pénètre dans la Manche ou traverse la mer du Nord pour entreprendre une attaque hostile contre les côtes ou le commerce maritime français, la flotte anglaise lui donnera toute la protection (*full protection*) dont elle dispose. » (*Violents applaudissements.*)

Cette assurance est, bien entendu, sujette à l'approbation du Parlement et elle ne doit pas être envisagée comme obligeant le gouvernement à entrer en action jusqu'à ce que l'occasion se produise.

Aussi mes paroles ne constituent point une déclaration de guerre de notre part et n'impliquent pas une action offensive de notre part, mais elles doivent être envisagées comme nous liant à prendre l'offensive si les circonstances l'exigent.

M. ASQUITH

Je crois savoir que le gouvernement allemand serait disposé, si nous voulions nous engager à observer la neutralité, à consentir à ce que sa flotte n'attaque pas la côte nord de la France. Je n'ai appris cela que quelques minutes avant la séance de la Chambre, mais cela constitue un engagement trop étroit et exigeant un sérieux examen.

Au surplus, des considérations plus graves d'heure en heure retiennent notre attention.

Je veux parler de la question de la neutralité de la Belgique. (*Applaudissements.*) Quelle est notre situation en ce qui concerne la Belgique. Le facteur principal est le traité de 1839.

(Sir Edward Grey expose ensuite que cette question de la neutralité de la Belgique a préoccupé le gouvernement au cours de la semaine passée. Le ministre en arrive à l'envoi de l'ultimatum allemand à la Belgique.)

Il ajoute :

Peu de temps avant mon arrivée à la Chambre, j'ai été informé que le télégramme suivant du roi des Belges a été reçu par le roi Georges :

Me souvenant des nombreuses preuves d'amitié de Votre Majesté et de votre prédécesseur, et de l'attitude amicale de l'Angleterre en 1870, ainsi que du nouveau gage d'amitié qu'elle vient de me donner, j'adresse un suprême appel à l'intervention diplomatique de Votre Majesté pour sauvegarder l'intégrité de la Belgique.

(La lecture de ce télégramme est accueillie par de nombreux applaudissements.)

Mais l'intervention *diplomatique,* ajoute sir Edward Grey, a eu lieu la semaine dernière. Que peut faire maintenant cette intervention ? Nous avons un intérêt vital à l'indépendance de la Belgique. Si l'indépendance de la Belgique disparaissait, l'indépendance des Pays-Bas disparaîtrait également. La Chambre doit considérer quels intérêts britanniques seraient en jeu si, dans une crise pareille, nous nous dérobions. *(Applaudissements.)*

Vous ne vous imaginez pas que si une grande puissance restait à l'écart pendant une guerre comme celle-ci, elle serait à même de faire valoir ses intérêts après la guerre.

Si les informations reçues par le gouvernement au sujet de la Belgique se confirmaient, le gouvernement anglais serait dans l'obligation de faire tous ses efforts pour empêcher les conséquences qui résulteraient des faits annoncés.

Si nous sommes engagés dans une guerre, nous ne souffririons pas beaucoup plus que si nous nous tenons à l'écart. Que nous participions ou non à la guerre, le commerce étranger va être interrompu... Si nous nous tenons à l'écart, je ne crois pas un instant que nous serons en mesure de faire usage de notre force matérielle pour éviter ou pour défaire tout ce qui se sera produit durant la guerre, pour empêcher la totalité de l'Europe occidentale de tomber sous la domination d'une seule puissance et je suis, par contre, persuadé que notre situation morale serait pire.

Je crois devoir déclarer à la Chambre que nous n'avons encore pris aucun engagement en ce qui concerne l'envoi d'un corps expéditionnaire. La mobilisation de la flotte est terminée. La mobilisation de l'armée se poursuit. *(Applaudissements prolongés de l'opposition.)*

En dehors de cela nous n'avons pris aucun engagement parce que nous reconnaissons que nous avons d'énormes responsabilités dans l'Inde et dans d'autres parties de l'empire. Il faut que nous sachions où nous allons.

Maintenant j'ai fait connaître à la Chambre jusqu'où nous sommes allés. Il nous reste un moyen de rester en dehors du conflit. Il nous est loisible de proclamer notre neutralité intégrale. Cela nous ne le voulons pas. *(Applaudissements frénétiques.)*

Si nous n'adoptons pas la ligne de conduite que je viens d'indiquer — et nous avons à envisager les droits de traité de la Belgique, la situation possible dans la Méditerranée, et les conséquences qu'auraient pour nous-mêmes et pour la France notre inaction — si nous déclarons que ces considérations importent peu, j'estime que nous sacrifierons notre honneur, notre nom et notre réputation et que nous n'échapperons pas aux plus sérieuses conséquences économiques.

J'en ai peut-être dit assez pour montrer que nous devons être prêts... *(Applaudissements prolongés.)* Nous sommes prêts... *(Nouveaux applaudissements qui se prolongent pendant une minute)*, nous sommes prêts à toutes les conséquences qui peuvent résulter de l'attitude que nous avons adoptée. Nous sommes prêts à remplir notre rôle. »

La fin du discours de sir Edward Grey est accueillie par de vifs applaudissements.

La séance a été suspendue à sept heures. A la reprise, sir Edward Grey a fait les nouvelles déclarations suivantes :

« J'ai reçu des renseignements qui n'étaient pas en ma possession lorsque j'ai fait ma déclaration cet après-midi. J'ai reçu ces renseignements de la légation belge à Londres depuis l'ajournement de la Chambre.

Hier soir à sept heures, l'Allemagne a présenté une note proposant à la Belgique la neutralité amicale belge sur le territoire belge, promettant le maintien de l'indépendance du pays à la conclusion de la paix et menaçant, en cas de refus, de traiter la Belgique comme un ennemi. *(Cris de : Oh ! oh !)* Un délai de douze heures était fixé pour la réponse.

La Belgique a répondu que l'atteinte portée à sa neutralité serait une violation flagrante des droits des nations. Accepter la proposition de l'Allemagne serait sacrifier l'honneur de la nation. *(Applaudissements.)* La Belgique est fermement résolue à repousser l'agression par tous les moyens possibles. *(Applaudissements.)*

Je ne puis qu'ajouter que le gouvernement de Sa Majesté a pris en très grave considération l'information qui vient d'être reçue. Je n'en veux pas dire davantage pour le moment. »

Le 4 août, M. Asquith expose aux Communes la situation, relativement à la neutralité belge :

« ...La Belgique a refusé catégoriquement d'accepter la violation flagrante de son droit.

Le gouvernement anglais est obligé de protester, auprès de l'Allemagne ; il est obligé de lui demander de renoncer formellement à la demande formulée auprès du gouvernement belge et de donner l'assurance de respecter la neutralité du territoire belge.

LA LECTURE DE L'ORDRE DE MOBILISATION DES ARMÉES DE TERRE ET DE MER EN ANGLETERRE

Nous avons demandé une réponse immédiate. Nous avons reçu, ce matin, à notre légation de Bruxelles, la réponse allemande au refus de la Belgique d'accepter la proposition contenue dans la première note. L'Allemagne est décidée à user de la force pour passer sur le territoire belge. Nous avons aussi reçu un télégramme du ministre belge des Affaires étrangères disant que le territoire belge a été violé. Des informations ultérieures montrent les forces allemandes continuant d'avancer à travers la Belgique.

Nous avons reçu aussi ce matin, de l'ambassadeur d'Allemagne, une communication officielle assurant que l'Allemagne, même en cas de conflit armé avec la Belgique, n'a pas l'intention d'annexer ce pays. (*Rires ironiques.*)

La déclaration allemande doit être sincère, parce que l'Allemagne a promis solennellement à la Hollande de ne pas acquérir un territoire aux dépens de ce dernier pays.

La communication allemande nous assure que l'armée allemande était exposée à une attaque de l'armée française à travers la Belgique et que, par conséquent, c'était, pour l'Allemagne, une question de vie ou de mort.

Je suis maintenant obligé d'ajouter, au nom du gouvernement britannique, que nous ne pouvons pas considérer cette communication comme satisfaisante. (*Applaudissements.*) Nous avons répété notre requête de la semaine dernière auprès du gouvernement allemand, qu'il nous donne la même assurance que la France et la Belgique, concernant la neutralité du territoire belge.

Nous avons demandé à l'Allemagne de nous donner une réponse satisfaisante avant minuit. » (*Vifs applaudissements.*)

A minuit, à Londres, onze heures à Berlin, sir Edw. Goschen, d'après les ordres de son gouvernement, se présentait à la Wilhelmstrasse pour réclamer ses passeports et déclarait que l'Angleterre et l'Allemagne étaient en état de guerre. Le fait était « communiqué » officiellement à la presse. Le lendemain, la *London Gazette* publiait : 1º l'ordre de mobilisation de l'armée anglaise ; 2º la nomination de sir John Jellicoe comme commandant de la flotte.

Le premier ministre en déposant, le lendemain, le *Livre Bleu* qui donne un premier exposé de l'action diplomatique de l'Angleterre, flétrissait les propositions insidieuses faites par l'Allemagne à l'Angleterre, pour s'assurer la neutralité britannique :

« Il s'agissait, a dit M. Asquith, outre ce qui concernait la France et la Hollande, de trafiquer avec le gouverne-ment impérial, au mépris de nos obligations envers la Belgique, et cela, à son insu. Si nous avions accepté ces propositions *infâmes*, quelle réponse aurions-nous pu faire, aujourd'hui, à l'appel touchant que ce pays nous a adressé, quand il nous a prié, ces jours-ci, de garantir sa neutralité ? Je plains l'homme qui peut lire, sans émotion, le discours du roi des Belges à son peuple.

Messieurs, les Belges se battent et ils meurent. Et nous, si nous avions écouté l'Allemagne et trahi nos amis et nos obligations, quelle aurait été notre position aujourd'hui ? Pour prix de notre déshonneur, nous aurions des promesses faites par une puissance qui, non seulement, a violé les siennes, mais nous demande d'en faire autant. Nous allons faire la guerre, d'abord pour remplir nos obligations internationales, ensuite pour défendre les nations faibles.

Le pays comprendra que notre cause est juste et je demande à la Chambre de voter un crédit de £. 100.000.000 et de porter l'armée à 500.000 hommes. »

La Chambre vote les crédits et les hommes, séance tenante. Ce n'est pas seulement la déclaration de guerre : c'est la guerre.

Il faut laisser un des hommes qui ont le plus d'intérêt à observer, avec vigilance, ce qui s'est passé à Londres, le ministre de Belgique, exposer les causes et les modalités de ce soudain revirement :

« L'opinion publique s'est enfin émue et ce revirement s'est produit d'une façon foudroyante. On s'est rendu compte, en Europe, qu'un petit peuple donnait un exemple d'honneur et de probité, sans regarder aux conséquences. Les partisans de la paix à tout prix ont été frappés. On a appris, ensuite, que l'ennemi avait franchi la frontière, qu'on se battait et que les Belges avaient résisté au colosse allemand. On a lu le discours de notre roi, tout le monde a enfin saisi la gravité de la situation, et l'Anglais, même le plus pacifiste, a fait son examen de conscience. Il s'est dit : « Pouvons-nous lâcher un peuple qui nous donne un tel exemple de loyauté ? » Puis, sont venus les récits des atrocités allemandes et la défense héroïque de Liége. Cela a été décisif. Toute l'Angleterre voulait la guerre, ne se contentait plus de l'appui naval que favorisait d'abord le Cabinet; elle réclamait l'envoi du corps expéditionnaire. Le gouvernement attendait cet ordre du peuple. Il a obéi. Deux ministres, d'un avis différent, ont donné leur démission qui a été acceptée immédiatement. Lord Kitchener a été nommé à la Guerre et la mobilisation décrétée.

Aujourd'hui, l'admiration de ce pays pour la Belgique est sans bornes. Dans les clubs militaires, on boit aux valeureux Belges, les journaux de toutes nuances louent notre nation. Les lettres, les télégrammes de félicitation

DÉPART DE RÉSERVISTES DE LA MARINE ANGLAISE

affluent. Si le roi venait ici, on le porterait en triomphe, dans les rues de Londres... »

S. COMTE DE LALAING.

Comme l'indique la lettre du ministre belge, la crise qui avait si singulièrement entravé l'action du cabinet se résolvait par la disparition de deux des membres principaux du ministère ; lord Morley, président du Conseil privé, et M. John Burns, président du Local Gouvernement Board ont donné leur démission ; ils sont remplacés respectivement par lord Beauchamp et M. Runciman. Par suite du remaniement ministériel, lord Kitchener entre dans le cabinet avec le portefeuille de la guerre.

La nouvelle de la déclaration de guerre fut accueillie avec un enthousiasme délirant par la population. Les rues se remplirent soudain. Tout le monde se rendait compte de la grandeur des événements. Des manifestations patriotiques ont lieu dans les quartiers aristocratiques du West-End ; des bandes de manifestants, hommes et femmes, parcourent les rues, drapeaux en tête, en chantant des airs patriotiques.

La nation était debout auprès de son gouvernement.

Au cours de cette semaine décisive, l'Angleterre avait procédé avec une prudente lenteur. Même dans sa déclaration du 3 août, sir Edw. Grey avait encore retenu, sur ses lèvres, la parole suprême. Il explique lui-même cette réserve par les énormes responsabilités qui pèsent sur l'Angleterre aux Indes et dans tout l'empire.

Bien des raisons plaidaient pour la « neutralité intégrale ». Mais, des raisons plus fortes poussaient le gouvernement et les peuples à une intervention que leur principale faiblesse était, en somme, de n'avoir pas prévue.

Et c'était là la cause suprême, la cause cachée de leurs hésitations.

Depuis de longues années, on lui répétait qu'une *entente* n'est pas une *alliance* et (que, dans l'état des choses européennes) une alliance comporte une armée. Elle avait fermé les oreilles et elle discutait encore sur la valeur d'une entente, quand elle sentait déjà confusément que les préparatifs de l'Allemagne étaient principalement dirigés contre elle.

Elle n'avait pas voulu attarder sa réflexion sur la formule : *Notre avenir est sur les eaux*, et elle voyait, maintenant, que la mer dépendait de la terre et que ses flottes étaient visées par Anvers et Calais. Sir Edw. Grey croyait ménager les nerfs du parlement et du pays en répétant : « Nous sommes libres » ; et il était contraint d'exposer, en même temps, quelle était cette liberté : « Si nous n'adoptons pas la ligne de conduite que je viens d'indiquer, — et nous avons à envisager les droits des traités de la Belgique, la situation éventuelle dans la Méditerranée, et les conséquences qu'auraient pour nous-mêmes et pour la France notre inaction, — si nous déclarons que ces considérations importent peu, j'estime que nous sacrifierons *notre honneur, notre nom et notre réputation et que nous n'échapperons pas aux plus sérieuses conséquences... »*

Tant il est vrai que tout l'art du gouvernement se résout en deux termes : *prévoir* et *vouloir !*

L'Angleterre se reprenait à temps ; mais il n'était que temps. Heureusement, à sa tête se trouvaient des hommes assez imbus des vieilles traditions héroïques de ce grand pays, des hommes d'esprit assez droit et de cœur assez haut pour ne pas hésiter plus longtemps devant le devoir suprême qui prenait à la gorge la puissance anglaise, au moment où la persévérance dans l'erreur l'eût pour toujours compromise et déshonorée.

M. Asquith et ses collègues éprouvaient ce sentiment fier et libérateur, à jamais glorieux devant l'histoire, de relever le gant que l'Allemagne jetait à l'Angleterre par la double menace contre la France et contre la Belgique ; et ils déjouaient ainsi la manœuvre *infâme*, qui, à la dernière minute, avait tenté d'embouteiller l'intérêt et l'honneur de l'Angleterre dans la neutralité.

NAVIRE DE GUERRE ANGLAIS

CHAPITRE XVIII

LA FRANCE EN FACE DE LA GUERRE

La Veillée des armes. — L'Opinion publique et la guerre.
Assassinat de J. Jaurès. — La Mobilisation générale. — La Séance du 4 août.
L'Unanimité nationale.

HAQUE peuple va révéler, dans cette crise, où sa vie et les causes de sa vie sont en question, sa nature propre, son tempérament particulier, sa façon de sentir, de penser et d'agir : l'Allemagne fonce sur l'obstacle selon sa méthode audacieuse et rusée; la Russie accepte, conformément à son instinct mystique et résigné; l'Angleterre s'en remet à l'évolution du sens propre chez chaque citoyen, lent à ébranler, inébranlable une fois debout ; quant à la France, elle manifeste son aptitude singulière à se gouverner elle-même ; elle est si naturellement centralisée et façonnée à la coopération nationale, qu'elle se passerait de chefs, s'il le fallait, et tirerait, de sa propre résolution, sa hiérarchie et sa discipline.

Les premières journées de la crise sont, à ce point de vue, véritablement symboliques. Le pays est jeté dans le plus grave des conflits qu'ait connus son histoire, à une heure où il n'y avait, à Paris, pour ainsi dire pas de gouvernement. Les Chambres étaient en vacances ; le président de la République et le président du conseil naviguaient, ayant quitté Cronstadt la veille pour se rendre en Suède et de là en Norvège et en Danemark; le chef temporaire du cabinet était M. Bienvenu-Martin, ministre des Affaires étrangères par intérim.

Aussitôt qu'il eut reçu les visites successives de l'ambassadeur d'Allemagne et de l'ambassadeur d'Autriche-Hongrie, M. Bienvenu- Martin réunit ses collègues et un conseil de cabinet eut lieu, au quai d'Orsay, le 25, à 6 heures 30 du soir. Y assistaient MM. Malvy, Noulens, Messimy, René Renoult, Gaston Thomson, ministres; Abel Ferry, Lauraine et Dalimier, sous-secrétaires d'Etat. M. Maurice Raynaud, Fernand David, Couyba, Jacquier ne purent être touchés par la convocation.

A la suite de cette délibération, M. Messimy, ministre de la Guerre, confère avec les chefs de l'armée; des ordres sont donnés aux préfets et aux hauts fonctionnaires de ne pas quitter leur poste.

Le compte rendu de cette émouvante journée est télégraphié au président de la République et au président du conseil, à Stockholm. M. Viviani fait annoncer qu'il abrégera son voyage pour reprendre la direction des services du quai d'Orsay.

L'opinion ne s'attarde guère aux espérances pacifiques que lui prodiguent la presse et les cercles officieux. Immédiatement, on a le sentiment très net des responsabilités nationales ; on ne s'attarde pas à discuter sur le point de départ de la crise. Les affaires serbes posent la question européenne : cela suffit ; l'union se fait dans les esprits avant que le mot soit prononcé. Toute la France pense de même. Elle se prépare à assumer de lourdes tâches. L'Allemagne veut étendre sur le monde entier les conditions de vie subalterne qu'elle a imposées à la France depuis quarante-cinq ans : mais quarante-cinq ans de silence ne se sont pas écoulés en vain.

On est frappé de ce fait que la démarche comminatoire allemande ne s'est produite qu'à Paris. L'Allemagne applique son système de la France « otage ». La France ne se laissera pas faire. Une partie de la presse n'hésite pas à se prononcer, sans attendre le résultat des négociations engagées.

L'Écho de Paris, par son article, « La Menace allemande », amène une explication de l'ambassadeur Schœn qui vient protester, au quai d'Orsay, de la bonne foi et des excellentes intentions de l'Allemagne. L'opinion française, extrêmement simpliste, veut des faits, non des paroles.

Une seule résolution dans les esprits : s'il faut marcher, on marchera ; une seule préoccupation : que fera l'Angleterre ? Les côtes de la mer du Nord sont dégarnies et sans défense contre un coup de main de la flotte allemande si l'Angleterre s'abstient. Les avertissements de M. Humbert ont jeté quelque doute sur les conditions de la préparation militaire. Mais, quand même, on a confiance.

Le 28 juillet, au matin, une note officielle annonce que le président de la République, interrompant son voyage, a pris la décision de revenir immédiatement en France. Il débarquera à Dunkerque avec M. Viviani, le mercredi 29. Le président s'excuse auprès du roi de Danemark et du roi de Norvège qu'il devait visiter :

La gravité des événements m'impose l'impérieux devoir de rentrer directement en France où je suis rappelé par le conseil des ministres, interprète de l'opinion publique. Je suis confus, etc.

On avait préparé de grandes fêtes pour le retour du président à Dunkerque : ces fêtes n'auront pas lieu.

Le 29, au matin, un conseil des ministres est tenu sous la présidence de M. Bienvenu-Martin, M. Poincaré ne devant arriver qu'à 1 heure 30. A l'issue du conseil, M. Bienvenu-Martin reçoit M. Iswolsky, ambassadeur de Russie.

Une note, parue dans *l'Echo de Paris* du 30 juillet, indique que les grandes résolutions ont été prises à cette date :

J'ai appris qu'à la suite de ce conseil des ministres, le 29 au matin, les membres du gouvernement, ministres et sous-secrétaires d'Etat, étaient pleinement d'accord avec M. Poincaré et M. Viviani, alors qu'ils étaient encore en mer, sur l'attitude du gouvernement dans le conflit actuel et surtout sur ce point *que la France serait, elle aussi, elle surtout, fidèle à ses alliances et à ses amitiés.* Le président de la République et le président du conseil ont pleinement approuvé toutes les initiatives prises et tout ce qui a été fait par le gouvernement présidé, à titre intérimaire, par M. Bienvenu-Martin.

Les conseils militaires sont en permanence au ministère de la Guerre. A Toulon, conférence d'amiraux présidée par l'amiral Boué de Lapeyrère à bord du *Courbet* (sans doute, on prépare les mesures de rapatriement du 19e corps d'Algérie).

De Nancy, on signale que les troupes du 20e corps, dispersées par les manœuvres, reprennent leurs cantonnements ; les officiers en congé sont rappelés, les gares et voies ferrées disposées en cas de mobilisation. Il n'est pas jusqu'à la circulaire invitant les jeunes soldats et les réservistes appelés sous les drapeaux à se munir de chaussures qui ne soit prise comme un garde-à-vous individuel, adressé à chaque Français en état de porter les armes.

A Paris et en province, la foule se porte vers les caisses d'épargne où l'on paye à guichet ouvert. La Bourse, agitée, dès le 24 juillet, par un premier vent de panique, ne se relève pas. Les offres affluent et pas d'acheteurs. On commence à s'apercevoir que la situation est minée par tout un travail préparé de longue main. Une manifestation violente se produit contre un certain baron O.-A. Rosenberg, qui paraît avoir représenté depuis plusieurs années, en diverses circonstances, « le coup » de la spéculation allemande sur le marché de Paris.

Il est sifflé, hué, et descend les marches du monument sous la protection de la police.

Le soir, une manifestation, organisée contre la guerre par *la Bataille Syndicaliste*, se produit sur les boulevards. Elle coïncide avec un mouvement analogue à Berlin. On évalue les manifestants à 3.000 environ. Ils crient : « A bas la guerre! Vive Jaurès! » L'échauffourée est assez vive depuis le Gymnase jusqu'au carrefour Drouot. La police reste maîtresse de la place vers minuit, tandis qu'un attroupement en sens contraire, criant : « Vive l'armée! » est dissipé place de l'Opéra.

Le président de la République et M. Viviani arrivent le mercredi 29. M. René Renoult et Abel Ferry vont au-devant, à Dunkerque.

Le train présidentiel entre en gare de Paris à 1 heure 30. M. Maurice Barrès, dans un article publié par *l'Echo de Paris*, a invité la population parisienne à venir, en signe d'union, saluer le président. Le président de la République et le président du conseil sont debout dans la voiture, tandis que Paris, en un sentiment unanime, crie : « Vive Poincaré! Vive la France! Vive l'armée ! » Il y a des larmes dans les voix.

A la Chambre, les réunions de groupes ont lieu, malgré les vacances parlementaires. Le groupe socialiste unifié, tandis que MM. Jaurès, Sembat, Vaillant, J. Guesde se rendent à Bruxelles pour assister à la réunion du bureau socialiste international, publie un manifeste signé de cent députés :

La France, qui, depuis quarante ans, a subordonné aux intérêts suprêmes de la paix sa revendication sur l'Alsace-Lorraine, ne peut se laisser entraîner à un conflit dont la Serbie serait l'enjeu... C'est prêter le flanc « au germanisme impérial le plus agressif »... La France seule peut disposer de la France...

Le groupe radical et radical-socialiste qui forme l'axe de la majorité ministérielle, et qui a le sentiment de ses responsabilités, se réunit et délibère sous la présidence de M. Métin. Là, sont réunis MM. Daniel Vincent, Simyan, Bouffandeau, Tissier, Deshayes. Une délégation, composée de ces membres du groupe, ainsi que de MM. René Besnard, Monestier, Dalbiez, J. Chaumié, André Hesse, Pottevin, général Pedoya, est chargée de communiquer au pré-

M. MESSIMY
MINISTRE DE LA GUERRE

sident du conseil l'ordre du jour voté par le groupe :

Le groupe radical et radical-socialiste reconnaissant la fermeté et la sagesse du gouvernement de la République, dans les circonstances extérieures actuelles, se solidarise étroitement avec lui, dans un sentiment de patriotique confiance.

La commission du Sénat, chargée, à la suite du discours de M. Humbert, de l'enquête sur le matériel de guerre, et qui s'est réunie plusieurs fois sous la présidence de M. Cochery, s'ajourne en déclarant :

Les renseignements fournis par les différents chefs de service entendus, au sujet notamment de l'artillerie et des approvisionnements en vivres et en chaussures, ne justifient pas les préoccupations récentes.

La Ligue des Patriotes, par l'organe de M. Maurice Barrès, affirme d'abord que le bloc Londres-Pétersbourg-Paris ne doit pas être dissocié... Le manifeste ajoute :

On ne doit plus connaître de partis, mais seulement la France... Nous ne sommes plus qu'une grande armée, grave et résolue, dont tous les hommes se massent coude à coude...

M. S. Pichon, évoquant toute la grandeur du problème, écrit dans *le Petit Journal* :

Qui sait si l'Allemagne et l'Autriche-Hongrie n'ont pas choisi l'heure présente comme la moins défavorable pour engager une lutte qui marquerait une des plus grandes catastrophes de l'Histoire ?

Survivant d'un âge qui s'achève, M. d'Estournelles de Constant télégraphie à M. Abel Ferry :

Au nom du groupe parlementaire de l'arbitrage, je me permets de vous rappeler qu'en cas de conflit aigu entre deux puissances signataires, les neutres se sont expressément engagés, par l'article 48 de la convention de 1907, à considérer l'intervention amicale, non pas comme un droit, mais comme un devoir dans l'intérêt supérieur de la paix.

Cependant, des combats sanglants ont lieu au Maroc. Le général Gouraud, opérant contre les dissidents Riattas, perd, dans un seul engagement, 50 tués et 88 blessés. Chez les Zaïans, un détachement de la colonne Claudel est, un instant, en péril.

Adrien Hébrard, directeur du *Temps*, meurt le 29 juillet au soir. Dans le tumulte, la disparition de cet homme d'esprit, de ce manieur d'opinion, de ce « Parisien du Midi », qui personnifia une époque, passe presque inaperçue. Il avait parlé, une fois, à la tribune, excellemment. On l'invitait à recommencer : « Non, non, répond-il, pour qu'ils me nomment ministre ! non ! »

A peine rentré de son voyage, le 29, le président de la République préside les conseils des ministres presque en permanence. M. Viviani reçoit les ambassadeurs, les parlementaires notoires au quai d'Orsay. Les entretiens se traînent encore dans une sorte d'incertitude.

L'artillerie autrichienne bombarde Belgrade; la Russie se déclare ; l'Angleterre est hésitante; quel sens donner au revirement réel ou apparent de la diplomatie austro-hongroise ? Les avis sont partagés. Une sorte de voile pèse sur les âmes, de même que l'anxiété étreint les cœurs.

On apprend qu'en province, l'émotion est au comble. M. Herriot, maire de Lyon, « fait appel au sang-froid des citoyens pour collaborer au maintien de l'ordre public ». La foule se presse aux caisses d'épargne où l'on commence à se sentir débordé; en présence de la situation aventurée de la place de Paris, la liquidation de la fin du mois peut amener un effondrement.

En somme, l'opinion qui s'affirme, le 30 juillet, au sujet de l'éventualité d'un conflit européen, a quelque chose de résolu, de grave et de généreux.

Le Figaro résume cette impression :

Ce que nous pouvons dire, quoi qu'il arrive, c'est que la France n'a aucune responsabilité directe ou indirecte dans le *casus belli* actuel, qu'elle n'a provoqué, attaqué ni excité personne, qu'elle a le cœur pur et les mains nettes... La France se sent fortement unie dans la main de ses chefs, loyalement attachée à ses amis et à ses alliés. Elle veut la paix, mais si on lui force la main, si on lui impose la guerre, elle l'acceptera avec résolution, avec sang-froid, avec ténacité, avec courage... La France est résolue à soutenir, avec ses alliés et amis, une cause qu'elle a servie si souvent au cours des siècles, celle de la liberté du monde. Puisqu'elle est ainsi décidée

LA FOULE, A PARIS, DEVANT LES AFFICHES DE MOBILISATION

et prête à se battre s'il le faut, n'est-ce pas une situation excellente pour défendre passionnément, et jusqu'à la dernière minute, la paix ? (G. Hanotaux.)

M. Clemenceau écrit dans *l'Homme libre* :

C'est une force de savoir qu'on lutte pour l'existence même de la patrie. Nous sommes dans ce cas, précisément, et ceux qui ont triomphé de nous avec tant de peine, quand nos armées étaient anéanties et que tous les moyens d'action nous manquaient à la fois, vont apprendre ce que nous pouvons faire, quand il n'y a plus d'autre moyen que la victoire pour sauver notre pays.

Le jeudi 30, on dément encore officiellement que des mesures de mobilisation générale soient prises par les ministères compétents.

Aux caisses d'épargne, les remboursements à vue sont supprimés. Les déposants n'obtiendront que 50 francs par quinzaine et sur demande écrite.

A la Chambre, les couloirs se sont soudain animés, les groupes se forment, s'agitent : « L'Al-

lemagne mobilise, la France va mobiliser ! »

M. Jaurès arrive de Bruxelles. Il est optimiste. « Les choses peuvent encore s'arranger »; on veut le croire.

Les « républicains de gauche » votent un ordre du jour exprimant la confiance dans le gouvernement. Les socialistes décident de manifester en faveur de la paix. Les directeurs des journaux de Paris sont convoqués au ministère de l'Intérieur et prennent, auprès de M. Malvy, l'engagement de ne publier qu'à bon escient les nouvelles intéressant la Défense nationale. Le Journal *Paris-Midi*, qui annonce l'appel de quatre classes de réservistes, est déféré à la justice. M. Gustave Hervé publie un article très remarqué : « Le Patriotisme révolutionnaire », qui est comme une réponse à la démarche du camarade Muller :

Une grève générale unilatérale, faite seulement en France, pourrait livrer la frontière et le pays à l'état-major allemand; le parti socialiste et la C. G. T., en silence, y renoncent... Aujourd'hui comme en 1792... notre patriotisme révolutionnaire serait, le cas échéant, le grand ressort et la suprême sauvegarde de la patrie en danger...

Les trois sociétés de la Croix-Rouge se mettent en mesure de mobiliser leur personnel et leur matériel sur toute l'étendue du territoire.

La guerre serait acceptée, avec ses terribles aléas, si on n'avait encore quelque doute sur le parti que prendra l'Angleterre. Sans l'Angleterre, répète-t-on partout, la guerre est une folie. Ceci dit, si on doit se battre, on se battra.

A mesure que paraissaient les « éditions spéciales » des journaux, des groupes se formaient autour des kiosques. Des passants parlaient sur un ton calme, se reconnaissant les mêmes sentiments. Pas un cri malséant, pas une manifestation. Tous se décidaient, dans leur cœur, à l'exécution du devoir. On remarque, dès lors, que Paris « n'a plus de nerfs ». Il prend une attitude de résolution et de tranquille sérénité !

LA VEILLÉE DES ARMES Le vendredi 31 juillet assiste à la débandade de la paix. Les dernières espérances s'évanouissent.

Le gouvernement se décide à prendre le pays pour confident de ses angoisses et de ses résolutions. *L'Agence Havas* et *le Temps* publient une sorte de relevé des préparatifs militaires allemands qui sont de nature à révéler les intentions de son gouvernement.

Deux conseils des ministres ont lieu, le 31 juillet : « Le gouvernement, en attendant l'issue des négociations diplomatiques engagées, continue à prendre toutes les mesures nécessaires pour assurer la protection de nos frontières. »

L'affiche suivante est placardée à la gare de l'Est : « Les trains se dirigeant sur l'Allemagne sont limités : à Lunéville par la voie d'Avricourt, à Belfort par la voie de Mulhouse.

La circulation des trains sur les lignes d'Alsace-Lorraine est interrompue. »

Des bruits circulent sur l'arrestation et l'expulsion d'Allemands soupçonnés d'espionnage. Une foule énorme d'Allemands et d'Autrichiens se porte aux gares. On apprend que les garnisons de Vincennes et de Versailles sont sur pied. Des régiments d'infanterie et de cavalerie traversent la ville, la nuit, silencieusement.

On attend toujours des renseignements précis sur l'attitude de l'Angleterre. La confiance est générale, mais on voudrait une déclaration positive : la *froide* déclaration de M. Asquith tombe comme une douche dans la soirée.

Vers onze heures, le bruit se répand, dans la ville enfiévrée, que Jaurès vient d'être assassiné. Jaurès dînait avec quelques amis au restaurant du Croissant, rue Montmartre ; il était assis sur une banquette adossée au mur, tout contre la fenêtre entr'ouverte. Il regardait une photographie d'enfant qu'un des convives venait de lui passer. Un homme armé d'un revolver s'arrête sur le trottoir, passe le bras par l'ouverture et tire trois fois. Jaurès, frappé à la tête de deux balles à bout portant, s'affaisse sans proférer une parole, sans pousser un cri. On s'empresse autour de lui ; vainement. Au bout de quelques minutes, il expire.

L'assassin fut arrêté immédiatement ; il refusa d'abord de parler et de dire son nom. Mais, vers minuit, il répondit aux questions du commissaire de police. Il déclara s'appeler Raoul Villain, né à Reims en 1885, fils du greffier du tribunal civil, élève à l'Ecole d'archéologie du Louvre. « Pourquoi avez-vous tué ? lui demandèrent les magistrats. » — « Parce que Jaurès était un ennemi de la loi de trois ans et qu'il nuisait à la patrie ; j'ai voulu faire justice. »

Il déclara n'avoir pas de complice et n'appartenir à aucun parti politique.

Dès la nouvelle de l'assassinat de Jaurès, le gouvernement prit des mesures pour assurer l'ordre. Une proclamation fut adressée par le

JEAN JAURÈS PARLANT DANS UN MEETING EN PLEIN AIR

président du conseil, M. Viviani, à la population parisienne :

> Je me découvre personnellement, disait le président du conseil, devant la tombe si tôt ouverte du républicain socialiste qui a lutté pour de si nobles causes et qui, en ces jours difficiles, a, *dans l'intérêt de la paix, soutenu, de son autorité, l'action patriotique du gouvernement.*
>
> Dans les graves circonstances que la patrie traverse, le gouvernement compte sur le patriotisme de la classe ouvrière, de toute la population, pour observer le calme et ne pas ajouter aux émotions publiques, par une agitation qui jetterait la capitale dans le désordre.

Tous les journaux s'associèrent à ces paroles et au deuil public; *l'Action Française* déclara que, contrairement au bruit qui avait couru, Raoul Villain n'était pas un camelot du Roi.

Ces appels furent entendus. La mort de Jaurès, connue dès le vendredi soir, cause une vive émotion dans Paris, mais nul trouble. Une brève manifestation se produisit aux cris de *Vive l'Internationale! Vive Jaurès!* Elle se dissipa d'elle-même.

Ce n'est pas sur une tombe qu'il est permis de juger une vie. Jean Jaurès, fils de famille bourgeoise, élève distingué de l'Ecole Normale Supérieure, philosophe, professeur, député, grand orateur, puissant dialecticien, parlementaire souple et persévérant, politicien de mœurs pures, de cœur vaste et de pensée subtile, tenta, avec des fortunes diverses, l'adaptation d'un programme socialiste assez vague aux formes électorales et parlementaires établies par la Constitution de 1875. Par sa naissance comme par son temps, il fut enfermé dans un cadre trop étroit que ses larges épaules ne furent pas assez puissantes pour rompre.

Il assista, sans envie, mais sans joie, à la fortune politique de ses brillants contemporains de la bourgeoisie radicale et radicale-socialiste. Il pouvait dire à un des chefs d'équipe, le fameux : « Pas cela et pas vous! » Il médita toute sa vie une ascension et un programme qu'il ne sut ni préciser ni réaliser.

Il fut la figure la plus expressive de son temps par la prodigieuse puissance verbale. Dans le testament politique surabondant et sonore qu'il laisse, on trouve, au milieu d'un fouillis voué à l'oubli, de quoi faire une gerbe que retrouvera l'avenir.

Il voulait la paix, mais il n'entendait nullement désarmer la nation. Son œuvre, *l'Armée nouvelle*, le prouve; mais son rêve à ce sujet, comme sur tant d'autres points, manquait d'actualité.

Il avait confiance dans une paix de modération et de sagesse ; peut-être se confiait-il un peu trop à la fidélité ou à l'autorité de ses camarades socialistes d'outre-Rhin.

Jaurès n'était pas un adversaire de l'alliance russe. Il sentait qu'elle apportait à la France une garantie contre une attaque brutale de la part de l'Allemagne. Il reconnaissait que la France, « en saluant le drapeau de la Russie, n'abaissait pas le sien ». Mais il voulait que cette alliance fût purement défensive ; il signalait les complications séculaires de la politique russe en Orient, comme pouvant ouvrir brusquement des conflits où nous serions entraînés. On donne, « comme une preuve de la solidité et de la continuité de la pensée chez Jaurès, ce fait *désormais historique* de sa dernière intervention, *quelques heures avant sa mort*, auprès des pouvoirs publics, dans le but de sauvegarder l'indépendance souveraine de la politique française vis-à-vis de l'alliance franco-russe » (1).

Si Jaurès eût vécu, il eût, sans doute, développé, avec sa fougue ordinaire, les conséquences de l'attitude adoptée par lui à cette heure suprême. Il eût été, pour le pouvoir, une grande force, s'il en eût fait partie, une grande gêne si on l'en avait tenu éloigné, et, peut-être, pour la France, une grave cause de trouble, si, après avoir collaboré avec le gouvernement, il se fût séparé de lui.

Le corps de Jaurès devant être porté dans le Tarn, les obsèques eurent lieu, le 4 août, au milieu d'un immense concours de peuple :

(1) Ch. Rappoport, *Jean Jaurès*, p. 83 et suiv.

LE CAFÉ DU CROISSANT, OÙ FUT ASSASSINÉ JAURÈS

il fut conduit à la gare du quai d'Orsay, dans le silence ému de la ville, entouré de délégations ouvrières et politiques, accompagné d'une pompe officielle qu'il n'avait pas prévue. Sa disparition soudaine ouvrait, par un drame, le drame de la guerre. La douleur était réelle, quoique distraite par la grandeur des événements.

Le président du conseil, M. Viviani, rendit hommage à l'orateur et à l'ami :

> Je l'avais reçu vendredi soir. Sa voix éclatante dans le discours, persuasive et douce, presque câline dans l'entretien, suppliait pour la paix, mais pour la paix dans la justice et dans l'honneur. Il m'avait félicité de l'attitude du gouvernement. Il m'avait assuré du concours de tous et je n'oublierai pas l'affectueuse étreinte de ses mains tendues vers moi...

On remarqua les paroles émouvantes du secrétaire de la Confédération générale du travail, M. Jouhaux, qui furent interprétées comme assurant la collaboration active des classes ouvrières à la défense du pays :

> C'est dans son souvenir que nous puiserons les forces qui nous seront nécessaires pour faire notre devoir. Au nom des organisations syndicales, au nom de tous ces travailleurs qui ont déjà rejoint leur régiment et de ceux — dont je suis — qui partiront demain, je déclare que nous allons sur le champ de bataille avec la volonté de repousser l'agresseur : c'est la haine de l'impérialisme qui nous entraîne.

LA MOBILISATION GÉNÉRALE Le samedi 1er août, c'est « le jour de la mobilisation générale.

L'ordre (dont on trouvera le texte dans le chapitre consacré à la mobilisation des forces françaises) fut délibéré en conseil des ministres le matin ; il fut affiché à cinq heures dans tous les bureaux de poste.

Il fut accueilli partout, en France, dans une sorte de recueillement. Tous savaient le sens profond de cette mesure : ce n'était pas encore la guerre déclarée, mais c'était la guerre probable, à peu près certaine. Pas un Français qui ne sût ce que ce mot comportait de risques et de souffrances ; pas un Français qui ne fît, en cet instant, le sacrifice complet de lui-même et des siens à la patrie. Ce fut l'heure sublime !

Et les choses se firent si simplement.

Peut-être trouvera-t-on quelque intérêt à des notes prises, le jour même :

« J'appris, à n'en pas douter, que l'ordre de mobilisation générale allait être affiché. Je rentrai chez moi et nous partîmes immédiatement pour la maison de campagne de l'Aisne où nous passions l'été : en raison du voisinage de la frontière, il y avait des mesures à prendre immédiatement, pour rentrer ensuite à Paris.

« Nous quittâmes Paris par une après-midi lumineuse et chaude, avant que l'ordre de mobilisation fût publié ; mais, par le télégraphe, il nous devança bientôt. Dès Meaux, les yeux des femmes en pleurs nous avertirent : la foule était massée devant les bureaux de poste ; on lisait en silence l'affiche tricolore.

« La nouvelle nous précédait au fur et à mesure que nous avancions, dépassés, le plus souvent, par les automobiles lancées à toute vitesse, avec des gendarmes porteurs de l'ordre ; dans les villages, la cloche sonnait, le tambour battait ; nous assistions, pour ainsi dire, au spectacle de la France qui se levait ; les hommes quittaient le travail aux ateliers et dans les fermes; les paysans hâtaient le pas des chevaux ou laissaient la faucheuse en plein champ; les femmes se hâtaient de regagner la maison et s'empressaient pour les préparatifs du départ ; les enfants se taisaient, étonnés et ne comprenant pas. On peut dire, qu'au fur et à mesure que l'ordre arrivait, la nation se mettait sur le pied de guerre et recevait, en même temps, l'âme guerrière. Spectacle d'une simplicité et d'une grandeur inouïes ! Comme les hommes ne changent pas, je suppose que ce fut l'effet produit sur la Gaule par les feux qu'alluma Vercingétorix.

« Nous arrivâmes dans notre petit village à la nuit tombante ; faute de tambour, le garde champêtre avait pris la clochette de l'enfant de chœur, et, sur le carrefour qui sert de place, il lisait la proclamation en ânonnant et il tintait la guerre.

« Nous passâmes la nuit dans les préparatifs d'un départ hâtif. Je ne puis dire quel fut notre étonnement quand nous apprîmes, vers sept heures du matin, que les territoriaux mobilisés pour garder les voies étaient partis. Nous n'en revenions pas d'apprendre que, déjà, ils avaient quitté le village, qu'ils avaient reçu le fusil, le brassard et le képi et, qu'en blouse, en bourgeron, en veston, mais soldats, ils étaient à leur poste. Bientôt, nous les trouvâmes, échelonnés le long des routes. On se reconnaissait et on se saluait de loin.

« Dès que tout fut prêt, les adieux faits au jardinier et aux voisins qui répondaient à l'appel, la maison confiée à une femme de garde, à deux heures nous étions en voiture, pour faire, en sens contraire, le chemin que nous avions parcouru la veille.

« C'était le dimanche. La France était dans un silence parfait. Pas un ivrogne, de Fismes à Paris. Par milliers, le long des routes, les bicyclistes pédalant avec la musette sur le dos ; un bonjour au passage, un temps d'arrêt pour serrer les mains. Les femmes assises sur le pas des portes, déjà seules, ou groupées sur les places, les yeux en pleurs, mais calmes et sans plainte.

« Tous les points de concentration gardés; un ordre parfait. Sur les voies ferrées de la ligne de l'Est, peu de trains; on avait mis les wagons en réserve pour le grand branle-bas du lendemain.

« Même ordre, même calme, mais un peu plus affairé, dans Paris ; les hommes achetant des souliers, les femmes des provisions.

« Sur les boulevards, l'animation est plus grande : la foule se porte aux nouvelles. Mais, partout, le même mot : « La mobilisation ; c'est bien; on marchera. » Dans les gares, dans le métro, c'est une cohue, mais ordonnée et réglée par la volonté de tous : une sorte de

LES OBSÈQUES DE JEAN JAURÈS

discipline spontanée s'établit déjà dans toute la nation. »

Dans la soirée, le diapason monte encore, des cortèges se forment : on chante *la Marseillaise, le Chant du départ*. On est prêt à partir : demain, on partira.

Vers minuit, des faits ayant un caractère plus grave se produisent ; des bandes qui paraissent organisées. tentent le pillage de magasins signalés comme allemands ou austro-hongrois ; des hommes suspects vont, par les rues, un pot à colle à la main et affichant des placards sur les boutiques fermées. Les magasins de la maison Maggi sont mis au pillage. La police est, un moment, débordée, mais elle se ressaisit aussitôt.

Le lundi 3 août, l'état de siège est proclamé; les Chambres sont convoquées pour le lendemain, 4 août : on apprend que la frontière est violée par des partis allemands ; cependant, M. de Schœn est toujours à l'hôtel de l'ambassade.

Le 3 est la journée de la déclaration de guerre. M. de Schœn remet, dans l'après-midi, à M. Vi-

viani, la note par laquelle son gouvernement le charge de déclarer que, désormais, il se considérait comme en état de guerre avec la France. Un aéroplane allemand a laissé tomber trois bombes sur Lunéville. L'ambassadeur d'Allemagne quitte Paris, le 3, à dix heures du soir.

Un remaniement ministériel a lieu dans la journée : M. Gauthier est remplacé, au ministère de la Marine, par M. Augagneur ; M. Gaston Doumergue redevient ministre des Affaires étrangères ; M. Sarraut prend, à sa place, le portefeuille de l'Instruction publique.

L'État, les villes, les départements commencent à prendre les mesures pour l'organisation du pays en temps de guerre. Les attroupements sont interdits, le stationnement aux terrasses des cafés, également; les auteurs de troubles ou de désordres publics seront déférés aux conseils de guerre. Le calme est entièrement rétabli.

Par un décret rendu le dimanche matin, les caisses, les banques et les établissements de crédit sont autorisés à opposer le moratorium à tout retrait supérieur à la somme de

250 francs. Les diverses formations de la Croix-Rouge s'organisent avec une ardeur fébrile, sur toute l'étendue du territoire : les premières coiffes blanches et mantes bleues apparaissent.

« Hier, s'est inauguré le régime d'état de siège et l'on ne saurait imaginer la tristesse, presque tragique, des boulevards sous la pluie. Boutiques closes, restaurants, cafés fermés, partout les inscriptions « pour cause de mobilisation ». Sur les chaussées, des automobiles lancées à grande vitesse dans la direction d'une gare. Sur les trottoirs, de rares passants affairés, qui filent sous les parapluies. Pauvre Paris, quand y reverrons-nous briller trop de lumières? » (*Figaro*.)

Le mercredi 4 août, le gouvernement de la République prend les initiatives qui sont de son droit et de son devoir, quand la France est attaquée.

Les Chambres se sont réunies. Le président de la République leur adresse le message suivant :

« Messieurs les députés,

« La France vient d'être l'objet d'une agression brutale et préméditée, qui est un insolent défi au droit des gens. Avant qu'une déclaration de guerre nous eût encore été adressée, avant même que l'ambassadeur d'Allemagne eût demandé ses passeports, notre territoire a été violé. L'empire d'Allemagne n'a fait hier soir que donner tardivement le nom véritable à un état de fait qu'il avait déjà créé.

« Depuis plus de quarante ans, les Français, dans un sincère amour de la paix, ont refoulé au fond de leur cœur le désir des réparations légitimes.

« Ils ont donné au monde l'exemple d'une grande nation qui, définitivement relevée de la défaite par la volonté, la patience et le travail, n'a usé de sa force renouvelée et rajeunie que dans l'intérêt du progrès et pour le bien de l'humanité.

« Depuis que l'ultimatum de l'Autriche a ouvert une crise menaçante pour l'Europe entière, la France s'est attachée à suivre et à recommander partout une politique de prudence, de sagesse et de modération.

« On ne peut lui imputer aucun acte, aucun geste, aucun mot qui n'ait été pacifique et conciliant.

« A l'heure des premiers combats, elle a le droit de se rendre solennellement cette justice qu'elle a fait, jusqu'au dernier moment, des efforts suprêmes pour conjurer la guerre qui vient d'éclater et dont l'empire d'Allemagne supportera, devant l'histoire, l'écrasante responsabilité. (*Applaudissements unanimes et répétés.*)

« Au lendemain même du jour où nos alliés et nous, nous exprimions publiquement l'espérance de voir se poursuivre pacifiquement les négociations engagées sous les auspices du cabinet de Londres, l'Allemagne a déclaré subitement la guerre à la Russie, elle a envahi le territoire du Luxembourg, elle a outrageusement insulté la noble nation belge (*Vifs applaudissements unanimes*), notre voisine et notre amie, et elle a essayé de nous surprendre traîtreusement en pleine conversation diplomatique. (*Nouveaux applaudissements unanimes et répétés.*)

« Mais la France veillait. Aussi attentive que pacifique, elle s'était préparée ; et nos ennemis vont rencontrer sur leur chemin nos vaillantes troupes de couverture, qui sont à leurs postes de bataille et à l'abri desquelles s'achèvera méthodiquement la mobilisation de toutes nos forces nationales.

« Notre belle et courageuse armée, que la France accompagne aujourd'hui de sa pensée maternelle (*Vifs applaudissements*), s'est levée toute frémissante pour défendre l'honneur du drapeau et le sol de la patrie. (*Applaudissements unanimes et répétés.*)

« Le Président de la République, interprète de l'unanimité du pays, exprime à nos troupes de terre et de mer l'admiration et la confiance de tous les Français. (*Vifs applaudissements prolongés.*)

« Etroitement unie en un même sentiment, la nation persévérera dans le sang-froid dont elle a donné, depuis l'ouverture de la crise, la preuve quotidienne. Elle saura, comme toujours, concilier les plus généreux élans et les ardeurs les plus enthousiastes avec cette maîtrise de soi qui est le signe des énergies durables et la meilleure garantie de la victoire. (*Applaudissements.*)

« Dans la guerre qui s'engage, la France aura pour elle le droit, dont les peuples, non plus que les individus, ne sauraient impunément méconnaître l'éternelle puissance morale. (*Vifs applaudissements unanimes.*)

« Elle sera héroïquement défendue par tous ses fils, dont rien ne brisera devant l'ennemi l'union sacrée et qui sont aujourd'hui fraternellement assemblés dans une même indignation contre l'agresseur et dans une même foi patriotique. (*Vifs applaudissements prolongés et cris de : vive la France.*)

« Elle est fidèlement secondée par la Russie, son alliée (*Vifs applaudissements unanimes*) ; elle est soutenue par la loyale amitié de l'Angleterre. (*Vifs applaudissements unanimes.*)

« Et déjà, de tous les points du monde civilisé, viennent à elle les sympathies et les vœux. Car elle représente aujourd'hui, une fois de plus, devant l'univers, la liberté, la justice et la raison. (*Vifs applaudissements répétés.*)

« Haut les cœurs et vive la France ! » (*Applaudissements.*)

La lecture du message est accueillie par une salve d'applaudissements unanimes et prolongés.

Maurice Barrès raconte la séance de la Chambre : « Hier, après-midi à trois heures... Le gouvernement va expliquer aux Chambres l'agression sauvage de l'Allemagne et les moyens d'y faire face. Le président Deschanel se lève : «Dans les graves circonstances... » c'est l'éloge funèbre de J. Jaurès qui commence : tous debout ! On salue le mort. Puis, voici l'appel : « Du cercueil de cet homme sort une pensée d'union, de ses lèvres glacées, un cri d'espérance!... » Maintenant, un intervalle de silence et d'immobilité. Entre le président du conseil. Hier, M. Viviani était un partisan, un homme combattu... Aujourd'hui, nous ne voulons plus rien savoir, excepté qu'il est le gouvernement de la France, derrière lequel on se range. Puis, en son nom propre, il expose au pays et à l'univers, les causes de la guerre, les raisons de la France.

LE GÉNÉRAL MICHEL

GOUVERNEUR DE PARIS

tanéité admirable, toute faite d'intelligence et d'enthousiasme, cette assemblée saisissait, soulignait, parachevait chaque intention du discours. Elle se leva d'un bond pour le salut à la Russie, pour le salut à l'Angleterre, pour le salut à l'Italie, pour le salut à la Serbie, pour le salut, le plus long de tous, le plus chargé d'amour, à nos frères d'Alsace-Lorraine. Mais, comment raconter cette séance : on en peut dire les faits ; l'émotion patriotique dont nous étions tous bouleversés, je ne saurais la saisir, la mettre sur ce papier... Avant même qu'elle ait jeté sur notre nation sa pluie de sang, la guerre, rien que par ses approches, nous fait déjà sentir ses forces régénératrices : c'est une résurrection. » Le comte de Mun évoque un souvenir : « Tandis que, le cœur battant, les yeux pleins de larmes, j'assistais à ce spectacle, unique dans les

Historique indispensable... » Un autre écrivain fait ce court portrait de M. Viviani à la tribune : « Cet homme jeune porte toute la responsabilité du pouvoir. Il ne semble pas qu'il en soit écrasé. Sous son front solide et dur, ses yeux sont calmes. La mâchoire avance. Le visage, rudement taillé, exprime précisément l'énergie qu'on désire... » Barrès reprend, tourné maintenant vers l'assemblée : « Avec une spon-fastes d'un peuple, la mémoire des jours passés se dressait devant moi.. Je revoyais cette journée du 15 juillet 1870 où, dans la petite cour du quai d'Orsay, j'attendais, lieutenant de cavalerie prêt à partir, la fin de la séance. Le capitaine de garde se montra, agitant son képi en criant : «La guerre est déclarée ! » Il y eut, parmi les officiers, une clameur d'enthousiasme. L'instant d'après, les

LA SÉANCE DU 4 AOUT, À LA CHAMBRE DES DÉPUTÉS

(Communiqué par l'Illustration.)

députés sortirent, le front soucieux, inquiets et troublés, doutant de leur œuvre. L'armée acclamait la guerre ; eux la subissaient, résignés, incertains si la nation était avec eux.

« Quel contraste! Hier, la nation était là, tout entière, vibrante et sûre de sa cause. Ceux qui parlèrent en son nom, tous en des mots magnifiques, grandis à la hauteur de l'événement, furent vraiment les interprètes de son âme. »

Les historiens de l'antiquité composaient, pour les mettre dans la bouche des orateurs, des discours que les enfants récitent encore : nous avons la déclaration même de M. René Viviani, président du conseil, telle qu'elle fut entendue dans cette mémorable séance du 4 août 1914, exposé simple et fort, de faits et de documents, qui parle à la raison avec toute la force et la vérité.

Après un récit des pourparlers diplomatiques qui ont suivi l'envoi de la note austro-hongroise à la Serbie, l'orateur expose la situation précise faite à la France :

«... Telle était la situation, lorsque, le 31 juillet au soir, le gouvernement allemand, qui, depuis le 24, n'avait participé par aucun acte positif aux efforts conciliants de la Triple-Entente, adressa au gouvernement russe un ultimatum, sous prétexte que la Russie avait ordonné la mobilisation générale de ses armées et il exigeait, dans un délai de douze heures, l'arrêt de cette mobilisation.

Cette exigence, d'autant plus blessante dans la forme que, quelques heures plus tôt, l'empereur Nicolas II, dans un geste de confiance spontanée, avait demandé à l'empereur d'Allemagne sa médiation, se produisait au moment où, à la demande de l'Angleterre et au su de l'Allemagne, le gouvernement russe acceptait une formule de nature à préparer un règlement amiable du conflit austro-serbe et des difficultés austro-russes, par l'arrêt simultané des opérations et préparatifs militaires.

Le même jour, cette démarche inamicale à l'égard de la Russie se doublait d'actes nettement hostiles à l'égard de la France : rupture des communications par routes, voies ferrées, télégraphes et téléphones, saisie des locomotives françaises à leur arrivée à la frontière, placement de mitrailleuses au milieu de la voie ferrée qui avait été coupée, concentration de troupes à cette frontière.

Dès ce moment, il ne nous était plus permis de croire à la sincérité des déclarations pacifiques que le représentant de l'Allemagne continuait à nous prodiguer... (*Mouvement.*)

Nous savions qu'à l'abri de l'état de guerre proclamé, l'Allemagne mobilisait.

Nous apprenions que six classes de réservistes avaient été appelées et que les transports de concentration se poursuivaient pour des corps d'armée, même stationnés à une notable distance de la frontière.

A mesure que ces événements se déroulaient, le gouvernement, attentif et vigilant, prenait de jour en jour, et même d'heure en heure, les mesures de sauvegarde qu'imposait la situation ; la mobilisation générale de nos armées de terre et de mer a été ordonnée.

Le même soir, à 7 heures 30, l'Allemagne, sans égard à l'acceptation par le cabinet de Saint-Pétersbourg de la proposition anglaise que j'ai rappelée plus haut, déclarait la guerre à la Russie.

Le lendemain, dimanche 2 août, sans égard à l'extrême modération de la France, en contradiction avec les déclarations pacifiques de l'ambassadeur d'Allemagne à Paris, au mépris des règles du droit international, les troupes allemandes franchissaient en trois points différents notre frontière.

En même temps, en violation du traité de 1867, qui a garanti avec la signature de la Prusse la neutralité du Luxembourg, elles envahissaient le territoire du Grand-Duché, motivant ainsi la protestation du gouvernement luxembourgeois.

Enfin, la neutralité de la Belgique même était menacée, le ministre d'Allemagne remettait, le 2 août au soir, au gouvernement belge, un ultimatum l'invitant à faciliter en Belgique les opérations militaires contre la France, sous le prétexte mensonger que la neutralité belge était menacée par nous ; le Gouvernement belge s'y refusa, déclarant qu'il était résolu à défendre énergiquement sa neutralité, respectée par la France et garantie par les traités, en particulier par le roi de Prusse. (*Applaudissements unanimes et prolongés.*)

Depuis lors, messieurs, les agressions se sont renouvelées, multipliées et accentuées. Sur plus de quinze points, notre frontière a été violée. Des coups de fusil ont été tirés contre nos soldats et nos douaniers. Il y a eu des morts et des blessés. Hier, un aviateur militaire allemand a lancé trois bombes sur Lunéville.

L'ambassadeur d'Allemagne, à qui nous avons communiqué ces faits, ainsi qu'à toutes les grandes puissances, ne les a pas démentis et n'en a pas exprimé de regrets. Par contre, il est venu hier soir me demander ses passeports et nous notifier l'état de guerre, en arguant, contre toute vérité, d'actes d'hostilité commis par des aviateurs français en territoire allemand, dans la région de l'Eiffel et même sur le chemin de fer de Carlsruhe à Nuremberg. Voici la lettre qu'il m'a remise à ce sujet :

« Monsieur le Président,

« Les autorités administratives et militaires allemandes ont constaté un certain nombre d'actes d'hostilité caractérisée commis sur territoire allemand par des aviateurs militaires français. Plusieurs de ces derniers ont manifestement violé la neutralité de la Belgique, survolant le

DÉPART DE RÉSERVISTES A LA GARE DE L'EST

territoire de ce pays. L'un a essayé de détruire des constructions près de Wesel, d'autres ont été aperçus sur la région de l'Eiffel, un autre a jeté des bombes sur le chemin de fer, près de Carlsruhe et de Nuremberg.

« Je suis chargé et j'ai l'honneur de faire connaître à Votre Excellence qu'en présence de ces agressions, l'Empire allemand se considère en état de guerre avec la France, du fait de cette dernière puissance.

« J'ai, en même temps, l'honneur de porter à la connaissance de Votre Excellence que les autorités allemandes retiendront les navires marchands français dans des ports allemands, mais qu'elles les relâcheront si, dans les quarante-huit heures, la réciprocité complète est assurée.

« Ma mission diplomatique ayant ainsi pris fin, il ne me reste plus qu'à prier Votre Excellence de vouloir bien me munir de mes passeports et de prendre les mesures qu'elle jugerait utiles pour assurer mon retour en Allemagne, avec le personnel de l'ambassade, ainsi qu'avec le personnel de la légation de Bavière et du consulat général d'Allemagne à Paris.

« Veuillez agréer, monsieur le président, l'expression de ma très haute considération.

« Signé : SCHOEN. »

Ai-je besoin, messieurs, d'insister sur l'absurdité de ces prétextes que l'on voudrait présenter comme des griefs ? A aucun moment, aucun aviateur français n'a pénétré en Belgique, aucun aviateur français n'a commis ni en Bavière, ni dans aucune autre partie de l'Allemagne, aucun acte d'hostilité. L'opinion européenne a déjà fait justice de ces inventions misérables. (*Vifs applaudissements unanimes.*)

Contre ces attaques qui violent toutes les lois de l'équité et toutes les règles du droit public, nous avons, dès maintenant, pris toutes les dispositions nécessaires ; l'exécution s'en poursuit avec une rigoureuse méthode et un absolu sang-froid.

La mobilisation de l'armée russe se continue également, avec une énergie remarquable et un enthousiasme sans restriction. (*La Chambre entière se lève. — Applaudissements unanimes et prolongés.*)

L'armée belge, mobilisée à 250.000 hommes, se dispose à défendre avec une magnifique ardeur la neutralité et l'indépendance de son pays. (*Nouveaux applaudissements vifs et unanimes.*)

La flotte anglaise est mobilisée tout entière et l'ordre a été donné de mobiliser l'armée de terre. (*Tous les députés se lèvent et applaudissent longuement.*)

Messieurs, voilà les faits. Je crois que, dans leur rigoureux enchaînement, ils suffisent à justifier les actes du gouvernement de la République. Je veux cependant, de ce récit, dégager la conclusion, donner son véritable sens à l'agression dont la France est victime.

Les vainqueurs de 1870, ont eu, vous le savez, à diverses reprises, le désir de redoubler les coups qu'ils nous avaient portés. En 1875, la guerre destinée à achever la France vaincue n'a été empêchée que par l'intervention des deux Puissances à.qui devaient nous unir plus tard les liens de l'alliance et de l'amitié (*Applaudissements unanimes*), par l'intervention de la Russie et par celle de la Grande-Bretagne. (*Tous les députés se lèvent et applaudissent longuement.*)

Depuis lors, la République française, par la restauration des forces nationales et la conclusion d'accords diplomatiques invariablement pratiqués, a réussi à se libérer du joug, qu'au sein même de la paix Bismarck avait su faire peser sur l'Europe.

Elle a rétabli l'équilibre européen, garant de la liberté et de la dignité de chacun.

Messieurs, je ne sais si je ne m'abuse, mais il m'apparaît que cette œuvre de réparation pacifique, d'affranchissement et de dignité définitivement scellée en 1904 et 1907 avec le concours génial du roi Edouard VII d'Angleterre et du gouvernement de la Couronne (*Vifs applaudissements*), c'est cela que l'empire allemand veut détruire aujourd'hui par un audacieux coup de force.

L'Allemagne n'a rien à nous reprocher.

Nous avons consenti à la paix un sacrifice sans précédent, en portant, un demi-siècle, silencieux, à nos flancs, la blessure ouverte par elle. (*Vifs applaudissements unanimes.*)

Nous en avons consenti d'autres dans tous les débats que, depuis 1904, la diplomatie impériale a systématiquement provoqués soit au Maroc, soit ailleurs, aussi bien en 1905 qu'en 1906, en 1908 qu'en 1911.

La Russie, elle aussi, a fait preuve d'une grande modération, lors des événements de 1908, comme dans la crise actuelle.

Elle a observé la même modération, et la Triple-Entente avec elle, quand, dans la crise orientale de 1912, l'Autriche et l'Allemagne ont formulé, soit contre la Serbie, soit contre la Grèce, des exigences, discutables pourtant, l'événement l'a prouvé.

Inutiles sacrifices, stériles transactions, vains efforts, puisqu'aujourd'hui, en pleine action de conciliation, nous sommes, nos alliés et nous, attaqués par surprise. (*Applaudissements prolongés.*)

Nul ne peut croire de bonne foi que nous sommes les agresseurs. Vainement, l'on veut troubler les principes sacrés de droit et de liberté qui régissent les nations comme les individus : l'Italie, dans la claire conscience du génie latin, nous a notifié qu'elle entendait garder la neutralité. (*Tous les députés se lèvent et applaudissent longuement.*)

Cette décision a rencontré dans toute la France l'écho de la joie la plus sincère. Je me suis fait l'interprète auprès du chargé d'affaires d'Italie en lui disant combien je me félicitais que les deux sœurs latines, qui ont même origine et même idéal, un passé de gloire commun, ne se trouvent pas opposées. (*Nouveaux applaudissements.*)

Ce qu'on attaque, messieurs, nous le déclarons très haut, c'est cette indépendance, cette dignité, cette sécurité que la Triple-Entente a reconquises dans l'équilibre au service de la paix.

Ce qu'on attaque, ce sont les libertés de l'Europe, dont la France, ses alliés et ses amis sont fiers d'être les défenseurs. (*Vifs applaudissements.*)

Ces libertés, nous allons les défendre, car ce sont elles qui sont en cause et tout le reste n'a été que prétextes.

La France, injustement provoquée, n'a pas voulu la guerre, elle a tout fait pour la conjurer. Puisqu'on la lui impose, elle se défendra contre l'Allemagne et contre toute puissance qui, n'ayant pas encore fait connaître son sentiment, prendrait part aux côtés de cette dernière au conflit entre les deux pays. (*Tous les députés se lèvent et applaudissent.*)

Un peuple libre et fort qui soutient un idéal séculaire et s'unit tout entier pour la sauvegarde de son existence ; une démocratie qui a su discipliner son effort militaire et n'a pas craint, l'an passé, d'en alourdir le poids pour répondre aux armements voisins, une nation armée, luttant pour sa vie propre et pour l'indépendance de l'Europe, voilà le spectacle que nous nous honorons d'offrir aux témoins de cette lutte formidable qui, depuis quelques jours, se prépare dans le calme le plus méthodique. Nous sommes sans reproches; nous serons sans peur. (*Tous les députés se lèvent et applaudissent longuement.*)

La France a prouvé souvent, dans des conditions moins favorables, qu'elle est le plus redoutable adversaire quand elle se bat, comme c'est le cas aujourd'hui, pour la liberté et pour le droit. (*Applaudissements.*)

En vous soumettant nos actes, à vous, Messieurs, qui êtes nos juges, nous avons, pour porter le poids de notre lourde responsabilité, le réconfort d'une conscience sans trouble et la certitude du devoir accompli. » (*Tous les députés se lèvent et applaudissent longuement. — M. le président du conseil, de retour au banc du gouvernement, reçoit les félicitations des députés.*)

Quand l'ovation patriotique faite au président du conseil fut calmée, la Chambre vota, sans débat, 25 projets de loi, déposés par les divers ministres pour l'organisation du pays en temps de guerre.

La séance fut ensuite suspendue dans le plus grand calme, pour attendre le vote du Sénat.

Au Sénat, le message du président de la République est lu par M. Bienvenu-Martin, garde des sceaux. M. Viviani donne ensuite lecture de la communication qu'il avait fait connaître d'abord à la Chambre.

HALTE DE TERRITORIAUX

Les vieillards acclament ce que les jeunes hommes ont acclamé. L'enthousiasme a quelque chose de plus pondéré et de plus grave. Combien, parmi les sénateurs, ont vu 1870 et ont passé une longue vie dans le souvenir et dans l'espérance ? L'heure sonne qui les console d'avoir vécu. M. Antonin Dubost, président du Sénat, qui résume en sa seule personne tant de hautes traditions, exprime cette pleine adhésion de quarante années d'attente et de patience :

« Le Sénat a écouté la communication du gouvernement; il en a mesuré toute la gravité et il l'approuve résolument. Les votes que vous allez émettre sont des actes, les derniers de ceux par lesquels, depuis quarante ans, vous vous efforcez de mettre la France et son armée en état de repousser l'envahisseur et d'assurer l'intégrité du territoire. Vous avez fait votre devoir. L'armée, ou plutôt la nation armée, va faire le sien et, fidèle à ses alliés, elle combattra avec eux pour les causes les plus sacrées : les neutralités violées, la frontière envahie, et l'indépendance de la patrie. Vive à jamais la France et la République! »

Pendant que le Sénat vote les projets de loi déjà votés par la Chambre, M. Viviani revient à la Chambre. Il remercie l'assemblée, il salue « la France et tous les partis, confondus aujourd'hui, dans la religion de la patrie », il salue « la jeunesse qui marche à la frontière, le front levé et le cœur vaillant ».

M. Paul Deschanel parle à son tour et c'est, maintenant, la voix virile du pays qui répond à l'appel du gouvernement :

« Les représentants de la nation, dont un grand nombre vont combattre sous les drapeaux et repousser une agression monstrueuse... (*Vifs applaudissements*) s'associent au gouvernement et offrent à la France armée qui ne s'est jamais levée pour une plus juste cause (*Vifs applaudissements*), leur admiration, leur dévouement toujours prêts et leur confiance dans son indomptable courage. Que nos armées de terre et de mer soient fermes pour le salut de la civilisation et du droit ! (*Acclamations enthousiastes.*) Vive la France, notre mère ! Vive la République. (*Applaudissements unanimes et acclamations prolongées.*) Vive la France, vive la République. Vive l'Alsace-Lorraine ! »

La France acceptait unanimement le conflit avec toutes ses conséquences. On savait, dès lors, par l'exposé du président du conseil, on sut plus tard, par la publication du *Livre Jaune*, que la France recevait la guerre telle que la destinée la lui apportait, sans l'avoir voulue, sans l'avoir provoquée, sans avoir stipulé dans les longues négociations diplomatiques qui la précédèrent, aucune garantie, ni avantage quelconque. Dans ces échanges de vues rapides, tous parlent, chacun pose ses conditions, sauf les ministres français : Sir Edw. Grey parle, M. Sazonoff parle; l'Autriche et l'Allemagne exigent : la France se tait. Une fois, on demande à M. Bienvenu-Martin s'il a quelques observations à faire; il répond : « Aucune. » La France fait tout simplement son devoir, puisqu'il s'agit de défendre sa propre indépendance et la liberté des peuples.

L'histoire de la France avait préparé cette heure : la France a toujours été et reste, dans le monde, le champion du droit, puisque le droit a besoin de la force. Depuis qu'il y a une France, toutes les dominations redoutables aux faibles ont rencontré l'opposition française. C'est pour cela qu'elle a combattu si longtemps sur les terres et sur les mers : sa puissante centralisation et coordination, son agglutination intérieure, si dense et si compacte, entre ses frontières si nettement déterminées, tiennent à ce qu'elle a dû faire tête si souvent, — au nord, au sud, à l'est, — étant la forteresse qui, en Europe, protège l'équilibre et l'ordre.

Ce n'est pas pour s'agrandir, ce n'est même pas pour restaurer son unité atteinte, que la France se lève, cette fois encore, c'est parce qu'elle a la conviction que les choses ne peuvent être maintenues dans leur juste mesure, si elle n'y met la main. Elle remplit, une fois de plus, son office séculaire : elle ramène l'humanité au sens exact des proportions.

Si quelque erreur de jugement, quelque grossier empiètement se produit, elle en souffre si cruellement qu'elle ne peut s'empêcher d'intervenir et, dans l'enthousiasme profond qui l'anime, voilà que ce peuple redevient le chevalier qu'il fut dès qu'il apparaît dans l'histoire : il reprend sa lance et baisse sa visière. Il est de nouveau sur le chemin des croisades, sur la route qu'ont suivie les armées révolutionnaires, les libérateurs des Amériques, de la Grèce, de l'Italie, des Balkans. La liberté, la justice, l'idéal ont besoin d'un défenseur : le voici !

En cette année 1914, la France se retrouve toujours la même et c'est ce qui fait cette miraculeuse unanimité, dont on s'étonne. Elle vibre d'une *seule* âme, puisque c'est *son* âme.

La France ne se bat pas pour telle ou telle raison diplomatique, historique ou politique : elle ne se bat même pas pour reconquérir l'Alsace-Lorraine (n'avait-on pas attendu quarante-cinq ans ?); elle se bat parce que le monde a besoin d'elle, parce qu'elle a besoin, elle-même, d'être héroïque et que le temps lui pèse d'être restée si longtemps sans se sentir brave, loyale et désintéressée.

FIN DU DEUXIÈME VOLUME

ERRATA

TABLE DES MATIERES

TABLE DES GRAVURES

CARTES

G. de Malberbe & Cⁱᵉ, Imprimeurs, 12, Passage des Favorites, Paris.